Doppel-Klick

Sprach- und Lesebuch Deutsch 8 M

Mittelschule Bayern

Herausgegeben von
Astrid Scharfe (Nürnberg)

Erarbeitet von
Susanne Bonora (Scheßlitz),
Lisa Kaiser (Nürnberg),
Kevin Koch (Straubing),
Martin Küfner (Erlangen),
Sylvelin Leipold (Burgebrach),
Stephanie Meyer (Trostberg),
Bernhard Möller (Veitshöchheim),
Mattheus Paszulewicz (Nürnberg),
Heike Potyra (Zirndorf),
Josua Schlumpp (Nürnberg)

Das Buch wurde erarbeitet auf der Grundlage der Ausgaben von Christa Becker-Binder, Annegret Doll, Christa Knirsch, Renate Krull, Kathrin Lang, Elisabeth Schäpers, Renate Teepe, Andrea Wagener, Sylvia Wüst (Herausgeberinnen) und Werner Bentin, Martin Plieninger, Bernd Schurf, Christian Weißenburger, Torsten Zander (Herausgeber) sowie von P. Altschuh-Riederer, Benildis Andris, Ellen Bahner, Susann Bartsch, Rebekka Bauer, Susanne Becker, Sabrina Beikirch, Werner Bentin, Gertraud Bildl, Iris Böger, Filiz Briem, Carolin Bublinski, Carmen Collini, Ulrich Deters, Friedrich Dick, Henriette Dieterle, Annegret Doll, Claudia Eisele, Martin Felber, Filiz Feustel, Michael Fischer, Dorothea Fogt, Heike Frädrich, Stefanie Fritz, Agnes Fulde, Ramona Füssel-Hallabrin, Dorothee Gaile, Hans-Joachim Gauggel, Petra Gerlach, Julia Giede, Daniela Giesler, Andreas Glas, Nadine Glück, Mahir Gökbudak, Bettina Gold, Silke González León, Beate Hallmann, Kerstin Hammer, Sandra Heidmann-Weiß, Peter Heil, Karin Hofer, Bettina Hofmann, Svea Hummelsheim, August-Bernhard Jacobs, Lucia Jacobs, Jona Jasper, Maja Jeretin-Kopf, Gesine Jordan, Franziska Klingelhöfer, Christa Knirsch, Michaela Koch, Timo Koppitz, Marlene Krause, Renate Kroiß, Renate Krull, Rebekka Kübler, Isabelle Kunst, Gabriele Kusebauch, Anna Landgraf, Ina Lang, Kathrin Lang, Anna Löwen, Petra Maier-Hundhammer, Ruth Malaka, Sabine Matthäus, Timo Maulshagen, Gisela Mössle, Andreas Müller, Arnhild Nachreiner, Gabriele Neie, Nicole Neumann, Ekhard Ninnemann, Ursula Oswald, Martina Panzer, Katrin Peschl, Martina Peter, Doris Peukert-Al-Delaimi, Jennifer Piel, Katrin Placzek, Martin Plieninger, Martin Püttschneider, Silke Quast, Florian Recksiegel, Christiane Rein, Katja Reinhardt, Agnes Rimkus, Irene Rischard, Elisabeth Schäpers, Kerstin Scharwies, Matthias Scholz, Jutta Schöps-Körber, Martina Schulz-Hamann, Ralf Schummer-Hofmann, Tanja Seidelmann, Volker Semmler, Gerda Steininger, Petra Stich, Salih Sönmez, Michael Strangmann, Yvonne Streb, Mechthild Stüber, Renate Teepe, Stephan Theuer, Bettina Tolle, Ina Torne, Ina Trog, Brigitte Vogel, Saskia Volbers, Christian Weißenburger, Birgit Welker, Nena Welskop, Carolin Wemhoff-Weinand, Michaela Wenk, Anna-Lena Wiederhold, Sonja Wiesiollek, Gunder Wießmann, Torsten Zander.

Redaktion: Sandra Geiger, Frederike Schlünder, Marion Clausen, Sandra Wuttke-Baschek
Umschlaggestaltung: Buchgestaltung +, Berlin
Umschlagillustration: Natascha Römer, Römer & Osadtschij GbR, Schwäbisch Gmünd
Layout: Wladimir Perlin (MeGA 14), Berlin
Gestaltung und technische Umsetzung: Saskia Klemm, Berlin

Begleitmaterialien für Schüler zu Doppel-Klick 8M	
Schülerbuch als E-Book	978-3-06-062081-4
Arbeitsheft	978-3-06-200215-1

www.cornelsen.de

Soweit in diesem Lehrwerk Personen fotografisch abgebildet sind und ihnen von der Redaktion fiktive Namen, Berufe, Dialoge und Ähnliches zugeordnet oder diese Personen in bestimmte Kontexte gesetzt werden, dienen diese Zuordnungen und Darstellungen ausschließlich der Veranschaulichung und dem besseren Verständnis des Inhalts.

Dieses Werk berücksichtigt die Regeln der reformierten Rechtschreibung und Zeichensetzung.
Bei den mit [R] gekennzeichneten Texten haben die Rechteinhaber einer Anpassung widersprochen.
Die mit * gekennzeichneten Texte wurden aus didaktischen Gründen gekürzt und/oder verändert.

1. Auflage, 1. Druck 2020

Alle Drucke dieser Auflage sind inhaltlich unverändert und können im Unterricht nebeneinander verwendet werden.

© 2020 Cornelsen Verlag GmbH, Berlin

Das Werk und seine Teile sind urheberrechtlich geschützt.
Jede Nutzung in anderen als den gesetzlich zugelassenen Fällen bedarf der vorherigen schriftlichen Einwilligung des Verlages. Hinweis zu §§ 60 a, 60 b UrhG: Weder das Werk noch seine Teile dürfen ohne eine solche Einwilligung an Schulen oder in Unterrichts- und Lehrmedien (§ 60 b Abs. 3 UrhG) vervielfältigt, insbesondere kopiert oder eingescannt, verbreitet oder in ein Netzwerk eingestellt oder sonst öffentlich zugänglich gemacht oder wiedergegeben werden.
Dies gilt auch für Intranets von Schulen.

Druck: Mohn Media Mohndruck, Gütersloh

ISBN 978-3-06-200214-4

PEFC zertifiziert
Dieses Produkt stammt aus nachhaltig bewirtschafteten Wäldern und kontrollierten Quellen.

www.pefc.de

Inhaltsverzeichnis

Sprechen – Zuhören – Mit Texten umgehen – Schreiben

Sag mal, wie meinst du das? 14

Miteinander reden	16
Auf Gesprächspartner eingehen	17
Eine Diskussion führen	19
Sachlich mit Kritik umgehen	20
Extra Sprache: Killerphrasen und Ich-Botschaften	22
Teste dich! Miteinander reden	24
Training zum Fördern und Fordern: Miteinander reden	25

Kompetenzen

- Gespräche führen
- Sachlich mit Kritik umgehen

Gespräche adressatenbezogen, situations- und zielorientiert planen, führen und reflektieren; sich konstruktiv mit Beiträgen anderer auseinandersetzen; verstehend zuhören; Konfliktgespräche lösungsorientiert führen; Diskussionen planen und moderieren; Unterschiede von Sprachvarianten reflektieren und situationsgerecht anwenden

Bionik – Vorbilder aus der Natur 28

Eine lästige Frucht stand Pate	29
Einen Sachtext und Grafiken auswerten	30
Der Natur abgeschaut	30
Grafik: Treibstoff-Einsparung im Airbus A380 pro Person	31
Grafik: Entfernungen von München in km	31
Einen informierenden Text schreiben	34
Einen Flyer gestalten	37
Extra Sprache: Zusammenhänge verstehen	38
Flache Kameras, die unsichtbar sind	38
Extra Sprache: Fachbegriffe verstehen	39
Ein natürliches Belüftungssystem	39
Teste dich! Einen informierenden Text schreiben	40
Die Grenzen der Bionik	40
Training zum Fördern und Fordern: Sich und andere informieren	42
Mit den Ohren sehen	42
Einfach nachmachen?	44
Fit für die Probe: Einen informierenden Text schreiben	46
Der Lotuseffekt – der Natur abgeschaut	46

Kompetenzen

- Sachtexte und Grafiken erschließen
- Informierende Texte schreiben

kontinuierliche und diskontinuierliche Texte erschließen und auswerten; komplexe Sachverhalte strukturieren; über Sachverhalte informieren; Inhalte zusammenfassen; sprachliche Mittel funktional sinnvoll in eigenen Texten einsetzen; sich fachspezifisch ausdrücken; Form und Intention adressatenorientierter Texte beim eigenen Schreiben beachten; Hinweise aus Feedbackmethoden nutzen und eigene Texte überarbeiten

Mobil sein ist alles! 48

Mobil sein in Bayern – sich über Mobilität informieren	50
Megastudie über Mobilität in Bayern veröffentlicht	50
Grafik: Anteile der Verkehrsmittel am Verkehrsaufkommen in Bayern 2017	50
Grafik: Mobilitätsgewohnheiten der Menschen in Bayern	52
Ein Referat vorbereiten und halten	53
Mit Argumenten überzeugen	56
Eine Argumentationskette entwickeln	57
Schriftlich Stellung nehmen	58
Nachhaltig mobil sein ist kinderleicht!	58
Extra Sprache: Argumente verknüpfen	60
Extra Sprache: Sachlich formulieren	61
Teste dich! Schriftlich Stellung nehmen	62
Training zum Fördern und Fordern: Schriftlich Stellung nehmen	63
Die Stadt der Zukunft: Weniger Straßen für mehr Mobilität	64
Fit für die Probe: Schriftlich Stellung nehmen	66
Ingo Neumayer: Mobilität von morgen	66

Kompetenzen

- Ein Referat vorbereiten, halten und auswerten
- Argumentierende Texte schreiben

pragmatische Texte erschließen und auswerten;
eine Präsentation vorbereiten und durch Körpersprache, Adressatenorientierung, Sprechverhalten und den Einsatz von Medien unterstützen;
die Präsentation reflektieren und Feedback geben;
sich in einer Stellungnahme argumentativ mit Sachverhalten auseinandersetzen;
sprachliche Mittel des argumentierenden Schreibens einsetzen;
Texte sach-, situations- und adressatengerecht schreiben

Auf der Suche nach dem Glück 68

Fitzgerald Kusz: Liebe 1	68
Zu einem Jugendbuchauszug schreiben	70
Marie-Aude Murail: Über kurz oder lang	70
Zu einer Erzählung schreiben	74
Erich Kästner: Das Märchen vom Glück	74
Einen Sachtext mit Grafik in Beziehung zum Thema des Kapitels setzen	78
Weltglückstag: Auf der Suche nach dem Glück	78
Grafik: Was ist für Sie am wichtigsten, um glücklich zu sein?	79
Extra Sprache: Redewendungen und Sprichwörter verstehen	80
Teste dich! Zu einem Jugendbuchauszug schreiben	81
Jochen Till: Fette Ferien	81
Training zum Fördern und Fordern: Zu einem literarischen Text schreiben	83
Deniz Selek: Zimtküsse	83
Mascha Kaléko: Sozusagen grundlos vergnügt	86

Kompetenzen

- Literarische Figuren mit Hilfe von produktiven Verfahren charakterisieren
- Zusatzinformationen für das Textverständnis nutzen

literarische Texte mit Hilfe produktiver Methoden erschließen und deuten;
Handlungen und Verhaltensweisen literarischer Figuren herausarbeiten und Handlungsmotive erklären;
Deutungen belegen;
Schreibformen des gestaltenden Interpretierens anwenden;
stilistische und sprachliche Mittel bewusst einsetzen;
das Textverständnis mit Hilfe von Zusatzinformationen vertiefen

Ein Beruf für dich

88

Sich vorab informieren	90
Einen tabellarischen Lebenslauf schreiben	91
Ein Bewerbungsschreiben verfassen	92
Ein Bewerbungsgespräch führen	94
Einen Tagesbericht schreiben	96
Extra Sprache: Anredepronomen verwenden	99
Teste dich! Einen Tagesbericht schreiben	100
Training zum Fördern und Fordern: Berufsorientierende Texte verfassen	101

Kompetenzen

- Sich mündlich bewerben
- Sich schriftlich bewerben

sich durch gezieltes Fragen informieren;
aufmerksam zuhören;
Gespräche adressatenbezogen, situations- und zielorientiert planen, führen und reflektieren;
sprechgestaltende Mittel bewusst einsetzen und reflektieren;
formalisierte, berufsorientierende Texte verfassen;
Formulare ausfüllen;
sach-, situations- und adressatenorientiert schreiben

Berufsfelder erkunden

104

Sich über Berufsfelder informieren	106
Das Berufsfeld Landwirtschaft, Natur und Umwelt	106
Text A: Umweltschutztechnischer Assistent/ Umweltschutztechnische Assistentin	108
Grafik A: Voraussetzungen für die Ausbildung der Umweltschutztechnischen Assistent/innen	108
Text B: Gärtner/in – ein Beruf für Naturfreunde	109
Grafik B: Bildungswege im Gartenbau	109
Text C: Ich mach's! Tiermedizinische/r Fachangestellte/r	110
Grafik C: Schulabschlüsse der Ausbildungsanfänger/innen im Beruf Tiermedizinische Fachangestellte im Jahr 2017	110
Andere über Berufsfelder informieren	112

Kompetenzen

- Informierende Texte erschließen
- Über Sachverhalte informieren

kontinuierliche und diskontinuierliche Texte erschließen und auswerten;
Informationen aus berufsorientierenden Texten unterschiedlicher Medien entnehmen und vergleichen;
komplexe Sachverhalte strukturieren;
Inhalte zusammenfassen;
berufsbezogene Informationen mit Hilfe illustrierender Medien präsentieren (Lapbook);
Feedback geben

Lesen – mit Texten und weiteren Medien umgehen

Aktuelles vom Tage — 114

Den Aufbau einer Zeitung untersuchen — 116
Eine Online-Zeitung untersuchen — 118
Die Wirkung von Schlagzeilen und Bildern untersuchen — 119
Einen Zeitungsbericht untersuchen — 120
    Volker Thomas: E-Mobilität: Der Funke zündet nicht — 120
Eine Reportage untersuchen — 122
    Dirk Fischer: Reicht der Strom? — 122
Einen Kommentar untersuchen — 124
    Volker Thomas: Das Verkehrssystem von morgen muss sich am Menschen ausrichten — 124
Projektidee: Eine Zeitung gestalten — 126

Kompetenzen

- Gestaltungsmittel einer Zeitung untersuchen
- Journalistische Textsorten unterscheiden

Methoden der Texterschließung anwenden;
Verständlichkeit, Aufbau und Informationsgehalt unterschiedlicher Medien verstehen und beurteilen (Zeitung);
Intention und Wirkungsabsicht von Gestaltungsmitteln erkennen;
Funktion unterschiedlicher journalistischer Textsorten erkennen

Die Welt der Medien — 128

    Grafik: Medienbeschäftigung in der Freizeit 2018 — 128
Medien verantwortungsbewusst nutzen — 130
    Entwicklungsbeeinträchtigende Angebote — 131
Ein Erklärvideo untersuchen — 132
Respektvoll im Internet kommunizieren — 135
Meinungsmacher im Internet untersuchen — 136
Projektidee: Ein Erklärvideo erstellen — 138

Kompetenzen

- Medien verantwortungsbewusst nutzen
- Gestaltungsmittel audiovisueller Medien untersuchen

den eigenen Medienkonsum reflektieren;
digitale Medien adressatenbezogen und verantwortungsbewusst nutzen;
Verständlichkeit, Aufbau und Informationsgehalt unterschiedlicher Medien verstehen und beurteilen (Infotainment);
audiovisuelle Gestaltungsmittel erkennen und ihre Wirkungsabsicht reflektieren;
die Sprache in digitalen Formaten untersuchen

So ein Drama! – Romeo und Julia

140

Ein Drama untersuchen	142
William Shakespeare: Romeo und Julia	142
Historische Bezüge untersuchen	150
Das mittelalterliche Verona	150
William Shakespeares Leben und seine Bedeutung	151
Projektidee: Szenische Umsetzungen reflektieren	152

Kompetenzen

- Dramatische Texte lesen und verstehen
- Sich über Zusammenhänge zwischen Werk und Autor informieren

Merkmale dramatischer Texte untersuchen;
Handlungsmotive und Beziehungen zwischen Figuren herausarbeiten;
Zusammenhänge zwischen Werk, Autorenbiografie und Entstehungszeit reflektieren;
unterschiedliche Darstellungsformen literarischer Werke vergleichen und ihre Wirkung reflektieren

Nichts ist undenkbar

154

Auszüge aus einem Science-Fiction-Roman lesen und analysieren	156
Andreas Eschbach: Das Marsprojekt. Das ferne Leuchten	156
Erzählmittel analysieren	160
Ursula Poznanski: Erebos	160
Eine Geschichte schreiben	166
Projektidee: Ein Jugendbuch präsentieren	168

Kompetenzen

- Jugendbücher erschließen und deuten
- Schriftlich erzählen

analytische Methoden zur Erschließung literarischer Texte anwenden;
Handlungsmotive und Handlungsverläufe analysieren und deuten;
Deutungen belegen;
Fachbegriffe sachgerecht anwenden;
Gestaltungs- und Erzählmittel des erzählenden Schreibens einsetzen;
ein Jugendbuch unter Einsatz illustrierender Medien präsentieren (Portfolio, Video)

Im Bann der Großstadt: Gedichte

170

    Olaf N. Schwanke: Fußgängerzone 170
    Uwe Greßmann: Moderne Landschaft 170
    Josef Reding: Meine Stadt 170
    Helmut Haberkamm: In der Nachberschafd 171
    Eugen Gomringer: cars and cars 171
Ein Großstadtgedicht vortragen 172
    Orhan Veli: Ich höre Istanbul 172
Ein Gedicht untersuchen 174
    Kurt Tucholsky: Augen in der Groß-Stadt 174
Ein Gedicht in seiner Zeit verstehen 177
    Gerrit Engelke: Die Fabrik 177
Teste dich! Ein Gedicht untersuchen und in seiner Zeit verstehen 180
    Mascha Kaléko: Spät nachts 180
Training zum Fördern und Fordern: Ein Gedicht untersuchen und dazu schreiben 182
    Imants Ziedonis: In einer Stadt 182
    Louis Fürnberg: Abend in der großen Stadt 183
Fit für die Probe: Ein Gedicht untersuchen 184
    Erich Kästner: Die Wälder schweigen 184

Kompetenzen

- Gedichte untersuchen und deuten
- Sich über Zusammenhänge zwischen Werk, Entstehungszeit und Autor informieren

Gedichte gestaltend vortragen; Gattungsmerkmale und sprachliche Gestaltungsmittel untersuchen; Fachbegriffe sachgerecht anwenden; Zusammenhänge von Aussage und Sprache analysieren; Zusammenhänge zwischen Werk, Autorenbiografie und Entstehungszeit reflektieren; Deutungen belegen

Geschichten, die das Leben schreibt

186

Merkmale einer Kurzgeschichte untersuchen 188
    Ilse Aichinger: Das Fenster-Theater 188
Eine Kurzgeschichte szenisch interpretieren 192
Eine Kurzgeschichte zusammenfassen 194
    Marlene Röder: Chuck Norris und all seine Freunde 194
Teste dich! Eine Kurzgeschichte zusammenfassen 200
    Tanja Zimmermann: Eifersucht 200
Training zum Fördern und Fordern: Eine Kurzgeschichte zusammenfassen 201
    Hanna Hanisch: Die Sache mit dem Parka 201
    Dieter Mucke: Ein beinah lustiges Geschichtchen 204
Fit für die Probe: Eine Kurzgeschichte zusammenfassen 206
    Tanja Zimmermann: Sommerschnee 206

Kompetenzen

- Kurzgeschichten untersuchen und deuten
- Kurzgeschichten zusammenfassen

textsortenspezifische Merkmale untersuchen; Handlungsmotive und Beziehungen zwischen Figuren herausarbeiten; Deutungen belegen; einen Text szenisch adaptieren; Figuren mit erweitertem Darstellungsrepertoire darstellen; die szenische Umsetzung und ihre Wirkung reflektieren; eine Textzusammenfassung schreiben; sprachliche Mittel funktional sinnvoll in eigenen Texten einsetzen

Arbeitstechniken

Das Lernen organisieren ... 209
Aufgaben verstehen ... 209

Kompetenzen
- Aufgaben verstehen

Lesen und interpretieren ... 210

Den Textknacker anwenden ... 210
   Die Forscher von morgen: Der Wettbewerb „Jugend forscht" ... 210
   Grafik: Anmeldungen bei „Jugend forscht" 2019 nach Fachgebieten (bundesweit) ... 211
   Grafik: Beispiele für Forschungsthemen aus Bayern 2019 ... 211
   Grafik: Anmeldungen für „Jugend forscht" und „Schüler experimentieren" ... 212
Grafiken und ihre Funktion untersuchen ... 214
   Grafik: Anzahl der weiblichen Teilnehmenden bei „Jugend forscht" 2019 nach Fachgebieten (bundesweit) ... 214
   Grafik: Anzahl der Teilnehmenden insgesamt bei „Jugend forscht" 2019 nach Fachgebieten (bundesweit) ... 215
Ein Gedicht untersuchen und deuten ... 216
   Zoran Drvenkar: stadt ohne namen ... 216

- Lesetechniken und Lesestrategien anwenden

Sich und andere informieren ... 218

Informationen in einem Referat veranschaulichen ... 218
Ein Lapbook gestalten ... 220
Richtig zitieren ... 222
Feedback empfangen und geben ... 224

- Präsentationstechniken vergleichen und nutzen
- Quellen korrekt kennzeichnen
- Kriteriengeleitet bewerten

Schreiben und überarbeiten ... 226

Einen Arbeitsvorgang beschreiben ... 226
   Was passiert bei einer Weichenstörung? ... 226
Ein Ergebnisprotokoll schreiben ... 230
Sich online bewerben ... 232
Texte gemeinsam überarbeiten ... 233

- Vorgänge beschreiben
- Ein Ergebnisprotokoll verfassen
- Formulare bearbeiten
- Texte unter Anwendung von Feedbackmethoden überarbeiten

9

Rechtschreiben

Die Arbeitstechniken 235

Schreibungen begründen 235
Die Rechtschreibprüfung am Computer 236

Kompetenzen

- Arbeitstechniken zur Übung und Verbesserung der Rechtschreibung anwenden

Rechtschreibstrategien und Regeln  238

Gliedern – verlängern – ableiten 238
Mit Wortbausteinen üben 240
Regelwissen anwenden: Nomen großschreiben 242
Regelwissen anwenden: Wortgruppen getrennt schreiben 244
Regelwissen anwenden: Zusammenschreibung 245
Regelwissen anwenden: Der Bindestrich 247
Merkwörter üben 248
Kurzformen und Abkürzungen richtig schreiben 249
Teste dich! Rechtschreibstrategien und Regeln anwenden 250

- Rechtschreibstrategien und Regelwissen anwenden
- Fehlersensibilität entwickeln

Strategien sicher anwenden;
Formen der Wortbildung analysieren und verwenden;
Regeln der Groß- und Kleinschreibung sowie der Getrennt- und Zusammenschreibung anwenden;
Wörter mit rechtschriftlichen Besonderheiten richtig schreiben

Die 5-Minuten-Übungen  252

Wörter mit Doppelkonsonanten 252
Mit Wortbausteinen üben 252
Nomen großschreiben 253
Häufige Fehlerwörter 253
Fremdwörter mit *V/v* und mit *-ik* 254
Konjunktionen verwenden und Kommas setzen 254

- Rechtschreibstrategien und Regelwissen anwenden
- An individuellen Fehlerschwerpunkten arbeiten

Strategien und Regeln sicher anwenden;
Wörter mit rechtschriftlichen Besonderheiten richtig schreiben

Texte lesen – üben – richtig schreiben

 256

1. Trainingseinheit 256
    Nomen großschreiben
    Nominalisierungen
    Gedankenstrich bei Zusätzen oder Nachträgen
2. Trainingseinheit 258
    Fachbegriffe
    Wörter mit *wider*
    Zeichensetzung bei der wörtlichen Rede
3. Trainingseinheit 260
    Fremdwörter mit *-ik, -ie, -or, -(i)ell, -iv*
    Komma bei Satzgefügen
4. Trainingseinheit 262
    Wortgruppen mit *sein*
    Komma bei Infinitivgruppen
5. Trainingseinheit 264
    Adjektive mit den Nachsilben *-voll* und *-lich*
    Eigennamen großschreiben
    Komma bei Appositionen
6. Trainingseinheit 266
    Wortgruppen getrennt schreiben
    Fremdwörter mit *Pro-*
    Komma bei eingeschobenen Nebensätzen

Teste dich! **Richtig schreiben** 268

Kompetenzen

- Rechtschreibstrategien und Regelwissen anwenden
- An individuellen Fehlerschwerpunkten arbeiten

sich mit Rechtschreibphänomenen textbezogen auseinandersetzen; Rechtschreibstrategien nutzen; Regeln der Groß- und Kleinschreibung sowie der Getrennt- und Zusammenschreibung sicher anwenden; Wörter mit rechtschriftlichen Besonderheiten richtig schreiben; Regeln der Zeichensetzung anwenden

Grammatik

Kompetenzen

Sprache und Stil  271

Wörter aus anderen Sprachen ... 271
Wortschatz im Wandel ... 272
Sprachebenen erkennen und richtig verwenden ... 274
Wortbedeutungen untersuchen ... 277
Beschönigungen in der Sprache erkennen ... 279
Fehler vermeiden: Die Verbstellung in Nebensätzen ... 280
Fehler vermeiden: Vergleiche mit *wie* und *als* ... 281

- **Sprachliche Verständigung untersuchen**

Herkunft und Bedeutung von Begriffen untersuchen; Sprachvarianten und Sprachebenen verstehen, reflektieren und situationsangemessen verwenden; den Wortschatz erweitern; die Wirkung rhetorischer Formen des Sprachgebrauchs untersuchen; Zusammenhänge zwischen Sprachen erkennen

Wortarten verwenden  282

Tipps zum Wiederholen und Lernen ... 282
Die Wortarten wiederholen ... 283
Die Zeitformen der Verben wiederholen ... 285
Den Konjunktiv I wiederholen ... 288
Den Konjunktiv II wiederholen ... 290
Den Konjunktiv II mit Ersatzformen umschreiben ... 292
Präpositionen wiederholen ... 294
Teste dich! Wortarten verwenden ... 295

- **Wortarten unterscheiden**

Wortarten nach ihren Merkmalen und ihrer Funktion unterscheiden und situationsangemessen verwenden; Flexionsformen richtig verwenden; Tempus und Modus erkennen und deuten

Der Satz 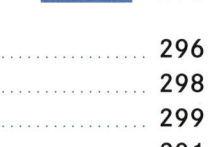 296

Die Satzglieder wiederholen ... 296
Die adverbialen Bestimmungen des Zwecks ... 298
Das Attribut ... 299
Die Satzreihe ... 301
Das Satzgefüge ... 302
Der Relativsatz ... 304
Teste dich! Satzglieder verwenden und Sätze formulieren ... 305

- **Satzglieder unterscheiden und situationsbezogen verwenden**
- **Formen der Satzbildung unterscheiden und situationsbezogen verwenden**

Satzglieder untersuchen; operationale Verfahren anwenden; Formen der Satzbildung unterscheiden und ihre Wirkung erkennen; unterschiedliche Satzverknüpfungen verwenden; Regeln der Zeichensetzung anwenden

Zum Nachschlagen

Zum Nachschlagen  306

Wissenswertes auf einen Blick 306
Literarische Gattungen 306
Sachtexte und Grafiken (Pragmatische Texte) 308
Texte erschließen, Aufgaben verstehen, sich informieren 310
Diskutieren, präsentieren und miteinander arbeiten 312
Ideen sammeln, planen, schreiben, überarbeiten 314
Rechtschreiben 318
Grammatik 325

Textartenverzeichnis 331
Textquellen 332
Sachregister 334
Bildquellen 336

Kompetenzen

- Informationsquellen nutzen

Sag mal, wie meinst du das?

**Gespräche führen wir nicht nur mit Worten,
sondern auch mit unserer Mimik und Gestik.**

1 Seht euch die Fotos genau an.
Wie wirken die Schülerinnen und Schüler? Worüber könnten sie sprechen?

2 a. Beschreibt die Mimik und Gestik der Schülerinnen und Schüler.
b. Tauscht euch darüber aus, was die Mimik und die Gestik
in den Situationen bedeuten könnten.

Wollen wir über den Vorschlag sprechen? Was haltet ihr davon?

Du bist heute wieder zu spät zum Referats-Treffen gekommen und hast noch nicht einmal die Texte gelesen. So kann das nicht weitergehen …

Was hast du denn schon wieder? Ständig hast du etwas an mir auszusetzen …

Na, dann sind wir uns ja einig: Du kümmerst dich ganz schnell um die Bilder. Und vergiss nicht, sie müssen super werden.

Lasst uns einen Kompromiss finden.

Kannst du das genauer erklären?

Aber wir haben doch gesagt … Und eigentlich wollte ich ja … Na gut, wenn du meinst, dann muss ich mich wohl darum kümmern.

3   **a.** Lest die Sprechblasen und die Gedankenblasen.
      b. Wer könnte was auf den Fotos sagen oder denken. Begründet.

4   Welche Situationen kommen euch bekannt vor? Sprecht darüber.

5   Diskutiert über die Bilder und begründet eure Meinung.
- In welchen Situationen könnten die Bilder entstanden sein?
- Welche Absichten könnten die Gesprächspartner haben?
- Verstehen die Gesprächspartner einander?
- Wie gehen die Gesprächspartner aufeinander ein?
- Unterstützen Gestik und Mimik die Gesprächsabsichten?
- Welche Gesprächssituation findet ihr gelungen? Welche nicht?

Für das Gelingen eines Gesprächs sind Regeln wichtig.

6   An welche Gesprächsregeln sollten sich die Sprecher halten, an welche die Zuhörer?
      a. Sammelt Gesprächsregeln an der Tafel.
      b. Begründet, welche Regeln ihr in der Klasse beachten möchtet.
      c. Gestaltet ein Plakat mit euren Gesprächsregeln und hängt es im Klassenraum auf.

In diesem Kapitel lernt ihr, wie ihr miteinander diskutiert. Ihr untersucht Äußerungen und lernt, eure Standpunkte zu vertreten, auf Gesprächspartner einzugehen und Kompromisse zu finden. Außerdem übt ihr, sachlich Kritik zu äußern und mit Kritik umzugehen.

Miteinander reden

Gespräche können misslingen, wenn Gesprächsregeln nicht eingehalten werden. So auch bei diesem Gespräch.

1 Lest das Gespräch mit verteilten Rollen.

Tarik: Wir sollten in diesem Schuljahr wieder gemeinsam bewegte Pausen machen, weil es letztes Jahr allen gefallen hat. Alle haben gerne mitgemacht.
Emelie: Die bewegte Pause ist doch was für kleine Kinder! Zum Toben sind wir langsam echt zu alt ...
Maik: Ich finde die Idee gut, wenn wir wieder zusammen bewegte Pausen verbringen, weil das die Klassengemeinschaft stärkt.
Franz: Nee, ich hab keinen Bock, mit allen zu hampeln, ich möchte lieber mit meinen Freunden quatschen.
Yasmin: Immer stellst du dich so an, Franz. Es tut uns doch gut, uns mehr zu bewegen. Wir sitzen im Unterricht ja schon die ganze Zeit rum.
Kim: Ich bewege mich nach der Schule schon genug, ich gehe nachmittags zum Basketballtraining und zum Hip-Hop-Kurs. Da bin ich froh, wenn ich in der Schule neben dem Sportunterricht nicht noch in der Pause kaspern muss!

2 **a.** Worum geht es in dem Gespräch? Formuliert das Thema in eigenen Worten.
  b. Schreibt die Meinungen der Schülerinnen und Schüler auf. Notiert jeweils einen Satz.
  c. Begründet, welche Meinungen euch überzeugen/nicht überzeugen.

3 Untersucht die Redebeiträge genauer: Welche Gesprächsregeln halten die Schülerinnen und Schüler ein, welche nicht?

4 Versetzt euch in die Schülerinnen und Schüler hinein.
  a. Baut die Situation in einem Standbild nach.
  b. Vergleicht eure Standbilder in der Klasse: Was habt ihr ähnlich umgesetzt, was anders? Warum?

> **Arbeitstechnik: Ein Standbild bauen**
>
> Mit einem Standbild könnt ihr eine Situation darstellen und deuten.
> – Entscheidet, wer das Standbild baut und wer welche Figur darstellt.
> – Die Regisseurin/Der Regisseur formt die Figuren: Position, Gestik, Mimik. Die Figuren bleiben wie auf einem Foto erstarrt stehen und schweigen.
> – Anschließend sehen die Betrachter sich das Standbild von allen Seiten an. Sie beschreiben, wie das Standbild auf sie wirkt.
> – Die Figuren beschreiben ebenfalls, wie sie sich fühlen.

5 Formuliert die Äußerungen so um, dass die Diskussion sachlich ist.

Auf Gesprächspartner eingehen

Die besten Ergebnisse erzielt ihr in Gesprächen und Diskussionen, wenn alle Gesprächspartner aufeinander eingehen und ihre Meinungen begründen.

1 Lest die folgende Diskussion mit verteilten Rollen.

Ronja: Tarik, du hast für den heutigen Klassenrat das Thema „Gemeinsame bewegte Pause" vorgeschlagen. Was möchtest du dazu besprechen?
Tarik: Wir sollten wieder gemeinsam bewegte Pausen machen. Wenn wir uns in der Pause bewegen, arbeiten wir in der nächsten Stunde auch konzentrierter
5 weiter. Und im letzten Jahr hat es allen Spaß gemacht.
Joana: Es hat letztes Jahr nicht so gut funktioniert.
Ronja: Wie meinst du das, Joana? Kannst du das genauer erklären?
Joana: Ich fand es schwierig, manchen Übungen zu folgen, zum Beispiel bei der Rückengymnastik. Dann musste ich mich so konzentrieren, dass ich im
10 Unterricht noch unkonzentrierter saß.
Maik: Ich kann Joana verstehen, mir ging es teilweise auch so. Aber es ist schade, dass wir außerhalb des Klassenzimmers so wenig miteinander unternehmen. Meiner Meinung nach wäre die gemeinsame bewegte Pause eine gute Möglichkeit, die Klassengemeinschaft zu stärken.
15

Gespräche und Diskussionen sind besonders erfolgreich, wenn ihr auf eure Gesprächspartner eingeht.

2 Untersucht die Diskussion.
  a. Worum geht es in der Diskussion? Tauscht euch aus.
  b. Wie verläuft die Diskussion? Notiert Stichworte:
   – Wie verhalten sich die Schülerinnen und Schüler?
   – Wie sprechen sie miteinander?

3 a. Notiert Beispiele, bei denen die Schülerinnen und Schüler in der Diskussion aufeinander eingehen.
  b. Besprecht, wie diese Äußerungen sich auf die Diskussion auswirken.

4 Joana meint: „Es hat letztes Jahr nicht so gut funktioniert."
  a. Sprecht diesen Satz in unterschiedlicher Weise: wütend, gelangweilt, bockig, sachlich, überheblich.
  b. Sprecht den Satz jeweils mit der passenden Mimik und Gestik.
  c. Beschreibt anschließend die Wirkung der verschiedenen Ausdrucksweisen.

---

genau nachfragen
Beiträge ergänzen
zustimmen
widersprechen

Wenn ihr in einer Diskussion eure Meinung vertretet, ist es wichtig, dass ihr sie mit Argumenten begründet. Ein überzeugendes Argument besteht aus einer Behauptung, einer Begründung und einem Beispiel.

5 Notiert die Meinungen der Schülerinnen und Schüler in Stichworten.

6 Wie begründen die Schülerinnen und Schüler ihre Meinungen?
   a. Legt in eurem Heft eine Tabelle im Querformat an.
   b. Tragt die Behauptungen, Begründungen und Beispiele in die Tabelle ein.
   c. Markiert in eurer Tabelle Pro-Argumente, die den Vorschlag unterstützen, und Kontra-Argumente, die gegen den Vorschlag sind, unterschiedlich.

Miteinander diskutieren
► S. 312

Starthilfe

die Behauptung	die Begründung	das Beispiel
Wir sollten wieder gemeinsam bewegte Pausen machen.	Wenn wir uns in der Pause bewegen ...	Im letzten Jahr hat es allen ...
Es hat letztes Jahr nicht ...	...	...

7 Welche Redebeiträge bestehen noch nicht aus Behauptung, Begründung und Beispiel? Ergänzt Fehlendes in eurer Tabelle.

8 Welche Meinung hast du zum Thema **Gemeinsame bewegte Pause**?
   a. Schreibe deine Meinung auf.
   b. Notiere Argumente (Behauptungen, Begründungen, Beispiele), die deine Meinung unterstützen.

9 Du kannst andere noch besser von deiner Meinung überzeugen, wenn du Gegenargumente entkräftest.
   a. Überlege, was gegen deine Meinung sprechen könnte.
   b. Notiere Stichworte, wie du das Gegenargument entkräften könntest.

Wenn ihr euch nicht auf einen Vorschlag oder eine Meinung einigen könnt, dann könnt ihr einen Kompromiss finden.

10 Welchen Kompromiss könnten die Schülerinnen und Schüler finden?
   a. Notiert Vorschläge.
   b. Vergleicht eure Vorschläge in der Klasse: Wer hat einen besonders guten Kompromiss gefunden? Begründet.

Starthilfe
– die Übungen vorher genau durchgehen
– regelmäßig eine gemeinsame Klassenpause durchführen
– ...

Eine Diskussion führen

Nun seid ihr dran. Über welches Thema möchtet ihr diskutieren?

W **1** Worüber möchtet ihr diskutieren? Wählt ein Thema aus:
- Ihr könnt über die bewegte Pause diskutieren.
- Ihr könnt über ein anderes Thema diskutieren, das euch wichtig ist.

2 Welche Meinung und welche Vorschläge hast du zu dem Thema? Warum?
- **a.** Schreibe deine Meinung und mögliche Vorschläge auf.
- **b.** Notiere Argumente (Behauptungen, Begründungen und Beispiele).
- **c.** Ordne deine Argumente: Nenne das stärkste Argument zum Schluss.

3
- **a.** Überlege, was gegen deinen Vorschlag sprechen könnte.
- **b.** Notiere Stichworte, wie du das Gegenargument entkräften könntest.

4 Wie kannst du auf die Gesprächsbeiträge anderer eingehen? Formuliere Sätze, die Zustimmung oder Widerspruch ausdrücken oder teilweise zustimmen.

5 Mit Hilfe einer Diskussionsleitung gelingt eure Diskussion besser.
- **a.** Notiert gemeinsam, welche Aufgaben eine Diskussionsleiterin oder ein Diskussionsleiter hat.
- **b.** Wählt eine Diskussionsleiterin oder einen Diskussionsleiter.

> – die Diskussion eröffnen
> – auf die Einhaltung von Diskussionsregeln achten
> – den Schülerinnen und Schülern in der richtigen Reihenfolge der Wortmeldungen das Wort erteilen
> – Zwischenergebnisse zusammenfassen
> – Entscheidungen oder Kompromisse herbeiführen
> – auf die Zeit achten
> – …

6 Führt nun die Diskussion in der Klasse durch. Beachtet bei der Diskussion eure Gesprächsregeln.

7 Wertet anschließend die Diskussion gemeinsam aus:
- Welche Argumente waren überzeugend?
- Welche Gesprächsregeln wurden eingehalten?
- Was könnt ihr bei der nächsten Diskussion verbessern?

Der nächste Wandertag

Die neue Klassenlektüre

Die Gestaltung des Klassenraums

Sprachspeicher

Ich stimme … zu, denn …

Ich bin anderer Meinung als …

Einerseits gebe ich dir Recht, aber …

Sich adressatenbezogen äußern ▶ S. 325

Sachlich mit Kritik umgehen

Besonders wenn Menschen zusammenarbeiten, kann es Anlass geben, Kritik zu üben.

Was hast du denn schon wieder? Ständig hast du etwas an mir auszusetzen …

Du bist heute wieder zu spät zum Referats-Treffen gekommen und hast noch nicht einmal die Texte gelesen. So kann das nicht weitergehen …

1 Beschreibe die Situation auf dem Bild.
- Wer könnten die Personen sein?
- Was drücken die Personen mit Gestik und Mimik aus?
- Was könnte im Vorfeld zwischen den Personen vorgefallen sein?

Hinter jeder Kritik steckt ein Wunsch des Gesprächspartners.

2 Was wollen die Personen mit ihrer Kritik erreichen? Ergänze ihre Gedanken und schreibe sie auf.

Gesprächspartner sind meist eher bereit, auf die Wünsche des anderen einzugehen, wenn die Kritik als Ich-Botschaft geäußert wird.

Wegen dir hält unsere Gruppe nie den Zeitplan ein.

Das ist doch total übertrieben.

Das finde ich ungerecht: Ich habe nach der Sport-AG noch beim Abbauen geholfen und bin danach sofort hergekommen.

Ich bin unzufrieden, wenn nicht alle vorbereitet zu den Treffen kommen und wir deswegen länger brauchen.

3 Welche Äußerungen sind unsachlich, welche Ich-Botschaften? Begründe deine Zuordnung.

Auf Kritik kannst du auf verschiedene Weise reagieren:

- Ich werde traurig und wende mich ab.
- An manchen Tagen nehme ich Kritik ruhig zur Kenntnis, an anderen Tagen werde ich sehr wütend.
- Ich höre mir alles in Ruhe an. Da könnte etwas Wahres dran sein.
- Ich suche sofort nach Gegenargumenten.

4 **a.** Wie reagierst du, wenn du kritisiert wirst?
Schreibe den Satz ab, der deiner Reaktion am ehesten entspricht.
b. Tausche dich mit einer Partnerin oder einem Partner darüber aus, ob sie oder er deine Selbsteinschätzung teilt.

5 Bist du schon einmal kritisiert worden? Worum ging es dabei? Wie bist du damit umgegangen?

Kritik kann eine Chance sein, etwas zu lernen. Du erfährst mehr, wenn du aktiv zuhörst und das Gesagte spiegelst. Beim aktiven Zuhören stellst du Fragen an den Gesprächspartner, um sein Anliegen besser zu verstehen.

Was erwartest du von mir? Was meinst du eigentlich damit?
Warum ist dir das so wichtig? Kannst du mir ein Beispiel nennen?
Was möchtest du? Was stört dich daran?

6 Welche Informationen kannst du durch die Fragen erhalten?
a. Trage die Fragen in eine Tabelle ein.
b. Ergänze weitere Fragen.

Starthilfe

der Wunsch	die Erklärung der Kritik	die Gründe und die Gefühle
Was erwartest du von mir?	Kannst du …	…

Beim Spiegeln fasst du das Gesagte in eigenen Worten zusammen.

7 Was könnt ihr in einem Gespräch mit dem Spiegeln bewirken?
Notiert Stichworte.

8 **a.** Schreibt einen Dialog zur Situation auf dem Bild auf Seite 20, in dem die Gesprächspartner auf die Kritik eingehen.
Tipp: Lasst sie dabei aktiv zuhören und das Gesagte spiegeln.
b. Spielt euren Dialog in der Klasse szenisch.

9 Wertet das szenische Spiel gemeinsam aus: Was ist an dem Dialog gelungen, was könnte noch verbessert werden?

Szenisch spielen
▶ S. 312

Extra Sprache

Killerphrasen und Ich-Botschaften

Unsachliche Äußerungen in Diskussionen werden auch als „Killerphrasen" bezeichnet. Killerphrasen behindern die Kommunikation zwischen Gesprächspartnern.

> 1
> So etwas ist mir **noch nie** untergekommen: **Alle** quatschen, **keiner** kapiert was! Dabei habe ich das schon **tausendmal** mit euch durchgekaut.

> 2
> Jetzt sei bloß nicht wieder eingeschnappt. **Wie alt bist du eigentlich?**

> 3
> Das ist doch wieder **typisch**: **superzickig**, wenn's um deine Sachen geht.

1
a. Lest die Sprechblasen laut vor. Wie können diese Äußerungen gesprochen werden? Denkt an den Tonfall, die Lautstärke, die Gestik und die Mimik.
b. Sprecht über folgende Fragen:
– In welchen Situationen könnten diese Äußerungen gefallen sein?
– Wer könnte sie wem gegenüber geäußert haben?

Betont vorlesen oder vortragen
▶ S. 312

Killerphrasen lösen negative Gefühle aus und verhindern dadurch eine sachliche Kommunikation.

2 Untersucht die Äußerungen nun genauer.
a. Lest die hervorgehobenen Wörter und Wortgruppen.
b. Welche Reaktionen können dadurch hervorgerufen werden? Wie wirken sie in einem Gespräch? Sprecht darüber.

So könnt ihr auf Killerphrasen reagieren:

> etwas Witziges antworten, eine Frage stellen, die Killerphrase nicht beachten, den Gesprächspartner auf die unsachliche Äußerung ansprechen

3 a. Schreibe mindestens vier Reaktionen zu den Killerphrasen in den Sprechblasen auf. Welche Wirkung hat die Reaktion jeweils? Schreibe es dazu.
b. Sprecht in Partnerarbeit über eure Lösungen.

Extra Sprache

Eigentlich ist es nicht schwer, ohne Killerphrasen auszukommen – auch wenn man Kritik übt. Ich-Botschaften helfen dabei.

A
Ich fühle mich benachteiligt. **Wir könnten uns doch gegenseitig helfen**, wenn wir etwas brauchen.

B
Ich wundere mich über deine Reaktion. **Was hat eigentlich dazu geführt?**

C
Ich habe den Eindruck, dass nicht alle verstanden haben, worum es geht. **Erklärt mir bitte**, woran das liegen könnte.

4 Untersucht in Partnerarbeit die Ich-Botschaften A, B und C genauer.
  a. Lest die hervorgehobenen Wörter und Wortgruppen.
  b. Wie wirken sie in einem Gespräch? Sprecht darüber.
  c. Verändert die Ich-Botschaften, wenn ihr mit der Aussage noch nicht zufrieden seid.

5 Welche Killerphrase kann durch welche Ich-Botschaft ersetzt werden?
  a. Lies noch einmal die Killerphrasen 1, 2 und 3 auf Seite 22 und die Ich-Botschaften A, B und C auf dieser Seite.
  b. Ordne je eine Ich-Botschaft einer Killerphrase zu.
  c. Begründe deine Zuordnung.

6 Wie wird eine gelungene Kommunikation durch Ich-Botschaften gefördert?
  a. Vergleiche die Wirkung von Killerphrasen und Ich-Botschaften.
  b. Fasse die wesentlichen Unterschiede in Stichworten zusammen.

Nun kannst du selbst Killerphrasen durch Ich-Botschaften ersetzen.

Da kannst du überhaupt nicht mitreden.

Das hätte ich nie von euch gedacht.

Das haben doch schon andere vor dir versucht.

7 a. Ersetze jede Killerphrase durch eine passende Ich-Botschaft.
  b. Sprecht in der Klasse über eure Lösungen.

Sich adressatenbezogen äußern ▶ S. 325

Teste dich!

Miteinander reden

Hier kannst du überprüfen, wie gut du mit anderen reden kannst.

Manchmal hat man eine andere Meinung als der Gesprächspartner.
Nicht immer ist es leicht, die eigene Meinung auszusprechen.

Na, dann sind wir uns ja einig: Du kümmerst dich ganz schnell um die Bilder. Und vergiss nicht, sie müssen super werden.

Aber wir haben doch gesagt ... Und eigentlich wollte ich ja ... Na gut, wenn du meinst, dann muss ich mich wohl darum kümmern.

...

1 **a.** Welche Situation ist auf dem Bild dargestellt?
Beschreibe die Situation und die Personen in Stichworten.
b. Was sagen die Personen? Fasse es kurz zusammen:
– Wer erteilt einen Auftrag?
– Wer bekommt einen Auftrag?

2 Wie wirken die Personen auf dich, wie könnten sie sich fühlen?
Beschreibe die Schülerin und den Schüler mit passenden Adjektiven.

Der Schüler sagt nicht deutlich, was er eigentlich möchte.

3 **a.** Was könnte der Schüler denken? Schreibe es auf.
b. Was könnte der Schüler sagen? Formuliere Sätze mit angemessenen Worten und Ich-Botschaften. Schreibe die Sätze auf.
– Wie könnte der Schüler deutlich sagen, dass er nicht einverstanden ist?
– Welchen Kompromiss könnte er machen?
– Welche Gründe könnte er nennen?

4 **a.** Sprecht eure Sätze gegenseitig laut vor. Denkt an den Tonfall, die Lautstärke, die Gestik und die Mimik.
– Habt ihr Ich-Botschaften formuliert?
– Gelingt das Gespräch nun besser?
b. Überarbeitet eure Sätze, wenn nötig.

Sprachspeicher
nervös
begeistert
bestimmend
unsicher
fordernd
selbstsicher

Fördern

Miteinander reden

Hier übst du noch einmal, mit anderen zu reden.

Du entscheidest, ob du die Aufgaben auf den Seiten 25 und 26 mit mehr Hilfen oder die kniffligeren Aufgaben auf Seite 27 lösen willst.

1 Lies die Geschichte mit dem Textknacker.

Textknacker ▶ **S. 310**

Sie denkt – er denkt: Gespräche vor dem Laptop[1]

Mina: Den ganzen Abend sitze ich vor dem Laptop und Yannik schreibt nicht. Er ist doch aber on[2]. Wahrscheinlich nerve ich ihn … Ich hätte ihn nicht fragen sollen, ob ihn der neue Film auch interessiert. Jetzt denkt er, ich mache Druck.
Yannik: Oh, Mann … Ich kann mich nicht aus dem Chat ausloggen. Jetzt muss
5 ich mich beeilen, Tom kommt gleich und holt mich zum Spiel ab. Ich schaue nur noch kurz, ob Mina geschrieben hat. Ah super, sie hat geschrieben! Ja, der Film interessiert mich auch! Oh, Tom ist da …! Ich antworte Mina später.
Yannik verlässt sein Zimmer.

Später am Abend:
10 **Mina:** Yannik ist ja immer noch on. Na toll, er schreibt sich bestimmt mit Vanessa. Er antwortet mir sowieso nicht, dann schalte ich eben aus. Sie schaltet enttäuscht und verletzt den Computer aus.
Währenddessen:
Yannik: Es ist so spät geworden! Mist, bestimmt schläft Mina schon. Na dann
15 schreibe ich ihr morgen, aber ausloggen kann ich mich immer noch nicht …
Er geht schlafen.

Am nächsten Morgen steht Mina übermüdet auf, denn sie hat kaum geschlafen. Dauernd musste sie an Yannik und Vanessa denken. Sie loggt sich ein und sieht, dass er auch eingeloggt ist. Aber keine Nachricht von ihm! Sie ruft ihre Freundin an:
20 **Mina:** Weißt du was? Yannik will gar nichts von mir! Er war die ganze Zeit on. Aber geschrieben hat er mir nicht, sondern bestimmt Vanessa.
Ihre Freundin rät ihr, Yannik zu vergessen. Sie lädt Mina zu sich nach Hause zu einem „Mädels-Wochenende" ein.
Währenddessen:
25 **Yannik:** Oh, wieso bin ich denn immer noch eingeloggt! Jetzt schreibe ich eben Mina und frage, ob sie heute mit mir ins Kino geht. Hoffentlich sagt sie Ja!
Yannik ahnt nicht, dass er Mina verpasst hat. Sie ist auf dem Weg zu ihrer Freundin und wird das ganze Wochenende nicht mehr ihre Nachrichten abrufen.

[1] der Laptop: kleiner, tragbarer Computer
[2] er ist on: Kurzform für: er ist online

Fördern

Auch bei Chatgesprächen ist es wichtig, dass die Gesprächspartner sagen, was sie denken und meinen, sonst können Missverständnisse entstehen.

⊙ **2** a. Versetze dich in Mina oder Yannik hinein.
   b. Beantworte aus ihrer oder seiner Sicht die folgenden Fragen.
   – In welcher Situation bin ich?
   – Worüber denke ich nach?
   – Was erwarte ich?
   – Wie gehe ich am Ende mit der Situation um?

⊙ 👥 **3** a. Besprecht eure Ergebnisse in Partnerarbeit:
   – Eine/Einer liest die Antworten aus Minas Sicht vor.
   – Die/Der andere liest die Antworten aus Yanniks Sicht vor.
   b. Erklärt, wie das Missverständnis zustande kam.

⊙ **4** Mina stellt Vermutungen an, warum Yannik ihr nicht schreibt.
   a. Minas Vermutungen sind im Text hervorgehoben. Schreibe sie auf.
   b. Formuliere, Argumente (Behauptungen, Begründungen und Beispiele), mit denen Mina ihre Vermutungen begründen kann.

Wahrscheinlich nerve ich ihn ...

⊙ **5** Wie könnte Yannik auf Minas Argumente reagieren?
   a. Notiere in Stichworten, was wirklich geschehen ist.
   b. Formuliere Argumente (Behauptungen, Begründungen und Beispiele), mit denen Yannik sein Verhalten begründen kann.

... Ich wollte nachsehen, ob ... Doch da ...

In einem Gespräch können Mina und Yannik die Missverständnisse klären.

⊙ 👥 **6** Stellt euch vor, Mina und Yannik sehen sich am Montag auf dem Schulhof. Überlegt gemeinsam:
   – Welchen ersten Schritt könnte Mina/Yannik machen?
   – Was könnte sie/er sagen?
   – Wie könnte sie/er auf die Äußerungen des anderen reagieren?

⊙ 👥 **7** Schreibt einen Dialog, in dem Mina und Yannik aufeinander eingehen. Verwendet dabei eure Ergebnisse der Aufgaben 4 bis 6.
   – Formuliert Ich-Botschaften.
   – Hört aktiv zu und spiegelt das Gesagte, um den Gesprächspartner besser zu verstehen.
   – Greift die Argumente des Gesprächspartners auf, um eure Position deutlich zu machen.

⊙ 👥 **8** a. Spielt euren Dialog einem anderen Tandem szenisch vor.
   Tipp: Achtet beim Spiel auch auf Mimik und Gestik.
   b. Wertet gemeinsam das szenische Spiel aus: Was ist am Dialog gelungen, was könnte noch verbessert werden?

Szenisch spielen
▶ S. 312

Fordern

Wenn du mit jemandem sprichst, können deine Worte oft mehr ausdrücken, als du vermutest.

Klara und Tiana sitzen im Deutschunterricht. Plötzlich sagt Klara:

> Mein Radiergummi ist weg.

1 a. Wie könnte Tiana reagieren? Notiere spontan eine Antwort.
   b. Vergleiche mit einer Partnerin oder einem Partner.

2 Tiana könnte Klara missverstehen. Was könnte Tiana vielleicht alles aus Klaras Satz heraushören? Schreibe mehrere Möglichkeiten auf.

Wie ein Quadrat hat auch jede Äußerung eines Sprechers vier Seiten. Diese vier Seiten oder Botschaften nennt man auch **Kommunikationsquadrat**.

3 Lies die Information zum Kommunikationsquadrat.

> **Info**
>
> Jede Äußerung eines Sprechers enthält vier Botschaften, nämlich: einen Hinweis ==zur Sache==, ==zum Sprecher== selbst, ==über die Beziehung zum Sprecher== und ==einen Appell== (eine Aufforderung). Das wird auch Kommunikationsquadrat genannt. Für jede dieser vier Botschaften hat der Empfänger ein Ohr. Um eine Botschaft richtig zu verstehen, muss sie oder er mit dem richtigen Ohr zuhören.

4 Tiana kann aus Klaras Aussage verschiedene Informationen entnehmen. Beantwortet dazu die folgenden Fragen:
   – Welche Information hat Tiana über Klaras Radiergummi erhalten?
   – Was hat Tiana vielleicht über Klara erfahren?
   – Was denkt Tiana vielleicht über Klara?
   – Wozu fühlt sich Tiana vielleicht aufgefordert?

Das Kommunikationsquadrat hilft zum Beispiel, Missverständnisse aufzuklären.

5 a. Schreibt zwei Gespräche zwischen Klara und Tiana, in denen Tiana jeweils nur „mit einem Ohr" zuhört.
   b. Schreibt jeweils auf, was Klara antworten könnte, damit Tiana sie nicht missversteht. Ergänzt, mit welchem Ohr Tiana zuhören müsste.

6 a. Spielt die verschiedenen Gespräche aus Aufgabe 5 szenisch. Setzt dabei auch Mimik, Gestik und unterschiedliche Betonung ein.
   b. Wertet das szenische Spiel aus. Welche Konsequenzen zieht ihr daraus für künftige Gespräche?

Szenisch spielen
▶ S. 312

Bionik – Vorbilder aus der Natur

1 Beschreibt, was auf den Bildern zu sehen ist.

2 Die linken und die rechten Bilder gehören jeweils zusammen.
Vergleicht die Bildpaare.
- Was fällt euch auf?
- Warum könnten die Bilder jeweils zusammengehören?

Viele Wissenschaftler und Techniker finden in der Natur Vorbilder für ihre Erfindungen.

3 Lest den Sachtext.

Eine lästige Frucht stand Pate

Über den Schweizer Wissenschaftler Georges de Mestral[1] wird berichtet, dass er ein Naturfreund war und mit seinem Hund gern durch den Wald streifte. Aber immer, wenn beide nach Hause kamen, gab es erst einmal Arbeit: Denn seine Kleidung und das Fell des Hundes hingen voller Kletten. So auch an einem Tag im Jahre 1948, als Georges de Mestral sich mühen musste, die Kletten aus dem Fell des Hundes und von seiner Kleidung abzusammeln. Das war aber kein Tag wie alle anderen, sondern an diesem Tag wurde eine Idee geboren …

[1] Georges de Mestral [sprich: schorsch de mestrall] lebte von 1907–1990.

4 a. Welche Erfindung auf Seite 28 hat sich aus der Idee von Georges de Mestral entwickelt? Nennt sie.
b. Wo begegnet ihr dieser Erfindung in eurem Alltag? Sprecht darüber.

5 a. Seht euch die Bilder auf Seite 28 erneut an und ergänzt gemeinsam die folgende Tabelle.
b. Kennt ihr weitere Pflanzen oder Tiere, die Vorbilder für Erfindungen in der Technik waren? Tragt sie ebenfalls in die Tabelle ein.

Starthilfe

Vorbild in der Natur	Erfindung	Nutzen der Erfindung
…	…	…

Die Überschrift des Kapitels lautet „Bionik-Vorbilder aus der Natur".

6 a. Lest die beiden Worterklärungen.
b. Erklärt mit Hilfe der Worterklärungen, was Bionik bedeutet.

Die Biologie ist die Wissenschaft, die sich mit den Besonderheiten der Lebewesen befasst.

Die Technik ist die praktische Anwendung von naturwissenschaftlichen Erkenntnissen zum Nutzen der Menschen.

Starthilfe

Das Wort „Bionik" setzt sich aus den Wörtern „Biologie" und …
Die Bionik ist eine Wissenschaft, die …

In diesem Kapitel erfahrt ihr, wie die Bionik Vorbilder aus der Natur nachahmt, um unser Leben mit technischen Erfindungen zu vereinfachen. Ihr übt, Sachtexte und Grafiken zu erschließen, und schreibt für andere einen informierenden Text.

Einen Sachtext und Grafiken auswerten

Im folgenden Sachtext und in den Grafiken erfährst du mehr über Bionik. Du erschließt den Sachtext und die Grafiken mit dem Textknacker.

Textknacker ▶ S. 310

1 a. Sieh dir die Bilder zum Text und die Überschrift an.
b. Worum geht es in dem Text vermutlich? Schreibe einen Satz auf.

1. Schritt: Vor dem Lesen

2 a. Überfliege den Text oder lies ihn einmal durch.
b. Welche Wörter oder Wortgruppen fallen dir auf? Schreibe sie auf.
c. Überprüfe deine Vermutung aus Aufgabe 1b.

2. Schritt: Das erste Lesen

Der Natur abgeschaut

Jemand, der erfolgreich ist, wird gern zum Vorbild genommen. Und was sich bewährt hat, wird oft imitiert[1]. Können nur Menschen Vorbilder sein? Keinesfalls: Denn auch in der Natur gibt es Pflanzen und Tiere, die besonders erfolgreich sind und deshalb als Vorbilder genutzt werden. Wissenschaftlerinnen und Wissenschaftler tun sehr viel, um herauszufinden, welches Geheimnis hinter deren Erfolgen steckt. Diesen Wissenschaftszweig nennt man Bionik. Den Bionikern dienen Pflanzen und Tiere als Modelle[2], von denen sie bestimmte Fähigkeiten auf die Technik übertragen können. Dabei erforschen sie auch Analogien[3] zwischen Wirkungsprinzipien[4], die sowohl in der Natur als auch in der Technik vorkommen. Eine schon bestehende Technik können sie so noch weiter verbessern. Beispiele hierfür finden sich in vielen Lebensbereichen.

Ein Beispiel für ein tierisches Vorbild sind Haie, die durch ihre Schnelligkeit seit 380 Millionen Jahren sehr erfolgreich bei ihrer Nahrungsbeschaffung sind. Lange hat man sich gefragt, warum Haie so schnell schwimmen können. Forscher fanden schließlich heraus, dass die Haie – außer im Maul – auch am ganzen Körper kleine Zähne tragen. Haifisch-Haut fühlt sich dadurch rau an. Sie besitzt eine Rillenstruktur, die nur unter einem Mikroskop sichtbar wird: In der Vergrößerung kann man erkennen, dass die Rillen so ausgerichtet sind, dass das Wasser beim Schwimmen durch sie hindurchströmen kann. So bilden sich beim schnellen Schwimmen viele kleine Wasserwirbel. Dadurch kann sich ein Hai ohne großen Widerstand sehr schnell fortbewegen. Die Oberfläche der Haihaut ist zum Vorbild für die Herstellung moderner Ganzkörper-Schwimmanzüge geworden. Mit solchen Schwimmanzügen verringert sich der Widerstand des Wassers beim Schwimmen.

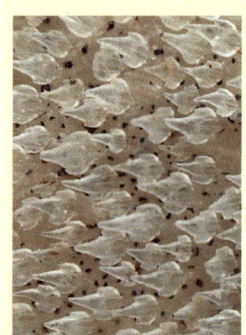

[1] imitiert: nachgeahmt   [2] das Modell: die Vorlage
[3] die Analogie: hier: die Ähnlichkeit von natürlichen und technischen Vorgängen
[4] das Wirkungsprinzip: die Regel, nach der etwas funktioniert

Einige Weltrekorde konnten so überhaupt erst aufgestellt werden. Der Haihaut-Effekt funktioniert nicht nur unter Wasser, sondern auch in der Luft. Techniker entwickelten nach dem Vorbild der Haifisch-Haut eine dünne Folie, mit der die Tragflächen von Flugzeugen beklebt werden können. Da sich Luft ähnlich verhält wie Wasser, wird der Luftwiderstand beim Fliegen geringer und es lassen sich so bis zu drei Prozent Treibstoff einsparen. Auf einem Flug von München nach New York könnten pro Passagier so etwa 6,8 Liter Kerosin[5] eingespart werden. Auf alle Passagiere umgerechnet wären das über 2500 Liter Treibstoff auf nur einem einzigen Flug. Das entspricht einer Masse von etwa zwei Tonen[6]. Dieses Beispiel zeigt, dass Bionik unter Umständen auch beim sparsamen Umgang mit Energie helfen kann.

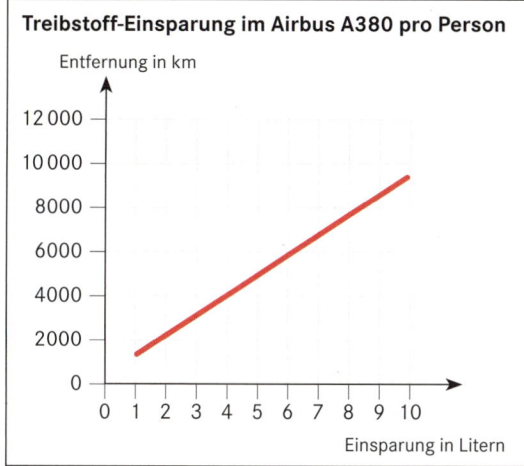

Entfernungen von München in km	
New York	6500
Reykjavik	2700
Lissabon	2000
Istanbul	1580
Stockholm	1300
Minsk	1285
Rom	700
Budapest	560
Prag	300

Nicht nur in der Luftfahrt, sondern auch in der Schifffahrt ist es wichtig, Energie einzusparen und damit Umwelt und Ressourcen zu schonen. Die Schifffahrt z. B. verbraucht für den Antrieb ungeheure Mengen von Treibstoff, weil die Schiffsrümpfe im Wasser einen hohen Reibungswiderstand haben. Bisher begegnete man dem Problem mit besonderen Farbanstrichen, die aber immer wieder erneuert werden müssen. Eine Oberfläche, die eine Luftschicht am Schiffsrumpf hält und so das Schiff besser gleiten lässt, könnte die Schiffe schneller machen und trotzdem Treibstoff für den Antrieb einsparen, bis zu ein Prozent. Das käme auch der Umwelt zugute. Jetzt ist man der Lösung ein bisschen näher gekommen, denn die Forscher entdeckten den Schwimmfarn Salvinia, der im Wasser tauchen kann, ohne dabei nass zu werden. Kleine Härchen mit schneebesenähnlichen Spitzen an den Blättern halten kleine Luftbläschen von einem Millimeter Durchmesser fest und lassen ihn schweben. Die anderen Teile der Härchen sind mit Wachskristallen besetzt, die das Wasser abweisen. Forschern ist es inzwischen gelungen, diese lufthaltende Oberfläche nachzubauen. Bis zur umfassenden Nutzung sind aber noch weitere Forschungen notwendig.

[5] das Kerosin: der Treibstoff für Düsentriebwerke
[6] die Tonne: Eine Tonne entspricht einem Gewicht von 1000 kg.

⁵⁵ Obwohl die Funktionsweise natürlicher Vorbilder oft einleuchtend ist, können Menschen manchmal nur unzureichend technisch kopieren, was die Natur im Laufe von mehreren Millionen Jahren entwickelt hat. Forscher interessieren sich heute z. B. besonders für Spinnenseide. Die Fäden, die eine Spinne fertigt, sind zehnmal dünner als ein menschliches Haar, im Vergleich zu Stahl sind sie ⁶⁰ aber 20-mal fester und viel elastischer als Gummi. Sollte es Wissenschaftlern gelingen, Spinnenfäden künstlich herzustellen, könnten z. B. extrem leichte, aber äußerst stabile Seile entwickelt werden. Für schusssichere Westen, wie sie Polizisten manchmal tragen müssen, wäre Spinnenseide wegen ihrer besonderen Festigkeit ebenfalls geeignet. Und in der Medizin hofft man, mit Hilfe ⁶⁵ der künstlichen Spinnenseide Nerven wieder zusammenwachsen lassen zu können. Trotz vieler Versuche ist es aber bis heute nicht gelungen, die Spinnenseide perfekt zu imitieren.

Auch wenn es sehr aufwändig ist, natürliche Prinzipien technisch umzusetzen, lohnt sich der Blick in die „Labore" der Natur. Sie hat vollkommene Lösungen ⁷⁰ für Probleme entwickelt, die Menschen aktuell beschäftigen. Wie wir die Lösungen nutzen, sollten wir verantwortungsbewusst entscheiden: In allererster Linie sollte die Natur dabei nicht ausgebeutet, sondern geschützt werden. Denn wenn die Natur und ihre Bewohner vernichtet sind, kann niemand mehr von ihnen lernen. Je besser Techniker und Biologen zusammenarbeiten, desto ⁷⁵ besser wird das auch gelingen.

Schlüsselwörter sind für das Verstehen besonders wichtig.

3 Was erfährst du in den einzelnen Absätzen?
  a. Lies den Text noch einmal genau – Absatz für Absatz.
  b. Schreibe für jeden Absatz eine Zwischenüberschrift auf eine Karteikarte.
  c. Notiere darunter jeweils Schlüsselwörter aus dem Text.

3. Schritt:
Den Text genau lesen

Damit du den Sachtext vollständig verstehst, solltest du die Bedeutung der verwendeten Fachbegriffe klären.

4 a. Welche Fachbegriffe im Text kennst du nicht? Kläre ihre Bedeutung mit Hilfe der Erklärungen im Text oder in den Fußnoten.
   Tipp: Du kannst auch im Wörterbuch oder Lexikon nachschlagen.
  b. Schreibe die Wörter zusammen mit ihrer Erklärung auf.

Fachbegriffe erschließen
▶ S. 39

W-Fragen helfen dir, den Text noch besser zu verstehen.

5 Welche Fragen beantwortet der Sachtext?
  a. Schreibe jeweils drei Fragen auf.
  b. Tauscht eure Fragen aus und beantwortet sie euch gegenseitig.

Grafiken und Tabellen enthalten oft zusätzliche Informationen.

6 Was verdeutlichen die Grafik und die Tabelle auf Seite 31?
   a. Sieh dir die Grafik genauer an. Welche Angaben enthält sie? Worüber informiert sie?
   b. Sieh dir die Tabelle genauer an. Was erfährst du aus ihr?

7 Welche Aussage aus dem Text wird mit der Grafik und der Tabelle genauer erklärt? Schreibe die entsprechenden Zeilen auf.

8 Mit Hilfe der Grafik und der Tabelle kannst du Treibstoff-Einsparungen berechnen. Beschreibe in Stichworten, wie du dabei vorgehst.

9 Fasse die zusätzlichen Informationen aus der Grafik und der Tabelle in einem kurzen Text zusammen.
Belege deine Aussagen mit Zitaten aus dem Text.

10 Es gibt verschiedene Arten von Diagrammen.
Die Grafik auf Seite 31 ist ein Liniendiagramm.
   a. Seht euch die verschiedenen Arten von Diagrammen am Rand an. Welche Arten sind abgebildet? Benennt sie.
   b. Überlegt gemeinsam, warum für die Grafik auf Seite 31 ein Liniendiagramm gewählt wurde.
      – Was soll durch das Liniendiagramm deutlich gemacht werden?
      – Was ist das Besondere an einem Liniendiagramm?
   c. Für welche Darstellungen eignen sich die einzelnen Diagramme am Rand jeweils? Nenne zu jedem Diagramm ein Beispiel.

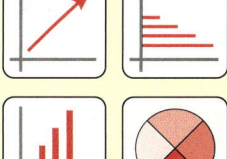

11 Wie hoch ist die Treibstoff-Einsparung jeweils, wenn ihr von München zu den verschiedenen Zielen fliegt?
   a. Erstellt ein Diagramm, das die Einsparung deutlich zeigt.
   b. Vergleicht eure Diagramme in der Klasse. Welche Art von Diagramm habt ihr jeweils erstellt? Warum?

Nach dem Lesen arbeitest du mit dem Inhalt des Textes und der Grafiken weiter.

12 Was hast du in dem den Sachtext und den Grafiken erfahren?
Ordne die Informationen übersichtlich in einer Mindmap.
Tipp: Deine Schlüsselwörter aus Aufgabe 3 helfen dir, passende Oberbegriffe zu finden.

13 Worüber wollt ihr mehr erfahren?
   a. Sammelt Themen und recherchiert in Lexika oder im Internet.
   b. Ergänzt anschließend eure Mindmaps.

---

4. Schritt:
Nach dem Lesen

Eine Mindmap gestalten
▶ S. 314

Im Internet recherchieren
▶ S. 311

Einen informierenden Text schreiben

Die Klasse 8M hat den Sachtext „Der Natur abgeschaut" auf den Seiten 30–32 gelesen. Für eine Ausstellung zum Thema **Bionik** an ihrer Schule möchte die Klasse einen informierenden Text schreiben.

1. Schritt: Den Text planen

1 Überlegt, welche Schreibziele sich die Schülerinnen und Schüler setzen.
- An wen soll sich der Text richten?
- Welches Ziel wollen die Schülerinnen und Schüler erreichen?

2 Was müsst ihr beachten, wenn ihr einen informierenden Text schreibt? Besprecht gemeinsam:
- Was müsst ihr hinsichtlich der Sprache und des Stils beachten?
- Wie könnt ihr zusätzliche Informationen anschaulich darstellen?

3 Was weißt du über das Thema **Bionik**?
Sieh dir noch einmal deine Mindmap von Seite 33 an.

4 Welche Informationen sind wichtig? Was ist besonders interessant für die Leserinnen und Leser?
   a. Markiere es in deiner Mindmap.
   b. Schreibe jeweils das Wichtigste auf Karteikarten.

5 Für deinen informierenden Text kannst du zusätzliche Informationen verwenden. Recherchiere im Internet weitere Informationen zum Thema **Bionik** und ergänze deine Karteikarten.

Im Internet recherchieren
▶ S. 311

Du möchtest einen interessanten und gut zu lesenden Text schreiben, der über das Thema Bionik informiert. Ordne dazu deine Informationen und gliedere deinen Text.

6 Ordne deine Karteikarten in einer sinnvollen Reihenfolge.
   a. Überlege:
   - Was ist Bionik und wie ist die Wissenschaft entstanden?
   - Welche Erfindungen aus der Bionik gibt es und was ist jeweils das Besondere daran?
   b. Nummeriere deine Karteikarten mit einem Bleistift. Dann kannst du die Reihenfolge jederzeit verändern.

**Um deinen Text anschaulicher und interessanter zu gestalten,
kannst du eine eigene Grafik nach dem folgenden Muster erstellen.**

7 Durch die Nutzung des Haihaut-Effekts kann Treibstoff eingespart werden.
Veranschauliche die Einsparung mit Hilfe einer eigenen Europakarte.
   a. Zeichne eine Europakarte und trage die folgenden Städte ein: Budapest,
Istanbul, Lissabon, Minsk, München, Prag, Reykjavik, Rom, Stockholm.
     Tipp: Die Punkte in der Abbildung unten und ein Atlas helfen dir.
   b. Zeichne jeweils einen Pfeil von München zu den anderen Städten.
Ergänze daran die Entfernungen aus der Tabelle auf Seite 31.

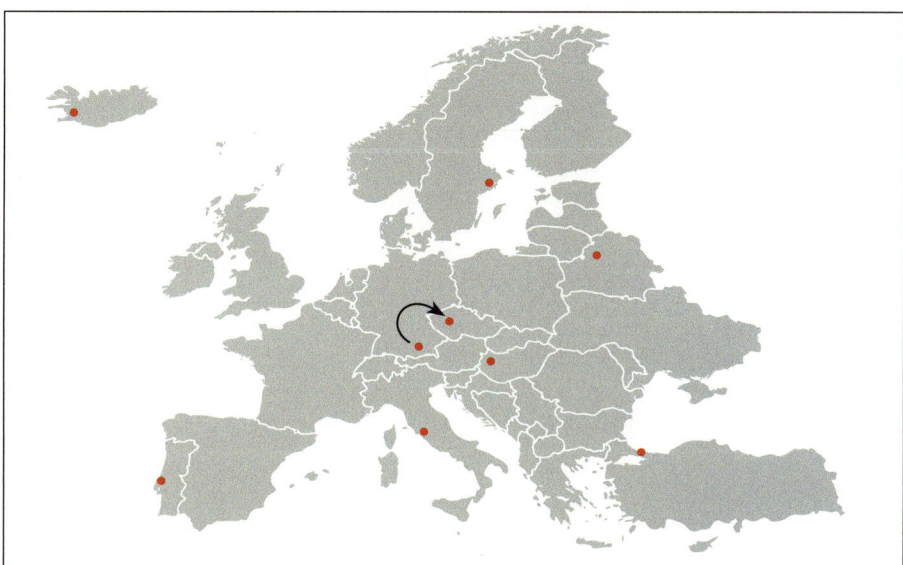

W Du kannst die Einsparungen mit Zahlen belegen.
Wähle Aufgabe 8, 9 oder 10: Du kannst die Einsparungen für
einen Flug oder für alle Entfernungen oder für ein ganzes Jahr berechnen.

8 In einem Airbus A 380 haben etwa 380 Personen Platz.
Die Einsparung pro Person beträgt 2,5 Liter.
   a. Wie viel Treibstoff könnte allein auf einem Flug
von München nach Reykjavik eingespart werden? Berechne es.
   b. Trage das Ergebnis in deine Grafik ein.

9 **a.** Berechne für alle Entfernungen die Einsparungen pro Flug.
   b. Trage die Ergebnisse in deine Grafik ein.

10 Jährlich reisen etwa 150 000 Deutsche nach Reykjavik.
Die Einsparung pro Person beträgt 2,5 Liter.
   a. Wie viel Liter Treibstoff könnten jedes Jahr allein auf diesen Flügen
eingespart werden?
   b. Trage das Ergebnis in deine Grafik ein.

2. Schritt: Den Text schreiben

11 Worüber möchtest du informieren? Finde eine Überschrift.

12 Formuliere eine Einleitung, die die Leserinnen und Leser zum Weiterlesen anregt.

> **Starthilfe**
> Was haben der Klettverschluss, Tragflächen von Flugzeugen und Spinnennetze gemeinsam? Und was haben Kletten, Haie und Spinnen gemeinsam? Ganz einfach: Die einen haben Vorbilder in der Natur, die anderen sind Vorbilder aus der Natur. Die Wissenschaft, die sich mit diesen Vorbildern beschäftigt, nennt man Bionik …

13 Schreibe nun den Hauptteil deines Textes.
Verwende dazu deine Ergebnisse aus den Aufgaben 3 bis 10.
- Schreibe in einfachen, klaren Sätzen.
- Verwende wichtige Fachbegriffe.
- Schreibe sachlich.
- Lege eine Stelle fest, an der du deine Grafik platzieren möchtest.

14 Schreibe zum Schluss einen zusammenfassenden Satz oder eigene Gedanken auf.

3. Schritt: Den Text überarbeiten

15 a. Überprüft eure Texte mit Hilfe der Arbeitstechnik in Partnerarbeit.
b. Überarbeitet anschließend eure Texte.

Arbeitstechnik: Einen informierenden Text schreiben

1. Schritt: Den Text planen
- Über welches Thema möchtest du informieren? Sammle Informationen.
- Überlege: Wen möchtest du mit deinem Text informieren?
- Welche Informationen könnten interessant sein? Schreibe Stichworte auf.
- Ordne deine Informationen und schreibe eine Gliederung.
- Veranschauliche deinen Text durch Grafiken und Bilder.

2. Schritt: Den Text schreiben
- Finde eine passende Überschrift.
- Formuliere eine Einleitung, die zum Weiterlesen anregt.
- Schreibe im Hauptteil einfache und klare Sätze.
  Verwende die nötigen Fachbegriffe.
- Lasse unwichtige Informationen weg. Schreibe sachlich.
- Schreibe zum Schluss einen zusammenfassenden Satz auf.

3. Schritt: Den Text überarbeiten
- Überprüfe deinen Text. Verwende Checklisten.
- Überarbeite den Text. Achte auch auf die Rechtschreibung.

Einen Flyer gestalten

Gemeinsam in der Gruppe könnt ihr mit euren informierenden Texten und euren Grafiken einen Flyer am Computer gestalten.

1.
   a. Legt eure erstellten Texte und Grafiken zusammen.
   b. Findet weitere Grafiken oder Bilder, die zu eurem Thema passen.

2. Wie möchtet ihr die Überschriften, die Texte, die Grafiken und die Bilder auf eurem Flyer anordnen? Fertigt zunächst einen Entwurf an.
   a. Faltet ein DIN-A4-Blatt so, dass drei schmale Seiten entstehen.
   b. Skizziert, wie ihr die einzelnen Elemente anordnen möchtet: Wo sollen eure Texte stehen, wo die Grafiken und die Bilder?

3. Erstellt das Layout in einem Textverarbeitungsprogramm am Computer.
   - Öffnet ein leeres Dokument mit zwei Seiten.
   - Wählt das Querformat aus und stellt schmale Seitenränder ein.
   - Fügt auf beiden Seiten jeweils eine Tabelle mit drei Spalten ein. Die Spalten entsprechen den sechs Seiten des Flyers.

4. Gestaltet den Flyer.
   a. Schreibt die Texte in die gewünschten Spalten und überprüft die Rechtschreibung.
   b. Wählt passende Schriften und Farben für die Texte und die Überschriften aus.
   c. Fügt eure Grafiken und Abbildungen digital ein.

5. Druckt das Dokument beidseitig aus und faltet euren Flyer.

Ihr könnt die Gestaltung eures Flyers von einer anderen Gruppe überprüfen lassen.

6.
   a. Tauscht euren Flyer mit einer anderen Gruppe.
   b. Überprüft den Flyer der anderen Gruppe und notiert eure Anmerkungen:
      - Sind alle wichtigen Informationen enthalten?
      - Ist die Überschrift verständlich?
      - Sind die Seiten übersichtlich gestaltet?
      - Ist die Schrift groß genug und gut lesbar?
      - Passen die Grafiken und die Bilder zum jeweiligen Text? Welche Funktionen erfüllen sie? Was zeigen sie zusätzlich?
   c. Gebt eure Anmerkungen an die andere Gruppe.

7. Arbeitet die Tipps und Anmerkungen in euren Flyer ein.

Über den Rand hinaus schreiben ▶ S. 318

Feedback geben ▶ S. 313

Extra Sprache

Zusammenhänge verstehen

In Texten gibt es oft Wörter, die Gedanken miteinander verknüpfen.
Sie helfen dir dabei, Zusammenhänge zu verstehen oder zu verdeutlichen.

1 Lies den Sachtext.

Flache Kameras, die unsichtbar sind

[...] Gerade einmal 0,2 Millimeter messen die Objektive der superflachen Kameras, die dem Facettenauge von Insekten nachempfunden sind. Somit sind diese dünn genug, um in einer Kreditkarte zu verschwinden. Drei Jahre hat Physiker Duparré mit seinem Team gebraucht, um dies nachzubauen. Dafür hat er sich recht eng am Insektenauge orientiert, das aus Hunderten bis Zehntausenden Einzellinsen besteht. Jene leiten das einfallende Licht auf Rezeptoren[1], woraufhin im Fliegenhirn aus diesen vielen Einzelbildern das Bild zusammengesetzt wird. [...]*

[1] der Rezeptor – die Rezeptoren: die Enden von Nervenfasern, die Reize aufnehmen und in Erregungen umwandeln

2 Um welche Erfindung und ihr Vorbild geht es? Erklärt es euch gegenseitig.

Im ersten Teil des Textes sind Verknüpfungswörter hervorgehoben.
Sie erklären andere Wörter oder Wortgruppen genauer oder ersetzen sie.

3 Mit den Relativpronomen der, das, die kannst du Sätze verknüpfen und andere Wörter oder Wortgruppen genauer beschreiben.
    a. Finde die Wörter oder Wortgruppen, die durch die Relativpronomen genauer erklärt werden.
    b. Schreibe sie mit dem Relativpronomen auf.

Relativsätze
▶ S. 330

4 Demonstrativpronomen können Wörter oder Wortgruppen ersetzen und Zusammenhänge verdeutlichen.
    a. Finde die Wörter oder Wortgruppen, die durch die Demonstrativpronomen ersetzt werden.
    b. Schreibe sie mit dem Demonstrativpronomen auf.

Demonstrativpronomen
▶ S. 326

5 a. Finde im zweiten Teil des Textes jeweils ein weiteres Relativpronomen und Demonstrativpronomen.
    b. Schreibe sie mit dem passenden Wort oder der Wortgruppe auf.

6 Bildet eigene Sätze mit Relativpronomen und Demonstrativpronomen.
    a. Schreibt die Sätze auf und markiert jeweils das Verknüpfungswort.
    b. Tauscht euch über eure Sätze aus: Werden die Zusammenhänge deutlich?

Extra Sprache

Fachbegriffe verstehen

**In Sachtexten kommen häufig Fachbegriffe vor.
Wenn du ihre Bedeutung klärst, verstehst du den Inhalt der Texte besser.**

1 Lies den Sachtext.

Ein natürliches Belüftungssystem

An heißen Sommertagen sind klimatisierte Räume für uns Menschen eine wahre Erleichterung. Wie man dabei ohne energiefressende Klimaanlagen auskommen kann, machen uns die Termiten[1] vor: Ihre Bauten sind mit Hilfe von Schächten und porösen Wänden auf natürliche Weise belüftet.
5 Das funktioniert so: Die Termiten bauen riesige Hügel. Die Wände sind durchlässig und so dringt frische Luft in den Bau. Im Bau ist ein großer vertikaler Schacht, der die warme Luft aufnimmt. Warme Luft steigt nach oben, kühle Luft von außen kommt durch Poren in den Bau, also durch kleine Öffnungen an den Schachtwänden. Die kühle Luft sinkt zu Boden, nimmt Wärme auf und
10 steigt wieder nach oben. Durch das Zirkulieren der Luft bleibt die Temperatur im Termitenbau konstant[2].

[1] die Termite: Termiten sind staatenbildende Insekten.
[2] konstant: gleichbleibend

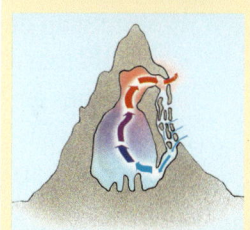

Belüftung im Termitenbau

2 Worum geht es in dem Sachtext? Notiere Stichworte.

Im Sachtext sind Fachbegriffe hervorgehoben. Es gibt verschiedene Möglichkeiten, ihre Bedeutung zu erschließen.

3 Erschließe die hervorgehobenen Fachbegriffe.
    a. Welche Fachbegriffe kannst du mit Hilfe der Bilder erklären?
       Schreibe eine Erklärung auf.
    b. Welche Fachbegriffe werden durch Fußnoten erklärt?
       Schreibe die Erklärungen ab.
    c. Welcher Fachbegriff wird im Text erklärt? Schreibe ihn mit
       der Erklärung auf.
    d. Welche Fachbegriffe kannst du von verwandten Wörtern, die du schon
       kennst, ableiten? Schreibe sie mit ihren verwandten Wörtern auf.
    e. Schlage die Fachbegriffe im Wörterbuch oder im Lexikon nach,
       die du mit Hilfe der Aufgaben a bis d nicht erklären konntest.
       Schreibe die Erklärung auf.

4 Gibt es weitere Wörter im Text, die du nicht verstehst?
    Versuche, sie wie in Aufgabe 3 zu erschließen.

Nachschlagen
▶ S. 319

Teste dich!

Einen informierenden Text schreiben

Hier kannst du überprüfen, ob du den Textknacker anwenden und einen informierenden Text schreiben kannst.

1 Erschließe den folgenden Sachtext mit dem Textknacker.

Textknacker ▶ S. 310

Die Grenzen der Bionik

Heute halten es viele für selbstverständlich, dass tonnenschwere Jumbojets fliegen können. Dass es gelingt, ein solches Gewicht in die Luft zu befördern, liegt unter anderem an der gewölbten Form der Tragflächen. Sie wurde von Gleitfliegern[1], wie z. B. Störchen, abgeschaut. Durch die
5 Wölbung an der Oberseite des Flügels kann die Luft hier schneller vorbeifließen als an der Unterseite. Unterhalb des Flügels entsteht so ein höherer Luftdruck als oberhalb des Flügels, woraus schließlich der Auftrieb entsteht, der z. B. einen Jumbo abheben lässt, wenn er auf der Startbahn eine hohe Geschwindigkeit erreicht.
10 Da die Luft oberhalb und unterhalb der Tragfläche jeweils eine andere Strömungsgeschwindigkeit hat, entstehen an den Enden der Tragflächen Wirbelschleppen, die auch Luftverwirbelungen genannt werden. Dadurch treten zwei große Nachteile auf:
Der durch die Luftverwirbelungen erhöhte Widerstand führt zu einem erhöh-
15 ten Treibstoffverbrauch. Die Folgen sind eine stärkere Umweltbelastung und höhere Kosten.
Zusätzlich sind die Luftverwirbelungen aber auch sehr gefährlich. Gerät ein nachfolgendes Flugzeug in eine solche Luftverwirbelung hinein, kann es ins Trudeln geraten und schlimmstenfalls abstürzen. Um einen solchen Unglücks-
20 fall zu vermeiden, müssen Flugzeuge, die starten wollen, zunächst abwarten, bis sich die Luftverwirbelungen anderer Flugzeuge aufgelöst haben. Das führt an Flughäfen immer wieder zu längeren Wartezeiten. Doch auch für dieses Problem bietet die Natur eine Lösung: Nachdem Techniker die Ursachen der Luftverwirbelungen erkannt hatten, wollten
25 sie herausfinden, warum Vögel nicht ins Trudeln geraten oder abstürzen, wenn sie anderen Vögeln dichtauf folgen. Sie stellten fest, dass an den Enden der Vogelflügel Turbulenzen[2] entstehen, die sogar das Flugverhalten verbessern. Dies ist auf eine Besonderheit des natürlichen Flügels zurückzuführen: Betrachtet man
30 nämlich die Flügelspitzen genauer, kann man erkennen, dass die Federn am Ende der Flügel aufgefächert sind.

[1] die Gleitflieger: Vogelarten, die sich energiesparend mit Hilfe des Windes fortbewegen
[2] die Turbulenz: ungeordnete Strömung, Wirbel

Teste dich!

Diese Federn nennt man auch Handschwingen. Sie lassen sich immer optimal zum Luftstrom aufstellen. Die im Vogelflug entstehenden Turbulenzen sind deutlich geringer als beim Fliegen mit den starren Tragflächen eines Flugzeugs. Flugzeugingenieure haben versucht, diesen natürlichen Vorteil zu kopieren. So werden heutzutage die Enden einer Tragfläche mit Winglets versehen. Dies sind kleine, nach oben gerichtete starre Anbauten, die Luftverwirbelungen an den Enden der Tragflächen deutlich reduzieren. Sie mindern den Treibstoffverbrauch und gefährden nachfolgende Flugzeuge wesentlich weniger. Diese Winglets erreichen allerdings nicht die Ergebnisse natürlicher Handschwingen. An diesem Beispiel zeigt sich deutlich, dass sich die Natur nicht einfach kopieren lässt.

2 Schreibe die wichtigsten Informationen aus dem Sachtext auf.

3 Kläre unbekannte Wörter.

4 Stelle dir drei bis fünf W-Fragen zum Text und beantworte sie.

5 Die Bilder und die Grafik erklären manche Textstellen genauer.
    a. Erschließe die Informationen mit dem Textknacker.
    b. Ergänze deine Ergebnisse von Aufgabe 2.

Nun kannst du einen Text schreiben, in dem du über die Grenzen der Bionik informierst.

6 Plane zunächst deinen Text: Für wen möchtest du schreiben?
    Worüber genau möchtest du informieren?

7 Welche Informationen möchtest du weitergeben?
    Wähle die Informationen aus und ordne sie.

8 Schreibe nun deinen informierenden Text mit Überschrift, Einleitung, Hauptteil und Schluss.

9 **a.** Besprich deine Arbeitsergebnisse mit deiner Lehrkraft.
    b. Schreibe in dein Lerntagebuch:
       – Was hat dir geholfen, die Aufgabe zu lösen?
       – Was ist gelungen?
       – Was kannst du noch verbessern?

Fördern

Sich und andere informieren

Hier übst du noch einmal, den Textknacker anzuwenden und mit Hilfe der Informationen einen informierenden Text zu schreiben.

Du entscheidest, ob du die Aufgaben auf den Seiten 42 und 43 mit mehr Hilfen oder die kniffligeren Aufgaben auf den Seiten 44 und 45 lösen willst.

1 Lies den Sachtext mit dem Textknacker.

Textknacker ▶ S. 310

Mit den Ohren sehen

Wie ein Lebewesen die Umwelt wahrnimmt, hängt von seinen Sinnesorganen ab. Sie dienen dazu, die lebenswichtigen Informationen zu finden, z. B. über die Nahrung, über sich nähernde Feinde und über Artgenossen. Fledermäuse, die sich oft in Höhlen aufhalten und nachts jagen, haben die einzigartige Fähig-
5 keit, sich in völliger Dunkelheit orientieren zu können.

Bis vor etwa 80 Jahren glaubte man deshalb noch, dass Fledermäuse übernatürliche Kräfte besitzen. Denn eine sachliche Erklärung dafür, dass Fledermäuse im Dunklen sicher ihre Beute finden und jagen können, kannte man bis dahin nicht. Der amerikanische Biologe Donald Griffin kam im Jahr 1938 dem
10 Geheimnis auf die Spur. Er fand heraus, dass die Fledermäuse ihre Beute mit Ultraschall aufspüren und verfolgen.

Als Ultraschall bezeichnet man Schallwellen, die wir Menschen nicht wahrnehmen können, denn unsere Ohren hören nur Töne bis etwa 20 kHz[1], das sind
15 20 000 Schwingungen pro Sekunde. Der Ultraschallbereich liegt zwischen 20 kHz und 1 GHz[2] (1 Milliarde Schwingungen pro Sekunde). Fledermäuse besitzen ein ausgezeichnetes Gehör und können Töne im Ultraschallbereich hören und auch selbst erzeugen:

20 Glattnasen-Fledermäuse erzeugen den Ultraschall mit ihrem Maul, Hufeisennasen-Fledermäuse benutzen dafür ihre Nase. Wenn das erzeugte Ultraschallsignal auf einen Gegenstand oder ein Lebewesen wie z. B. eine mögliche Beute trifft, wird es reflektiert und kommt als Echo zurück. An der Stärke des Signals hören die Fledermäuse dann sogar, wie weit die Beute von ihnen ent-
25 fernt ist: Je näher die Beute ist, desto stärker ist das empfangene Signal.

Heute wird Ultraschall in vielfältiger Weise eingesetzt: z. B. bei der Echolotung, um in der Schifffahrt z. B. Meerestiefen auszumessen. Ultraschall wird außerdem genutzt, um Menschen frühzeitig vor Tsunamis zu warnen. Dabei werden vom Meeresboden Informationen über Bewegungen, die durch Erdbeben
30 verursacht wurden, an Bojen gesendet. Diese Informationen werden dann dahingehend analysiert, ob ein Tsunami droht.

[1] kHz: das Kilohertz   [2] GHz: das Gigahertz

Fördern

Wie können Fledermäuse trotz Dunkelheit „sehen"?
Wie können wir Menschen uns diese Fähigkeit zu Nutze machen?
Darüber kannst du dich und andere informieren.

2 Erstelle eine Mindmap mit den wichtigsten Informationen aus dem Sachtext.

Eine Mindmap gestalten
▶ S. 314

3 Die Abbildung auf Seite 42 veranschaulicht das Echolot-Prinzip der Fledermäuse. Erkläre es in Stichworten.

> **Starthilfe**
> Fledermäuse orientieren sich im Dunkeln mit Hilfe von Ultraschall,
> Fledermaus sendet Ultraschall, trifft auf Gegenstand oder Beute ...

Auch der englische Zoologe Dean Waters beobachtete Fledermäuse
genau und entwickelte daraus die Idee zu einem Schallstock für Blinde.
Die folgenden Abbildungen verdeutlichen, wie der Schallstock funktioniert.

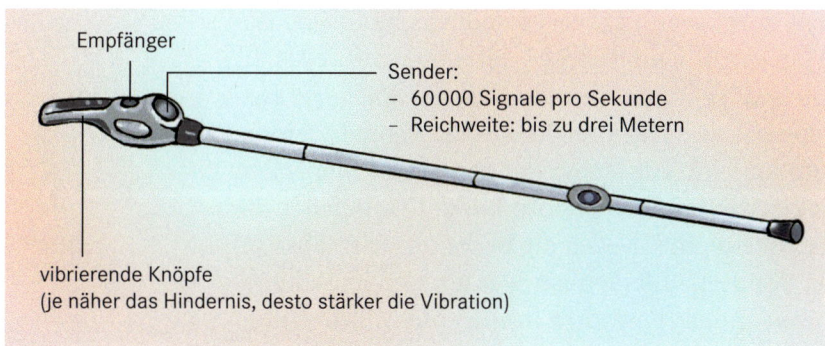

4 Was ist der Schallstock? Wie funktioniert er? Wie benutzt man ihn? Erschließe die Abbildungen zum Schallstock mit dem Textknacker.

5 Zu welchen Aussagen aus dem Text erhältst du zusätzliche Informationen? Ergänze deine Mindmap aus Aufgabe 2.

Mit Hilfe des Sachtextes und der Abbildungen kannst du nun
einen kurzen Text über den Schallstock und sein Vorbild aus der Natur
für eine Informationsbroschüre schreiben.

6 Verfasse mit Hilfe deiner Mindmap und deiner Notizen einen informierenden Text über den Schallstock und sein Vorbild aus der Natur. Schreibe deinen Text am Computer.

7 a. Überprüfe deinen Text mit einer Partnerin oder einem Partner.
b. Verwende auch die Rechtschreibprüfung am Computer.
c. Überarbeite anschließend deinen Text.

Texte am Computer
überarbeiten
▶ S. 236–237

Fordern

Der folgende Sachtext informiert über Fragen und Probleme bei der Nutzung bionischer Erfindungen.

1 Lies den Sachtext mit dem Textknacker.

Textknacker ▶ S. 310

Einfach nachmachen?

Die einfachste Form des Lernens ist das Modelllernen. Schon als Säuglinge beobachten wir andere Menschen, imitieren sie und erwerben damit neue Fähigkeiten. Wer hat nicht anderen schon einmal etwas nachgemacht oder versucht, Ideen von anderen zu übernehmen? Im Bereich der Bionik nehmen Menschen
5 die Natur zum Vorbild. Sie übertragen ihr Wissen über lebende Organismen auf technische Systeme und entwickeln dabei Technologien nach natürlichen Modellen weiter. Hält die Natur also allerlei passende Lösungen für unsere Bedürfnisse bereit? Können wir daher Lebewesen als faszinierende High-Tech-Modelle[1] für technischen Fortschritt betrachten? Solche Fragen stellen sich diejenigen,
10 die die unkritische Nutzung bionischer Entwicklungen mit Besorgnis beobachten.

Problematisch wird es vor allem dann, wenn Lebewesen durch bionische Roboter ersetzt werden sollen. In Japan z. B. sind Roboter viel weiter verbreitet als in Europa. So gibt es dort beispielsweise Roboterhunde, die zum Spielen entwi-
15 ckelt wurden und von manchen sogar als Haustier-Ersatz verwendet werden. Andere Roboter sitzen am Empfang von Ausstellungen, betreuen Menschen im Altersheim oder spielen Jazzmusik in einer Roboterband. Je ähnlicher die Roboter den Menschen werden, desto größer wird die Sorge darüber, dass sie Menschen schließlich ersetzen könnten. Tatsächlich werden bereits Arbeits-
20 kräfte in Fabriken entlassen, weil Industrieroboter immer mehr Tätigkeiten übernehmen können.

Andere Bioniker arbeiten daran, insektenartige Roboter zu konstruieren, weil die Anzahl der Bienenvölker in vielen Regionen der Erde stark abnimmt. Bienen sorgen in der Natur für das Bestäuben von Pflanzen und tragen damit zu deren
25 Arterhaltung bei. Könnten die Pflanzen nicht mehr in ausreichender Zahl bestäubt werden, hätte das schwerwiegende Folgen für die Fortpflanzung von Nutzpflanzen und damit für die Ernährung von Menschen und Tieren.

Um diese Probleme zu lösen, wollen einige Wissenschaftler mikromechanische Fluginsekten entwickeln. Das sind fliegende Kleinstroboter, die in der
30 Lage sind, Pflanzen zu bestäuben. Lebewesen lassen sich jedoch nicht ohne Weiteres technisch kopieren. Denn während natürliche Insekten spontan auf Umwelteinflüsse reagieren, müssen bionische Roboter vom Menschen aufwändig programmiert werden. Abgesehen davon wäre zu überlegen, ob es nicht sinnvoller ist, die benötigte Zeit und das Geld dafür zu verwenden,
35 die natürlichen Lebensräume der Tiere zu schützen.

In anderen Bereichen der Bionik wurde bereits viel Zeit und Geld aufgewendet, ohne die daraus entwickelte Technik in großem Umfang zu nutzen.

---

[1] das High-Tech-Modell: ein Modell, das dem neusten Stand der Technik entspricht

Für die Luftfahrt wurde schon Anfang der 1990er-Jahre eine Folie nach dem Vorbild der Haihaut entwickelt und hergestellt. Allerdings werden bis heute
40 kaum Flugzeuge mit dieser Folie beklebt. Denn um einen vorschriftsmäßigen Sicherheitscheck an der Flugzeugoberfläche vornehmen zu können, müsste die Folie jedes Mal in Handarbeit abgenommen werden. Es dauert anschließend wieder mehrere Tage, das Flugzeug zu bekleben, da die Folie ganz glatt und von Hand angebracht werden muss. So lange könnte das Flugzeug weder
45 Fracht noch Passagiere transportieren und die Fluggesellschaften würden in dieser Zeit kein Geld verdienen.
Beim Lernen von Vorbildern geht es also letztendlich nicht nur darum, neues Wissen zu erwerben und umzusetzen, sondern auch darum, es angemessen und verantwortungsvoll anzuwenden. Welche Absichten und Folgen bei der
50 Umsetzung der Erkenntnisse eine Rolle spielen, sollte im Einzelfall genau bedacht und diskutiert werden.

Zur Nutzung bionischer Erfindungen gibt es verschiedene Auffassungen. Darüber kannst du dich und andere informieren.

2 Schreibe die wichtigsten Informationen aus dem Sachtext auf.
– Wie bewerten Kritiker manche Forschungen aus dem Bereich der Bionik?
– Was wird kritisiert?

In den Zeilen 12 bis 46 wird die Kritik mit Beispielen veranschaulicht.

3 **a.** Trage in eine Tabelle ein, welche Ziele die Forscher jeweils haben.
b. Trage auch ein, wie die bionischen Erfindungen genutzt werden.

Starthilfe

Forschungsziel	Nutzung
Entwicklung von Robotern	Spiel, Unterhaltung

Mit Hilfe deiner Notizen kannst du nun einen informierenden Text schreiben.

4 Verfasse einen informierenden Text über Fragen und Probleme bei der Nutzung bionischer Erfindungen.
Tipp: Dein Text soll andere informieren. Achte darauf, dass du sachlich schreibst und nicht deine eigene Meinung zum Thema äußerst.

5 **a.** Überprüfe deinen Text mit einer Partnerin oder einem Partner.
b. Überarbeite anschließend deinen Text.

6 Gestalte deinen überarbeiteten Text am Computer.
Veranschauliche deinen Text durch passende Grafiken und Bilder.

Fit für die Probe

Einen informierenden Text schreiben

Hier übst du Schritt für Schritt, dich auf eine Probe vorzubereiten. Stelle dir vor, dies ist die Aufgabe für die Probe.

> Deine Schule veranstaltet eine Ausstellung zum Thema **Bionik**. Für eine Broschüre zur Ausstellung schreibst du einen Text, in dem du über den Lotuseffekt informierst. Du veranschaulichst die Funktionsweise mit einem eigenen Schaubild. Verwende dazu die Informationen aus dem Sachtext und den Abbildungen.

1. Schritt: Die Aufgabe verstehen

1 a. Lies die Aufgabe mehrmals genau.
  b. Schreibe mit eigenen Worten auf, was du genau tun und für wen du schreiben sollst.

Aufgaben verstehen ▶ S. 311

2 Worauf sollst du achten, wenn du einen informierenden Text schreiben möchtest? Notiere Stichworte.

2. Schritt: Die Aufgabe bearbeiten

3 Erschließe den Sachtext und die Abbildungen mit dem Textknacker.

Textknacker ▶ S. 310

Der Lotuseffekt – der Natur abgeschaut

[...] Der Bonner Botaniker und Bioniker Professor Wilhelm Barthlott machte in den 1970er-Jahren eine wichtige Entdeckung: Die Blätter der im fernen Osten beheimateten Lotusblume sind immer sauber. Sie haben die Eigenschaft, sich selbst zu reinigen. In jahrzehntelan-
5 ger Arbeit wurde dieser sogenannte Lotuseffekt genauestens untersucht. Mittlerweile ist er patentiert[1] und im praktischen Einsatz. [...] Das Lotusblatt enthüllt erst unter dem Elektronenmikroskop sein Geheimnis: Auf der Blattoberfläche sitzen winzige Wachskristalle,
10 die dem Blatt eine raue, genoppte Struktur verleihen.

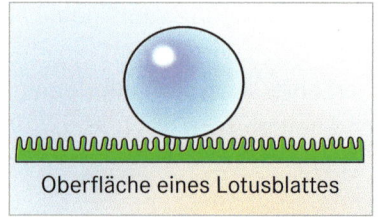
Oberfläche eines Lotusblattes

glatte Oberfläche

[1] patentieren: eine Erfindung durch ein Patent zur alleinigen Nutzung schützen lassen.

Fit für die Probe

Die unzähligen mikroskopisch kleinen Noppen bewirken, dass Schmutzpartikel und Wassertropfen nur wenige Kontaktstellen mit dem Blatt haben und daher nicht anhaften können. Wassertropfen perlen kugelförmig ab und nehmen dabei Schmutz- und Staubpartikel mit. [...]

Forschern ist es gelungen, diese raue Mikrostruktur auf künstlichen Oberflächen nachzubilden. Der Lotuseffekt hat heutzutage viele Einsatzbereiche: Es gibt Fassadenfarbe, die Wasser und Schmutz von Hauswänden einfach abperlen lässt und Silikonwachs, das auf verschiedene Materialien aufgesprüht werden kann, zum Beispiel auf Markisen, Dachziegel oder Sensoren für Mautsysteme. Der Lotuseffekt ist vor allem geeignet für Oberflächen, die ständig Wind und Wetter ausgesetzt sind. [...]

Wissenschaftler sind dabei, weitere Anwendungsgebiete für den Lotuseffekt zu erschließen. Denkbar sind beispielsweise selbstreinigende Autolacke und Fensterscheiben. Damit würde ihr Säubern entfallen. Doch diese visionäre[2] Idee ist noch nicht Wirklichkeit geworden, was auch daran liegt, dass Lotuseffekt-Oberflächen automatisch matt werden. Kein gutes Argument in der Autobranche. Es wird auch daran geforscht, Flugzeuge mit einer Lotuseffekt-Oberfläche zu versiegeln. Dann könnten sich Wassertropfen und Eiskristalle nicht mehr auf Tragflächen und Flugzeugrumpf halten. Das lästige Enteisen im Winter würde wegfallen. Doch die beschichtete Oberfläche ist für hohe Geschwindigkeiten noch nicht stabil genug. Die Oberflächenstruktur würde sofort zerstört werden.*

[2] visionär, die Vision: ein auf Zukünftiges entworfenes Bild

4 Plane deinen informierenden Text.
  a. Beschreibe die Abbildungen und nenne die passende Textstelle.
  b. Erstelle ein Schaubild zur Funktionsweise des Lotuseffekts.

5 Schreibe deinen informierenden Text.
  – Erkläre die Funktionsweise des Lotuseffekts.
  – Nenne Beispiele, welche Einsatzbereiche der Lotuseffekt hat.

3. Schritt: Die Aufgabe überprüfen

6 Mit Hilfe einer Checkliste kannst du deinen informierenden Text überprüfen und überarbeiten.
  a. Erstelle eine Checkliste und überprüfe deinen Text.
     Tipp: Lies noch einmal die Aufgaben 1 bis 5. Hast du alles bearbeitet?
  b. Überarbeite deinen Text, wenn nötig.

4. Schritt: Die Vorgehensweise auswerten

7 Schreibe deine Erfahrungen in dein Lerntagebuch.

Mobil sein ist alles!

1. Was ist auf den Bildern dargestellt? Beschreibt die Bilder.
   - Wer ist unterwegs?
   - Was tun die Personen?

2. Sprecht über die Gedankenblasen.
   - Um welche Situationen geht es?
   - Welche Situationen kennt ihr?

3 Seht euch das Bild an und lest die Sprechblasen.
Wer ist gern unterwegs, wer nicht? Warum? Sprecht darüber.

4 Wer meint was? Ordnet die folgenden Aussagen den Meinungen
in den Sprechblasen zu.

A	Ich bin nicht gerne mit öffentlichen Verkehrsmitteln unterwegs.
B	Ich möchte gerne unabhängiger unterwegs sein.
C	Lange unterwegs zu sein, macht mir nichts aus.
D	Mir ist es wichtig, unabhängig unterwegs zu sein.

5 Die Überschrift des Kapitels lautet **Mobil sein ist alles!**.
Diskutiert, was mobil sein für euch bedeutet.
- Welche Verkehrsmittel nutzt ihr, um mobil zu sein?
  Welche nutzt ihr nicht? Warum?
- Wohin seid ihr oft unterwegs?
- Mit wem seid ihr unterwegs?
- Wie lange seid ihr täglich unterwegs?

In diesem Kapitel informiert ihr euch über das Thema **Mobilität**.
Ihr erarbeitet dazu ein Referat zum Thema Mobilität und
eine Präsentation am Computer.
Außerdem lernt ihr, schriftlich Stellung zu nehmen.

Mobil sein in Bayern – sich über Mobilität informieren

Täglich müssen Menschen an verschiedene Orte gelangen. Im Sommer 2019 wurde eine Studie darüber veröffentlicht, wie sich die Menschen in Bayern fortbewegen.

1 Lies den Sachtext mit dem Textknacker.

Textknacker ▶ S. 310

Megastudie über Mobilität in Bayern veröffentlicht

Eine neue Mobilitätsstudie zeigt, wie sich die Menschen in Bayern bewegen. Insgesamt wurden in Bayern dafür 100 000 Personen befragt, die in einer Zeitspanne von mehr als einem Jahr rund 300 000 Wege zurückgelegt haben.

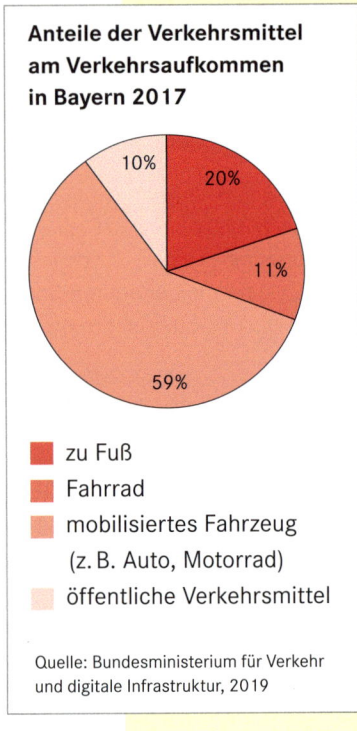

Anteile der Verkehrsmittel am Verkehrsaufkommen in Bayern 2017

- zu Fuß
- Fahrrad
- mobilisiertes Fahrzeug (z. B. Auto, Motorrad)
- öffentliche Verkehrsmittel

Quelle: Bundesministerium für Verkehr und digitale Infrastruktur, 2019

5 Für Bayerns Verkehrsminister Dr. Hans Reichhart ist der gewaltige Datenschatz eine Kompassnadel, die der künftigen Verkehrsplanung hilft, den richtigen Weg einzuschlagen. „Mobilität ist ein Grundbedürfnis des Menschen. Und sie befindet sich gerade in einem starken Wandel. Für uns heißt das: Mobilität nicht einschränken, sondern
10 weiter verbessern und vereinfachen", sagte Reichhart im Sommer 2019 auf der Pressekonferenz im Verkehrsministerium. Die Studie zeige besonders den Unterschied zwischen den Städten und den ländlichen Regionen. Während die Menschen in den Ballungsräumen[1] immer öfter auf das Auto verzichten, ist der ländliche Raum
15 laut Reichhart nach wie vor sehr stark auf das Auto angewiesen. „Wir wollen alle Verkehrsmittel im Blick haben und nicht das eine gegen das andere ausspielen. Es gibt auch nicht das eine Verkehrskonzept, das überall in Bayern passt. Deswegen wollen wir den Kommunen einen Werkzeugkasten an die Hand geben, aus dem sie sich bedienen können.
20 Wir haben jetzt verlässliche Daten und wissen, wie sich die Menschen in den Regionen bevorzugt fortbewegen. Auf dieser Grundlage kann jetzt von den Kommunen und Landkreisen das Angebot passgenau verbessert werden", so der Verkehrsminister. […]
Auch müsse jeder selbst sein Verkehrsverhalten hinterfragen, bevor er mit
25 dem Finger auf andere zeige. „Mobilität geht uns alle an! Jeder muss wissen, dass er mit seiner Entscheidung für ein Verkehrsmittel das Angebot steuert", sagte Reichhart auf der Pressekonferenz. So zeige die Studie beispielsweise, dass jeder dritte Schüler mit dem Auto zur Schule gefahren wird und nicht den Schulbus oder das Fahrrad nimmt. Das produziere laut Reichhart unnötigen
30 Stau vor den Schulen. „Der Stau entsteht nicht einfach so. Wir sind alle selbst Stauverursacher. Das muss uns bewusst sein."

[1] der Ballungsraum: ein Gebiet, in dem viele Menschen wohnen und in dem es viel Industrie gibt

Der Freistaat fördert die Anschaffung von ÖPNV-Linienbussen mit mindestens 30 Millionen Euro jährlich, 2018 sogar mit fast 56 Millionen Euro. Davon profitieren auch Schüler, die den ÖPNV für den sicheren Weg zur Schule nutzen.

Erfreulich findet Reichhart die Zahlen zum Radverkehr.

„Wir stehen bundesweit gut da. Die bayerischen Städte schneiden in der Statistik gut ab. Fahrradfahren ist beliebt. Das bestärkt uns darin, dass unser Radverkehrsprogramm[2] den Nerv der Zeit getroffen hat", sagte Reichhart. In Erlangen, der bayerischen Radlhauptstadt, liegt der Radverkehrsanteil beispielsweise bei 28 Prozent, auch die Landeshauptstadt München schneidet mit einem Radverkehrsanteil von 18 Prozent gut ab. Für den Verkehrsminister dennoch kein Grund, die Füße hochzulegen. „Auch in den ländlichen Regionen sehen wir eine neue Entwicklung. Durch die E-Bikes werden immer weitere Strecken mit dem schnellen und vergleichsweise umweltfreundlichen Antrieb zurückgelegt", sagte Reichhart. So erhöht sich die durchschnittlich zurückgelegte Wegstrecke mit dem E-Bike im Vergleich zum Fahrrad von 5,1 auf 7,3 Kilometer […]. Deshalb will Reichhart verstärkt Fahrradwege entlang der Staatsstraßen bauen. „Das ist nicht nur ein Plus für die Verkehrssicherheit, sondern gut für die Gesundheit. Wer sich bewegt, bleibt fit."

Bundesweit wurden für die umfangreiche Studie „Mobilität in Deutschland" mehr als 300 000 Personen befragt, davon 100 000 in Bayern. […] Für den Verkehrsminister Reichhart ist das eine gute Basis und bildet für die nächsten zehn Jahre eine wertvolle Grundlage für künftige Verkehrsplanung. […]

Die letzten beiden Studien wurden im Jahre 2002 und 2008 veröffentlicht. In der dritten und aktuellen Studie 2017 erhob das Forscherteam in der Zeit von Mai 2016 bis September 2017 stichprobenartig[3] die Daten und befragte bundesweit mehr als 300 000 Personen, die über 960 000 Wege an dem jeweiligen Stichtag berichteten.*

---

[2] Das Radverkehrsprogramm Bayern 2025 wurde 2017 gestartet, um das Fahrrad als Verkehrsmittel für den Alltagsverkehr attraktiver zu machen, z. B. durch den Ausbau des Radverkehrsnetzes und die Verbesserung der Beschilderung sowie der Verkehrssicherheit.

[3] stichprobenartig: Eine Stichprobe ist eine Kontrolle, die zu einem bestimmten Zeitpunkt eine bestimmte Gruppe oder Menge untersucht.

Was erfährst du in dem Sachtext und der Grafik über Mobilität in Bayern?

2 Beantworte die folgenden Fragen in Stichworten.
- Welche Verkehrsmittel nutzen die Menschen in Bayern?
- Welche Vorteile und Nachteile haben die einzelnen Verkehrsmittel?
- Wie unterscheiden sich die Gewohnheiten in Ballungsräumen von denen in ländlichen Gegenden? Welche Gründe werden im Text genannt?

3 Welche Bedeutung hat die Studie für die künftige Verkehrsplanung?
  a. Die Mobilitätsstudie wird im Text als Kompassnadel (Z. 6) bezeichnet. Erklärt euch das sprachliche Bild in eigenen Worten im Textzusammenhang.
  b. Notiert in Stichworten, wie die Studie bei der Verkehrsplanung hilft.
  c. Schreibt Möglichkeiten auf, wie ihr selbst die Verkehrsplanung beeinflussen könnt.

Die Studie wurde bereits 2002 und 2008 durchgeführt. Wie haben sich die Gewohnheiten der Menschen in Bayern seitdem entwickelt?

4 Sieh dir die folgende Tabelle an. Notiere Stichworte:
Worum geht es in der Tabelle? Worüber gibt sie Auskunft?

Mobilitätsgewohnheiten der Menschen in Bayern			
	2002	**2008**	**2017**
Wege pro Person und Tag	3,3	3,4	3,2
Tagesstrecke pro Person und Tag in km	35	39	39
Unterwegszeit pro Person in Minuten pro Tag	69	78	78

Quelle: Bundesministerium für Verkehr und digitale Infrastruktur, 2019

5 Untersuche die Entwicklung der Mobilitätsgewohnheiten genauer.
  a. Untersuche, wie sich die durchschnittliche Anzahl an Wegen, die Tagesstrecke sowie die Unterwegszeit pro Person entwickelt haben.
  b. Vergleiche die Werte.
    – Notiere, was dir auffällt oder dich überrascht.
    – Stelle Vermutungen darüber an, welche Gründe es für die Entwicklung geben könnte.

Du kannst deine eigenen Mobilitätsgewohnheiten untersuchen.

6 Führe eine Woche lang ein Protokoll über deine Wege:
    – Wie oft bist du am Tag unterwegs?
    – Wie viele Kilometer legst du dabei zurück?
    – Wie viele Minuten bist du jeweils unterwegs?

7 Werte dein Protokoll aus.
Passen deine Gewohnheiten zum bayerischen Durchschnitt?
  a. Addiere jeweils die Anzahl der Wege, der Kilometer und der Minuten.
  b. Teile die Summen jeweils durch die Anzahl der Tage, für die du Protokoll geführt hast, um den Durchschnittswert zu erhalten.
  c. Vergleiche mit den Ergebnissen der Studie: Was ist gleich, was weicht ab? Welche Gründe könnte es dafür geben?

Ein Referat vorbereiten und halten

Die Klasse 8M spricht darüber, wie es mit dem Verkehr weitergehen kann und welche Verkehrsmittel in Zukunft vielleicht genutzt werden.

1 Lies die Äußerungen.

- Wir haben jetzt einen Bürgerbus im Ort.
- Der öffentliche Nahverkehr sollte überall kostenlos für alle sein!
- In 20 Jahren werden alle Autos selbst fahren.
- Meine Eltern schwärmen von ihren E-Bikes.

In einem Referat könnt ihr andere über ein selbst gewähltes Thema aus dem Bereich **Mobilität** informieren.

1. Schritt: Das Thema aussuchen und Fragen formulieren

2 a. Bildet Dreiergruppen.
b. Was wisst ihr bereits über das Thema **Mobilität**? Schreibt es in einer Mindmap auf.

Eine Mindmap gestalten ▶ S. 314

3 a. Entscheidet euch für einen Schwerpunkt aus dem Bereich **Mobilität**.
b. Notiert Fragen zu eurem Thema: Was möchtet ihr zusätzlich herausfinden?

2. Schritt: Informationen beschaffen

4 Recherchiert in der Bibliothek oder im Internet Informationen, Hörbeiträge oder Dokumentationen zu eurem Thema.

Im Internet recherchieren ▶ S. 311

3. Schritt: Informationen aus Texten entnehmen

5 Jede/Jeder liest die Texte mit dem Textknacker, hört die Hörbeiträge oder sieht die Dokumentationen an.

6 a. Notiert die wichtigsten Informationen in Stichworten auf einzelne Karteikarten.
b. Notiert unter euren Informationen die Quellen: den Namen der Autorin/ des Autors, den Titel des Textes und des Buches, der Zeitschrift oder der Internetseite.
c. Schreibt auf jede Karteikarte eine passende Überschrift.

Richtig zitieren ▶ S. 317

7 Was habt ihr über euer Thema erfahren?
   a. Prüft, ob ihr alle Fragen aus Aufgabe 3 beantworten könnt.
   b. Recherchiert gegebenenfalls weitere Texte.

4. Schritt: Das Referat gliedern und die Notizen ordnen

8 In welcher Reihenfolge möchtet ihr eure Informationen vortragen?
   a. Ordnet eure Karteikarten.
   b. Nummeriert sie in der richtigen Reihenfolge.

5. Schritt: Überschrift, Einleitung und Schluss formulieren

9 a. Formuliert eine Überschrift, die euer Thema deutlich macht.
   b. Beschreibt im Einleitungssatz genau, was ihr vorstellen wollt.
   c. Schreibt in einem oder zwei Schlusssätzen auf, was für euch eine ganz besondere Information war und warum.

Mit einer Computer-Präsentation könnt ihr euer Referat veranschaulichen. Dazu bereitet ihr am Computer Präsentationsfolien vor.

10 Überlegt, welche Informationen ihr mit Folien veranschaulichen wollt.
   a. Lest noch einmal eure Karteikarten.
   b. Überlegt, an welchen Stellen ihr Folien einsetzen möchtet. Markiert auf den Karteikarten die wichtigsten Stichworte.
   c. Wählt zur Veranschaulichung eurer Folien geeignete Bilder aus.
      Tipp: Ihr könnt auch eigene Tabellen oder Grafiken erstellen.

11 Was ist bei der Erstellung von Folien zu beachten? Schreibt Tipps auf.

   Starthilfe
   – angemessene Schriftart und Schriftgröße wählen (der Text muss auch aus der Entfernung deutlich lesbar sein)
   – eine gut lesbare Schriftfarbe verwenden
   – …

12 Erstellt mit Hilfe eurer Ergebnisse der Aufgaben 10 und 11 Folien für euer Referat.

Eine Präsentation am Computer gestalten
▶ S. 313

Mit einer Animation könnt ihr die Folien lebendiger gestalten.

13 Wählt Möglichkeiten zur Animation von Schriften und Abbildungen aus.
   a. Überlegt, welche Textteile animiert werden sollen.
   b. Legt eine Reihenfolge für eure Animation fest.
      Tipp: Nur das Wichtigste sollte sparsam animiert werden.

Mit einem Handout können Zuhörerinnen und Zuhörer euch besser folgen.

> **Info**
>
> In einem Handout (engl. to hand out: aushändigen) fasst ihr die Inhalte eures Referats kurz zusammen und teilt es an eure Zuhörerinnen und Zuhörer am Ende des Referats aus. Sie können sich darauf Fragen aufschreiben und sie euch anschließend stellen.

 14 Gestaltet ein Handout, das ihr an eure Zuhörerinnen und Zuhörer austeilt.
   a. Nennt das Thema eures Vortrags.
   b. Schreibt zu jeder Karteikarte einen zusammenfassenden Satz auf.
   c. Fügt Bilder oder Abbildungen ein, um euer Thema zu veranschaulichen.

Nun habt ihr euer Referat vorbereitet und könnt den Vortrag üben und halten.

15 a. Überlegt, wie ihr das Referat aufteilen wollt.
   b. Übt euren Vortrag mit Hilfe eurer Computer-Präsentation mehrmals.
      Tipp: Die Folien helfen euch beim freien Sprechen.

Mit einem Feedback-Bogen können die Zuhörerinnen und Zuhörer den Vortragenden ein nützliches Feedback geben.

16 Sammelt zunächst wichtige Feedback-Kriterien in einer Tabelle.
   a. Legt eine Tabelle mit drei Spalten an.
   b. Sammelt Kriterien und ordnet sie in eure Tabelle.

Starthilfe

die Körperhaltung und die Sprache	der Inhalt	die Präsentation
deutlich und frei sprechen …	…	…
…	…	…

17 Entwickelt gemeinsam einen Feedback-Bogen.
   a. Formuliert Sätze aus den Kriterien, um persönliches Feedback zu geben.
   b. Schreibt die Sätze nach den Bereichen geordnet auf.

18 Präsentiert mit Hilfe eurer Computer-Präsentation gruppenweise euer Referat. Die Zuhörenden machen sich Notizen zur Körperhaltung und zur Sprache, zum Inhalt und zur Gestaltung der Computer-Präsentation.

19 a. Gebt nach jeder Präsentation den Vortragenden Feedback: Was ist gut gelungen? Was kann verbessert werden?
   b. Die Empfänger des Feedbacks fassen in eigenen Worten zusammen, was sie durch die Rückmeldung erfahren haben.

---

deutlich und frei sprechen

Blickkontakt

Thema verständlich

keine offenen Fragen

Informationen ordnen

Folien/Handout übersichtlich

Bilder und Grafiken

Feedback geben
▶ S. 313

Mit Argumenten überzeugen

Klara, Marek und Kim haben ein Referat über das Thema **Nachhaltige Mobilität** gehört. Sie diskutieren, ob es leicht ist, nachhaltig mobil zu sein.

1 Lies das Gespräch.

Klara: Es ist mittlerweile einfach, auf ein Auto zu verzichten. Manche Strecken sind für das Fahrrad zu lang, aber für E-Bikes geeignet. Meine Eltern fahren z. B. nicht mehr mit dem Auto zur Arbeit, sondern mit ihren E-Bikes.
Marek: Manche Erfindungen verursachen neue Probleme. In größeren Städten kann man ab 18 Jahren E-Tretroller ausleihen, um damit zur nächsten Haltestelle zu fahren. Viele Leute fahren stattdessen aber nur zum Spaß. Das ist genauso schlecht für die Umwelt wie das Auto.
Kim: Auf dem Land ist es schwer. Öffentliche Verkehrsmittel fahren selten. Verpasse ich z. B. morgens den Bus, komme ich zu spät zum Unterricht.

2 Wie sind die Meinungen? Wer findet, dass es leicht ist, nachhaltig mobil zu sein, wer nicht? Schreibt es auf.

Klara, Marek und Kim formulieren Argumente. Ein Argument besteht aus einer Behauptung, einer Begründung und einem Beispiel oder Vergleich.

3 Untersucht die Argumente von Klara, Marek und Kim genauer.
  a. Erstellt eine Tabelle mit drei Spalten.
  b. Tragt ihre Behauptungen und Begründungen in die Tabelle ein.
  c. Ergänzt jeweils das Beispiel in eurer Tabelle.
   Tipp: Ein Argument wird durch einen Vergleich veranschaulicht.

Starthilfe

die Behauptung	die Begründung	das Beispiel/der Vergleich
Es ist mittlerweile einfach, auf ein Auto zu verzichten.	Manche Strecken sind für das Fahrrad zu lang, aber …	Meine Eltern fahren zum Beispiel nicht mehr mit dem Auto zur Arbeit, sondern …
…	…	…

4 Besprecht die folgenden Fragen:
  – Wie unterscheidet sich eine Begründung von einem Beispiel?
  – Wie unterscheidet sich ein Beispiel von einem Vergleich?

5 Wem stimmst du zu?
  a. Schreibe deine Meinung auf.
  b. Überlege dir ein passendes Argument dazu.
  c. Trage dein Argument in die Tabelle von Aufgabe 3 ein.

Eine Argumentationskette entwickeln

Kim hat ihre Meinung mit einer Argumentationskette belegt und eine Schlussfolgerung zu ihrer Meinung formuliert.

1 Lies Kims Argumentationskette.

Ich finde, dass im Moment noch zu viele Leute auf ein Auto angewiesen sind, da viele Busse nur alle 30 oder 60 Minuten fahren. Wenn ich **beispielsweise** meinen Bus verpasse, müssen meine Eltern mich mit dem Auto fahren. Außerdem sind andere Verkehrsmittel nicht immer sicher, **weil** es nicht überall abgegrenzte Wege gibt. Ich fühle mich trotz Helm machmal mit dem Fahrrad nicht **so** sicher **wie** im Auto. **Deswegen** bin ich der Meinung, dass die Angebote für nachhaltige Mobilität in ländlichen Regionen verbessert werden müssen.

2 a. Schreibt Kims Argumentationskette ab und markiert die Behauptungen, die Begründungen und die Beispiele oder Vergleiche unterschiedlich.
b. Wie lautet die Schlussfolgerung? Unterstreicht sie.

3 Auch Marek möchte eine Argumentationskette entwickeln.
a. Schreibt das erste Argument von Marek ab.
b. Ergänzt das zweite Argument und schreibt es auf.
c. Formuliert eine Schlussfolgerung zu seiner Argumentationskette.
d. Verknüpft die Argumente durch passende Wörter oder Wortgruppen.

> Viele Angebote in großen Städten verursachen ein Durcheinander.
> Leih-Verkehrsmittel wie Fahrräder oder E-Tretroller werden oft irgendwo wieder abgestellt. So werden beispielsweise Fußgängerwege blockiert.
> Die Leih-Unternehmen wollen nur Geld verdienen und nicht die Umwelt schonen.
> Die Leih-Verkehrsmittel werden nur dort angeboten, wo der öffentliche Nahverkehr ohnehin gut ausgebaut ist ...

Sprachspeicher
weil
da
zum Beispiel/z. B.
so ... wie
mehr/weniger als
Darüber hinaus ...
Deswegen ...

4 a. Schreibt jeweils eine eigene Argumentationskette zum Thema nachhaltige Mobilität auf.
b. Überprüft und überarbeitet sie: Sind sie vollständig? Überzeugen sie?

Arbeitstechnik: Eine Argumentationskette entwickeln

Mit einer **Argumentationskette** belegst du deine Meinung mit mehreren Argumenten (Behauptung, Begründung, Beispiel oder Vergleich).
Zum Schluss formulierst du eine **Schlussfolgerung**, die sich aus deiner Argumentationskette ergibt. Mit deiner Schlussfolgerung kannst du deine Meinung besonders deutlich darstellen.

Schriftlich Stellung nehmen

**Nachhaltige Mobilität soll die Umwelt schonen.
Lena schreibt für die Schülerzeitung einen Leserbrief dazu.**

1 Lies den Leserbrief mit dem Textknacker.

Textknacker ▶ S. 310

Nachhaltig mobil sein ist kinderleicht!

Mobilität ist ein Thema, das uns alle angeht. Denn jeder von uns möchte in die Schule, zur Arbeit und in der Freizeit schnell, unabhängig und sicher unterwegs sein. Der Alltag sieht allerdings anders aus: Lärm, Stau, stinkende Abgase, Umweltverschmutzung und Unfallgefahr: Es ist höchste Zeit, dass
5 wir unsere Verkehrsgewohnheiten ändern und weniger das Auto nutzen.
Es gibt heutzutage viele Alternativen zum Auto. Mit öffentlichen Verkehrsmitteln komme ich jederzeit zu meinem Ziel. Bei mir um die Ecke fährt beispielsweise alle fünf bis zehn Minuten die nächste U-Bahn oder S-Bahn. Darüber hinaus gibt es bei uns in der Innenstadt viele Leih-Unternehmen,
10 die Fahrräder, E-Bikes oder E-Tretroller anbieten. Ab 18 Jahren kann man sie einfach über eine App finden, ausleihen und woanders zurückgeben. Das will ich auch machen, wenn ich 18 bin, dann bin ich noch schneller und flexibler. Noch wichtiger ist für mich, dass wir den Verkehr sicherer machen, wenn mehr Leute auf das Auto verzichten. Dann gibt es zum Beispiel
15 weniger Staus und Unfälle und die Menschen sind nicht mehr so gestresst und aggressiv. Aus diesen Gründen empfehle ich, dass wir häufiger auf das Auto verzichten. Stattdessen sollten wir die vielen Alternativen nutzen, die angeboten werden.

2 Welche Meinung hat Lena zu nachhaltiger Mobilität?
    a. Schreibe ihre Meinung in einem Satz auf.
    b. Wie leitet Lena ihren Leserbrief ein? Sprecht darüber, ob Lenas Einleitung euer Interesse weckt.
    c. Notiere ihre Argumente (Behauptungen, Begründungen, Beispiele oder Vergleiche) in Stichworten.
    d. Formuliere Lenas Schlussfolgerung in einem Satz.

3 Findet ihr Lenas Argumentationskette überzeugend? Diskutiert.

4 Notiert bei jedem Argument, warum ihr zustimmt oder nicht zustimmt.

Du hast Lenas Meinung zu nachhaltiger Mobilität kennen gelernt. Wie ist deine Meinung? Du kannst zu dem Thema schriftlich Stellung nehmen.

5 Schreibe deine Meinung zu nachhaltiger Mobilität in einem Satz auf.

Eine schriftliche Stellungnahme gliederst du in Einleitung, Hauptteil und Schluss.

6 Schreibe eine **Einleitung** und formuliere deine Meinung.
- Worum geht es? Nenne das Thema.
- Ist es leicht, nachhaltig mobil zu sein?

7 Im **Hauptteil** formulierst du deine Argumentationskette.
- **a.** Nenne deine eigenen Argumente. Formuliere sie sachlich.
- **b.** Beziehe dich auf Lenas Argumente:
  - Stütze ihre Behauptungen und Begründungen mit eigenen Beispielen oder Vergleichen.
  - Oder entkräfte Lenas Argumente mit überzeugenden Kontra-Argumenten.
- **c.** Gewichte deine Argumente: Nenne das überzeugendste zum Schluss.
- **d.** Verknüpfe deine Sätze mit passenden Wörtern oder Wortgruppen.

> **Starthilfe**
> Ich stimme Lena zu, dass der Verkehr sicherer wird, wenn mehr Leute auf das Auto verzichten …
> Es ist auch richtig, dass es in der Stadt viele Alternativen gibt, aber …

Sprachspeicher
Lena findet, dass …
Ich bin aber der Meinung, dass …
Es ist richtig, dass …
Aber …
Ich stimme Lena zu, weil …

8 Im **Schlussteil** formulierst du eine Schlussfolgerung, die sich aus deiner Argumentationskette ergibt.
Tipp: Du kannst auch eine Empfehlung aussprechen oder einen Vorschlag machen.

9 **a.** Überprüft mit Hilfe der Arbeitstechnik eure Stellungnahmen. Überprüft auch die Rechtschreibung.
b. Überarbeitet gegebenenfalls eure Stellungnahmen.

Rechtschreibstrategien und Regeln ▶ S. 319–321

> **Arbeitstechnik: Schriftlich Stellung nehmen**
>
> Wenn du eine Meinung vertreten willst, begründe sie mit Argumenten. Ein Argument besteht aus einer Behauptung, einer Begründung und einem anschaulichen Beispiel oder Vergleich.
>
> **1. Schritt: Den Text planen**
> - Finde Pro-Argumente, wenn du dafür bist.
> - Finde Kontra-Argumente, wenn du dagegen bist.
>
> **2. Schritt: Den Text schreiben**
> - Schreibe in der Einleitung deine Meinung ohne Begründung auf.
> - Ordne deine Argumente.
> - Verknüpfe deine Argumente zu einer Argumentationskette.
> - Formuliere eine Schlussfolgerung, die sich auf deine Meinung bezieht.
>
> **3. Schritt: Den Text überarbeiten**
> - Überprüfe und überarbeite anschließend deinen Text.

Extra Sprache

Argumente verknüpfen

Merve hat Lenas Artikel gelesen und sich über nachhaltige Mobilität informiert. Sie möchte zu dem Thema eine Stellungnahme schreiben.

1 Merve hat bereits drei Behauptungen notiert.
Formuliere dazu passende Begründungen und Beispiele oder Vergleiche.

> 1. Neue Verkehrsmittel sind nicht immer umweltfreundlich.
> 2. Manche neuen Erfindungen verursachen andere Probleme.
> 3. Die Alternativen zum Auto sind nicht überall so vielfältig wie in der Großstadt.

Du kannst andere noch besser von deiner Meinung überzeugen, wenn du Gegenargumente entkräftest.

2 a. Sieh dir noch einmal Lenas Argumente auf Seite 58 an.
b. Was spricht gegen ihre Argumente? Finde Kontra-Argumente.

> **Starthilfe**
> Es gibt nicht überall gute Alternativen, weil öffentliche Verkehrsmittel auf dem Land ...

Argumente sind dann besonders überzeugend, wenn sie miteinander verbunden werden. Sie können durch ein Wort, eine Wortgruppe oder mit Hilfe eines Satzes verknüpft werden.

3 Verknüpfe deine Behauptungen, Begründungen und Beispiele oder Vergleiche sinnvoll miteinander.
  a. Verknüpfe deine Behauptungen und Begründungen mit Konjunktionen.
  b. Verdeutliche deine Beispiele und Vergleiche mit passenden Wörtern oder Wortgruppen.

4 Entwickle eine überzeugende Argumentationskette.
  a Nummeriere deine Argumente: vom schwächsten zum stärksten.
  b. Verdeutliche die Reihenfolge deiner Argumente durch aussagekräftige Satzanfänge.
  c. Formuliere eine Schlussfolgerung, die sich auf Lenas Artikel bezieht. Die folgenden Formulierungen können dir helfen.

> ... dass Lena in vielen Punkten Recht hat, zum Beispiel, wenn sie sagt, dass weniger Autos auf den Straßen den Verkehr sicherer machen.
> ... glaube ich, dass die Angebote in manchen Regionen verbessert werden müssen.

Sprachspeicher
Ich meine, dass ...
Außerdem ...
Darüber hinaus ...
Obwohl ...
Ich stimme ... nicht zu, denn ...
Zum einen ...
Zum anderen ...

Extra Sprache

Sachlich formulieren

Merve hat in ihrem Blog zum Thema **Nachhaltige Mobilität** Stellung genommen. Am nächsten Tag findet sie mehrere Kommentare dazu.

> 👤 Neue, unbekannte Verkehrsmittel können gefährlich sein, wenn den Nutzern die Übung fehlt.
> 👤 Ohne Regeln benehmen sich doch alle daneben.
> 👤 Dieser Unfug zieht immer weitere Kreise.
> 👤 Wenn Mobilität umweltfreundlicher sein soll, müssen alle Leute helfen!

1 a. Sprecht darüber, wie die Beiträge auf euch wirken.
b. Wann empfindet ihr eine Meinung als unsachlich?
   Sprecht darüber und schreibt Stichworte auf.

2 Welche Formulierungen sind unsachliche Äußerungen, welche sind sachlich? Begründe deine Meinung.

Zum Thema gibt es noch einen ausführlicheren Kommentar.

3 Untersuche den Beitrag und beantworte die Fragen in Stichworten.
– Welche Meinung vertritt die Verfasserin oder der Verfasser?
– Welche Äußerungen sind unsachlich?
– Welche Äußerungen sind überzeugend?

> Autor: Dailyblogger 02
>
> **Leih-Verkehrsmittel für den Weg zur Haltestelle? – Nein danke!**
>
> Ich kann Leute überhaupt nicht verstehen, die so einen Unsinn auch noch gut finden. Wer kommt denn auf so eine blöde Idee? Man darf die Verkehrsmittel zwar erst ab 18 Jahren leihen, aber trotzdem machen die Leute damit viel Quatsch!
> Und die meisten Leute fahren sowieso nur aus Spaß. Wenn sie etwas erledigen müssen, nehmen sie dann trotzdem das Auto. Nachhaltig ist anders!

Achtung: Fehler!

4 Überarbeite den Beitrag von Dailyblogger 02 und schreibe den Beitrag neu. Formuliere dabei sachlich.

Teste dich!

Schriftlich Stellung nehmen

Hier kannst du überprüfen, wie gut du schriftlich Stellung nehmen kannst.

In der Zeitung hat Kim eine Werbeanzeige zu einem Mofa-Kurs gesehen. Sie diskutiert mit Marek über Vorteile und Nachteile.

1 Lies die Diskussion zwischen Kim und Marek.

Mofa-Führerschein erwerben!

Du bist 15 Jahre alt?
Melde dich bei uns an und mach den Führerschein der Klasse M!

Das erwartet dich:
kleine Kurse, theoretische und fahrpraktische Übungen, Unterricht bei geprüften und erfahrenen Fahrlehrern

Helm und feste Kleidung tragen!
Max. 25 km/h fahren!

Kim: Ich meine, dass ein Mofa-Kurs eine gute Idee ist, weil ich dann unabhängig von meinen Eltern und den öffentlichen Verkehrsmitteln unterwegs bin.
5 **Marek:** Ich finde, dass ein Mofa-Führerschein völlig überflüssig ist. Du musst das Mofa betanken, das kostet zusätzlich Geld. Radfahren ist im Vergleich günstiger und besser für die Gesundheit.
Kim: Wenn ich mit dem Mofa zur Schule fahre, müssen meine Eltern
10 mich nicht bringen, dadurch ist morgens weniger Stau vor der Schule.
Marek: Mofas verursachen aber Abgase und sind schlecht für die Umwelt.

2 Wer ist für den Mofa-Kurs, wer dagegen?
  a. Schreibe die Meinungen von Kim und Marek in Stichworten auf.
  b. Notiere jeweils die Behauptungen, Begründungen und Beispiele oder Vergleiche in Stichworten.
  c. Welche Argumente sind nicht vollständig? Ergänze sie.

Was hältst du vom Mofa-Kurs? Schreibe eine Stellungnahme, die deine Meinung deutlich macht.

3 a. Bist du für oder gegen einen Mofa-Kurs? Notiere deine Meinung.
  b. Schreibe mindestens vier Behauptungen auf.
  c. Formuliere überzeugende Begründungen und anschauliche Beispiele oder Vergleiche, um deine Behauptungen zu stützen.
  d. Entkräfte ein Gegenargument.
  e. Verknüpfe deine Argumente zu einer Argumentationskette.

4 Schreibe deine Stellungnahme.

5 a. Besprich deine Arbeitsergebnisse mit deiner Lehrkraft.
  b. Schreibe in dein Lerntagebuch:
    – Was ist dir gut gelungen?
    – Was kannst du noch verbessern?

Fördern

Schriftlich Stellung nehmen

Hier übst du noch einmal, schriftlich Stellung zu nehmen. Du entscheidest, ob du die Aufgaben auf Seite 63 mit mehr Hilfen oder die kniffligeren Aufgaben auf den Seiten 64 bis 65 lösen willst.

Selma hat in der Zeitung einen Kommentar über kostenlosen öffentlichen Nahverkehr gelesen. Sie diskutiert mit Daniel darüber.

1 a. Lies die Äußerungen von Selma und Daniel.
   b. Notiere jeweils ihre Meinungen und Argumente in Stichworten.

Selma: Die öffentlichen Verkehrsmittel sollten kostenlos sein. Die Leute würden dann nicht mehr mit dem Auto fahren, weil sie viel Geld sparen könnten, zum Beispiel für Benzin. Außerdem können die Fahrgäste dann viel spontaner unterwegs sein, weil sie sich nicht vorher überlegen müssen, welche Fahrkarte sie brauchen.

Daniel: Die öffentlichen Verkehrsmittel können nicht kostenlos angeboten werden, weil die Verkehrsunternehmen keine Einnahmen haben, sondern nur Ausgaben. Durch die steigenden Fahrgastzahlen müssten mehr Verkehrsmittel angeboten werden. Dafür fehlt dann auch das Geld.

Sollten öffentliche Verkehrsmittel kostenlos sein? Nimm zu der Frage Stellung und schreibe einen Leserbrief, in dem deine Meinung deutlich wird.

2 a. Notiere Stichworte zu deiner Meinung.
   b. Formuliere mindestens fünf Behauptungen.
   c. Notiere überzeugende Begründungen und anschauliche Beispiele oder Vergleiche, um deine Behauptungen zu stützen.
   d. Gewichte deine Argumente. Nenne das stärkste zum Schluss.
   e. Notiere eine Schlussfolgerung, die sich auf deine Meinung bezieht.

3 Welchen Argumenten von Selma oder Daniel stimmst du zu? Finde Argumente und Gegenargumente.

4 Schreibe einen Entwurf für deine Stellungnahme am Computer.
   – Nenne in der Einleitung das Thema und deine Meinung.
   – Verknüpfe im Hauptteil deine Argumente zu einer Argumentationskette.
   – Fasse im Schluss deine Meinung noch einmal kurz zusammen.

   Starthilfe
   Ich möchte zum Thema … Stellung nehmen. Meiner Meinung nach …
   Daher empfehle ich …

5 Überprüft eure Entwürfe gegenseitig und überarbeitet sie, wenn nötig.

Fordern

Der folgende Sachtext enthält Ideen zum Thema **Mobilität**.

1 Lies den Artikel mit dem Textknacker.

Textknacker ▶ S. 310

Die Stadt der Zukunft: Weniger Straßen für mehr Mobilität

Ein großer Teil unseres Lebens wird dadurch bestimmt, wie wir mobil unterwegs sind. Denn Mobilität ist eines unserer Grundbedürfnisse. Täglich legen wir mehrere verschiedene Wege zurück, ob zur Schule, zur Arbeit, in der Freizeit. Und dabei wollen wir möglichst schnell, unabhängig und flexibel sein. Egal, wie
5 wir mobil sind, das Stadtbild ist geprägt durch volle Straßen und Parkplätze. Wegen der steigenden Einwohnerzahlen ist Wohnraum in Städten knapp und teuer. Aus dem gleichen Grund ist es dort auch eng und laut. Deswegen breiten sich die Menschen immer weiter ins Umland aus und bebauen neue Flächen, um günstiger, ruhiger und mehr im Grünen
10 zu leben. Dafür nehmen sie längere Wege in Kauf und benötigen Autos, Straßen, Parkplätze.
Der Verkehr nimmt in europäischen Städten bis zu zehn Prozent der Fläche ein.
15 Was könnte mit der frei werdenden Fläche passieren, wenn wir unsere Verkehrsgewohnheiten in der Zukunft ändern? Ganz einfach: Statt der Straßen und Parkplätze wäre mehr Platz, um Wohnhäuser, Läden,
20 Parks und Erholungsräume zu schaffen. Dann wäre es vielleicht auch einfacher, unabhängig und umweltfreundlich mobil zu sein, weil die täglichen Wege kürzer wären.

2 Der Sachtext beschäftigt sich mit dem Thema **Mobilität in der Stadt**.
  a. Schreibe in Stichworten auf, wie das jetztige mobile Leben in der Stadt beschrieben wird.
  b. Notiere, welche Ideen für eine Stadt der Zukunft genannt werden.
  c. Hast du weitere Ideen für eine Stadt der Zukunft? Schreibe sie auf.

  Starthilfe
  Straßen und Parkplätze umwandeln in …
  …

3 Können veränderte Verkehrsgewohnheiten das Leben in der Stadt verbessern?
Notiere deine Meinung.

Fordern

4 Notiere überzeugende Argumente, die deine Meinung stützen.
    a. Schreibe mindestens fünf Behauptungen auf, die zu deiner Meinung passen.
    b. Finde zu jeder Behauptung eine passende Begründung.
    c. Ergänze jeweils passende Beispiele oder Vergleiche.
    d. Nummeriere deine Argumente: vom schwächsten zum stärksten.

> **Starthilfe**
>
> Die Städte sind zu voll. Die Straßen und Parkplätze sind voll. …
> …

5 Welche Schlussfolgerung ziehst du für dich?
Schreibe Stichworte für zwei oder drei Schlusssätze auf.

Mit Hilfe deiner Notizen kannst du die Stellungnahme schreiben.

6 Können veränderte Verkehrsgewohnheiten das Leben in der Stadt verbessern?
Schreibe einen Entwurf für deine Stellungnahme zu der Frage am Computer.
    a. Nenne in der Einleitung das Thema, zu dem du Stellung nehmen möchtest, und deine Meinung dazu.
    b. Überzeuge im Hauptteil mit deinen Argumenten. Verknüpfe sie sinnvoll zu einer Argumentationskette.
    c. Schreibe zwei bis drei Schlusssätze auf.

> **Starthilfe**
>
> Ich möchte zum Thema … Stellung nehmen. Meiner Meinung nach …
> Im Sachtext „Die Stadt der Zukunft: Weniger Straßen für mehr Mobilität"
> wird vorgeschlagen, dass …
> Meiner Meinung nach …
> …

Nach deiner Stellungnahme kannst du die Vorgehensweise auswerten.

7 a. Überprüft eure Stellungnahme in Partnerarbeit.
    b. Überarbeitet eure Stellungnahme, wenn nötig.

8 Schreibe deine Erfahrungen in dein Lerntagebuch:
    – Worauf achtest du, wenn du schriftlich Stellung nimmst?
    – Was hat dir geholfen, die Aufgabe zu lösen?
    – Was setzt du dir als Ziel für deine nächste Stellungnahme?

Fit für die Probe

Schriftlich Stellung nehmen

Hier übst du Schritt für Schritt, dich auf eine Probe vorzubereiten.

In der Schule wird über die Nutzung von Verkehrsmitteln für den Schulweg zur Schule diskutiert. Schreibe eine Stellungnahme zu der Frage, ob Pedelecs für Lehrkräfte eine gute Alternative zum Auto für den Schulweg sind.

1. Schritt: Die Aufgabe verstehen

Aufgaben verstehen ▶ S. 311

1 a. Lies die Aufgabe mehrmals genau.
   b. Notiere, was du genau tun und für wen du schreiben sollst.

2 Schreibe auf, was du beim Verfassen einer Stellungnahme beachten musst.

2. Schritt: Die Aufgabe bearbeiten

3 Lies den Artikel mit dem Textknacker.

Textknacker ▶ S. 310

Mobilität von morgen   Ingo Neumayer

Mobil zu sein, ist ein Muss in modernen Gesellschaften. Doch die Mobilität von heute ist teuer erkauft: Umweltbelastungen, Klimaerwärmung, Verkehrsinfarkt, Lärm, Schmutz, Unfälle. [...]

Das Auto verliert an Relevanz

Die Zeiten, in denen das Auto als Statussymbol vergöttert und nicht hinterfragt wurde, sind vorbei. Gerade bei jungen Leuten, die in der Großstadt wohnen, hat das Auto in seiner heutigen Form an Relevanz[1] verloren: Hohe Anschaffungs- und Betriebskosten schrecken genauso ab wie der permanente Stau in den Städten und die ständige Suche nach einem Parkplatz. [...]

Die Verkehrsmittel kombinieren

Doch Mobilität bedeutet nicht nur Autofahren. Die Menschen werden künftig mehr öffentliche Verkehrsmittel wie Busse und Bahnen nutzen. Verkehrswissenschaftler empfehlen, leichtere Übergänge zwischen den verschiedenen Verkehrsmitteln zu schaffen. Die Idee: Die Pendler leihen sich spontan ein Fahrrad, fahren damit zur Bahn, buchen noch während der Bahnfahrt übers Smartphone einen Mietwagen am Zielbahnhof, mit dem sie zum Ziel fahren. Auch in Zukunft werden sich die Menschen mit Hilfe ihrer Muskelkraft fortbewegen. Vor allem in den Großstädten nehmen immer mehr das Rad, um zur Arbeit zu fahren oder einzukaufen. Selbst in Banken, Kanzleien oder Unternehmensberatungen ist es nicht mehr verpönt[2], wenn die Mitarbeiter mit dem Rad kommen. Das Radeln ist billig, gesund und verursacht keine Abgase. Die Stadt- und Verkehrsplaner fördern das mit besser ausgebauten Radwegen und sogar Fahrradparkhäusern. Auch die öffentlichen Verkehrsnetze passen sich der Entwicklung an. In immer mehr Bussen und Zügen gibt es Platz fürs Rad.

[1] die Relevanz: Wichtigkeit   [2] verpönt: unerwünscht

Fit für die Probe

Elektrische Fahrräder

Auch für Menschen, denen das Radfahren zu anstrengend ist, gibt es eine Lösung. Wer ein elektrisch verstärktes Rad fährt, ein Pedelec (Pedal Electric Cycle), kommt kaum noch ins Schwitzen. Pedelecs haben einen Motor, den der Fahrer nach Bedarf zuschalten kann. Tritt der Radler in die Pedale, verstärkt der Motor die Pedalbewegung. Pedelec-Fahrer müssen in der Regel keinen Führerschein besitzen und können Radwege nutzen. Nach Angaben des Zweirad-Industrie-Verbands gab es 2013 in Deutschland 1,6 Millionen E-Bikes[3], 2012 waren es nur circa 900 000. Besonders in den Niederlanden und Deutschland sind die Elektrofahrräder beliebt. Etwa die Hälfte aller E-Bikes werden hier verkauft. [...]*

[3] Im ersten Halbjahr 2019 gab es laut Pressemitteilung des Zweirad-Industrie-Verbands bereits ca. 4,5 Millionen E-Bikes in Deutschland.

4 Der Sachtext stellt verschiedene Ideen zur Mobilität in der Zukunft vor.
   a. Welche Idee findest du besonders interessant? Begründe.
   b. Was spricht deiner Meinung nach für diese Idee, was dagegen? Schreibe Stichworte auf.

5 Der Text nennt Vorteile von elektrischen Fahrrädern, den Pedelecs. Sind Pedelecs eine Alternative zum Auto?
   a. Schreibe mindestens fünf Behauptungen zu deiner Meinung auf.
   b. Finde zu jeder Behauptung eine passende Begründung.
   c. Ergänze jeweils passende Beispiele oder Vergleiche.
   d. Nummeriere deine Argumente: vom schwächsten zum stärksten.

6 Schreibe Stichworte für zwei bis drei Schlusssätze auf.

Mit Hilfe deiner Notizen kannst du die Stellungnahme schreiben.

7 Schreibe eine Stellungnahme zu der Frage, ob Pedelecs eine Alternative zum Auto für den Schulweg sind.
   a. Schreibe eine kurze Einleitung auf.
   b. Überzeuge im Hauptteil mit deinen Argumenten.
   c. Schreibe zwei bis drei Schlusssätze auf.

3. Schritt: Die Aufgabe überprüfen

8 a. Erstelle eine Checkliste und überprüfe deine Stellungnahme.
   b. Überarbeite deinen Text, wenn nötig.

4. Schritt: Die Vorgehensweise auswerten

9 Vergleiche deine Erfahrungen mit deinen letzten Einträgen: Was hat sich verändert? Was gelingt dir jetzt gut oder besser, was noch nicht so gut?

Auf der Suche nach dem Glück

Das Glück ist das Einzige, was sich verdoppelt, wenn man es teilt.
(Albert Schweitzer, deutsch-französischer Arzt und Philosoph, 1875–1965)

talih

Willst du glücklich sein im Leben,
trage bei zu andrer Glück,
denn die Freude, die wir geben,
kehrt ins eigene Herz zurück.
(deutsches Sprichwort)

fortune

LIEBE 1

wenni hammgäih
und du bisd ned dähamm
moui erschd waddn
bis du hammkummsd
nou binni aa dähamm

Fitzgerald Kusz

счастье

sreća

Viele Menschen versäumen das kleine Glück, während sie auf das große vergebens warten.
(Pearl S. Buck, amerikanische Schriftstellerin, 1892–1973)

felicidad

Das Glück kommt zu denen, die lachen.
(japanisches Sprichwort)

福

Glück wird von Menschen unterschiedlich empfunden.

1 a. Seht euch die Bilder genau an.
b. Was haben sie mit dem Thema **Glück** zu tun? Sprecht darüber.

2 Tauscht euch über die folgenden Fragen aus:
– Was bedeutet Glück für euch?
– Wann fühlt ihr euch glücklich?

Für das Glück gibt es auf der Welt viele Symbole und Wörter.

3 Welche Glückssymbole kennt ihr? Stellt sie euch gegenseitig vor.

4 Manchmal braucht man im Leben besonders viel Glück. Was hilft dir, wenn du Glück brauchst? Hast du einen Glücksbringer? Erzähle davon.

5 Du sprichst noch eine weitere Sprache.
a. Schreibt das Wort **Glück** in verschiedenen Sprachen auf. Gibt es mehrere Bezeichnungen, die unterschiedliche Bedeutungen haben?
b. Sprecht darüber, welche Gemeinsamkeiten ihr feststellen könnt.

In Sprichwörtern, Zitaten und Gedichten sind ganz unterschiedliche Vorstellungen vom Glück zu finden.

6 a. Lest die Sprichwörter und die Zitate auf Seite 68.
b. Welche Vorstellungen vom Glück findet ihr in diesen Sprichwörtern und Zitaten? Gebt sie mit eigenen Worten wieder.

7 Das Gedicht „LIEBE 1" ist im fränkischen Dialekt geschrieben.
a. Lest das Gedicht laut oder lasst es euch vorlesen.
b. Versucht, das Gedicht ins Hochdeutsche zu übertragen.
c. Sprecht darüber, was das Gedicht mit Glück zu tun hat.

8 Vergleicht die Vorstellungen vom Glück mit euren Ansichten. Welchen stimmt ihr zu? Begründet.

In diesem Kapitel lest ihr literarische Texte, die vom Glück auf ganz unterschiedliche Weise handeln. Um die Texte besser zu verstehen, setzt ihr euch mit den Gedanken, Gefühlen und Wünschen der Hauptfiguren auseinander und nutzt die zusätzlichen Informationen aus einem Sachtext und einer Grafik.

Zu einem Jugendbuchauszug schreiben

Das folgende Jugendbuch erzählt von dem 14-jährigen Louis, der auf Anraten seiner Großmutter sein Schulpraktikum im Friseursalon „Marielou" antritt.

1 Lies den folgenden Auszug.

Textknacker ▶ S. 310

Über kurz oder lang   Marie-Aude Murail

[…] „Sag mal, du kommst ja gut zurecht … Haben Sie gesehen, Madame Marielou?"
Alle machten ihm Komplimente. Seine gesamte Schulzeit über hatte Louis nie so viel Lob eingeheimst.
5 „Was muss man für eine Ausbildung machen, um Friseur zu werden?"
„Die Ausbildung dauert drei Jahre", sagte Fifi.
„Nach der neunten?"
„Ja, und dann kommt die Ausbildung zum Meister. Noch mal zwei Jahre. Dann kannst du einen Salon aufmachen und Lehrlinge nehmen. Und dann hast du
10 noch zwei Jahre, bis du die Ausbilderprüfung machen kannst. Die braucht man, um unterrichten zu können."
„Soll ich dir das Zeug zeigen, das ich in der Schule machen muss?", mischte Garance sich ein. Aus ihrem kleinen Rucksack zog sie ein völlig verknittertes Aufgabenblatt, das Louis überflog. […]
15 Madame Marielou runzelte die Stirn. Louis überraschte sie. Im Grunde war er hilfsbereit, aufgeweckt und ruhig. Fifi behauptete, er sei für das Friseurhandwerk begabt. Warum nicht? Madame Marielou sah ihm einen Moment hinterher.
„Gehen Sie gern zur Schule, Louis?"
Er hatte sich gerade gebückt, um eine Ausgabe von *Elle* aufzuheben, die unter
20 einen Stuhl gerutscht war. Er richtete sich auf.
„Nein." Er überlegte, wie er seine Antwort etwas relativieren[1] könnte, ihm fiel aber nichts ein. Sie lautete *nein*.

Gegen elf Uhr gab es eine hübsche Überraschung für Louis. Großmama betrat den Salon. Sie hatte einen Termin bei Clara.
25 „Garderobe, Louis", scherzte Madame Marielou. Aber der Junge nahm die Sache ernst. Er nahm seiner Großmutter den Mantel ab und legte ihr einen Umhang um. Dann fragte er um die Erlaubnis, sie shampoonieren zu dürfen. Als Großmama auf dem Sessel saß, beugte Louis sich über das Waschbecken und flüsterte ihr zu.
30 „Wusstest du, dass Madame Marielou im Rollstuhl sitzt?" An Großmamas weit aufgerissenen Augen erriet Louis, dass das neu für sie war. Er lachte leise.

---

[1] relativieren: abschwächen

Als Clara mit der Wasserwelle anfing, setzte Louis sich auf den Hocker.

„Hast du dich hier auch nicht zu sehr gelangweilt?", fragte Großmama.

Louis hatte so viel zu antworten, dass er nicht wusste, womit er beginnen sollte.

35 „Nur noch einen Tag durchhalten", fügte Großmama hinzu. „Danach hast du Ferien und kannst dich ausruhen."

Ja, nur noch einen Tag. Die Zeit drängt, er musste reden. Rede, Louis. Jetzt.

„Es gefällt mir", sagte er.

„Was denn, mein Liebling?"

40 „Hier!"

„Eine nette Atmosphäre, nicht?"

„Nein. Na, doch, ja", ächzte Louis. „Aber das ist es nicht ... Ich meine ... Friseur. Anscheinend ist die Ausbildung gar nicht so einfach. Sie geht drei Jahre bis zur Prüfung, und dann kann man noch den Meister machen. Fifi hat's mir erklärt."

45 Beim Reden knackte Louis mit den Fingern. Großmama hörte zu, zögerte noch, ihn zu verstehen.

„Meinst du damit, du hättest Interesse, eine ... Würdest du gern Friseur lernen?"

„Ich lasse Sie zwei Minuten allein", flüsterte Clara. „Eine Tasse Tee?"

Großmama willigte ein und hustete, um die Stille aufzulösen, die langsam
50 unangenehm wurde. Louis saß mit gesenktem Kopf da. Er brauchte Hilfe. Hilfe, um zu reden.

„Weißt du, ich war in der Bäckerei sehr glücklich."

Louis warf heftig den Kopf nach hinten:

„Friseur werden nur Versager!"

55 „Aber nein, Louis, Friseur wird man, weil man das mag."

„Es ist ein handwerklicher Beruf."

„Was soll das denn heißen? *Handwerklicher Beruf!*", rief Großmama empört. „Ein Chirurg hat doch auch einen handwerklichen Beruf – und ein Bildhauer und ein Zahnarzt, arbeiten die etwa nicht mit ihren Händen?"

60 Louis hörte auf, mit den Fingern zu knacken.

„Ich will was mit meinen Händen machen."

Er lächelte seinem Spiegelbild zu. So, er hatte es gesagt.

„Ihr Tee!" Clara stellte das Tablett vor ihrer Kundin ab und fügte hinzu: „Entschuldige, Louis, ich glaube, du wirst gebraucht."

65 „Geh, mein Großer", sagte Großmama. „Und wenn du mich brauchst, weißt du, wo du mich findest ..." […]

An diesem Abend fragte Madame Feyrières ihren Sohn beim Abendessen, wie sein Praktikum zu Ende gegangen sei.

„Gut", antwortete er. […]

70 Monsieur Feyrières hatte den Eindruck, die Zimmerdecke würde ihm auf den Kopf fallen.

„Louis weiß jetzt ganz tolle Sachen", bemerkte Floriane.

„Ganz tolle Sachen, die zu nichts nutze sind", erwiderte Monsieur Feyrières und fasste sich wieder. […]

75 Louis sah seinen Vater schmerzerfüllt an. Ihm war, als würde ihm ein Nagel ins Herz gerammt. […]*

Louis vertraut seiner Großmutter ein Geheimnis an.

2 Was erfährst du über Louis? Notiere Stichworte.

3 Beantworte die folgenden Fragen zum Text in Stichworten:
– Was vertraut Louis seiner Großmutter im Salon an?
– Warum fällt es ihm so schwer, mit ihr darüber zu reden?
– Wie reagiert Louis' Großmutter auf sein Geständnis?
– Was hält der Vater vom Beruf des Friseurs?

4 Louis gefällt das Praktikum und er könnte sich vorstellen, eine Ausbildung als Friseur zu machen. Belege diese Aussage mit passenden Textstellen.

5 Großmama überrascht Louis bei seinem Praktikum. Was geht ihm durch den Kopf? Was möchte er ihr alles erzählen? Schreibe seine Gedanken auf.

6 „Louis sah seinen Vater schmerzerfüllt an. Ihm war, als würde ihm ein Nagel ins Herz gerammt." (Z. 75–76) Erkläre diese Redewendung mit eigenen Worten im Textzusammenhang.

weitere Redewendungen
▶ S. 80

7 Was hat die Geschichte von Louis mit dem Thema **Glück** zu tun? Diskutiert in der Klasse darüber.

Du kannst eine Figur besser verstehen, wenn du dich in sie hineinversetzt.
W Du kannst zunächst wählen: Schreibe einen Tagebucheintrag (Aufgabe 8) oder einen Dialog (Aufgabe 9). Anschließend verfasst du einen inneren Monolog.

Jedes Familienmitglied hat seine eigene Meinung zu Louis' Berufswunsch.

8 a. Wähle eine Figur aus.
b. Schreibe einen Tagebucheintrag aus der Sicht dieser Figur. Beantworte dabei die folgenden Fragen:
– Wie hat die Figur den Tag erlebt?
– Welche Gedanken und Gefühle hatte sie?
– Welchen Wunsch hat sie?

Sprachspeicher

Ich bin unsicher, weil …

Es hat mich geärgert/ verletzt, dass …

Ich bin enttäuscht darüber, dass …

Ich habe Angst vor …/ Angst, dass …

Am nächsten Tag möchte Louis noch einmal mit seinem Vater über seinen Berufswunsch reden. Wie könnte dieses Gespräch verlaufen?

9 a. Macht euch Notizen zu den beiden Figuren:
– Was denkt Louis über seinen Berufswunsch?
– Wie denkt der Vater darüber?
– Wie könnten Louis und sein Vater ihre Meinungen begründen?
b. Schreibt den Dialog auf.
c. Spielt euer Gespräch als kurze Szene der Klasse vor.

Mit einem inneren Monolog versetzt du dich in eine Figur hinein und beschreibst ihre Gedanken und Gefühle in der Ich-Form. Du kannst einen inneren Monolog aus der Sicht von Louis, der Großmutter oder des Vaters schreiben.

10 Mit einer Partnerin oder einem Partner kannst du zunächst deine Figur besser kennen lernen.
    a. Wählt jeder eine Figur aus und schreibt auf, was ihr schon über sie wisst.
    b. Schreibe Fragen an die Figur deiner Partnerin oder deines Partners auf.
    c. Stellt euch gegenseitig eure Fragen. Der oder die andere antwortet aus der Sicht ihrer oder seiner Figur.
    Tipp: Wenn ihr unsicher seid, lest noch einmal im Text nach.

11 Versetze dich in deine Figur hinein und schreibe ihre Gedanken und Gefühle in Form eines inneren Monologs auf.
    a. Schreibe in Stichworten auf, was deine Figur im Laufe der Handlung denken und fühlen könnte. Schreibe in der Ich-Form.
    b. Schreibe nun mit Hilfe deiner Notizen und der Arbeitstechnik den inneren Monolog auf.

> **Arbeitstechnik: Einen inneren Monolog schreiben**
>
> Mit einem inneren Monolog gibst du den Gedankenfluss einer Figur in der Ich-Form wieder. Dafür versetzt du dich in die Figur hinein und stellst ihre Gedanken, Gefühle und Wahrnehmungen in einer bestimmten Situation möglichst genau dar:
> – Was geht im Kopf der Figur vor? Was beschäftigt sie?
> – Was fühlt die Figur? Was ist ihr wichtig?
> Die einzelnen Gedanken in einem inneren Monolog sind nicht sortiert und können durcheinandergeraten, abschweifen oder abbrechen.
> Verwende das Präsens und formuliere so, dass es zum Text passt.

Sprachspeicher
Ich bin hin- und hergerissen
Ich denke/finde, dass …
Ich verstehe nicht, dass …
Ich wünsche mir, dass …

Während des Lesens und des Schreibens zum Text hast du dir eine genauere Vorstellung von Louis und seinem Vater gemacht.

12 a. Beschreibe, wie Louis und sein Vater auf dich wirken.
    b. Begründe, warum du sie so siehst.
    c. Sprecht darüber:
      – Hat sich eure Sicht auf die Figuren im Laufe des Kapitels verändert?
      – Habt ihr den Text durch die Schreibaufgaben besser verstanden?

13 Schreibe deine Gedanken zu dem Jugendbuchauszug auf.
    – Du kannst schreiben, wie er auf dich wirkt.
    – Du kannst einen Bezug zu deinem Leben herstellen.
    – Du kannst aufschreiben, was dich zum Nachdenken anregt.

Zu einer Erzählung schreiben

Was würdest du tun, wenn dir jemand drei Wünsche schenkt?
Darum geht es in der folgenden Erzählung.

1 Lies den Anfang der Erzählung.

Textknacker ▶ S. 310

Das Märchen vom Glück   Erich Kästner

Siebzig war er gut und gern, der alte Mann, der mir in der verräucherten Kneipe gegenübersaß. Sein Schopf sah aus, als habe es darauf geschneit, und die Augen blitzten wie eine blankgefegte Eisbahn. „Oh, sind die Menschen dumm", sagte er und schüttelte den Kopf, dass ich dachte, gleich müssten Schneeflocken aus
5 seinem Haar aufwirbeln.
„Das Glück ist ja schließlich keine Dauerwurst, von der man sich täglich seine Scheibe herunterschneiden kann!"
„Stimmt", meinte ich, „das Glück hat ganz und gar nichts Geräuchertes an sich. Obwohl ..."
10 „Obwohl?"
„Obwohl gerade Sie aussehen, als hinge bei Ihnen zu Hause der Schinken des Glücks im Rauchfang."
„Ich bin eine Ausnahme", sagte er und trank einen Schluck. „Ich bin die Ausnahme. Ich bin nämlich der Mann, der einen Wunsch frei hat."
15 Er blickte mir prüfend ins Gesicht, und dann erzählte er seine Geschichte.

2 Beschreibe die Situation am Anfang der Erzählung:
Wer sind die Hauptfiguren? Was erfährst du über sie?

„Das ist lange her", begann er und stützte den Kopf in beide Hände, „sehr lange. Vierzig Jahre. Ich war noch jung und litt am Leben wie an einer geschwollenen Backe. Da setzte sich, als ich eines Mittags verbittert
20 auf einer grünen Parkbank hockte, ein alter Mann neben mich und sagte beiläufig: ‚Also gut. Wir haben es uns überlegt. Du hast drei Wünsche frei.' Ich starrte in meine Zeitung und tat, als hätte ich nichts gehört. ‚Wünsch dir, was du willst', fuhr er fort, ‚die schöns-
25 te Frau oder das meiste Geld oder den größten Schnurrbart – das ist deine Sache. Aber werde endlich glücklich! Deine Unzufriedenheit geht uns auf die Nerven.' Er sah aus wie der Weihnachtsmann in Zivil[1]. Weißer Vollbart, rote Apfelbäckchen, Augenbrauen wie aus Christbaumwatte. Gar nichts Verrücktes. Vielleicht ein bisschen zu
30 gutmütig.

[1] in Zivil: hier: in Alltagskleidung

Nachdem ich ihn eingehend betrachtet hatte, starrte ich wieder in meine Zeitung. ‚Obwohl es uns nichts angeht, was du mit deinen drei Wünschen machst', sagte er, ‚wäre es natürlich kein Fehler, wenn du dir die Angelegenheit vorher genau überlegtest. Denn drei Wünsche sind nicht vier Wünsche oder fünf, sondern drei. Und wenn du hinterher noch immer neidisch und unglücklich wärst, könnten wir dir und uns nicht mehr helfen.'

3 Der ältere Mann erzählt seine Geschichte. Gib mit eigenen Worten wieder, was du bisher über seine Begegnung mit dem Fremden vor langer Zeit erfahren hast.

4 Wie reagiert der Mann zunächst auf die Worte des Fremden? Belege deine Einschätzung mit passenden Textstellen.

5 Stelle dir vor, du hättest drei Wünsche frei.
Was würdest du dir wünschen?
Schreibe deine Wünsche auf und begründe sie.

Ich weiß nicht, ob Sie sich in meine Lage versetzen können. Ich saß auf einer Bank und haderte mit Gott und der Welt. In der Ferne klingelten die Straßenbahnen. Die Wachtparade zog irgendwo mit Pauken und Trompeten zum Schloss. Und neben mir saß nun dieser alte Quatschkopf!"
„Sie wurden wütend?"
„Ich wurde wütend. Mir war zu Mute wie einem Kessel kurz vorm Zerplatzen. Und als er sein weißwattiertes Großvatermündchen von Neuem aufmachen wollte, stieß ich zornzitternd hervor: ‚Damit Sie alter Esel mich nicht länger duzen, nehme ich mir die Freiheit, meinen ersten und innigsten Wunsch auszusprechen – scheren Sie sich zum Teufel!' Das war nicht fein und höflich, aber ich konnte einfach nicht anders. Es hätte mich sonst zerrissen."
„Und?"
„Was ‚Und'?"
„War er weg?"
„Ach so! – Natürlich war er weg! Wie fortgeweht. In der gleichen Sekunde. In nichts aufgelöst. Ich guckte sogar unter die Bank. Aber dort war er auch nicht. Mir wurde ganz übel vor lauter Schreck. Die Sache mit den Wünschen schien zu stimmen! Und der erste Wunsch hatte sich bereits erfüllt! Du meine Güte! Und wenn er sich erfüllt hatte, dann war der gute, liebe, brave Großpapa, wer er nun auch sein mochte, nicht nur weg, nicht nur von meiner Bank verschwunden, nein, dann war er beim Teufel! Dann war er in der Hölle!

6 In seiner Wut spricht der Mann seinen ersten Wunsch aus. Was wünscht er sich? Wird der Wunsch erfüllt? Schreibe es in wenigen Sätzen auf.

7 Der Fremde ist tatsächlich verschwunden.
Wie fühlt sich der Mann in diesem Moment? Notiere mögliche Gedanken.

‚Sei nicht albern', sagte ich zu mir selber. ‚Die Hölle gibt es ja gar nicht, und den Teufel auch nicht.' Aber die drei Wünsche, gab's denn die? Und trotzdem war der alte Mann, kaum hatte ich's gewünscht, verschwunden … Mir wurde heiß und kalt. Mir schlotterten die Knie. Was sollte ich machen? Der alte Mann musste wieder her, ob's nun eine Hölle gab oder nicht. Das war ich ihm schuldig. Ich musste meinen zweiten Wunsch dransetzen, den zweiten von dreien, o ich Ochse! Oder sollte ich ihn lassen, wo er war? Mit seinen hübschen, roten Apfelbäckchen? ‚Bratapfelbäckchen', dachte ich schaudernd. Mir blieb keine Wahl. Ich schloss die Augen und flüsterte ängstlich: ‚Ich wünsche mir, dass der alte Mann wieder neben mir sitzt!' Wissen Sie, ich habe mir jahrelang, bis in den Traum hinein, die bittersten Vorwürfe gemacht, dass ich den zweiten Wunsch auf diese Weise verschleudert habe, doch ich sah damals keinen Ausweg. Es gab ja keinen …"

„Und?"

„Was ‚Und'?"

„War er wieder da?"

„Ach so! – Natürlich war er wieder da! In der nämlichen Sekunde. Er saß wieder neben mir, als wäre er nie fortgewünscht gewesen. Das heißt, man sah's ihm schon an, dass er …, dass er irgendwo gewesen war, wo es verteufelt, ich meine, wo es sehr heiß sein musste. O ja. Die buschigen, weißen Augenbrauen waren ein bisschen verbrannt. Und der schöne Vollbart hatte auch etwas gelitten. Besonders an den Rändern. Außerdem roch's wie nach versengter Gans. Er blickte mich vorwurfsvoll an. Dann zog er ein Bartbürstchen aus der Brusttasche, putzte sich Bart und Brauen und sagte gekränkt: ‚Hören Sie, junger Mann, fein war das nicht von Ihnen!' Ich stotterte eine Entschuldigung. Wie leid es mir täte. Ich hätte doch nicht an die drei Wünsche geglaubt. Und außerdem hätte ich immerhin versucht, den Schaden wieder gutzumachen. ‚Das ist richtig', meinte er. ‚Es wurde aber auch die höchste Zeit.' Dann lächelte er. Er lächelte so freundlich, dass mir fast die Tränen kamen.

‚Nun haben Sie nur noch einen Wunsch frei', sagte er, ‚den dritten. Mit ihm gehen Sie hoffentlich ein bisschen vorsichtiger um. Versprechen Sie mir das?' Ich nickte und schluckte. ‚Ja', antwortete ich dann, ‚aber nur, wenn Sie mich wieder duzen.' Da musste er lachen. ‚Gut, mein Junge', sagte er und gab mir die Hand. ‚Leb wohl. Sei nicht allzu unglücklich. Und gib auf deinen letzten Wunsch acht.' – ‚Ich verspreche es Ihnen', erwiderte ich feierlich. Doch er war schon weg. Wie fortgeblasen."

„Und?"

„Was ‚Und'?"

„Seitdem sind Sie glücklich?"

„Ach so. Glücklich?"

Mein Nachbar stand auf, nahm Hut und Mantel vom Garderobenhaken, sah mich mit seinen blitzblanken Augen an und sagte: „Den letzten Wunsch hab' ich vierzig Jahre lang nicht angerührt. Manchmal war ich nahe daran. Aber nein. Wünsche sind nur gut, solange man sie noch vor sich hat. Leben Sie wohl."

Ich sah vom Fenster aus, wie er über die Straße ging. Die Schneeflocken umtanzten ihn. Und er hatte ganz vergessen, mir zu sagen, ob wenigstens er glücklich sei. Oder hatte er mir absichtlich nicht geantwortet? Das ist natürlich auch möglich.

Wofür nutzt der Mann seinen zweiten und dritten Wunsch?

8 Tauscht euch über den zweiten und den dritten Wunsch des Mannes aus:
– Wie lautet der zweite Wunsch des Mannes? Was geschieht, nachdem er seinen Wunsch ausgesprochen hat?
– Was erfahrt ihr über den dritten Wunsch des Mannes?
– Welches Versprechen gibt der Mann dem Fremden?

9 Zu Beginn der Erzählung erklärt der ältere Mann: „Ich bin nämlich der Mann, der einen Wunsch frei hat." (Z. 14)
Überlege, warum er sich so vorstellt. Schreibe Stichworte auf.

10 Wie endet die Erzählung?
   a. Lies noch einmal die Zeilen 96–102.
   b. „Wünsche sind nur gut, solange man sie noch vor sich hat." (Z. 99)
   Wie könnte dieser Satz gemeint sein? Schreibe deine Vermutungen auf.

11 Im Text kommen drei sprachliche Bilder vor. Suche sie heraus und erkläre sie mit eigenen Worten im Textzusammenhang.

„Und er hatte ganz vergessen, mir zu sagen, ob wenigstens er glücklich sei. Oder hatte er mir absichtlich nicht geantwortet?" (Z. 101–102)
Der Ich-Erzähler denkt noch lange über die Geschichte des alten Mannes nach.

Erzählperspektiven
▶ S. 307

12 Wie wirkt der Abschied auf den Ich-Erzähler?
Schreibe Stichworte auf.

13 Schreibe die Gedanken des Ich-Erzählers über die Begegnung in Form eines inneren Monologs auf.
Die folgenden Fragen können dir dabei helfen:
– Welche Gedanken gehen dir durch den Kopf, während der alte Mann seine Geschichte erzählt?
– Worüber denkst du nach, als du dem alten Mann nachblickst?
– Was denkst du: Ist der alte Mann glücklich?
– Welche Fragen hättest du dem alten Mann gern noch gestellt?

Was hat diese Erzählung mit dem Thema Glück zu tun?

14 a. Lies noch einmal die Überschrift der Erzählung.
   b. Die Erzählung wird als Märchen bezeichnet.
   Was ist das Märchenhafte an der Erzählung?
   Begründe deine Meinung.

Einen Sachtext mit Grafik in Beziehung zum Thema des Kapitels setzen

Die Glücksforschung ist die Erforschung der Bedingungen, unter denen sich Menschen als glücklich bezeichnen und/oder glücklich sind.

1 a. Lies den folgenden Sachtext mit dem Textknacker.
b. Klärt unbekannte Wörter, die wichtig sind für das Textverständnis.

Textknacker ▶ S. 310

Weltglückstag: Auf der Suche nach dem Glück

Das Streben nach Glück eint uns alle: Die meisten Menschen wollen gern glücklich sein, wissen aber gar nicht, was sie überhaupt glücklich macht. Die Antwort auf diese Frage sucht manch einer sein Leben lang, andere dagegen scheinen einfach so glücklich und zufrieden zu sein. Und so
5 mühelos das scheint, ist es eigentlich auch, sagt die Glücksforschung. Aber was macht denn nun glücklich?
Jeder Mensch definiert Glück anders. Für die UN-Vollversammlung bedeutet es soziales und ökologisches[1] Wohlbefinden sowie Zufriedenheit. Um das zu fördern, wurde 2012 der Tag des Glücks für den 20. März ausgerufen – auf Be-
10 streben des kleinen asiatischen Landes Bhutan. Bereits seit den 1970er Jahren gibt es dort eine innenpolitische Zielsetzung, die das nationale Glück über das Brutto-Inlandsprodukt stellt. Der Tag des Glücks soll die Gesellschaften für einen Diskurs[2] über die Frage motivieren, was sie glücklich machen würde und wie das gegebenenfalls erreicht werden kann.
15 Mit diesen Fragen setzt sich auch die Glücksforschung auseinander. Soziologen und Psychologen beschäftigen sich hier allerdings mit unserem individuellen, subjektiven Wohlbefinden. Objektive Antworten auf die Frage, was Glück ist, können nämlich gar nicht gefunden werden, erklärt Professor Manfred Spitzer. […]
20 Auf die Frage, was uns Menschen glücklich macht, gibt es also viele individuelle Antworten. Eine davon lautet schlicht, dass der Mensch glücklich ist, der häufig positive Gefühle hat und der im Großen und Ganzen mit seinem Leben zufrieden ist. […] Diese Art von Glück habe sogar Konsequenzen für die Gesundheit: „Glück entlastet das Immunsystem, das heißt: Wir sind gesünder
25 und leben länger. […]" Was weniger helfe sei, wenn die Ziele Geld, Schönheit und Popularität seien.
Macht Geld also wirklich nicht glücklich? Eher nicht, lautet die einhellige Meinung der meisten Glücksforscher. […] Es machen vor allem die Dinge glücklich, die uns […] entscheidend geprägt haben: Also etwa Zeit mit der Familie zu
30 verbringen oder mit vertrauten Menschen […].

[1] ökologisch: den Schutz der Umwelt betreffend   [2] der Diskurs: die Diskussion

Doch auch unsere Umgebung hat einen deutlichen Einfluss auf unser Wohlbefinden: Bewegung und natürliche Umgebung, Wald, Bäume und Wiesen können unser Glücksgefühl positiv beeinflussen. Forscher zählen [...] außerdem diese Faktoren für Glück auf: eine stabile Liebesbeziehung, Gesundheit, ein den eigenen Fähigkeiten entsprechender Beruf, Freunde, Kinder und Geld für Grundbedürfnisse.

Unter gewissen Umständen kann Geld aber tatsächlich glücklicher machen. Mehrere Untersuchungen haben nämlich gezeigt, dass es glücklicher macht, Geld für andere auszugeben. [...] Der Lottogewinn auf dem Konto allein sorgt also nicht für das große Lebensglück. Er verschafft vielleicht Sicherheit, Einfluss und Macht, aber nicht unbedingt Glück. [...]*

2 Fasse den Sachtext in eigenen Worten zusammen.

3 Werte die Grafik in einem kurzen Text aus:
– Was veranschaulicht die Grafik?
– Was ist wichtig, um glücklich zu sein? Was ist weniger wichtig?

4 „Geld macht eher nicht glücklich." Oder doch? Was denkst du darüber? Schreibe deine Meinung auf und begründe sie.

Auch die Hauptfiguren in diesem Kapitel sind auf der Suche danach, was Glück bedeutet und was sie glücklich macht.

5 Lies noch einmal deine Ergebnisse zu den Seiten 70 bis 77.

6 Was bedeutet Glück? Was macht glücklich?
Schreibe deine Meinung in einem kurzen Text begründet auf.
Beziehe dabei deine Ergebnisse zu den Seiten 70 bis 77 und
die Informationen des Sachtextes und der Grafik mit ein.

Extra Sprache

Redewendungen und Sprichwörter verstehen

Über das Glück gibt es viele Redewendungen.

> das Glück auf seiner Seite haben
> etwas auf gut Glück tun
> mehr Glück als Verstand haben
> Glück im Unglück haben

1 a. Versucht, die Bedeutung der Redewendungen zu erklären.
b. Überlegt euch zu jeder Redewendung eine passende Situation.

Auch in Mundart kann man ausdrücken, wenn jemand großes Glück hat.

> Du hosch fai an Dusl khedd. (Schwäbisch)
> Do host a gscheids Dusel ghod. (Mittelbairisch)
> Da hast fei an Duusl ghabt. (Fränkisch)

2 a. Lest die Sätze laut oder lasst sie euch vorlesen.
b. Welche Gemeinsamkeiten könnt ihr erkennen? Sprecht darüber.

Im Deutschen gibt es auch viele Sprichwörter über das Glück.

> Jeder ist seines Glückes Schmied.
> Trautes Heim, Glück allein.
> Glück und Glas, wie leicht bricht das.
> Glück im Spiel, Pech in der Liebe.

3 Was bedeuten die Sprichwörter?
a. Lest die folgenden Erklärungen.
b. Ordnet die Erklärungen den Sprichwörtern richtig zu.

> Das Glück kann schnell wieder vorbei sein.
> Zuhause ist es doch am schönsten.
> Man kann nicht immer Glück haben.
> Jeder ist selbst dafür verantwortlich, dass er glücklich wird.

4 a. Sammelt weitere Redewendungen und Sprichwörter zum Thema **Glück**, vielleicht auch in anderen Sprachen.
b. Erklärt euch gegenseitig die Bedeutung der Redewendungen und Sprichwörter.

Teste dich!

Zu einem Jugendbuchauszug schreiben

Hier kannst du überprüfen, ob du einen Jugendbuchauszug erschließen und dich in die Hauptfigur hineinversetzen kannst.

1 Lies den folgenden Jugendbuchauszug.

Textknacker ▶ S. 310

Fette Ferien   Jochen Till

Tobias möchte in den Sommerferien eigentlich nur seine Ruhe haben. Stattdessen schickt sein Vater ihn in ein Ferienlager.

„Und benimm dich, verstanden? Dass mir ja keine Klagen kommen!" Genau, klagen! Das hätte ich noch versuchen können. Geht das? Kann man seinen Vater verklagen, weil er einen gegen seinen Willen für volle zwei Wochen in ein [...] Ferienlager irgendwo in der Pampa¹ schickt? In Amerika ginge das, da kann
5 man alles und jeden wegen Pipifax verklagen und wird stinkreich dabei. Aber was hilft's, ich bin nicht in Amerika, und jetzt ist es sowieso zu spät, da kommt der Bus.
Komisch, es sind gar keine Gitterstäbe an den Fenstern, wie ich erwartet hatte. „Tobias! Guck mich gefälligst an, wenn ich mit dir rede! Ob
10 du mich verstanden hast, will ich wissen?" „Ja, ja, verstanden. Werd ich denn früher entlassen, wenn ich mich gut benehme?" „Jetzt fang nicht wieder so an, Tobias! Das hatten wir doch alles schon besprochen. Du kannst langsam wirklich damit aufhören, so zu tun, als würde ich dich mit diesen Ferien bestrafen wollen."
15 Tut er aber. Genau das ist es doch. Mein Zeugnis war nicht so berauschend [...], deswegen stehe ich jetzt hier und warte auf meinen Abtransport ins Sträflingslager. [...]
„Wart's mal ab, in zwei Wochen wirst du nicht mehr dort wegwollen, das verspreche ich dir. Du wirst jede Menge Spaß haben, vertrau mir."
20 Bestimmt nicht so viel Spaß wie er mit seiner Neuen. Noch so ein Grund, warum er mich abschiebt.
Er will mich aus dem Weg haben, damit er in Ruhe mit dieser Tamara rummachen kann. Er hat sie beim Chatten kennen gelernt und benimmt sich wie ein liebeskranker Volltrottel, sobald sie sich in seiner Nähe befindet. Zugegeben, sie
25 sieht verdammt gut aus, was sie allerdings zu einem sehr großen Teil der Tatsache zu verdanken hat, dass sie erst 21 ist. Das muss man sich mal reinziehen. Die Frau ist gerade mal ein Jahr älter als Maja, meine Schwester. Oh, Mann, wie gerne wäre ich mit Maja und Thomas nach Frankreich zum Zelten gefahren. Sie wollten mich mitnehmen, drei Wochen lang, aber nein, mein werter Herr Papa
30 musste ja auf diesem [...] Ferienlager-Mist bestehen.

¹ die Pampa: hier: ganz weit draußen

Teste dich!

„Hast du auch alles? Was ist mit der Taschenlampe? Hast du die Taschenlampe? Die wirst du dringend brauchen, weil ..." „Ja, ja, weil wir da ganz tolle Nachtwanderungen und ähnlichen altmodischen Schwachsinn im Dunkeln machen, ich weiß, Papa."

35 „Das ist kein altmodischer Schwachsinn, das ist old school, oder wie man das heutzutage nennt, und es macht wirklich Spaß, Tobias!" Gibt es etwas Peinlicheres als Erwachsene, die versuchen, so zu reden wie wir, obwohl sie keine Ahnung haben? „Mit old school bezeichnet man etwas Gutes, Papa. Etwas, das sich bewährt hat und immer noch da ist. Ferienlager sind nicht old school." [...]

40 „Wenn du schon mit dieser Einstellung losfährst, verdirbst du dir nur selbst die Laune und allen anderen wahrscheinlich auch. Positiv denken, Tobias. Immer positiv. Nur so kommst du weiter im Leben. Los, lächle doch mal, dann geht's dir gleich besser." Oh, nein, nicht auch noch die Positiv-Keule, Papa. [...]

„Es geht los, du musst einsteigen. Warte, ich helfe dir mit dem Rucksack." „Nein,
45 lass, das schaff ich schon." Das hätte mir noch gefehlt, dass meine Mitsträflinge mich, bevor es überhaupt losgeht, als Weichei beobachten können, das sich von seinem Papa beim Tragen helfen lässt. „Wie du willst. Tja, dann also bis in zwei Wochen, Sohnemann. Ich wünsche dir eine ganz tolle Zeit." „Ja, ja, bis dann, Tschüss." Ich schultere meinen Rucksack und trotte[2] los in Richtung Bus.

50 „Lächeln, Tobias! Immer lächeln!", ruft er mir hinterher.
Ich drehe mich noch einmal zu ihm um und ziehe mühsam meine Mundwinkel nach oben, ohne auch nur einen Zahn dabei zu zeigen. „Siehst du, das ist schon viel besser! Und vergiss bitte nicht, Herrn Wismuth ganz besonders herzlich von mir zu grüßen, ja?" Er zwinkert mir zu.

55 „Ja, ja, grüßen, mach ich."
Ich drücke meinen Rucksack jemandem in die Hand, der ihn achtlos in den Gepäckraum wirft, und besteige den Bus. Ein letzter Blick zurück. Papa steht noch da und winkt grinsend. Ich winke mit einer Hand schlaff zurück und gehe die Stufen nach oben. Das war's, jetzt gibt es wirklich kein Zurück mehr, ich
60 befinde mich im Sträflingsbus mit Zielort Ferienhölle. [...]*

[2] ich trotte: ich gehe langsam und lustlos zu etwas hin

„[...] ich befinde mich im Sträflingsbus mit Zielort Ferienhölle." (Z. 59–60)
Du kannst dich in die Hauptfigur hineinversetzen, um den Textauszug besser zu verstehen.

2 Wie fühlt sich Tobias, als er im Bus sitzt? Was beschäftigt ihn? Was denkt er über seinen Vater? Was erwartet er von der Zeit im Ferienlager?
Schreibe seine Gedanken und Gefühle in Form eines inneren Monologs auf.

3 Schreibe in dein Lerntagebuch:
– Was hat dir geholfen, die Hauptfigur besser zu verstehen?
– Was gelingt dir gut, was möchtest du noch weiter üben?

Zu einem literarischen Text schreiben

Hier übst du noch einmal, einen literarischen Text zu verstehen und dazu zu schreiben. Du entscheidest, ob du die Aufgaben auf den Seiten 83 bis 85 mit mehr Hilfen oder die kniffligeren Aufgaben auf den Seiten 86 bis 87 lösen möchtest.

1 Lies den folgenden Jugendbuchauszug.

Textknacker ▶ S. 310

Zimtküsse Deniz Selek

Die 14-jährige Sahra hat ein paar Probleme – mit der Trennung ihrer Eltern, mit ihrer besten Freundin und mit einem Jungen. Sie braucht Abstand von allem und fährt in den Ferien zu ihrer Großmutter, auf Türkisch „Babaanne", nach Istanbul. Gemeinsam besuchen sie die Insel Büyükada.

[...] Auf dieser Insel scheint die Zeit stehengeblieben zu sein.
„Sahra, sieh doch nur, diese alten Villen! Sind die nicht wunderschön?" Babaanne zeigt nach rechts auf ein besonders kunstvolles Holzhaus. Zwei üppige Johannisbrotbäume flankieren[1] eine riesige Veranda mit Säulenaufgang. Das
5 Grundstück dahinter scheint kein Ende zu nehmen.
„Hier findest du alte Häuser schön, und bei uns willst du, dass sie abgerissen werden!" Mein Ton ist schärfer als beabsichtigt.
„Ich will nicht, dass alte Häuser abgerissen werden, Sahra; ich wollte nur, dass unser Nachbarhaus abgerissen wird."
10 Mein Ärger verwandelt sich sofort in Neugier. „Warum das denn?" Sie lacht verlegen und weicht meinem Blick aus. „Gib mir noch ein paar Minuten, ja?"
Der Kutscher lenkt das Pferd in eine ruhige Allee. Wir sind die einzigen Verkehrsteilnehmer auf der ganzen Strecke. Nicht einmal Passanten[2] auf dem Bürgersteig. Nur gelbe und rote Blätter, die am Straßenrand aufwirbeln, und
15 helles Vogelgezwitscher aus dem Blätterdach über uns. Die Glöckchen klingeln im Takt der Pferdehufe. Klackklack, klackklack, klackklack. Nach dem quirligen Lärm der Großstadt kommen mir diese Geräusche fast unnatürlich vor.
„Hier sind wir damals auch langgefahren", sagt Babaanne. „Und die Kutsche war auch hellgrün."
20 „Mit Dede[3]?"
Babaanne wirft einen Blick auf den Kutscher und sagt dann leise: „Nein, Güzelim. Nicht mit Dede."
„Mit wem?", frage ich ebenso leise.
„Mit jemandem, der mir sehr viel bedeutet hat. Ein sehr kluger und schöner
25 Mann. Groß und blond, mit braunen Augen."

[1] flankieren: auf beiden Seiten von jemandem/etwas sein
[2] die Passanten: die Fußgänger
[3] Dede: Türkisch für „Großvater"

Wie Karl, denke ich.

„Er ist vor langer Zeit gestorben. Er war Kapitän eines Handelsschiffes und ..." Babaanne lächelt und schweigt. Mit einer Hand greift sie nach dem kleinen Anker an ihrem Hals.

„Ist die Kette von ihm?"

„Ja, sie ist von ihm. Er hat sie mir geschenkt. Hier auf dieser Insel."

Sie bricht wieder ab und schaut auf ihre Hände. Dann strafft sie sich und lächelt mich an, so wie immer. „Auch deine Babaanne war einmal jung, weißt du?"

Ich nicke nur, damit sie weiterspricht.

„Zu meiner Zeit gab es für Männer und Frauen andere Regeln als heute. Bei uns bestimmten die Eltern, wen man heiratete und wen nicht. Wir konnten uns das nicht aussuchen. Wir konnten nicht machen, was wir wollten."

Ich nicke wieder stumm.

„Dein Dede war ein guter Mensch. Sehr großzügig und freundlich. Seine Eltern und meine Eltern hatten sich darauf geeinigt, dass wir heiraten sollten. Es war damals nichts Besonderes, dass wir uns kaum kannten. Nie wäre ich auf den Gedanken gekommen, meinen Eltern zu widersprechen oder mich zu weigern. Er sah nett aus und hatte eine schöne Stimme. Das reichte mir. Ich wurde gerade neunzehn, als wir heirateten, und viele Jahre war ich sehr zufrieden mit meinem Leben. Es ging uns gut. Dein Onkel und dein Baba[4] wuchsen heran. Dann zogen wir in diese Wohnung, neben das Kapitänshaus."

„Das war unser Kapitän?", zische ich erschrocken.

Babaanne ignoriert meine Frage. „Er war auch verheiratet und hatte einen Sohn und eine Tochter. Auch ihn hatte man mit einer Frau verheiratet, die er nicht kannte. Sie mochten sich nicht besonders. Aber an eine Scheidung war nicht zu denken. So etwas machte man damals einfach nicht." Sie schweigt.

Ungläubig sehe ich sie an. Meine Oma?!

„Ich habe diese Geschichte niemandem erzählt." Wieder lächelt sie verlegen. „Jetzt kann ich sie endlich loslassen. Jetzt, wo das Haus weg ist."

„Wusste Dede davon?", frage ich. „Und die Frau des Kapitäns?"

Babaanne schüttelt den Kopf. „Nein. Ich denke nicht. Wir haben uns ja auch nur aus der Ferne angesehen und sehr wenig miteinander gesprochen. Es war nicht wie heute, Sahra, wo die Menschen aufeinander zugehen, wenn sie sich mögen. Das war damals unmöglich. Da gab es strenge Gesetze. Wir waren an unsere Partner gebunden. Außerdem hätte es sofort Gerede gegeben. Wir wären in Teufels Küche gekommen[5]. Das wollten wir nicht. Nein, uns verband eine stille Zuneigung. Wir wussten, dass wir eigentlich füreinander bestimmt sind, aber wohl nicht in diesem Leben. Er hat nur einmal meine Hand gehalten. Hier auf Büyükada, als wir uns ein einziges Mal trafen. Wir hatten unsere Familien belogen und uns davongestohlen, dieses eine Mal. Es waren die schönsten und schrecklichsten Stunden meines Lebens. Es ging uns nicht gut damit. Wir hatten das Gefühl, etwas Unrechtes zu tun. Etwas, wofür wir schwer bestraft werden würden. Und gleichzeitig war es so richtig, so wahr und so vollkommen,

---

[4] Baba: Türkisch für „Vater"
[5] in Teufels Küche kommen: Redewendung für: in Schwierigkeiten kommen

neben ihm in der hellgrünen Kutsche zu sitzen und seine Hand auf meiner zu
spüren. Mehr war nicht nötig für unser Glück. Mehr brauchten wir nicht. In
diesem Augenblick wusste ich, dass wir uns nie verlieren würden. Dass er mein
Herz für immer besetzen würde, ganz gleich, mit wem wir verheiratet waren.
Das gab mir all die Jahre viel Kraft, besonders als er starb."
So hat Babaanne noch nie zu mir gesprochen. Auf einmal ist sie mir fremd.
Auch ihr Ausdruck hat sich verändert. Sie ist nicht mehr nur meine Oma, sondern vielleicht sogar ein bisschen wie meine Mutter. Oder ist das etwas ganz anderes? [...]*

Sahra erfährt bei dem Ausflug das Lebensgeheimnis ihrer Großmutter.

2 Welches Geheimnis vertraut Babaanne Sahra an? Warum ist das etwas ganz Besonderes? Fasse den Inhalt des Auszugs in wenigen Sätzen zusammen.

3 Wie bewertet Sahra Babaannes Geheimnis? Suche Textstellen, an denen deutlich wird, welche Haltung sie hat.

Während des Gesprächs gehen Sahra viele Gedanken durch den Kopf. Ihre Gedanken kannst du in einem inneren Monolog wiedergeben.

4 „Sie schweigt. Ungläubig sehe ich sie an. Meine Oma?!" (Z. 51–52)
Notiere, was Sahra in dem Moment durch den Kopf gehen könnte.

5 Schreibe Stichworte zu den folgenden Fragen auf:
– Warum ist Babaanne Sahra plötzlich fremd?
– Warum könnte Babaanne wie Sahras Mutter sein? Was haben sie gemeinsam?

6 a. Schreibe den inneren Monolog mit Hilfe deiner Notizen.
– Die einzelnen Gedanken müssen nicht sortiert sein. Sie können durcheinandergeraten, abschweifen oder abbrechen.
– Schreibe im Präsens.
– Achte darauf, dass die Gedanken nicht dem Textinhalt widersprechen.
b. Überarbeitet anschließend eure Texte.

Ein Sprichwort lautet: „Jeder ist seines Glückes Schmied."

7 Auf wen in dem Jugendbuchauszug trifft dieses Sprichwort zu? Sprecht darüber und begründet eure Meinung.

8 Warum könnte Babaanne Sahra ihr Geheimnis anvertraut haben? Worin besteht das Glück für Babaanne? Was könnte die Geschichte mit Sahras Leben zu tun haben? Schreibe deine Gedanken auf.

Fordern

Glück kann man nicht nur haben, man kann es auch empfinden und fühlen.
So wie in dem folgenden Gedicht von Mascha Kaléko.

1 a. Lest die Überschrift des Gedichtes.
  b. Sprecht darüber, wie ihr die Überschrift versteht.
  c. Lest nun das ganze Gedicht.

weitere Gedichte
▶ S. 170–185

Sozusagen grundlos vergnügt   Mascha Kaléko

Ich freu mich, daß am Himmel Wolken ziehen
Und daß es regnet, hagelt, friert und schneit.
Ich freu mich auch zur grünen Jahreszeit,
Wenn Heckenrosen und Holunder blühen.
5 – Daß Amseln flöten und daß Immen[1] summen,
Daß Mücken stechen und daß Brummer brummen.
Daß rote Luftballons ins Blaue steigen.
Daß Spatzen schwatzen. Und daß Fische schweigen.

Ich freu mich, daß der Mond am Himmel steht
10 Und daß die Sonne täglich neu aufgeht.
Daß Herbst dem Sommer folgt und Lenz[2] dem Winter,
Gefällt mir wohl. Da steckt ein Sinn dahinter,
Wenn auch die Neunmalklugen ihn nicht sehn.
Man kann nicht alles mit dem Kopf verstehn!
15 Ich freue mich. Das ist des Lebens Sinn.
Ich freue mich vor allem, daß ich bin.

In mir ist alles aufgeräumt und heiter:
Die Diele blitzt. Das Feuer ist geschürt.
An solchem Tag erklettert man die Leiter,
20 Die von der Erde in den Himmel führt.
Da kann der Mensch, wie es ihm vorgeschrieben,
– Weil er sich selber liebt – den Nächsten lieben.
Ich freue mich, daß ich mich an das Schöne
Und an das Wunder niemals ganz gewöhne.
25 Daß alles so erstaunlich bleibt, und neu!
Ich freu mich, daß ich ... Daß ich mich freu. Ⓡ

[1] die Imme: die Biene
[2] der Lenz: der Frühling

2 Welche Stimmung wird in dem Gedicht beschrieben?
  a. Lest euch das Gedicht gegenseitig vor.
  b. Tauscht euch über die Stimmung aus.

Fordern

In dem Gedicht zählt das lyrische Ich auf, worüber es sich freut.

- **3** Welche Gründe zur Freude hat das lyrische Ich?
  - **a.** Lies in den einzelnen Strophen nach.
  - **b.** Schreibe eine Liste mit den Dingen auf, über die sich das lyrische Ich freut.
  - **c.** Über welche genannten Dinge freust du dich auch?
    Unterstreiche die Begriffe in deiner Liste.

- **4** Welche Gründe zur Freude kennst du?
  - **a.** Lege eine weitere Liste an mit Dingen, über du dich freust.
  - **b.** Vergleiche deine Liste mit den Gründen zur Freude im Gedicht von Mascha Kaléko.

Das lyrische Ich beschreibt seine Gefühle auch indirekt.

- **5** „Man kann nicht alles mit dem Kopf verstehn!" (V. 14)
  Wie verstehst du diese Aussage? Erkläre sie mit Hilfe von Beispielen.

- **6** Untersuche die sprachlichen Bilder des Gedichtes.
  - **a.** Lies noch einmal die Verse 17 bis 20.
  - **b.** Wofür stehen diese Metaphern? Erkläre sie mit eigenen Worten.

  Metapher ▶ S. 306

- **7** „Liebe deinen Nächsten wie dich selbst", lautet ein Zitat aus der Bibel.
  - **a.** Finde die Verse im Gedicht, die sich auf dieses Zitat beziehen.
  - **b.** Schreibe auf, was diese Verse für dich bedeuten.

Worin besteht das Glück für das lyrische Ich?

- **8** „Ich freue mich, daß ich ... Daß ich mich freu." (V. 26)
  - **a.** Erkläre die Wirkung dieses letzten Verses.
  - **b.** Warum hat Mascha Kaléko den Satz wohl nicht vollendet?
    Tauscht euch darüber aus.

- **9**
  - **a.** Ergänze den Satz „Ich freue mich, dass ich ..."
  - **b.** Vergleicht eure Ergänzungen und sprecht über Gemeinsamkeiten oder Unterschiede.

- **10**
  - **a.** Lies nun noch einmal die Überschrift des Gedichtes.
  - **b.** Schreibe auf, welche Glücksformel sich aus dem Gedicht ableiten lässt.

Worin besteht das Glück für dich?

- **11** Schreibe zu der ersten Strophe ein Parallelgedicht. Du kannst dazu deine Liste aus Aufgabe 4 verwenden.

Ein Beruf für dich

Wie präsentiere ich mich am besten im Gespräch?

Landschaftsgärtnerin, das wäre spannend. Aber kann ich das? Ich muss das herausfinden.

Speditionskaufmann würde mich interessieren. Ich probiere es einfach mal aus. Aber wo?

Was muss man beachten, wenn …?

1. Seht euch die Bilder an.
   - In welchen Situationen seht ihr die Personen?
   - Was tun sie auf den Bildern?
   - Was sagen oder denken sie?
   Sprecht darüber.

2. Welche Gedanken gehen euch durch den Kopf, wenn ihr an ein Praktikum denkt?
   Sammelt eure Gedanken auf einem Plakat.

3. In diesem Schuljahr werdet ihr ein Praktikum absolvieren.
   Sprecht darüber, was für die Vorbereitung wichtig sein könnte, und macht euch Notizen zu den folgenden Fragen.
   - Wo findet ihr Informationen?
   - Wo könnt ihr euch bewerben?

Wie bewirbt man sich richtig? Jasmin und Peter führen dazu ein Interview mit der Ausbildungsleiterin Frau Tosun.

4 Lest das Interview.

Jasmin: Guten Tag, Frau Tosun. Danke, dass Sie sich Zeit nehmen.
Peter: Was gehört eigentlich alles zu einer vollständigen Bewerbung?
Frau Tosun: Ein Bewerbungsanschreiben, ein tabellarischer Lebenslauf und ein aktuelles Lichtbild werden erwartet. Manche Betriebe wünschen eine Zeugniskopie, wir auch.
Jasmin: Wofür brauchen Sie eine Zeugniskopie?
Frau Tosun: Wir wollen vermeiden, dass jemand ein Praktikum in einem Bereich absolviert, der ihm aller Voraussicht nach nicht liegen wird. Wenn jemand z. B. in Mathematik und Naturwissenschaften große Schwächen hat, würden wir ihm in jedem Fall abraten, ein Praktikum als Zerspanungsmechaniker zu machen.
Peter: Worauf muss ich denn bei einer Bewerbung besonders achten?

Frau Tosun: Eine vollständige und fehlerfreie Bewebung ist wichtig. Denn eine fehlerhafte Bewerbung könnte im Papierkorb landen. Wer sich bei der Bewerbung nicht richtig bemüht, der strengt sich im Betrieb vermutlich auch nicht an.
Jasmin: Oh, das verstehe ich. Und was ist für uns noch wichtig?
Frau Tosun: Pünktlichkeit ist wichtig, denn wir müssen die Termine für unsere Kunden einhalten. Überlegt euch also vor der Bewerbung: Wie komme ich pünktlich zum Praktikumsort? Wie viel Zeit brauche ich?
Jasmin und Peter: Vielen Dank für das Gespräch, Frau Tosun.

Viele Betriebe erwarten vor einem Praktikum eine schriftliche Bewerbung.

5 Was ist bei einer schriftlichen Bewerbung wichtig?
Beantwortet die folgenden Fragen in Stichworten:
– Was gehört zu einer vollständigen Bewerbung?
– Weshalb verlangen manche Betriebe auch das letzte Zeugnis?
– Warum muss eine Bewerbung fehlerfrei sein?
– Was ist sonst noch wichtig?

6 Notiert gemeinsam Stichworte zu folgenden Fragen:
– Welche Stärken und Fähigkeiten habt ihr?
– Welche Berufe möchtet ihr ausprobieren? Warum?

In diesem Kapitel bereitet ihr euch auf euer Praktikum vor. Dabei lernt ihr, wie ihr eine Bewerbung mit einem Lebenslauf und einen Tagesbericht schreibt und wie ihr euch auf ein Bewerbungsgespräch vorbereitet.

Sich vorab informieren

Nicht jeder Betrieb nimmt Praktikantinnen oder Praktikanten.
Daher möchte Paul sich vorab telefonisch informieren.

1 Hallo? Ist da die Spedition? Ich will ein Praktikum bei Ihnen machen. Mit wem muss ich denn da über Details sprechen?

2 Guten Tag, mein Name ist Paul Lorenzen. Ich würde gern ein Praktikum in Ihrer Spedition machen. Könnten Sie mir bitte sagen, wer dafür zuständig ist, oder mich direkt weiterleiten?

1 Paul überlegt, wie er das Gespräch einleiten kann.
    a. Lies die beiden Gedankenblasen.
    b. Mit welcher Einleitung hat Paul vermutlich mehr Erfolg? Begründe.

Paul wird mit dem Ausbildungsleiter, Herrn Heise, verbunden.

Herr Heise sagt:
– Heise. Guten Tag. Wie kann ich helfen?
– Wann findet dein Praktikum denn statt?
– Ja, in dem Zeitraum haben wir noch freie Praktikumsplätze. Bevor wir endgültig zusagen, brauchen wir deine schriftliche Bewerbung und die Praktikumsbescheinigung deiner Schule.
– In welcher Klasse bist du?
– Weshalb bewirbst du dich gerade bei uns?
– Gut. Ich erwarte deine schriftliche Bewerbung in den nächsten Tagen. So lange halte ich dir den Platz frei. Bis dann, Paul.

Paul sagt:
– Guten Tag. Ich heiße Paul Lorenzen und möchte mich nach einem Praktikumsplatz erkundigen.
– Ich habe mich im Internet über Ihren Betrieb informiert, ich interessiere mich für den Beruf des Kaufmanns für Spedition und Logistikdienstleistungen. Durch ein Praktikum bei Ihnen könnte ich herausfinden, ob mir der Beruf Spaß macht. Haben Sie noch freie Praktikumsplätze?
– Ich gehe in die Klasse 8 M der Mittelschule II.
– Das Praktikum findet vom 08. bis 19. 05. 20.. statt.
– Danke. Ich werde mich darum kümmern.
– Vielen Dank für das Gespräch, Herr Heise.

2 **a.** Ordnet die Sätze von Herrn Heise den passenden Antworten von Paul zu.
    b. Untersucht das Gespräch genauer: Schreibt es in der richtigen Reihenfolge auf.
    c. Markiert Wörter und Wortgruppen, durch die das Gespräch höflich wird.

Oft findet eine erste Kontaktaufnahme mit einem Betrieb telefonisch statt.
Ihr erkundigt euch zum Beispiel, ob der Betrieb eine Praktikumsstelle anbietet.

3 Wo möchtet ihr ein Praktikum machen?
    a. Schreibt ein eigenes Telefongespräch auf.
    b. Spielt das Gespräch mit verteilten Rollen.

Einen tabellarischen Lebenslauf schreiben

Der tabellarische Lebenslauf gehört zu einer vollständigen Bewerbung. Paul möchte die Angaben für seinen Lebenslauf ordnen.

A
Grundschule: 01. 08. 20.. – 31. 07. 20.. Grundschule Würzburg
weiterführende Schule: seit 01. 08. 20.. Mittelschule II, Würzburg

B
Würzburg, 24. 03. 20..
Paul Lorenzen

C
Sprachkenntnisse: Deutsch, Englisch, Polnisch
Lieblingsfächer: Deutsch, Mathe, Englisch
Hobbys: Lesen und Sport

D
Name: Paul Lorenzen
Anschrift: Turmstraße 12, 97070 Würzburg
Telefon: 0162/2081430
E-Mail: paul_lorenzen@beispiel.de
Geburtsdatum: 27. März 20..
Geburtsort: Würzburg

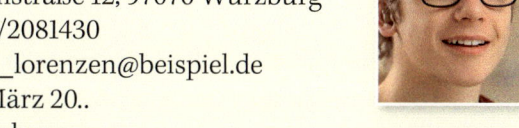

1
a. Bringe die Teile von Pauls Lebenslauf mit Hilfe des Musters am Rand in die richtige Reihenfolge.
b. Schreibe Pauls Lebenslauf geordnet auf.

2
a. Stellt gemeinsam Vermutungen an: Welche Angaben gehören in einen Lebenslauf, welche nicht?
b. Vergleicht eure Ergebnisse in der Klasse.

Du kannst nun deinen eigenen tabellarischen Lebenslauf schreiben.

3 Schreibe deinen tabellarischen Lebenslauf.

4 Überprüfe deinen Lebenslauf:
– Hast du alle Angaben vollständig gemacht?
– Hast du alles richtig geschrieben?
Tipp: Lasse eine zweite Person deinen Lebenslauf prüfen.

5
a. Überarbeite deinen Lebenslauf, wenn nötig.
b. Schreibe deinen überarbeiteten Lebenslauf am Computer.

Lebenslauf

Zur Person

Schulbildung

Besondere Kenntnisse und Interessen

Datum

Unterschrift

Einen tabellarischen Lebenslauf schreiben
▶ S. 316

Ein Bewerbungsschreiben verfassen

Olga bewirbt sich mit diesem Schreiben für ein Praktikum.

1 Lies Olgas Bewerbungsschreiben.

|1| Olga Baric
Marktstraße 27
97080 Würzburg
Tel.: 0162/2090503
o.baric@example.net

|2| Würzburg, 28.03.20..

|3| **Grüne Gärten
Herrn Kunda
Am Teich 5
97080 Würzburg**

|4| **Bewerbung um einen Praktikumsplatz als Landschaftgärtnerin**

|5| Sehr geehrter Herr Kunda,

|6| hiermit bewerbe ich mich bei Ihnen um eine Praktikumsstelle für ein
|7| zweiwöchiges Schülerbetriebspraktikum vom 08.05. bis 19.05.20..
|8| Zurzeit besuche ich die 8. Klasse im M-Zweig der Mittelschule II in Würzburg, die ich voraussichtlich im Sommer 20.. mit dem mittleren Schulabschluss verlassen werde.
|9| Seit zwei Jahren bin ich in der Schulgarten AG. Es macht mir großen Spaß, den Garten zu pflegen, den Zaun zu erneuern und passende Pflanzen auszusuchen.
|10| Im Internet habe ich mich über Ihren Betrieb informiert. Dabei bin ich neugierig geworden.
Ich möchte gerne mehr über den Beruf der Gärtnerin der Fachrichtung Garten- und Landschaftsbau erfahren. In einem Praktikum bei Ihnen könnte ich ausprobieren, ob ich dafür geeignet bin.

|11| Über eine Zusage oder eine Einladung zu einem Gespräch würde ich mich sehr freuen.

|12| Mit freundlichen Grüßen
|13| *Olga Baric*

|14| Anlagen: Lebenslauf, Lichtbild, letztes Zeugnis

2 Wo bewirbt sich Olga mit dem Schreiben? Warum? Notiere Stichworte.

Ein Bewerbungsschreiben hat besondere Bestandteile.

> die Unterschrift, die Anschrift des Empfängers, der Betreff (das Anliegen),
> die Grußformel, der Absender, der Ort und das Datum, die Anrede,
> der Anlagenvermerk (was der Bewerbung noch beigefügt ist)

3 **a.** Sieh dir die Bestandteile eines Bewerbungsschreibens an.
   b. Ordne den Teilen die passenden Abschnitte aus Olgas Schreiben zu.

**Bei einem Bewerbungsschreiben ist auch wichtig, was du schreibst.
Die folgenden Informationen sind für den Empfänger wichtig:**

> die persönlichen Interessen, die Bitte zum Schluss, der Zweck des Schreibens,
> die Angaben zur Schule, die Gründe für das Interesse am Praktikumsplatz/Beruf,
> der Zeitraum des Praktikums

4 **a.** Was schreibt Olga dazu im Hauptteil ihres Schreibens? Ordne die Informationen den passenden Abschnitten in Olgas Schreiben zu.
   b. Warum könnten die Informationen für den Empfänger wichtig sein? Stelle Vermutungen an.

5 Erstelle eine Checkliste **Ein Bewerbungsschreiben verfassen**. Schreibe dazu die Teile eines Bewerbungsschreibens aus Aufgabe 3 und die Informationen aus Aufgabe 4 in der richtigen Reihenfolge auf.

Ein Bewerbungsschreiben verfassen ▶ S. 316

Mit einer Bewerbung machst du Werbung für dich.

6 Plane dein Bewerbungsschreiben.
   a. Was ist dein Wunschberuf? Womit kannst du für dich werben?
      – Welche persönlichen Interessen hast du, die zum Berufsbild passen?
      – Welche Fähigkeiten und Stärken hast du, die zum Berufsbild passen?
      – Wie kannst du deine Fähigkeiten und Stärken belegen?
   b. Lege eine Tabelle an und schreibe Stichworte auf.

7 Verfasse dein Bewerbungsschreiben am Computer.
   – Schreibe auf, wofür du dich bewerben möchtest.
   – Gib an, woher du von dem Praktikumsplatz weißt.
   – Begründe, warum du dieses Praktikum machen möchtest und warum du dafür geeignet bist.
   – Beachte die Bestandteile eines Bewerbungsschreibens.
   – Achte auf sachliche Formulierungen und eine korrekte Rechtschreibung.

8 Überprüfe und überarbeite dein Bewerbungsschreiben mit Hilfe deiner Checkliste von Aufgabe 5. Verwende auch die Rechtschreibprüfung am Computer.

Texte am Computer überarbeiten ▶ S. 236–237

Ein Bewerbungsgespräch führen

In einem Bewerbungsgespräch werden dir viele Fragen gestellt.

> Warum hast du dich bei unserem Betrieb für ein Praktikum beworben?

> Warum interessierst du dich für diesen Beruf?

> Was sind in der Schule deine Lieblingsfächer?

> Warum sollten wir dir die Praktikumsstelle geben?

Stärken haben

sich über den Betrieb informiert haben

die Tätigkeiten kennen

sich von anderen unterscheiden

1 a. Lies die Fragen in den Sprechblasen.
    b. Was möchte der Betrieb mit den Fragen herausfinden? Notiere Stichworte.

2 Wo möchtest du dein Praktikum machen? Warum?
    a. Schreibe zu den Fragen aus Aufgabe 1 Antworten auf, die zu deinem Wunschberuf passen.
    b. Überprüfe deine Antworten: Sind sie sachlich und gut begründet?

Wenn du in einem Bewerbungsgespräch eigene Fragen stellst, zeigst du Interesse am Unternehmen und am Beruf.
Jasmin und Peter notieren sich mögliche Fragen.

A	Gibt es eine Ansprechpartnerin oder einen Ansprechpartner für Praktikanten?
B	Kann ich hier auch meine Lieblingsturnschuhe tragen?
C	Wie viel Geld bekommen Praktikanten bei Ihnen?
D	Arbeite ich während des Praktikums immer in der gleichen Abteilung?
E	Muss ich als Praktikant genauso lange arbeiten wie die anderen Mitarbeiter?

3 a. Lies Jasmins und Peters Fragen.
    b. Untersuche die Fragen genauer und begründe deine Einschätzung:
        – Welche Fragen machen einen guten Eindruck?
        – Welche Fragen würdest du eher nicht stellen?
    c. Formuliere die unsachlichen Fragen um oder ersetze sie durch sachliche Fragen.
    d. Notiere weitere Fragen, die zu deinem Wunschberuf passen.

4 Schreibe ein eigenes Gespräch mit Hilfe deiner Ergebnisse von Aufgabe 2 und 3.

5 a. Lest eure Gespräche mit verteilten Rollen.
    b. Überprüft eure Gespräche: Sind sie sachlich und gut begründet?
    c. Überarbeitet sie, falls nötig.

**In einem Bewerbungsgespräch ist nicht nur wichtig, was ihr sagt.
Der äußere Eindruck und die Körpersprache sind ebenfalls sehr wichtig.**

6 a. Ein altes Sprichwort lautet: **Kleider machen Leute.** Sprecht darüber.
Was könnte es mit einem Bewerbungsgespräch zu tun haben?
b. Für welchen Beruf möchtet ihr euch bewerben?
Wie würdet ihr euch bei dem Bewerbungsgespräch kleiden? Begründet.

Auch die Körpersprache spielt in einem Bewerbungsgespräch eine Rolle.

7 a. Seht euch das Bild an und beschreibt die
Mimik und Gestik in den Varianten 1 bis 4.
b. Tauscht euch darüber aus, wie sie jeweils
auf euch wirken. Begründet auch, was ihr
geeignet findet oder nicht geeignet findet.
c. Notiert in Stichworten, wie ihr euch mit
eurer Körpersprache in Bewerbungsgesprächen
präsentieren könnt.

8 Übt noch einmal eure Bewerbungsgespräche aus Aufgabe 5.
a. Eine/Einer zeigt, wie sie/er sich bei den Gesprächen setzen würde.
Die/Der andere gibt an, wie die Körperhaltung wirkt.
b. Tauscht die Rollen.

9 Ergänzt die folgende Checkliste für Bewerbungsgespräche.
Verwendet eure Ergebnisse aus den Aufgaben 2 bis 8.

Checkliste: Ein Bewerbungsgespräch führen	Ja	Nein
Vor dem Gespräch:		
– Habe ich mich über den Beruf und den Betrieb ausreichend informiert?	☐	☐
– Habe ich mir eigene Fragen überlegt und notiert?	☐	☐
– Habe ich angemessene Kleidung ausgewählt?	☐	☐
– …	☐	☐
Während des Gesprächs:		
– Beantworte ich alle Fragen?	☐	☐
– Spreche ich höflich und sachlich?	☐	☐
– Halte ich Blickkontakt mit meinem Gesprächspartner?	☐	☐
– …	☐	☐

**Heftet eure Checkliste Ein Bewerbungsgespräch führen in euren
Berufswahlordner ab. Vor einem Gespräch könnt ihr euch damit vorbereiten.**

Einen Tagesbericht schreiben

Während ihres Praktikums lernt Jasmin etwas über einen Beruf kennen und kann Tätigkeiten ausprobieren. In einem Tagesbericht schreibt sie auf, was sie getan hat. Er wird von verschiedenen Personen gelesen.

1 Versetze dich in Jasmin hinein. Für wen schreibst du einen Tagesbericht?
   a. Trage in einer Tabelle mögliche Leserinnen und Leser ein.
      Tipp: Du selbst liest den Tagesbericht auch.
   b. Trage auch ein, was die unterschiedlichen Leserinnen und Leser durch den Tagesbericht erfahren möchten.
   c. Ergänze, worauf du beim Verfassen eines Tagesberichts besonders achten solltest, damit die Erwartungen der Leserinnen und Leser erfüllt werden.
   d. Stellt euch gegenseitig eure Tabellen vor.
      Was könntet ihr noch verbessern? Sprecht darüber.

Starthilfe

Mögliche Leserinnen und Leser	Warum lesen sie den Tagesbericht?	Worauf solltest du achten?
ich selbst	Ich möchte mich später …	Der Tagesbericht sollte alles enthalten, was ich …
Lehrerinnen und Lehrer	Sie möchten wissen, was ich getan habe.	Der Tagesbericht sollte verständlich und richtig geschrieben sein. …
die Betreuerin/ der Betreuer	Sie/Er möchte wissen, was genau ich zu welcher Zeit …	Ich beschreibe alle Tätigkeiten, die ich …

Die Angaben in einem Tagesbericht sollen sachlich sein.

2 Welche Angaben gehören in einen Tagesbericht?
   a. Lies die Angaben im Kasten.
   b. Schreibe nur die sachlichen Angaben ab.
      Schreibe sie untereinander und lasse jeweils eine Zeile dazwischen frei.

> Angaben zu Beginn und Ende der Arbeitszeit, die eigene Meinung zum Aussehen der Betreuerin/des Betreuers, die Beschreibung der eigenen Stimmung, die Erklärung verschiedener Arbeitsschritte, Schilderungen über Wesenszüge, das eigene Urteil über das Kantinenessen, die Erklärung zur Verwendung des Arbeitsmaterials, die richtigen Bezeichnungen der Werkzeuge und Maschinen, der Witz aus der Mittagspause

In einem Tagesbericht beantwortest du verschiedene W-Fragen.

3 **a.** Notiere unter jeder sachlichen Angabe aus Aufgabe 2 passende W-Fragen.
   b. Markiere die W-Fragen, die du jemandem aus dem Betrieb stellen solltest.

> **Starthilfe**
>
> Wann beginnt …?
> Wie funktioniert …?
> Wo …?

Jasmin macht ein Praktikum als Anlagenmechanikerin für Sanitär-, Heizungs- und Klimatechnik. Für ihren Tagesbericht hat sie sich Notizen gemacht.

„Sanitär-, Heizungs- und Klimatechnik Maier"; 16.05.20..; Betreuer: Herr Rüttger	
8:00 Uhr:	Arbeitsbeginn
8:00 Uhr:	Besprechung mit Chef Herrn Maier und Gesellen Tobias Rüttger über die anstehenden Arbeiten
	Beladen des Fahrzeugs mit Material und Maschinen
8:30 Uhr:	Fahrt zur Baustelle Donausteg 3 in Barbing mit Herrn Rüttger
	Ausladen von Material und Maschinen
	Stemmen von Schlitzen für Heizungsrohre mit Bohrhammer im Neubau
	Ich sah zuerst zu und habe es dann selbst versucht.
	schwierige Tätigkeit, da Bohrhammer schwer und laut
10:00 Uhr:	Frühstückspause, leider sehr kurz
10:30 Uhr:	Fahrt nach Donaustauf
	gemeinsames Reparieren einer Pumpe an Heizungsanlage
	Ich reichte Herrn Rüttger Werkzeuge an.
11:30 Uhr:	Kaufen einer neuen Pumpe beim Großhändler in Regensburg
12:00 Uhr:	Einbau der neuen Pumpe
	Ich drehte die Muttern sorgfältig mit einer Rohrzange fest.
	Durchführen eines Heizungsfunktionstests mit Herrn Rüttger
13:00 Uhr:	Mittagspause
14:00 Uhr:	Wartungsarbeit an Pelletheizung in Wohnhaus in Regensburg
	Mithilfe bei Befreiung eines Brennkessels von Ruß mit Staubsauger
	Tragen einer Atemschutzmaske, Hände, Gesicht und Kleidung voll Ruß.
	Schmieren der Förderschnecke mit Fett
16:30 Uhr:	Fahrt zur Firma
	Ausladen des Materials
17:00 Uhr:	Arbeitsende

4 **a.** Überprüfe Jasmins Notizen mit Hilfe der W-Fragen.
   – Sind alle Notizen sachlich und wichtig für den Tagesbericht?
   – Sind alle wichtigen Informationen für den Tagesbericht enthalten?
   b. Überarbeite die Notizen, falls nötig.

In einem Tagesbericht beschreibst du Tätigkeiten knapp und genau. Das gelingt besonders, wenn du Fachbegriffe und Fachsprache verwendest.

5 Welche Fachbegriffe hat Jasmin notiert? Schreibe sie auf.

6 a. Vergleicht die Notizen A und B: Wie unterscheidet sich der Stil?
b. Beurteilt, welcher Stil besser für einen Tagesbericht geeignet ist.

A	Stemmen von Schlitzen für Heizungsrohre im Neubau mit Bohrhammer
B	Ich stemmte Schlitze für Heizungsrohre im Neubau mit einem Bohrhammer.

Merkwissen

Wenn man viele Nomen und Nominalisierungen verwendet, spricht man vom **Nominalstil**. Er wird vor allem in wissenschaftlichen und fachsprachlichen Texten verwendet, um Sachverhalte knapp und genau zu beschreiben.

7 Welche Notizen sind nicht im Nominalstil formuliert? Formuliere sie um.

Nominalisierungen
► S. 322

Einen Tagesbericht schreibst du in einer übersichtlichen Form.

8 Schreibe den Tagesbericht mit Hilfe der Arbeitstechnik am Computer.

Starthilfe

Praktikum im Betrieb für …, von Jasmin Ehrlinger		Wochentag, Datum: …
Uhrzeit	Tätigkeit	Was war zu beachten?
…	…	…
14:00 Uhr	Wartungsarbeit an … Mithilfe bei Befreiung eines …	Tragen einer Atemschutzmaske

Arbeitstechnik: Einen Tagesbericht schreiben

Einen Tagesbericht schreibst du z. B. im Praktikum und in der Ausbildung.
– Gliedere den Tagesbericht sinnvoll. Beginne mit den wichtigsten Informationen: Wer? Wann? Wo? Was?
– Verwende immer dieselbe übersichtliche Form, z. B. eine Tabelle.
– Berichte knapp und genau über den Tagesablauf im Einzelnen: Was geschah der Reihe nach? Womit hast du gearbeitet?
– Schreibe sachlich und in Stichworten.
– Verwende Fachbegriffe und den Nominalstil.

Heftet euren Tagesbericht zusammen mit eurem Lebenslauf und eurem Bewerbungsschreiben in eurem Berufswahlordner ab.
Ihr könnt die Unterlagen als Vorlagen nutzen, z. B. für eine Bewerbung um einen Ausbildungsplatz.

Extra Sprache

Anredepronomen verwenden

**In sachlichen Briefen und E-Mails verwendest du Anredepronomen.
Die Anredepronomen in der Höflichkeitsanrede schreibt man groß.**

Anredepronomen
▶ S. 322

1 In dieser E-Mail an einen Personalchef fehlen einige Anredepronomen.
  a. Schreibe die E-Mail ab.
  b. Finde und markiere die Anredepronomen im ersten Teil der E-Mail.
  c. Setze im zweiten Teil der E-Mail passende Anredepronomen ein.
     Markiere die Anredepronomen.

Sehr geehrter Herr Maier,

auf Ihrer Homepage konnten wir lesen, dass es in Ihrem Betrieb unterschiedliche Berufe gibt. Daher möchten wir Sie fragen, ob wir als 8. Klasse die Möglichkeit haben, ? Betrieb bei einer Besichtigung kennen zu lernen? Wenn ja, wann wäre ein Besuch bei ? im Betrieb möglich? Könnten ? uns bitte eine Rückmeldung zu unseren Fragen geben? Wir freuen uns, von ? zu hören.

Mit freundlichen Grüßen
Klasse 8 M der Mittelschule am Park, Nürnberg

2 Yannik hat einen Entwurf für eine E-Mail geschrieben.
  Bevor er die E-Mail absendet, möchte er sie überprüfen.
  a. Lies Yanniks Entwurf.
  b. Finde und überprüfe die Anredepronomen.
  c. Schreibe die E-Mail verbessert auf.

Sehr geehrte Frau Gahn,

im Internet habe ich mich über Ihren Betrieb informiert. Ich interessiere mich für ein Praktikum bei ihnen. Können Sie mir mitteilen, ob sie Praktikumsplätze anbieten?
Ich stehe Ihnen auch gerne für ein Bewerbungsgespräch zur Verfügung.
Bis wann müssen meine Bewerbungsunterlagen in ihrem Betrieb vorliegen?

Mit freundlichen Grüßen
Yannik Pezzold

Achtung: Fehler!

> **Merkwissen**
>
> Das Anredepronomen **Sie** (Personalpronomen, Höflichkeitsanrede) schreibt man **groß**. Das gilt für alle Fälle (Kasus): Sie, Ihrer, Ihnen.
> Auch das **Possessivpronomen Ihr/Ihre** schreibt man groß: Ihr Betrieb.

3 Bei vielen Betrieben kannst du dich per E-Mail bewerben.
  Schreibe eine E-Mail mit einem Anschreiben für eine Online-Bewerbung.
  Verwende passende Anredepronomen in der Höflichkeitsanrede.

Sich online bewerben
▶ S. 232

Teste dich!

Einen Tagesbericht schreiben

Hier kannst du überprüfen, wie gut du einen Tagesbericht schreiben kannst.

Peter macht ein Betriebspraktikum in einer Arztpraxis und hat sich Notizen für seinen Tagesbericht gemacht.

1 Lies Peters Notizen.

Praxis für Kinder und Jugendliche Herr Dr. Schlüter; 08.05.20..	
9:00 Uhr:	Arbeitsbeginn
9:00 Uhr:	Vorstellung der medizinischen Fachangestellten durch Betreuerin Frau Ekemen, einige Mitarbeiter total unsympathisch
	Führung durch die Praxisräume (Labor, Behandlungszimmer, Wartezimmer), alles ganz modern eingerichtet
9:30 Uhr:	Patientenaufnahme:
	Die Versichertenkarten eingelesen für die Abrechnung bei der Krankenkasse
	Eingabe wichtiger Informationen zu Patienten in den Computer für Dr. Schlüter
	Aufrufen von Patienten und Führen in die Behandlungszimmer
12:30 Uhr:	Schließen der Praxis bis 14:30 Uhr
12:30 Uhr:	Mittagspause
13:00 Uhr:	Nach der Mittagspause trafen sich die Angestellten am Empfang. Einsortieren und Bereitlegen von Patientenakten
13:30 Uhr:	Vorbereitung einer U8-Untersuchung (Vorsorgeuntersuchung bei einem Kind zwischen dem 46. und 48. Lebensmonat) mit dem medizinischen Fachangestellten Herrn Lühr
14:00 Uhr:	Durchführung der U8-Untersuchung
	Mithilfe beim Hör- und Sehtest, das war superspannend
17:00 Uhr:	Ende der Öffnungszeit und Arbeitsende

2 **a.** Überprüfe Peters Notizen:
– Sind alle Informationen sachlich?
– Sind alle wichtigen Informationen für den Tagesbericht enthalten?
– Verwendet Peter Fachbegriffe und den Nominalstil?
b. Überarbeite Peters Notizen.

3 Schreibe Peters Tagesbericht in Form einer Tabelle am Computer.

4 Schreibe in dein Lerntagebuch:
– Was gelingt dir gut beim Schreiben eines Tagesberichts, was solltest du noch üben?
– Was hat dir geholfen, die Aufgabe zu lösen?

Fördern

Berufsorientierende Texte verfassen

Hier übst du noch einmal, Texte für deinen Berufswahlordner zu verfassen. Du entscheidest, ob du die Aufgaben auf Seite 101 mit mehr Hilfen oder die kniffligeren Aufgaben auf den Seiten 102 bis 103 lösen willst.

Sofia hat sich für ihren Tagesbericht Stichworte notiert.

1 Lies Sofias Stichworte.

„Eiscafé Nardelli"; 13.05.20..; Betreuerin: Frau Nardelli	
9:00 Uhr:	Arbeitsbeginn
9:00 Uhr:	Vorstellung aller Mitarbeiter durch Frau Nardelli Führung durch die Räume (Keller, Lager, Kühlraum, Personalraum, Gastraum, Terrasse)
9:45 Uhr:	Vorbereitung der Terrasse für die Gäste: Fegen, Sonnenschirme aufstellen, Verteilen von Blumenvasen und Eiskarten
11:00 Uhr:	in die Küche zu Herrn Nardelli: Kennenlernen von Hygienevorschriften für Gastronomieküchen; schwierig, meine langen Haare unter die Haube zu bekommen Mithilfe bei der Eisherstellung: Waschen und Kleinschneiden von Obst, Zutaten abwiegen
12:30 Uhr:	Mittagspause
13:00 Uhr:	Kontrollieren von Warenlieferung mit dem Lieferschein und Waren ins Lager einräumen
14:00 Uhr:	Verteilen von Bestellungen an die Gäste auf der Terrasse, unsere Nachbarin getroffen, die ein Eis essen wollte
17:00 Uhr:	Reinigen von Arbeitsflächen in der Küche
17:30 Uhr:	Arbeitsende

2 a. Überprüfe Sofias Notizen mit Hilfe von W-Fragen:
– Welche Informationen sind sachlich, welche nicht?
– Sind alle wichtigen Informationen für den Tagesbericht enthalten?
b. Überarbeite die Notizen.

3 Welche Notizen hat Sofia nicht im Nominalstil formuliert? Formuliere sie in den Nominalstil um und schreibe sie auf.

4 a. Schreibe Sofias Tagesbericht in Form einer Tabelle am Computer.
b. Überprüfe deinen Text mit einer Partnerin/einem Partner.
c. Überarbeite deinen Text, falls nötig. Verwende auch die Rechtschreibprüfung am Computer.

Texte am Computer überarbeiten
▶ S. 236–237

Fordern

Mit einem Bewerbungsschreiben machst du Werbung für dich.
Du kannst zum Schreiben die AIDA-Formel aus der Werbung anwenden.

> **Info**
>
> Die **AIDA**-Formel wurde 1898 von dem Amerikaner Elmo Lewis entwickelt und wird in der Werbung für Produkte angewendet. Das Wort AIDA ist eine Abkürzung:
> **A**ttention → Aufmerksamkeit erzeugen
> **I**nterest → Interesse wecken
> **D**esire → einen Wunsch auslösen
> **A**ction → zu einer Handlung auffordern

1 Was ist die AIDA-Formel?
   a. Lies die Information zur AIDA-Formel.
   b. Erkläre die Formel in eigenen Worten.
   c. Wie kannst du die AIDA-Formel bei einem Bewerbungsschreiben anwenden? Notiere deine Vermutungen in Stichworten.

W 2 Auf welche Stelle möchtest du dich bewerben? Wähle Aufgabe a oder b.
   a. Lies die folgende Stellenanzeige.
   b. Recherchiere im Internet oder in Zeitungen eine andere Stelle, auf die du dich bewerben möchtest.

> **Praktikum als Zahnmedizinische/r Fachangestellte/r**
> Zahnmedizinische Fachangestellte betreuen Patienten und unterstützen Zahnärzte während der Behandlung. Sie organisieren den Praxisbetrieb, planen Termine und bereiten Untersuchungen vor.
> Sorgfalt, Geschicklichkeit und Einfühlungsvermögen sowie gute naturwissenschaftliche Kenntnisse werden vorausgesetzt.
> Bitte senden Sie Ihre vollständigen Bewerbungsunterlagen an:
> Praxis Dr. Zahn, Frau Dr. Hamed, Hauptstraße 25, 92421 Schwandorf

Du kannst nun dein Bewerbungsschreiben planen.

3 Werte deine gewählte Stellenanzeige aus. Notiere Stichworte zu dem Beruf, dem Betrieb, den Tätigkeiten und den geforderten Fähigkeiten und Fertigkeiten.

1. Schritt: Die Aufmerksamkeit des Betriebs gewinnen

4 In der Betreffzeile machst du kurz und prägnant auf dein Anliegen aufmerksam. Formuliere eine passende Betreffzeile für dein Bewerbungsschreiben.

Fordern

2. Schritt: Das Interesse an dir wecken

5 Zu Beginn deines Bewerbungsschreibens nennst du den Zweck deines Schreibens und machst Angaben über deine schulische Situation.
   a. Mit welchem der folgenden Einleitungssätze kannst du das Interesse des Betriebs am besten wecken? Begründe deine Wahl.
   b. Formuliere eine passende Einleitung für deine Bewerbung.

> A hiermit bewerbe ich mich um einen Praktikumsplatz als ? .
>
> B durch Ihre Stellenanzeige im ? bin ich auf Ihren Betrieb aufmerksam geworden. Ich würde gerne im Rahmen eines Praktikums mehr über Ihren Betrieb und den Beruf ? erfahren.

3. Schritt: Den Wunsch auslösen, dich kennen zu lernen

6 Im nächsten Teil deines Bewerbungsschreibens nennst du deine Interessen und Fähigkeiten, damit löst du beim Betrieb den Wunsch aus, dich persönlich kennen zu lernen.
   a. Welche Anforderungen werden in der Stellenanzeige genannt? Lies noch einmal deine Ergebnisse von Aufgabe 3.
   b. Was sind deine Interessen und Fähigkeiten? Wie passen sie zu den Anforderungen? Verknüpfe sie miteinander.

4. Schritt: Dazu auffordern, dich zu einem Bewerbungsgespräch einzuladen

7 Am Schluss bittest du um eine Einladung zu einem persönlichen Gespräch. Wähle einen passenden Schlusssatz.

> A Über eine Einladung zu einem Bewerbungsgespräch würde ich mich freuen.
> B Gerne stelle ich mich Ihnen in einem persönlichen Gespräch vor.

Du kannst nun dein Bewerbungsschreiben schreiben.

8 Schreibe dein vollständiges Bewerbungsschreiben am Computer. Verwende deine Ergebnisse der Aufgaben 4 bis 7.

9 a. Überprüfe dein Bewerbungsschreiben.
   - Sind alle wichtigen Angaben und Bestandteile enthalten?
   - Bist du auf die geforderten Fähigkeiten und Fertigkeiten der Stellenanzeige eingegangen?
   - Hast du dein Interesse an der Stelle gut begründet?
   - Wende auch die Rechtschreibprüfung am Computer an.
   b. Überarbeite dein Bewerbungsschreiben, falls nötig.

Texte am Computer überarbeiten
▶ S. 236–237

Berufsfelder erkunden

Dienstleistung | Verkehr, Logistik | Landwirtschaft, Natur, Umwelt
Produktion, Fertigung | Gesundheit | Soziales, Pädagogik
Wirtschaft, Verwaltung | Metall, Maschinenbau | Kunst, Kultur, Gestaltung

In Deutschland gibt es über 300 staatlich anerkannte Ausbildungsberufe. Sie werden in 15 verschiedene Berufsfelder eingeteilt, damit man sich leichter orientieren kann.

1 Seht euch die abgebildeten Berufsfelder an und sprecht darüber.
- Was zeichnet ein Berufsfeld aus?
- Was könnte sich hinter den abgebildeten Berufsfeldern verbergen?

2 a. Zu welchen Berufsfeldern gehören die folgenden Berufe? Ordnet zu.
b. Ordnet den Berufsfeldern weitere Berufe zu. Begründet.

> Chemikant/in, Altenpfleger/in, Friseur/in, Forstwirt/in, Bühnenmaler/in, Fachlagerist/in Werkstoffprüfer/in, Kauffrau/Kaufmann im Einzelhandel, Heilerziehungspflegehelfer/in

3 Recherchiert gemeinsam: Welche sechs Berufsfelder gibt es außerdem? Welche Berufe gehören jeweils zu dem Berufsfeld?

In jedem Beruf braucht man bestimmte Voraussetzungen.
Die Schülerinnen und Schüler der Klasse 8M sprechen
über ihre persönlichen Interessen und Stärken.

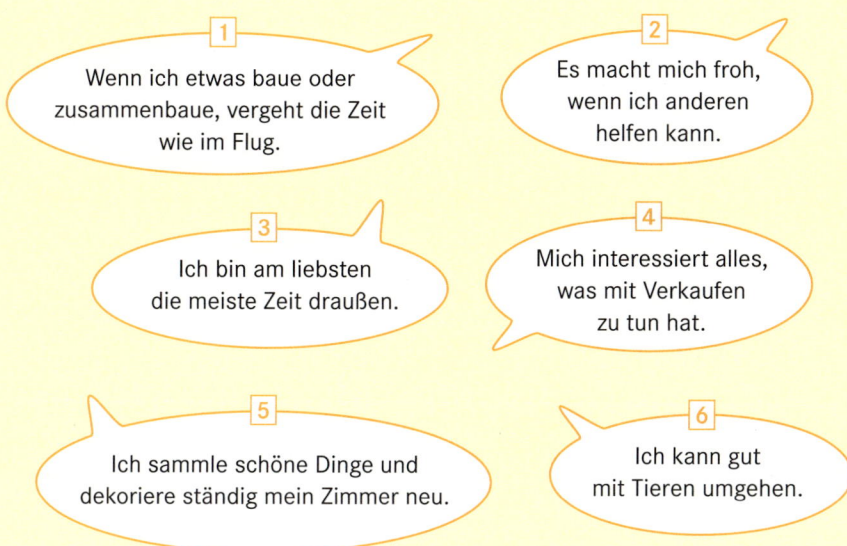

1. Wenn ich etwas baue oder zusammenbaue, vergeht die Zeit wie im Flug.
2. Es macht mich froh, wenn ich anderen helfen kann.
3. Ich bin am liebsten die meiste Zeit draußen.
4. Mich interessiert alles, was mit Verkaufen zu tun hat.
5. Ich sammle schöne Dinge und dekoriere ständig mein Zimmer neu.
6. Ich kann gut mit Tieren umgehen.

4 a. Lest die Aussagen der Schülerinnen und Schüler.
   b. Zu welchem Berufsfeld könnten die Interessen jeweils passen?
      Kommen mehrere in Frage? Begründet eure Zuordnung.

5 a. Welche Interessen und Stärken habt ihr? Schreibt Stichworte auf.
   b. Überlegt und begründet:
      – Welche Berufsfelder von Seite 104 könnten zu euch passen?
      – Welche der in Aufgabe 2 genannten Berufe interessieren euch?
      – Welche hier nicht genannten Berufe interessieren euch?

6 Was möchtet ihr über ein bestimmtes Berufsfeld oder einen Beruf wissen?
   Sammelt gemeinsam Fragen.
   Die folgenden Stichworte können euch helfen.

> die Kenntnisse und Fähigkeiten, der Schulabschluss, die Ausbildungsinhalte,
> die Tätigkeiten, die Ausbildungsdauer, die Arbeitszeit, der Arbeitsort,
> die Ausbildungsvergütung, der Berufsalltag

In diesem Kapitel lest ihr Texte unterschiedlicher Medien über verschiedene
Berufsfelder. Ihr schreibt informierende Texte und präsentiert
eure Ergebnisse in Form eines Lapbooks.

Sich über Berufsfelder informieren

Besa und Leon möchten sich über das Berufsfeld **Landwirtschaft, Natur, Umwelt** informieren.
Im Internet finden sie einen passenden Informationstext.

Textknacker ▶ S. 310

1 Lies den Informationstext mit dem Textknacker.

Das Berufsfeld Landwirtschaft, Natur und Umwelt

Bei Wind und Wetter
Forstwirte/-wirtinnen pflegen Waldbestände. Kaminkehrer/innen erklimmen Kaminsimse. Landwirte/-wirtinnen züchten Tiere. Sie alle sind unterschiedlichen Witterungseinflüssen ausgesetzt.
5 Ob im Umweltschutz, in der Land- und Forstwirtschaft oder im Gartenbau: Fachkräfte sollten mit den speziellen Arbeitsorten und -bedingungen – zugige Ställe, stickige Gewächshäuser und Tätigkeiten im Regen – umgehen können.

Im Takt mit der Natur
Typisch für Berufe mit Pflanzen und Tieren ist, dass die Natur den Takt vorgibt:
10 Das bedeutet nicht nur, dass Tiere täglich mehrmals gefüttert werden müssen oder die Arbeit im Ackerbau von den Jahreszeiten abhängt. Durch besondere Ereignisse kann es zu unregelmäßigen Arbeitszeiten kommen: Wenn ein Fohlen das Licht der Welt erblickt, ist ein/e Pferdewirt/in auch nachts oder am Wochenende im Stall.

15 *Mit Technik umgehen*
Überall ist moderne Technik im Einsatz: Laborkräfte in der Landwirtschaft beobachten Bakterien unter dem Mikroskop. In vielen Berufen gehört es dazu, die Geräte notfalls selbst zu reparieren. Aber selbst wenn voll- und teilautomatisierte Maschinen die Arbeit erleichtern, kann sie körperlich anstrengen, denn
20 die Kartoffelernte muss eingebracht und der Schweinestall muss ausgemistet werden.

Verwaltungsaufgaben
Organisatorische und kaufmännische Tätigkeiten fallen ebenfalls an.
Wer einen Gewinn erzielen will, muss rechnen können. Oft spezialisieren sich
25 Betriebe und stellen einzelne Waren in großen Mengen her. Fische, Weintrauben und Rinder werden verwertet und schließlich verkauft. [...]*

2 Schreibe zu dem Text Stichworte auf:
– Was erfährst du über das Berufsfeld **Landwirtschaft, Natur, Umwelt**?
– Was findest du besonders interessant?

Mit Hilfe von Oberbegriffen und Unterbegriffen möchten Besa und Leon ihre Stichworte ordnen.
Mit Oberbegriffen kann man sich einen Überblick über die Besonderheiten des Berufsfelds verschaffen.

3 a. Ordne deine Ergebnisse aus Aufgabe 2 den Oberbegriffen vom Rand zu.
b. Vergleicht eure Ergebnisse in der Klasse.

die Arbeitsbereiche
die Arbeitszeit
der Arbeitsort
das Arbeitsmittel
die Belastungen
die Tätigkeiten

> Berufsfeld Landwirtschaft, Natur, Umwelt
> die Arbeitsbereiche
> – Umweltschutz
> – …
> die Arbeitszeit
> – unregelmäßig
> – …

Mit Unterbegriffen oder Untergruppen kann man die Berufe des Berufsfelds ordnen. Dafür eignet sich besonders eine Mindmap.

4 a. Erstellt eine Mindmap zum Berufsfeld **Landwirtschaft, Natur, Umwelt**.
b. Ordnet die im Informationstext auf Seite 106 genannten Berufe in der Mindmap den passenden Untergruppen zu.
c. Ergänzt weitere Berufe aus diesem Berufsfeld.
Tipp: Ihr findet Informationen im Internet, in Veröffentlichungen der Agentur für Arbeit, der Industrie- und Handelskammer und der Handwerkskammer.

Eine Mindmap gestalten
▶ S. 314

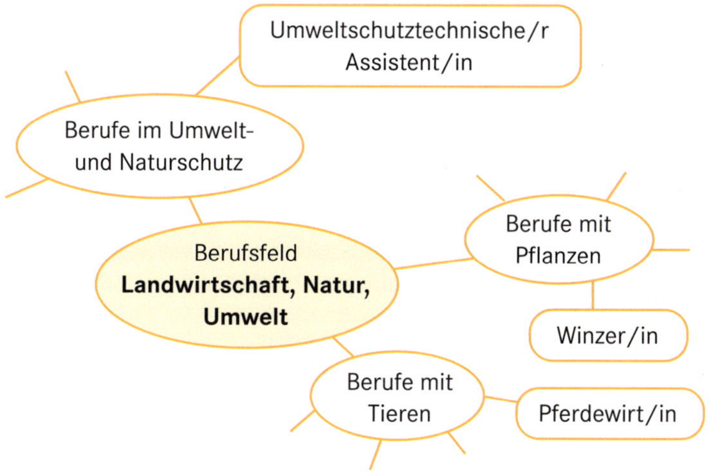

5 Könnt ihr euch vorstellen, einen Beruf aus dem Berufsfeld **Landwirtschaft, Natur, Umwelt** zu ergreifen? Begründet eure Meinung.

Besa und Leon haben zu einigen Berufen weitere Texte und Grafiken aus unterschiedlichen Medien zusammengetragen.

6 Arbeitet in Dreiergruppen.
   a. Verteilt in der Gruppe die Texte A bis C von den Seiten 108 bis 110. Zu jedem Text gehört auch eine Grafik.
   b. Jeder erschließt seinen Text und seine Grafik mit dem Textknacker.

Textknacker ▶ S. 310

Der folgende Text stammt von einer Internetplattform, die über alle anerkannten Ausbildungsberufe informiert.

Text A: Umweltschutztechnische/r Assistent/in

Berufstyp: Anerkannter Ausbildungsberuf
Ausbildungsart: Schulische Ausbildung an Berufsfachschulen [...]
Ausbildungsdauer: i. d. R. 2 Jahre
Lernorte: Berufsfachschule und Praktikumsbetrieb

⁵ Umweltschutztechnische Assistenten und Assistentinnen führen Boden-, Wasser-, Abfall- und Luftuntersuchungen durch, um Umweltgefahren beurteilen zu können. Sie entnehmen Proben und analysieren diese mit Hilfe von chemischen, physikalischen und biologischen Verfahren. Dabei verwenden sie EDV-gestützte Analysegeräte, die sie auch in Stand
¹⁰ halten. Die Ergebnisse ihrer Messungen und Untersuchungen halten sie in Arbeitsprotokollen fest, die sie entweder selbst auswerten oder Ingenieuren bzw. Ingenieurinnen und Wissenschaftlern bzw. Wissenschaftlerinnen zur Auswertung vorlegen. Auch Lärm- und Erschütterungsmessungen gehören zu ihren Aufgaben. Sie sind ggf. als Berater/innen im Bereich Umweltschutz tätig,
¹⁵ z. B. bei der Entsorgung von Problemabfällen, und überwachen die Einhaltung von umweltrechtlichen Bestimmungen. [...]
Für die Ausbildung wird i. d. R. ein mittlerer Bildungsabschluss vorausgesetzt. Die Berufsfachschulen wählen Bewerber/innen nach eigenen Kriterien aus. [...]*

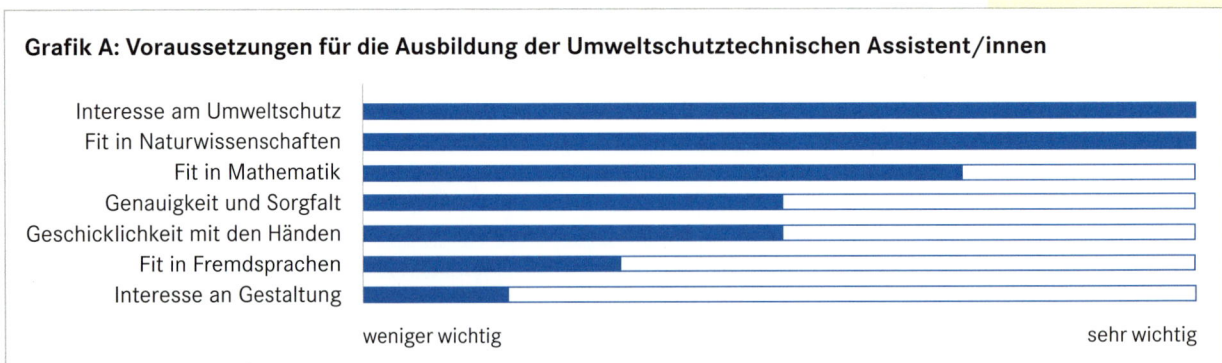

Grafik A: Voraussetzungen für die Ausbildung der Umweltschutztechnischen Assistent/innen

- Interesse am Umweltschutz
- Fit in Naturwissenschaften
- Fit in Mathematik
- Genauigkeit und Sorgfalt
- Geschicklichkeit mit den Händen
- Fit in Fremdsprachen
- Interesse an Gestaltung

weniger wichtig — sehr wichtig

7 Was erfährst du im Text und in der Grafik über den Beruf der Umweltschutztechnischen Assistent/innen? Schreibe Stichworte auf.

Auf einer Internetplattform informiert Herr Huber, der Geschäftsführer einer Gärtnerei, in einem Interview über seinen Beruf als Gärtner.

Text B: Gärtner/in – ein Beruf für Naturfreunde

Herr Huber, kommen nur die Harten in den Garten oder kann jeder Gärtner werden?

Grundsätzlich kann das jeder werden. Gärtner ist weder ein typischer Frauen- noch ein typischer Männerberuf. Natürlich muss hier und dort mit angepackt werden [...]. Aber es gibt ebenso Aufgaben, bei denen Form- und Fingerspitzengefühl und Kreativität gefragt sind.

Keine Voraussetzungen für Bewerber?

Na ja, Biologie sollte vielleicht kein Fremdfach sein. Grundkenntnisse in Mathe und Deutsch können auch nicht schaden. Aber ob ein Bewerber in Englisch eine Vier oder Fünf hatte, ist mir wurscht. [...]

Was hat die Leidenschaft bei Ihnen geweckt?

Die Arbeit mit Pflanzen an der frischen Luft. Und der Beruf ist durchaus abwechslungsreich. Es kommt selten vor, dass wir einmal einen Tag lang das Gleiche machen, weil unterschiedliche Pflanzen eben auch unterschiedliche Ansprüche haben. Das beginnt beim Topfen und endet mit dem Verkauf. Auch Gestaltung gehört dazu. Sei es für Begräbnisse, Hochzeiten oder einfach Blumenkästen.

Dennoch hat auch die Gärtnerbranche Schwierigkeiten, Nachwuchs zu finden.

Zumindest im Bereich der Produktion, ja. Das liegt zum Teil am Image. Und zum Teil daran, dass unser Produkt einfach nicht genug abwirft, um so hohe Löhne zahlen zu können wie etwa den Landschaftsgärtnern oder in anderen Branchen. [...]

Geringer Lohn lässt sich aber ja ändern. Zum Beispiel durch Weiterbildung.

Stimmt und da gibt es viele Möglichkeiten. Wer drei Jahre als Gehilfe (Geselle) gearbeitet hat, kann den Meister machen. Das befähigt zum Studium und da wäre beispielsweise Gartenbau möglich. [...]*

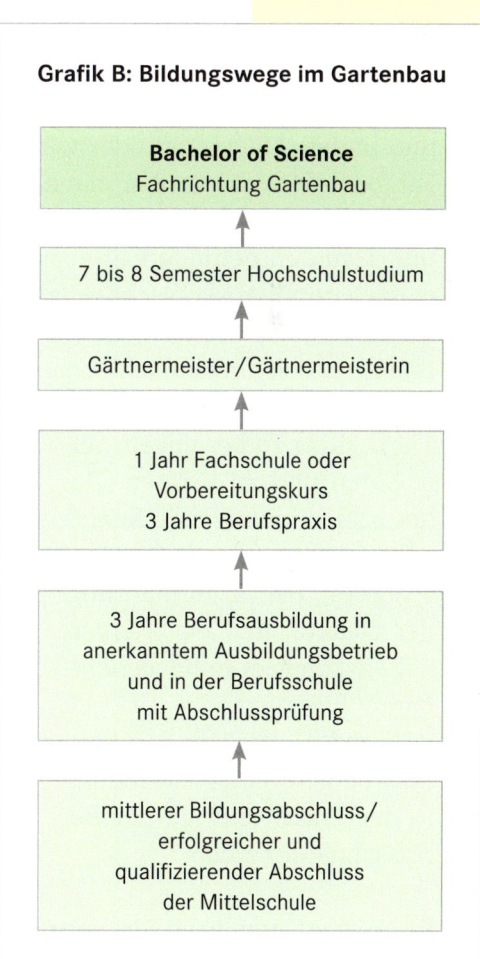

Grafik B: Bildungswege im Gartenbau

8 Was erfährst du im Text und in der Grafik über den Beruf des Gärtners/der Gärtnerin? Schreibe Stichworte auf.

Besa hat im Schulfernsehen einen Film über den Beruf Tiermedizinische/r Fachangestellte/r gesehen. Auf der Internetseite des Senders kann sie die Informationen nachlesen.

Text C: Ich mach's! Tiermedizinische/r Fachangestellte/r

Ob Knochenbrüche, Infektionen, Zahnstein oder Altersschwäche – auch Haus- und Nutztiere werden krank und brauchen medizinische Hilfe. Die finden sie ambulant beim Tierarzt oder, in schlimmeren Fällen, stationär in der Tierklinik. Ohne bestens
5 geschulte Helfer könnten die Ärzte ihre Leistungen allerdings nicht erbringen. Um die Praxis zu verwalten, Stallbesuche vorzubereiten oder kranke Tiere zu behandeln, sind sie auf fachlich und organisatorisch versierte Assistenten angewiesen.

Tiermedizinische Fachangestellte erfüllen diese Voraussetzungen. Sie halten
10 den Praxisbetrieb am Laufen, führen die Patientenakten, vereinbaren Termine für die Sprechstunde, dokumentieren Behandlungsabläufe und kümmern sich um die Honorarabrechnungen. Zwischendurch bestellen sie Büroartikel und sorgen dafür, dass stets genügend Verband-, Naht- und Labormaterialien sowie Medikamente vorrätig sind.
15 Neben diesen Organisationsarbeiten nehmen die Tierarzthelfer/innen auch wichtige Aufgaben in der medizinischen Versorgung wahr. Sie assistieren dem Tierarzt bei der Untersuchung und Behandlung, reichen Instrumente, Spritzen und andere Hilfsmittel oder wirken bei der Narkose mit. [...] Ein wichtiges Tätigkeitsfeld ist darüber hinaus die eigenständige Erledigung zahlreicher
20 Laborarbeiten. Tiermedizinische Fachangestellte untersuchen Blut, Urin, Kot und Haut, entnehmen Gewebeproben, messen die Temperatur und führen einfachere mikroskopische Analysen aus. Dass sie Ergebnisse anschließend akribisch dokumentieren, ist selbstverständlich.
Ebenso selbstverständlich sorgen Tiermedizinische Fachangestellte für Ord-
25 nung und Hygiene in der Praxis. [...] Sie sind auch dafür zuständig, besorgte Tierbesitzer zu beruhigen, aufzuklären und zu beraten. Daher zählen umfassende Kenntnisse in allen Fragen des Tier-
30 schutzes, der Tierernährung, der Diätetik und der Tierverhaltenskunde zum unverzichtbaren Rüstzeug, das sie sich während der dreijährigen, bun-
35 desweit geregelten Ausbildung in der Praxis und auf der Berufsschule erwerben.*

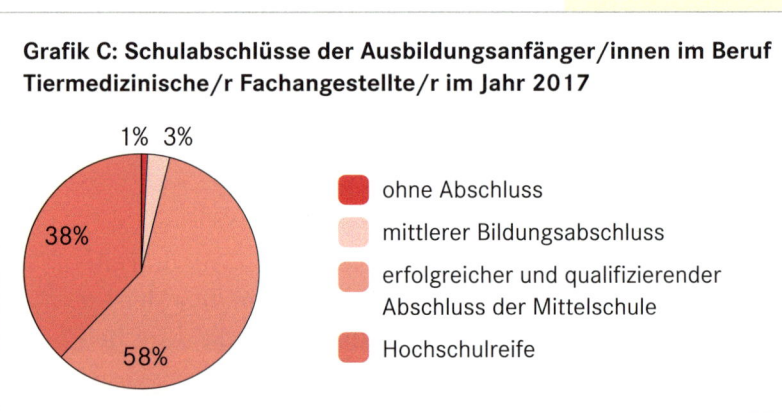

9 Was erfährst du im Text und in der Grafik über den Beruf des/der Tiermedizinischen Fachangestellten? Schreibe Stichworte auf.

Textknacker ▶ S. 310

Was habt ihr in den Texten und Grafiken über die Berufe erfahren?

10 a. Informiert euch gegenseitig mit Hilfe eurer Notizen über die drei vorgestellten Berufe.
  b. Könnte ein Beruf davon zu euch passen? Begründet.

Die Texte und Grafiken enthalten unterschiedliche Informationen über die Berufe.

11 Im Text kommen zahlreiche Fremdwörter vor. Kläre sie mit Hilfe des Wörterbuchs.

12 Prüft zunächst, welche Informationen ihr zum jeweiligen Beruf erhalten habt.
  a. Legt für jeden Beruf eine Tabelle an.
  b. Überprüft jeden Text und jede Grafik mit folgenden Fragen:
   – Werden die **Beschäftigungsmöglichkeiten** genannt?
   – Werden die **Arbeitszeiten** genannt?
   – Informiert der Text über den **Arbeitsort**?
   – Werden konkrete **Tätigkeiten** in dem Beruf genannt?
   – Gibt es Informationen zu dem nötigen **Schulabschluss**?
   – Erfährst du etwas über besondere **Anforderungen**?
   – Werden **Ausbildungsdauer** und **Weiterbildungsmöglichkeiten** erwähnt?
   – Erfährst du etwas über die **Chancen**, einen Ausbildungsplatz zu bekommen?
  c. Tragt die Informationen in der Tabelle ein.

Starthilfe

Beruf: Umweltschutz-technische/r Assistent/in	Welche Informationen gibt der Text A?	Welche Informationen gibt die Grafik A?
Beschäftigungs-möglichkeiten	Berater im Bereich Umweltschutz …	…
Arbeitszeiten	…	…

13 a. Vergleicht den Informationsgehalt der Texte mit Hilfe eurer Tabellen: Welcher Text, welche Grafik helfen am besten bei der Berufsorientierung?
  b. Begründet eure Entscheidung.
  c. Vergleicht eure Ergebnisse in der Klasse.

14 Wo fehlen noch Informationen in euren Tabellen? Sammelt Ideen, wie ihr euch weitere Informationen beschaffen könnt.

15 Kannst du dir vorstellen, einen der drei Berufe später auszuüben? Begründe deine Entscheidung in Stichworten.

Podcast
Interviews
Filme zu Berufsbildern
Blogs
Ausbildungsmessen

Andere über Berufsfelder informieren

Ihr habt nun einiges über das Berufsfeld **Landwirtschaft, Natur, Umwelt** erfahren. Ihr könnt euch über andere Berufsfelder informieren und die Ergebnisse eurer Klasse in Form eines Lapbooks präsentieren.

Berufsfeld
Landwirtschaft, Natur, Umwelt

1. Schritt: Das Berufsfeld aussuchen und die Arbeit planen

1 a. Bildet Dreiergruppen.
W b. Wählt aus der Übersicht auf Seite 104 ein Berufsfeld aus.
   c. Sprecht euch mit den anderen Gruppen ab, damit möglichst jedes Berufsfeld bearbeitet wird.
   d. Schreibt Fragen zu eurem Thema auf.
      Tipp: Ihr könnt die Ergebnisse aus Aufgabe 5 von Seite 105 nutzen.

2 a. Ordnet die Fragen nach Themenbereichen.
      Tipp: Ihr könnt die Ergebnisse aus Aufgabe 11 von Seite 111 nutzen.
   b. Schreibt zu jedem Themenbereich die Fragen auf eine Karteikarte.
   c. Teilt die Themenbereiche unter euch auf.

3 Plant das Lapbook. Notiert Stichworte:
   – Was wisst ihr bereits über ein Lapbook?
   – An wen richtet sich euer Lapbook?
   – Welche einzelnen Elemente braucht ihr dafür?

2. Schritt: Informationen beschaffen

4 a. Recherchiert zu euren Themen passende Texte und Abbildungen aus unterschiedlichen Medien, z. B. in der Bibliothek oder im Internet.
      Tipp: Notiert zu jedem Material die Quelle mit Autorin oder Autor, Titel des Textes oder der Abbildung und der genauen Fundstelle.
   b. Ordnet eure Materialien: Habt ihr alle Informationen, um die Fragen zu euren Themen beantworten zu können?

Richtig zitieren
▶ S. 317

3. Schritt: Informierende Texte schreiben

5 a. Schreibt zu euren Themen jeweils einen kurzen, informierenden Text. Wenn ihr fremde Texte zitiert, gebt die Quelle an.
   b. Findet eine passende Überschrift.
   c. Ergänzt die Texte mit geeigneten Abbildungen.

Einen informierenden Text schreiben ▶ S. 314

4. Schritt: Das Lapbook gestalten

Ein Lapbook ist eine Faltmappe zum Aufklappen. Ihr könnt damit Informationen zu einem bestimmten Thema anschaulich präsentieren.

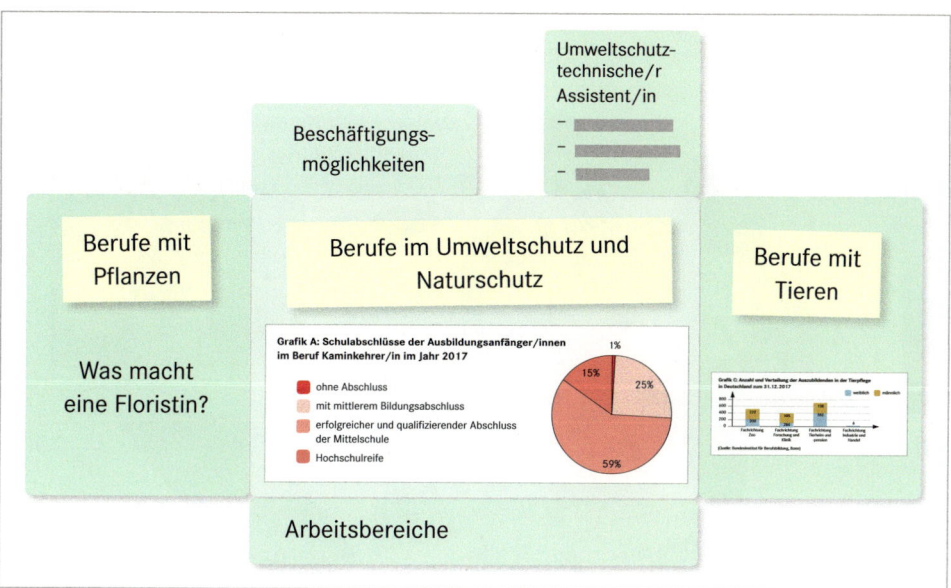

6 a. Informiert euch über die Gestaltung eines Lapbooks.
   Tipp: Im Internet findet ihr viele Beispiele.
   b. Besorgt die nötigen Materialien: Fotokarton, Papier, Schere, Kleber, Stifte.

Ein Lapbook gestalten ▶ S. 220–221

7 Gestaltet die Vorderseite des Lapbooks.
   a. Schreibt das Berufsfeld auf.
   b. Klebt passende Abbildungen dazu.

8 a. Sprecht darüber, wie ihr die Innenseiten des Lapbooks gestalten wollt:
   – Welche Texte und Bilder stellen das Berufsfeld am besten vor?
   – Welche besonderen Klapp- oder Faltelemente sind geeignet?
   – Wie sollen die einzelnen Teile angeordnet werden?
   b. Gestaltet euer Lapbook übersichtlich und gut lesbar.
   Achtet auch auf die richtige Rechtschreibung.

5. Schritt: Das Lapbook präsentieren

9 Präsentiert eure Lapbooks gruppenweise in der Klasse.

10 Gebt euch gegenseitig ein Feedback:
   – Werden die Berufsfelder in den Lapbooks so vorgestellt, dass ihr gut informiert seid?
   – Habt ihr Informationen vermisst? Fandet ihr etwas überflüssig?
   – Hat euch die Gestaltung gefallen? Warum?

Feedback geben ▶ S. 313

Aktuelles vom Tage

Ihr könnt euch jeden Tag auf verschiedene Art und Weise
über das aktuelle Tagesgeschehen informieren.

1 a. Seht euch die Collage an und lest die Sprechblasen.
  b. Wie könnte die Schülerin die Information erhalten haben?
     Sammelt Ideen an der Tafel.

2 Welche Vor- und Nachteile haben die einzelnen Medien, wenn ihr euch
   über tagesaktuelle Nachrichten informieren möchtet?
   Tragt die Vor- und Nachteile gemeinsam in einer Tabelle zusammen.

   Starthilfe

das Medium	die Vorteile	die Nachteile
Smartphone	– Aktualität – …	– Internetzugang nötig – …
Zeitung	– …	– …

   vertrauensvolle Quelle
   mit Videos erklärt
   Leserkommentare
   …

3 Sprecht über eure Erfahrungen mit dem Zeitunglesen.
   – Kennt ihr Personen, die regelmäßig Zeitung lesen?
     In welchen Situationen lesen sie die Zeitung?
   – Wie muss eine Zeitung gestaltet sein, damit sie euch anspricht?

Viele Menschen informieren sich in Tageszeitungen.
In Deutschland erscheinen täglich etwa 350 verschiedene Zeitungen.

4 Seht euch die Titelseite der Tageszeitung an und sprecht darüber.
   - Woran erkennt ihr, dass es sich um eine Zeitungsseite handelt?
   - Kennt ihr weitere Tageszeitungen? Erstellt eine Sammlung.

5 Bringt verschiedene Zeitungen vom selben Tag mit in den Unterricht.
   a. Untersucht die Zeitungen mit Hilfe der folgenden Fragen:
      - Welche Besonderheiten gibt es bei der äußeren Gestaltung?
      - Welche Gemeinsamkeiten und Unterschiede fallen euch auf?
   b. Lest euch Artikel vor, die ihr interessant findet.
      Begründet, was euch daran jeweils interessiert.
      Tipp: Bewahrt die mitgebrachten Zeitungen im Klassenraum auf.
      Ihr könnt sie während der Arbeit am Kapitel immer wieder verwenden.

6 Die meisten Zeitungen kann man heute als Online-Zeitung im Internet lesen.
   Warum gibt es weiterhin gedruckte Zeitungen? Nennt mögliche Gründe.

In diesem Kapitel lernt ihr, euch in Zeitungen zu orientieren. Ihr untersucht
den Aufbau von Zeitungen und die Merkmale unterschiedlicher
journalistischer Textsorten. Am Schluss erstellt ihr eine Klassenzeitung.

Den Aufbau einer Zeitung untersuchen

Die erste Seite einer Zeitung ist die **Titelseite**.
Die Titelseite besteht aus verschiedenen Bausteinen.

1 Seht euch die abgebildete Titelseite an und sprecht darüber. Worauf fällt euer Blick zuerst? Was fällt euch auf?

Info

Ein **Foto** macht den Textinhalt anschaulich. Es zeigt z. B. Ereignisse oder Personen zum Thema.

Unter dem Foto steht die **Bildunterschrift**: Dies sind knappe Informationen zum Bild oder zum Thema des Artikels.

Eine **Anreißermeldung** reißt das Thema eines Artikels an. Sie soll Interesse wecken, den vollständigen Artikel weiterzulesen.

Im **Zeitungskopf** stehen: der Titel der Zeitung, das Datum, die Ausgabenummer und der Preis.

Die Überschrift eines Artikels nennt man **Schlagzeile**. Sie macht in knapper, auffälliger Sprache auf das Thema des Artikels aufmerksam.

Im **Leitartikel** wird ein besonders wichtiges Ereignis des Tages kommentiert.

2 Wie ist diese Titelseite aufgebaut?
    a. Lest die Information am Rand.
    b. Ordnet den Nummern 1–6 die passenden Begriffe zu.

Starthilfe
1 – der Zeitungskopf, 2 – …

3 Warum könnte man die Titelseite als wichtigste Seite der Zeitung bezeichnen? Sammelt mögliche Gründe.

Tageszeitungen enthalten Informationen zu verschiedenen Themen. Damit die Leserinnen und Leser sich schnell zurechtfinden, sind die Artikel in Sachgebiete (thematische Bereiche) geordnet. Sie heißen **Ressorts**.

Videobeweis beim Fußball bleibt umstritten ⃞1

Frankfurt – Nach nur wenigen Spieltagen in der aktuellen Saison dominiert ein Thema: Der Videobeweis erhitzt die Gemüter von Verantwortlichen, Spielern und Fans. Unklare Regeln, lange Spielunterbrechungen und unverständliche Entscheidungen sorgen für Ärger. […]

Neuer Gesetzesvorschlag zur Organspende ⃞2

Berlin – Immer weniger Menschen in Deutschland sind bereit, ihre Organe nach dem Tod zu spenden. Das ist besonders dramatisch, da viele Menschen auf Spenderorgane angewiesen sind und oft jahrelang darauf warten. Ein neuer Vorschlag kam nun vom Bundesgesundheitsminister. […]

Fachkonferenz zur Zukunft von E-Autos ⃞3

Düsseldorf – Fehlende Reichweite? Klimaverbesserer oder -zerstörer? Zu teuer oder angemessen? Über die Zukunft von E-Autos diskutierten Wissenschaftler und Experten im Rahmen einer dreitägigen Fachveranstaltung zum Thema „E-Autos: Die Zukunft der Mobilität?". […]

Einbruchserie in Nürnberger Schulen gestoppt ⃞4

Nürnberg – Wie berichtet, wurde in den vergangenen Wochen in mehrere Nürnberger Schulen eingebrochen, wodurch ein hoher Sachschaden entstand. Vier Täter zwischen 17 und 21 Jahren wurden nun in der Nacht von Freitag auf Samstag gefasst. […]

---

4 Über welches Sachgebiet informieren die einzelnen Zeitungsartikel?
  a. Ordnet den Artikeln ⃞1 – ⃞4 je ein passendes Ressort vom Rand zu.
  b. Ordnet die Schlagzeilen ⃞5 – ⃞7 den übrigen Ressorts zu.

> ⃞5 Vulkane, Weite, Wasser: Unterwegs in Island
> ⃞6 Die aktuellen Börsennews
> ⃞7 Theaterpreis an bekannten Schauspieler verliehen

5 a. Vergleicht verschiedene Tageszeitungen vom selben Tag miteinander.
  – Wie ist die Titelseite gestaltet (Aufbau, Bilder)?
  – Zu welchem Ereignis gibt es einen Leitartikel auf der Titelseite?
  – Welche Ressorts gibt es in der Zeitung?
  – Welches Ressort umfasst die meisten Seiten?
  b. Spricht euch die Zeitung an? Begründet eure Meinung.

6 Welchen Artikel findet ihr lesenswert? Stellt ihn der Klasse vor und begründet, warum der Artikel euer Interesse geweckt hat.

Politik
Wirtschaft
Kultur und Medien
Sport
Lokales – Aus der Region
Wissenschaft
Blick in die Welt

Eine Online-Zeitung untersuchen

Auch in der Online-Ausgabe der Tageszeitung von Seite 116 helfen die Titelseite und Ressorts bei der Orientierung.

1. Untersucht den Aufbau der Startseite:
   – Worauf wird der Blick zuerst gelenkt?
   – Wo findet ihr die verschiedenen Ressorts dieser Zeitung?

2. Vergleicht die Startseite mit der Titelseite von Seite 116.
   Notiert Gemeinsamkeiten und Unterschiede.

   Starthilfe
   Gemeinsamkeiten: der Zeitungskopf, der Leitartikel, …
   Unterschiede: …

3. Auf der Startseite seht ihr verschiedene Symbole.
   Besprecht, worauf sie hinweisen.

4. Welche Vorteile und Nachteile haben Online-Zeitungen gegenüber gedruckten Zeitungen?

Die Wirkung von Schlagzeilen und Bildern untersuchen

Schlagzeilen sollen bei den Leserinnen und Lesern Neugierde auf den Artikel wecken und zum Lesen anregen.

| Skandal in Lebensmittelfabrik | Große Freude im Tierpark | Ausgleich in letzter Minute |

1 Welche Inhalte vermutet ihr in den Artikeln zu diesen Schlagzeilen? Tauscht euch darüber aus.

Schlagzeilen sollten kurz sein, damit die Leserinnen und Leser sie auf einen Blick erfassen können. Folgende Schlagzeile ist zu lang geraten:

> **Großes Interesse zahlreicher begeisterter Besucherinnen und Besucher auf Münchner Messe für technische Neuerungen bei Elektroautos**

2
  a. Lies die Schlagzeile genau.
  b. Schreibe eine eigene Schlagzeile auf.
  c. Vergleicht eure überarbeiteten Schlagzeilen.

Bilder sollen den Inhalt eines Zeitungsartikels veranschaulichen. Sie ziehen die Aufmerksamkeit der Leserinnen und Leser auf sich und können die Wahrnehmung des Textes beeinflussen.

3 Was zeigen die Bilder A und B? Beschreibt sie.

4 Wie wirken die Bilder auf euch? Erläutert Unterschiede:
  – Wie ist der Bildausschnitt jeweils gewählt?
  – Worauf wird der Blick gelenkt?
  – Wie beeinflussen die Bildunterschriften die Wirkung?

5 Zu welchen Sachgebieten (Ressorts) könnten die Bilder passen? Schaut nochmal auf die Randspalte von Seite 117. Sprecht darüber, warum ihr euch für diese Ressorts entschieden habt.

6 Wählt aus verschiedenen Zeitungen Artikel aus.
  a. Lest die Schlagzeilen und seht euch die Bilder an. Welche Erwartungen habt ihr an die Artikel?
  b. Lest die Artikel. Prüft, ob eure Erwartungen erfüllt wurden.
  c. Diskutiert gemeinsam die Wirkung: Wie beeinflussen euch die Schlagzeilen und die Bilder beim Lesen des Artikels?

Elektroautos:
Die grüne Alternative.

Elektroautos:
Wenn die nächste Steckdose weit ist.

Einen Zeitungsbericht untersuchen

Dieser Zeitungsbericht informiert über die Vor- und Nachteile von E-Autos.

1 Lest den Zeitungsbericht mit dem Textknacker.

Textknacker ▶ S. 310

|1| **E-Mobilität: Der Funke zündet nicht** Volker Thomas
|2| **E-Autos in Deutschland finden noch zu wenige Käufer**
|3| *Nur eine Minderheit von Autokäufern entscheidet sich in Deutschland für ein Elektroauto. Wenige Ladestationen, die geringe Reichweite und der Preis wirken abschreckend. Doch für Ballungsräume wäre das E-Auto ideal.*
|4| Zwar ist die Zahl der in Deutschland zugelassenen E-Autos nach Angaben des Statistischen Bundesamtes im zweiten Halbjahr 2019 sprunghaft auf jetzt 83 000 Fahrzeuge gestiegen, aber das ist angesichts von 44 Millionen zugelassenen Kfz in Deutschland verschwindend gering. Dabei erhält jeder Käufer eines E-Autos eine Prämie von 4 000 Euro, die zur Hälfte der Staat, zur anderen Hälfte der Autohersteller trägt. Das soll die hohen Anschaffungskosten eines Elektroautos ausgleichen. Außerdem sind E-Autos zehn Jahre von der Steuer befreit. Doch die Abhängigkeit von Ladestationen schreckt viele Autofahrer ab. Denn üblicherweise haben die Akku-betriebenen Fahrzeuge eine geringere Reichweite als Autos mit Verbrennungsmotor. Aber der Ausbau eines landesweiten Netzes von Ladestationen geht nur schleppend voran. Und der Einbau einer eigenen Ladestation in der Garage kann schon mal mehr als 1 000 Euro kosten. Keine Abgase, kein Lärm – dabei sind die kleineren, schicken „Stromer" eigentlich wie gemacht für kurze Wege in der Stadt: zum Einkaufen, die Fahrt zum Fitness-Studio oder zum Park-and-Ride-Parkplatz, von wo es dann mit der Bahn weitergeht. Wer sein Auto täglich nur für wenige Kilometer nutzt, fährt mit den leisen und schadstofffreien Kleinwagen am besten. Gerade in diesem Bereich konkurrieren viele Anbieter auch aus Japan und Südkorea mit bezahlbaren Preisen um Kunden. In Deutschland dagegen streitet man sich immer noch um den Standort einer eigenen Batteriefabrik, die Akkus für die Mittel- und Oberklasse liefern soll.

Wie die meisten Berichte beantworten auch Zeitungsberichte W-Fragen.

2 Worum geht es in dem Zeitungsbericht? Erschließt den Inhalt des Berichts mit Hilfe von **W-Fragen**.
   a. Notiert untereinander W-Fragen, die der Zeitungsbericht beantwortet.
   b. Schreibt die Antworten in Stichworten dazu.

> **Starthilfe**
> **Was passiert?** E-Autos verkaufen sich wenig
> **Wo passiert es?** in Deutschland
> **Wann ...?** ...

W-Fragen
Was?
Wo?
Wer?
Wann?
Wie?
Warum?
Mit welchen Folgen?

Ein Zeitungsbericht besteht aus verschiedenen Textteilen.
Du kannst sie bereits am Schriftbild erkennen.

3 Seht euch die verschiedenen Textteile des Zeitungsberichts genau an.
  a. Ordnet den Textteilen 1 – 4 die passende Bezeichnung vom Rand zu.
  b. Begründet eure Zuordnung.

> **Starthilfe**
> (1) die Schlagzeile – steht ganz oben
> (2) die Unterzeile – steht unter …

die Schlagzeile
die Unterzeile
der Nachrichten-
körper
der Vorspann

Die einzelnen Textteile erfüllen unterschiedliche Funktionen.

4 Was erfahrt ihr durch das Lesen der Schlagzeile und der Unterzeile über den Inhalt des Zeitungsberichts? Schreibt es in eigenen Worten auf.

5 Untersucht die Schlagzeile des Zeitungsberichts genauer.
  a. Die Schlagzeile enthält ein sprachliches Bild.
     Erklärt die Metapher in eigenen Worten.
  b. Warum könnte der Autor dieses sprachliche Bild für das Thema gewählt haben? Begründet eure Vermutungen.
  c. Ist die Schlagzeile des Zeitungsberichts gelungen?
     Begründet eure Meinung.

Sprachliche Bilder
▶ S. 306

6 Welche Funktionen erfüllen der Vorspann und der Nachrichtenkörper jeweils?
  a. Vergleicht die Informationen im Vorspann mit den Informationen im Nachrichtenkörper.
  b. Beantwortet die folgenden Fragen:
     – Wo werden die wichtigsten Informationen knapp und überblicksartig zusammengefasst?
     – Wo stehen weitere Details wie Hintergrundinformationen oder Vorteile und Nachteile?

7 Welche Funktionen erfüllen die einzelnen Textteile?
Notiert zu jedem Textteil einen Satz.

Interesse wecken
das Thema nennen
Informationskern
zusammenfassen
W-Fragen
beantworten

Viele Zeitungsberichte sind im Lead-Stil aufgebaut.

> **Info**
> Ein Zeitungsbericht beantwortet oft zu Beginn im Vorspann (Lead) die wichtigsten W-Fragen und berichtet anschließend über Hintergründe, Zusammenhänge oder die Vorgeschichte eines Ereignisses oder eines Sachverhalts. Diesen Aufbau nennt man **Lead-Stil**.

8 Ist der Zeitungsbericht auf Seite 120 im Lead-Stil aufgebaut?
Begründet in eigenen Worten.

Eine Reportage untersuchen

Eine Zeitung enthält nicht nur sachliche Berichte mit Faktenwissen. Journalisten schreiben auch anschaulich und lebendig über Dinge, die sie vor Ort erlebt oder erkundet haben. Diese Textsorte nennt man Reportage.

1 Lest die Reportage mit dem Textknacker.

Textknacker ▶ S. 310

> **Info**
> Eine Reportage stellt Sachverhalte und Hintergrundberichte durch Personen oder konkrete Beispiele besonders lebendig und anschaulich dar.

Reicht der Strom? Dirk Fischer
Wie eine Fahrt mit dem E-Auto einen klüger machen kann

Die Musik dringt ohne Störgeräusche aus den Stereoboxen. Das Auto schnurrt leise vor sich hin. Gehorsam beantwortet es jeden Tritt auf das Gaspedal mit einer sanften Beschleunigung. Und das Beste: Als Umweltfreund fahre ich heute mit gutem Gewissen. Ich mache eine Testfahrt in einem Elektroauto.

5 Schon steuere ich den schicken Kleinwagen in das Getümmel des Stadtverkehrs. Auf dem Ring herrscht Stop-and-go. „Ihr Luftverpester!", möchte ich den qualmenden Auspuffen vor mir zurufen.

Die nächste Abzweigung führt aus der Stadt raus, ins Freie, auf die Landstraße. Gerade läuft ein Reggae-Song im Radio, 10 da bemerke ich ein rotes Blinklicht auf der Tankanzeige. Über das Display erfahre ich, dass die Ladung meines Akkus nur noch für 30 Kilometer reicht und ich eine Ladestation aufsuchen soll. Also schnell mit dem eingebauten Navi nach einer Ladesäule suchen. Im nächsten Ort an einer 15 Tankstelle soll eine sein, das sind noch 25 Kilometer. Knapp, aber es müsste reichen. Als ich leicht panisch dort ankomme, fragt der Automat an der Säule zuerst nach meiner Ladekarte. Ladekarte? Hab ich nicht, ich habe eine App heruntergeladen. Chaos. Ich fühle mich hilflos. Gottseidank hilft der Tank-
20 stellenwart mit seiner Karte. Paul, so heißt er, klagt über das unausgereifte System: „Karte, App, SMS, unterschiedliche Anbieter – wer soll da durchblicken?" Das Laden erfordert Geduld: Etwa 45 Minuten braucht es, bis der Akku halbvoll ist. Zeit, um ins Gespräch zu kommen. „Was meinen Sie denn, wo der Strom herkommt, mit dem Sie hier so munter durch die Gegend gurken?", fragt
25 Paul. Ich zucke mit den Schultern. „Na, das ist der normale Strom, den Kohle- oder Atomkraftwerke produzieren. Oder haben Sie eine Garantie auf Windenergie?" „Aber trotzdem verbrauchen E-Autos doch viel weniger Energie", wende ich ein. Mir ist bewusst, dass ich dennoch nicht günstiger fahre. Denn wegen der hohen Anschaffungskosten rechnet sich ein Elektroauto gegenüber
30 einem vergleichbaren Benziner erst nach vier oder fünf Jahren.

Elektroautos: Die ökologische Alternative.

Zurück in der Stadt, fragt der Autohändler grinsend nach dem Grund meiner Verspätung. Ich grummele leicht beleidigt, dass der Akku nicht genug Saft hatte. Er erklärt, man müsse schon langsamer fahren als mit einem Benziner. „Sonst ist die Batterie schnell leer." Dafür brauche ein Elektroauto aber weniger
35 Wartung als ein herkömmlicher PKW. „Der Motor ist ganz einfach konstruiert – alles, was beim Verbrennungsmotor verschleißanfällig ist, fehlt hier", sagt er. „Das bedeutet für den Kunden: weniger Reparaturen und weniger Kosten."
Wird die Zukunft elektrisch? Retten wir mit dem E-Auto die Umwelt? Wir werden sehen, ob es Politik und Autoindustrie gelingt, den Wechsel auf deutschen
40 Straßen voranzutreiben.

Eine Reportage enthält sachliche Informationen, die W-Fragen beantworten.

2 Worum geht es in der Reportage?
Erschließt gemeinsam den Inhalt mit Hilfe von W-Fragen.

Bei einer Reportage ist der Journalist möglichst direkt am Geschehen beteiligt.

3 Untersucht den Anfang der Reportage genauer. Wie wirkt er auf euch? Besprecht gemeinsam eure Eindrücke.

4 An welchen Textstellen wird deutlich, dass der Journalist eigene Erlebnisse schildert? Notiert Stichworte mit Zeilenangaben.

> unvermittelter Anfang
>
> direkt im Geschehen
>
> die Szene vorstellen

Durch direkte Zitate der beteiligten Personen wird die Reportage lebendig.

5 Welche Textstellen werden durch direkte Zitate lebendiger gestaltet?
   a. Nennt Textstellen mit direkten Zitaten von beteiligten Personen.
   b. Untersucht die Zitate genauer: Wer wird zitiert? Was sagt sie oder er? Welche Meinung hat sie oder er zum Thema?

Gedanken und Gefühle der beteiligten Personen machen Reportagen besonders anschaulich.

6 a. Notiert Textstellen, an denen die Gedanken und Gefühle des Journalisten deutlich werden.
   b. Wie würde sich euer Eindruck vom Text ändern, wenn keine Gedanken und Gefühle beschrieben wären? Tauscht euch aus.

7 Welche Rolle hat ein Journalist bei einer Reportage, welche bei einem Bericht? Sammelt mögliche Gemeinsamkeiten und Unterschiede.

Einen Kommentar untersuchen

Viele Zeitungen enthalten auch einen Kommentar.

1 Lest den Kommentar über Elektroautos mit dem Textknacker.

Textknacker ▶ S. 310

> **Info**
> Ein Kommentar ist eine persönliche Stellungnahme. Die Autorin oder der Autor untersucht aktuelle Ereignisse und stellt Informationen zu dem Thema aus persönlicher Sicht dar.

Das Verkehrssystem von morgen muss sich am Menschen ausrichten
Volker Thomas

Vielleicht werden sich Jugendliche in einigen Jahrzehnten darüber lustig machen, dass jeder Mensch einmal sein eigenes Fahrzeug besaß. Damit fuhr er morgens zur Arbeit, ließ es den ganzen Tag dort stehen und fuhr abends wieder zurück. Zwischendurch stand er stundenlang im Stau. „Stehzeug" hätte es eigentlich heißen müssen, nicht Fahrzeug. Der Verkehr in unseren Städten ist heute an eine Grenze gelangt. Autos verstopfen Straßen und verbrauchen Rohstoffe. Sie verschlechtern das Klima und stellen die Städte mit Lärm, Abgasen und Feinstaub vor gewaltige Probleme. All diese Probleme werden in den nächsten Jahren noch zunehmen, denn die Weltbevölkerung wächst weiter und immer mehr Menschen zieht es in die großen Städte. Wir brauchen Elektroautos statt Benzin- und Dieselfahrzeuge, fordern daher viele Kritiker. Doch auch Elektroautos verbrauchen bei der Herstellung zu viele Rohstoffe. Und der Strom, den sie zum Antrieb benötigen, kommt eben auch aus Kraftwerken, die Energie in riesigen Mengen bereitstellen müssen. Eine umfassende Lösung für die Zukunft bedeutet daher viel mehr als der Wechsel vom Benzin hin zur Batterie und muss lauten: weniger Autos in den Städten und dafür neue Konzepte für den Verkehr. Car-Sharing, also ein Auto, das sich viele Menschen teilen, ist ein erster Schritt in die richtige Richtung. Schon jetzt verzichten viele junge Menschen bewusst auf das eigene Auto. Denn fast an jeder Ecke steht heute bereits ein Mietwagen oder ein Mietroller, den man mit einer Smartphone-App aufschließen und nutzen kann, solange man ihn braucht. Anschließend lässt man ihn einfach für eine andere Person stehen. Die Städte müssen grundlegend umdenken, wenn sie eine Zukunft haben wollen. Sie brauchen einen leistungsfähigen öffentlichen Nahverkehr mit mehr Bussen und Bahnen, damit Autofahrer von weiter weg schon vor der Stadt umsteigen. Nur mehr und besser ausgebaute Radwege bringen Fahrradmuffel in den Sattel. Gefragt sind außerdem neue und umweltfreundliche Transportmittel: Lastenfahrräder, Transporter mit Elektroantrieb, Sammeltaxis. Kurz: Das Verkehrssystem von morgen muss sich am Menschen und nicht am Auto ausrichten.

2 Welche Meinung vertritt der Autor des Kommentars? Begründet.

> A Der Autor Volker Thomas ist der Meinung, dass wir umdenken müssen und ein neues Verkehrssystem mit weniger Autos brauchen.
> B Aus Sicht des Autors wird auf deutschen Straßen schon genug für den Klimaschutz getan.

3 Der Kommentar enthält einige schwierige Textstellen.
   a. Überlegt zu zweit, was mit den folgenden Formulierungen gemeint ist.
   b. Klärt gemeinsam weitere schwierige Textstellen.

> – „der Wechsel vom Benzin hin zur Batterie" (Z. 33–34)
> – „einen leistungsfähigen öffentlichen Nahverkehr" (Z. 52–53)

4 a. Untersucht den Kommentar mit Hilfe der folgenden Fragen genauer:
   – Welche Textstellen verdeutlichen die Meinung des Autors?
   – Mit welchen Argumenten begründet er seine Meinung?
   b. Notiert Stichworte mit Zeilenangaben.

5 Besprecht, warum in Zeitungen persönliche Meinungen veröffentlicht werden.

6 Was ist deine Meinung zum Verkehrssystem der Zukunft?
   a. Verfasse selbst einen Kommentar zu diesem Thema.
   Tipp: Formuliere deine Meinung sachlich und in respektvollem Ton.
   b. Tauscht eure Kommentare aus und gebt euch begründet Feedback.
   – Wird die Meinung deutlich und überzeugen die Argumente?
   – Ist der Kommentar respektvoll und sachlich geschrieben?

In diesem Kapitel habt ihr verschiedene Textsorten einer Zeitung und deren Merkmale kennen gelernt. Ihr könnt die Merkmale gegenüberstellen.

7 a. Übertragt die folgende Tabelle zu den Textsorten Bericht, Reportage und Kommentar in euer Heft.
   b. Tragt bei jeder Textsorte ein, ob das Merkmal zutrifft.
   c. Vergleicht eure Ergebnisse in der Klasse.

Starthilfe

das Merkmal	der Bericht	die Reportage	der Kommentar
sachliche Informationen	ja	ja	...
Gefühle und Gedanken des Autors	nein	ja	...
direkte Zitate	...	...	...
Informationen aus persönlicher Sicht	...	...	...
Meinungen und Argumente	...	...	...

Projektidee: Eine Zeitung gestalten

Welches Thema ist euch als Klasse wichtig? Worüber möchtet ihr informieren? Ihr könnt zu dem Thema verschiedene Artikel schreiben und eine eigene Klassenzeitung gestalten.

1. Schritt: Das übergeordnete Thema auswählen

1 a. Sammelt in der Klasse gemeinsam Themen und Ereignisse, die für andere Schülerinnen und Schüler, Lehrerinnen und Lehrer oder Eltern interessant sein könnten.
Tipp: Einige Ideen findet ihr am Rand.
b. Einigt euch gemeinsam auf ein Thema.

| Umweltschutz an der Schule |
| Die Geschichte unserer Schule |
| Jugendangebote in unserer Stadt |
| Unsere Partnerstadt |

2. Schritt: Die Textsorten verteilen

2 Bericht, Reportage oder Kommentar? Verteilt die Textsorten.
a. Bildet für jede Textsorte mindestens zwei Gruppen mit jeweils drei oder vier Personen.
b. Jede Gruppe notiert sich Stichworte zu den Merkmalen ihrer Textsorte.
Tipp: Ihr könnt eure Ergebnisse aus Aufgabe 7 auf Seite 125 verwenden.

3. Schritt: Informationen für den Artikel recherchieren

3 Informiert euch vor dem Schreiben genau über das Thema.
a. Sucht im Internet oder in einer Bibliothek gezielt nach Informationen.
b. Überlegt, welche Personen ihr als Experten befragen könntet.
c. Macht euch Notizen und vermerkt stets auch die Quelle.
d. Beachtet bei der Recherche auch die Tipps für die Reportage:

- Plant einen Termin vor Ort, um Experten und Beteiligte zu befragen.
- Notiert wichtige Aussagen. Erkundigt euch gegebenenfalls vorab, ob ihr Tonaufnahmen machen dürft.
- Haltet eigene Beobachtungen und Erlebnisse fest.
- Notiert eure Eindrücke und Gefühle: Welche Besonderheiten seht, riecht, hört oder fühlt ihr?

Richtig zitieren
▶ S. 317

4. Schritt: Den Artikel schreiben

4 Schreibt euren Artikel am Computer. Beachtet dabei die Merkmale eurer Textsorte.

5. Schritt: Den Artikel gestalten

5 a. Probiert unterschiedliche Schriftarten und Schriftgrößen für die verschiedenen Textteile aus.
b. Sammelt Bilder, die zu eurem Artikel passen.
Tipp: Überlegt genau, welche Wirkung ihr mit dem Bild erzeugen wollt.
c. Formuliert passende Bildunterschriften.
d. Besprecht, wie ihr Text und Bilder anordnen wollt.

6. Schritt: Den Artikel in einer Redaktionskonferenz überarbeiten

6 a. Jede Gruppe präsentiert nacheinander ihre Artikel.
b. Die Zuhörerinnen und Zuhörer geben ein Feedback:
- Ist der Artikel verständlich und interessant?
- Erfüllt der Artikel die Merkmale der Textsorte?
- Weckt die Schlagzeile Interesse und passt sie zum Inhalt?
- Passen das Bild und die Bildunterschrift zum Artikel?

7 Überarbeitet eure Artikel mit Hilfe der Rückmeldungen.

7. Schritt: Die Zeitung erstellen und veröffentlichen

See-Nachrichten
Klassenzeitung der Klasse 8c • **Schule am See Neuhausen** • Ausgabe 1 | März 2020

Mit Schleifchen und Schiefertafel
Ein Besuch in unserem Schularchiv bringt spannende Erkenntnisse. von Melez Kılıç und Tino Geyer
„Schularchiv – was ist das?" Verwundert starre ich unseren Hausmeister Herrn Pächert an. Davon habe ich noch nie etwas gehört. Als wir in dem Kellerraum mit den verstaubten Ordnern und ausrangierten Projektoren stehen, komme ich aus dem Staunen nicht mehr raus. Herr Pächert zieht eine Schachtel aus der Ecke eines Regals. Staub wirbelt auf und kitzelt mich in der Nase, ich muss niesen. „Nich doch Junge ... Das is was Besonderes", murmelt er stolz. Was zum Vorschein kommt, lässt mich schmunzeln. Eine Sammlung uralter Eintrittskarten – was hat das mit der Schule zu tun? Herr Pächert beginnt zu erzählen ... ▶ Seite 2

Alter Pausenhof in neuem Glanz
Große Renovierungsaktion der 8. Klassen
In der letzten Woche vor den Sommerferien ist es wieder so weit. Insgesamt 145 Schülerinnen und Schüler werden zusammen mit Eltern und Lehrkräften ... ▶ Seite 5

8 Gestaltet gemeinsam eine Titelseite für eure Klassenzeitung.
- Einigt euch auf einen Namen für die Zeitung.
- Wählt einen Artikel als Leitartikel für die Titelseite aus.
- Formuliert Anreißermeldungen, die auf die Artikel neugierig machen.
- Nennt im Zeitungskopf den Titel der Zeitung, das Datum und die Ausgabennummer.

9 Gestaltet nun eure Klassenzeitung. Kopiert dazu alle Texte sowie die Titelseite mehrfach und heftet die Seiten zu Zeitungen zusammen.

10 Veröffentlicht die Klassenzeitungen. Legt die Zeitungen im Klassenraum oder in der Schulbibliothek aus oder verteilt sie persönlich an andere Schülerinnen und Schüler, Lehrerinnen und Lehrer sowie Eltern.

Die Welt der Medien

Wenn ich morgens mit dem Schulbus fahre, höre ich oft Musik übers Smartphone.

Für die Schule lese ich gerade unsere Tageszeitung online. Die haben manchmal auch passende Videos.

In der Chatgruppe mit meinen Freundinnen bequatschen wir einfach alles.

Letztens hab ich ein cooles Erklärvideo zu Mathe gesehen, jetzt hab ich's kapiert.

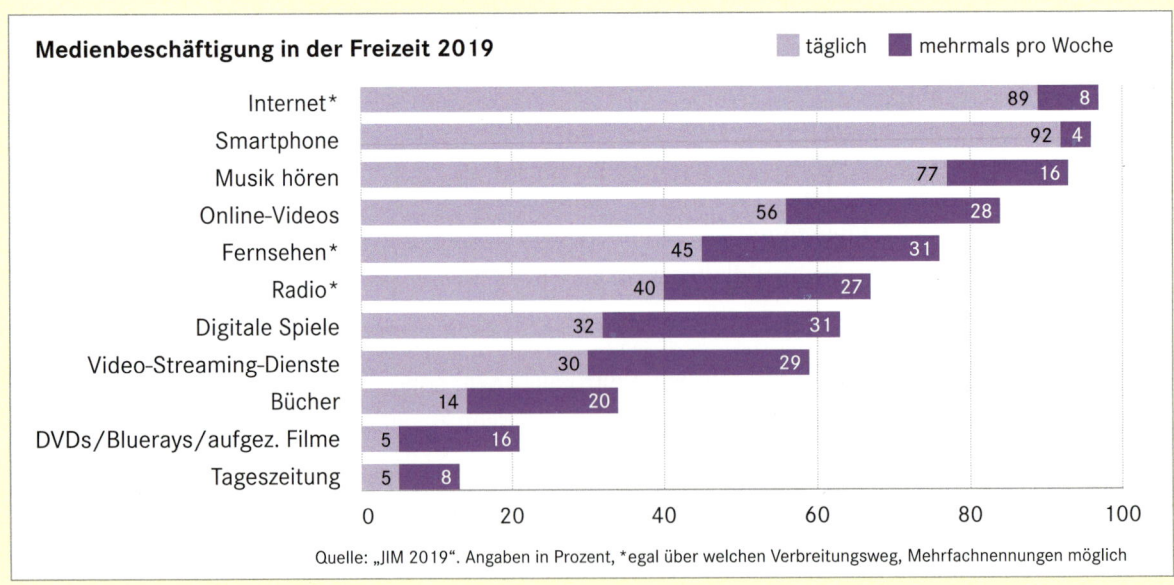

Medienbeschäftigung in der Freizeit 2019 — täglich / mehrmals pro Woche

Medium	täglich	mehrmals pro Woche
Internet*	89	8
Smartphone	92	4
Musik hören	77	16
Online-Videos	56	28
Fernsehen*	45	31
Radio*	40	27
Digitale Spiele	32	31
Video-Streaming-Dienste	30	29
Bücher	14	20
DVDs/Bluerays/aufgez. Filme	5	16
Tageszeitung	5	8

Quelle: „JIM 2019". Angaben in Prozent, *egal über welchen Verbreitungsweg, Mehrfachnennungen möglich

Heutzutage haben Jugendliche oft Zugang zu einem breiten Medienangebot.

1 a. Seht euch die Fotos an.
   b. Lest die Sprechblasen und die Grafik.

2 Sprecht über eure Mediennutzung:
   – Welche Medien nutzt ihr?
   – Wann und wofür nutzt ihr diese Medien?

- Kurznachrichten auf dem Smartphone schreiben
- Musik am Computer streamen
- Daten in der Cloud speichern
- Filme auf dem Laptop schauen

Medien haben unterschiedliche Funktionen: Mit ihnen kann man sich informieren, sich unterhalten oder mit anderen kommunizieren.

3 Wofür nutzt ihr welche Medien? Ordnet den Medien die Funktionen **Information**, **Unterhaltung** und **Kommunikation** zu.

Die Mediennutzung hat sich in den vergangenen Jahren stark verändert.

4 Lest die beiden Aussagen.

Die durchschnittliche Internet-Nutzungsdauer von Jugendlichen im Jahr 2019 lag bei 205 Minuten pro Tag. Im Jahr 2008 waren es 117 Minuten.

Die durchschnittliche Sehdauer bei der Nutzung des Fernsehgeräts lag bei den 14- bis 19-Jährigen 2019 bei 52 Minuten pro Tag. Im Jahr 2008 waren es 122 Minuten.

5 a. Gebt mit eigenen Worten wieder, wie sich die Internet- und Fernsehnutzung von Jugendlichen von 2008 zu 2019 jeweils verändert hat.
   b. Wie erklärt ihr euch die veränderten Nutzungszeiten? Begründet.

6 Diskutiert in der Klasse über eure eigene Mediennutzung.
   – Welche Angaben findet ihr erstaunlich?
   – Wie viel Zeit verbringt ihr selbst im Internet oder vor dem Fernseher?
   – Welche Medienangebote nutzt ihr?
   – Auf welchen Geräten nutzt ihr die Angebote?
   – Welche Formen der Nutzung sind euch persönlich am wichtigsten?

In diesem Kapitel untersucht ihr eure Mediennutzung und entwickelt Ideen, Medien verantwortungsbewusst zu nutzen und im Internet respektvoll miteinander umzugehen. Außerdem lernt ihr, wie Erklärvideos gestaltet werden, und erstellt anschließend eigene Erklärvideos.

Medien verantwortungsbewusst nutzen

Weißt du eigentlich, wie lange du täglich digitale Medienangebote nutzt? Deine Nutzung kannst du mit Hilfe eines Medienprotokolls untersuchen.

1 Untersuche für zwei Tage deine Mediennutzung.
   a. Notiere jeweils, welche Angebote du wie lange nutzt.
   b. Trage die Ergebnisse in einer Tabelle zusammen.

Starthilfe

Was?	1. Tag	2. Tag	gesamt
chatten	… min.	… min.	… min.
Videos schauen	…	…	…
…	…	…	…

2 Stelle dein Medienprotokoll in Form eines Balkendiagramms dar. Zeichne für jede Tätigkeit eine Säule mit deiner Minutenangabe. Beziehe dich dabei immer auf die Gesamtminuten pro Tätigkeit.

Arten von Grafiken
▶ S. 309

3 Wertet eure Medienprotokolle in der Gruppe aus:
 – Womit verbringt ihr die meiste Zeit?
 – Welche Ergebnisse überraschen euch vielleicht?
 – Was möchtet ihr vielleicht ändern?
   Wie könnt ihr das erreichen?

Medienverbände empfehlen für Jugendliche eine Bildschirmzeit von einer Stunde pro Lebensjahr in der Woche.

4 Entwerft einen Zeitplan für die sinnvolle Nutzung digitaler Medienangebote.
   a. Welche Angebote sind euch wichtig? Schreibt sie auf.
   b. Berechnet eure empfohlene wöchentliche Bildschirmzeit.
   c. Überlegt, welche Bildschirmzeit für jedes Angebot pro Tag oder pro Woche sinnvoll ist. Überschreitet insgesamt nicht die empfohlene wöchentliche Bildschirmzeit.

5 Wie kann es euch gelingen, euer Vorhaben umzusetzen? Sammelt Ideen in der Klasse.

6 a. Probiert eure Ideen eine Woche lang aus.
   b. Wertet anschließend euren Versuch aus: Was ist euch leichtgefallen? Was möchtet ihr noch einmal verändern?

– Nachrichtenton ausschalten
– Wecker/Timer stellen
– Nachrichten nur zweimal täglich lesen
– App zur Zeitbegrenzung nutzen

Nicht alle Medieninhalte, die Kindern und Jugendlichen in digitalen Medien begegnen, sind auch für sie geeignet. Daher gibt es gesetzliche Regelungen, die vor ungeeigneten Medieninhalten schützen sollen. In Deutschland ist dies im Jugendmedienschutz-Staatsvertrag geregelt.

7 a. Lest den folgenden Text mehrmals Satz für Satz.
b. Klärt gemeinsam unbekannte Wörter.

Textknacker ▶ S. 310

Entwicklungsbeeinträchtigende Angebote

Der Jugendmedienschutz-Staatsvertrag spricht in § 5 von entwicklungsbeeinträchtigenden Angeboten. Grundsätzlich werden darunter solche Angebote verstanden, die geeignet sind, auf die Entwicklung der Persönlichkeit von Kindern und Jugendlichen einen negativen [...] Einfluss auszuüben.
5 Derartige Angebote können die Entwicklung von Kindern und Jugendlichen zu eigenverantwortlichen, sich innerhalb der sozialen Gemeinschaft frei entfaltenden Menschen hemmen [...]. Insbesondere spielt bei der Einordnung der Inhalte eine Rolle, inwieweit sie bei Kindern und Jugendlichen unterschiedlicher Altersstufen sexual- oder sozialethisch desorientierend wir-
10 ken bzw. gewaltbefürwortende Einstellungen fördern oder sie übermäßig ängstigen können. Will ein Anbieter solche Inhalte über das Internet verbreiten, muss er Sorge dafür tragen, dass Kinder und Jugendliche der betroffenen Altersstufe sie üblicherweise nicht wahrnehmen. [...] Der Anbieter kann dieser Pflicht in unterschiedlicher Weise nachkommen. Er kann z. B.
15 – das Angebot technisch mit einer Altersstufe kennzeichnen, sodass ein Jugendschutzprogramm sie zutreffend erkennen und verhindern kann, dass jüngere Nutzer für sie ungeeignete Inhalte abrufen können oder
– den Zugang zu dem Angebot durch andere technische Mittel erschweren, z. B. die Abfrage des Personalausweises oder
20 – das Angebot nur dann verfügbar halten, wenn Kinder und Jugendliche der betroffenen Altersstufe dieses üblicherweise nicht wahrnehmen (Sendezeitbeschränkung). [...]*

8 Sprecht über die folgenden Fragen:
– Was sind „entwicklungsbeeinträchtigende Angebote"?
– Warum sind gesetzliche Regelungen zum Jugendmedienschutz wichtig?
– Wie können Medienanbieter sicherstellen, dass Kinder und Jugendliche keinen Zugang zu ungeeigneten Inhalten haben?

Was bedeutet der Jugendmedienschutz für euren persönlichen Umgang mit digitalen Medien?

9 Diskutiert in der Klasse über die Bedeutung des Jugendmedienschutzes:
– Findest du den Jugendmedienschutz sinnvoll?
– Welche Beispiele für die Einhaltung des Jugendmedienschutzes kennt ihr?

Ein Erklärvideo untersuchen

Juri will sich über die Folgen des Klimawandels informieren.
Er hat einen Lexikonartikel und ein Erklärvideo recherchiert.

1 Lest den Auszug aus dem Lexikon und seht euch den Bildausschnitt aus dem Erklärvideo an.

Der Klimawandel, auch **Klimawechsel**, bezeichnet die Veränderung des Klimas auf der Erde. Dieser Überlegung liegt die Annahme zu Grunde, dass der Ausstoß von Treibhausgasen zu einer Erhöhung der Jahresdurchschnittstemperaturen führt. [...]

2 Vergleicht den Lexikonauszug und das Erklärvideo:
- Was unterscheidet das Erklärvideo von einem Informationstext?
- Wann würdet ihr einen Informationstext lesen, wann ein Erklärvideo ansehen?

Einige Medienangebote werden gezielt auf die unterschiedlichen Bedürfnisse und Wünsche der Nutzerinnen und Nutzer zugeschnitten: Zum Beispiel werden sachliche Informationen oft auf unterhaltsame Weise präsentiert. Diese Angebote nennt man Infotainment.

3 Lest den Informationstext.

> **Info**
>
> Das Wort **Info**tainment setzt sich zusammen aus den Begriffen **Info**rmation und Enter**tainment** (engl. „Unterhaltung"). Im Infotainment werden also Sachverhalte aus Wissenschaft, Wirtschaft, Politik mit Unterhaltungselementen vermischt. Als Infotainment versteht man z. B. Quizshows, Wissens-Podcasts oder Erklärvideos zu Lernthemen.

4 Welche Medienangebote aus dem Bereich des Infotainments kennt ihr?
a. Recherchiert ein besonders gelungenes Angebot, z. B. einen Wissens-Podcast, und präsentiert es in der Klasse.
b. Beschreibt, um welches Angebot es sich handelt.
c. Erklärt, wie darin Information mit Unterhaltung verbunden wird.

In einem Erklärvideo werden Informationen anschaulich präsentiert.

5 a. Tauscht euch in der Klasse über die folgenden Fragen aus:
- Welche Arten von Erklärvideos kennt ihr?
- Mit welchem Ziel seht ihr euch Erklärvideos an?
- Wann findet ihr Erklärvideos hilfreich, wann eher nicht?

b. Recherchiert gelungene Erklärvideos und stellt sie in der Klasse vor.

Die folgenden Ausschnitte aus dem Erklärvideo „Die Folgen des Klimawandels" könnt ihr genauer untersuchen.

6 a. Seht euch die Bilder an. Beschreibt, was ihr seht.
b. Worüber informieren euch die Bilder? Stellt Vermutungen an.
c. Lest dann den gesprochenen Text.

Willkommen, ihr Lieben!
Unsere Erde erwärmt sich – das steht fest.
Aber wieso ist der Klimawandel eigentlich so problematisch?
Hier erfahrt ihr drei Gründe.

Grund Nummer 1:
Durch den Klimawandel steigen die Temperaturen in vielen Ländern der Erde an. Es kommt zu längeren Dürrezeiten. Dadurch ist die Zahl der Waldbrände in den letzten Jahren dramatisch gestiegen.

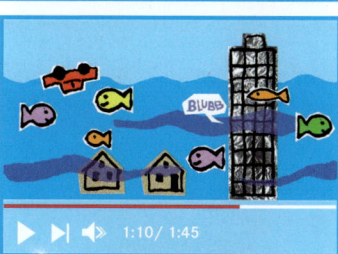

Grund Nummer 2:
Durch den Klimawandel steigt der Meeresspiegel immer weiter an. Die Zahl der Überschwemmungen wird zunehmen.

Jetzt kommt – ihr habt's euch fast gedacht –
Grund Nummer 3:
Durch den Klimawandel wird es auf der Erde immer häufiger zu Stürmen kommen. In Städten und Dörfern können dadurch große Schäden entstehen.

7 An wen richtet sich dieses Erklärvideo? Begründet mit passenden Textstellen.

Sich adressatenbezogen äußern ▶ S. 325

Im Erklärvideo werden manche Informationen durch Bilder vermittelt, andere durch den gesprochenen Text.

Wirkung von Bild und Ton ▶ S. 308

8 Seht euch den Ausschnitt genau an und lest den gesprochenen Text.

Grund Nummer 2:
Durch den Klimawandel steigt der Meeresspiegel immer weiter an. Die Zahl der Überschwemmungen wird zunehmen.

9 Vergleicht den Informationsgehalt von Bild und gesprochenem Text:
- Welche Informationen erhaltet ihr nur durch das Bild?
- Welche Informationen erhaltet ihr durch den gesprochenen Text?

10 Anstatt nur in einem Text werden die Informationen durch Bilder unterstützt und schrittweise dargestellt. Überlegt, welche Vorteile das hat.

Um die Informationen verständlich darzustellen, werden verschiedene bildliche Darstellungsmittel verwendet.

11 Untersucht die bildliche Gestaltung des Erklärvideos genauer: Mit welchen Mitteln wird eine einfache und verständliche Präsentation der Informationen erreicht?

12 Mit Bildern können Informationen auch übertrieben dargestellt werden. Welche Wirkung wird dadurch bei den Nutzerinnen und Nutzern erzeugt?

Auch die Sprache beeinflusst uns darin, wie wir Informationen wahrnehmen.

Sich adressatenbezogen äußern ▶ S. 325

13 a. Lest noch einmal die gesprochenen Texte.
b. Welche Besonderheiten zur Sprache fallen euch auf? Sprecht darüber.
c. Beschreibt die Wirkung der Sprache auf die Nutzerinnen und Nutzer.

Manche Erklärvideos werden auch mit Musik unterlegt.

14 a. Erprobt, welche Rolle die Auswahl von Musik spielt:
- Spielt zu den Ausschnitten aus dem Erklärvideo zunächst ein schnelles, fröhliches Lied ab.
- Spielt anschließend ein trauriges Lied als Hintergrundmusik ab.
b. Beschreibt jeweils die Wirkung der Musik auf die Bilder.
c. Vergleicht die Wirkung der Musik: Für welche Musikauswahl würdet ihr euch entscheiden?

Respektvoll im Internet kommunizieren

Juri hat sich das Erklärvideo „Die Folgen des Klimawandels" angesehen. Das Erklärvideo wurde von anderen Nutzerinnen und Nutzern kommentiert.

1 Lest die Kommentare.

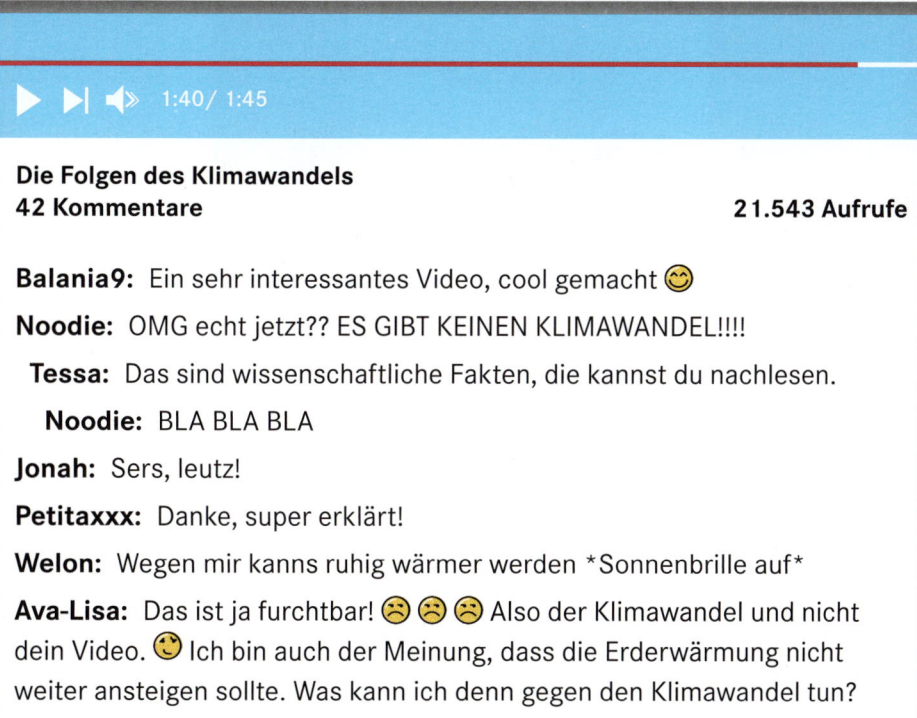

2 Worum geht es in den Kommentaren? Sprecht darüber.

Auch in der Kommunikation im Internet ist ein respektvoller und fairer Umgang miteinander wichtig.

3 Welche Regeln für einen respektvollen Umgang miteinander im Internet kennt ihr? Sammelt sie an der Tafel.

4 Tauscht euch über die folgenden Fragen aus:
- Welche Regeln wurden in den Kommentaren nicht beachtet?
- Wie könnten die Kommentare besser formuliert werden?

5 Welche Regeln für einen respektvollen Umgang miteinander im Internet sind euch besonders wichtig? Erstellt gemeinsam ein Plakat.

Meinungsmacher im Internet untersuchen

Auf Videoplattformen und in sozialen Netzwerken findet man auch viele Videos, in denen eine Person vor der Kamera etwas erklärt oder über bestimmte Themen informiert. Oft haben diese Personen eigene Kanäle und viele Fans (Follower).

1 Verfolgt ihr Kanäle im Internet, auf denen junge Leute anderen etwas erklären oder über bestimmte Themen informieren? Tauscht euch darüber aus.
   - Welche Kanäle seht ihr regelmäßig, welche manchmal?
   - Welche Kanäle gefallen euch, welche nicht?
   - Was interessiert euch daran?

2 Warum sind diese Kanäle vor allem bei Jugendlichen so beliebt? Sammelt Gründe.

3 Welche Bedeutung haben diese Kanäle für euch? Diskutiert und begründet, welchen der folgenden Aussagen ihr zustimmen könnt.

> - Meist will ich nur kurz auf den Kanal gehen und bleibe dann hängen.
> - Die Tipps von … sind genauso nützlich wie die von Freunden.
> - Ich habe mal ein Produkt gekauft, das auf dem Kanal getestet wurde.
> - Ich würde gerne so aussehen wie …
> - Wenn ich mal nicht einschalte, fehlt mir etwas.

Personen, die auf ihrem Kanal oder in sozialen Netzwerken viele Follower haben, nennt man auch Influencer.

4 Wie würdest du anderen erklären, was ein Influencer ist? Schreibe es auf.

> **Starthilfe**
> Influencer sind junge Leute, die regelmäßig … Sie zeigen zum Beispiel …

5 Lest den folgenden Sachtext.

Als Influencer (deutsch: Beeinflusser, Meinungsmacher) bezeichnet man Personen, die in den sozialen Netzwerken eine große Bekanntheit haben und dort sehr aktiv sind. Influencer haben eine hohe Zahl an Followern, die die Videos regelmäßig schauen. Es gibt verschiedene Arten von Influencern: Einige geben
5 in ihren Videos Tipps oder informieren über verschiedene Themen. Andere filmen sich selbst im Alltag oder stellen Produkte vor.

Bei ihren Followern genießen Influencer ein hohes Ansehen und gelten als vertrauenswürdig. Dadurch können sie die Meinung anderer zu einem Thema beeinflussen oder sie zu Kaufentscheidungen bewegen. Daher sind erfolgreiche
10 Influencer besonders interessant für Unternehmen, die ihre Produkte verkaufen möchten: Wenn Influencer bestimmte Produkte oder Marken nutzen oder vorstellen, wirken ihre Botschaften oft wie persönliche Vorlieben. So merken die Follower oft nicht, dass es sich eigentlich um Werbung handelt und sie zum Kauf animiert werden sollen.

6 **a.** Vergleicht die Informationen aus dem Sachtext mit euren Erklärungen.
 b. Diskutiert die folgenden Fragen:
   – Ist euch auch schon Werbung bei Influencern begegnet?
   – Fällt euch manchmal das Erkennen von Werbung bei Influencern schwer?

Auch Leo und Nisa diskutieren über Influencer.

> Die Influencer haben überhaupt keinen Einfluss auf mein Leben!

> Bist du sicher? Überleg doch mal …

Produkte/ Werbung
Sprache/Ausdruck
Freizeitverhalten/ Bildschirmzeit
Meinungen/ Urteile
Verhalten

7 Was könnte Nisa einwenden? Nennt Beispiele, wie Influencer Einfluss auf ihre Follower haben können.

Auch Influencer verbinden in ihren Videos oft Informationen mit Unterhaltung.

8 Sind die Videos von Influencern Infotainment? Diskutiert in der Klasse darüber.

Infotainment ▶ S. 132

Projektidee: Ein Erklärvideo erstellen

In Gruppenarbeit könnt ihr nun ein eigenes Erklärvideo erstellen.
Am besten verwendet ihr dazu die sogenannte Legetechnik.

Info

Viele Erklärvideos werden mit der **Legetechnik** erstellt. Der Inhalt konzentriert sich auf die Kernaussagen und wird oft in Form einer kleinen Geschichte präsentiert. Zunächst werden einzelne Bilder auf Papier gezeichnet und ausgeschnitten. Es werden einfache, klare Bilder und Symbole verwendet. Mit Pfeilen können z. B. Zusammenhänge verdeutlicht werden. Anschließend werden die Bilder auf eine Fläche gelegt und bewegt und dabei abgefilmt. Oft wird auch ein kurzer Text dazu gesprochen.

1 Bildet Gruppen mit vier bis fünf Schülerinnen und Schülern.

1. Schritt: Das Thema auswählen und Informationen recherchieren

2 Sammelt Ideen für euer Erklärvideo: Welche Themen interessieren euch?

- Klimawandel
- Medienzeit
- ...

3 a. Entscheidet euch: Über welches Thema wollt ihr die anderen informieren?
b. Recherchiert Informationen (Bibliothek, Internet, jemanden befragen ...).

4 Entscheidet euch für eine konkrete Fragestellung. Beschränkt euch auf das Wesentliche. Das Video sollte nicht länger als zwei Minuten werden.

- Wie funktioniert der Treibhauseffekt?
- Wie kannst du im Haushalt Energie sparen?
- Wie kannst du weniger Zeit mit Medien verbringen?
- ...

2. Schritt: Ein Storyboard entwickeln

5 Plant den Aufbau eures Erklärvideos mit Hilfe eines Storyboards.
a. Übertragt die folgende Tabelle auf ein großes Blatt.
b. Überlegt euch eine Abfolge von fünf bis zehn Szenen.

Starthilfe

Erklärvideo zum Thema: „Wie kannst du weniger Zeit mit Medien verbringen?"

Szene	gesprochener Text
1: Figur A (Schüler) mit Augenringen über Smartphone gebeugt; Uhr mit Aufschrift „24 h" → alles wegschieben	Kennt ihr das?
2: lachende Figur B (Freund), Sporttasche, Fußball, Eisbecher → alles durchstreichen, über den lachenden Mund einen traurigen legen	Keine Zeit mehr für ...
...	...

3. Schritt: Das Erklärvideo vorbereiten

👥 **6** Zeichnet einfache, anschauliche Skizzen zu den Szenen.
- Überlegt, welche Bilder und Symbole besonders wichtig sind, um die Informationen zu veranschaulichen.
- Ihr könnt auch Sprechblasen mit wichtigen Begriffen ergänzen.

👥 **7** Notiert passende Texte zu den Skizzen.
- Formuliert kurze und einfache Sätze.
- Verwendet die nötigen Fachbegriffe und erläutert sie.
- Wiederholt nicht einfach nur, was auf den Bildern zu sehen ist.

👥 **8** Zur Erstellung eines Erklärvideos gehören verschiedene Aufgaben: zeichnen, die Bilder legen, filmen, den Text sprechen, am Computer bearbeiten. Verteilt die Aufgaben.

Nun könnt ihr den Dreh vorbereiten.

👥 **9** a. Zeichnet eure Bilder, Symbole, Sprechblasen, Pfeile ... auf.
b. Schneidet dann alles aus und legt die Materialien bereit.

👥 **10** Probt das Legen, z. B. auf dem Tisch oder einem Bogen Tonpapier.
- In welcher Reihenfolge sollen die Bilder ins Bild geschoben werden?
- Wie lange sollen sie jeweils zu sehen sein?
- Passt der gesprochene Text zu dem, was gerade zu sehen ist?

👥 **11** Macht auch einige Probeaufnahmen, um die Lichtverhältnisse, die Schärfe der Bilder und die Lautstärke für die Tonaufnahmen zu überprüfen.
Tipps: – Mit einem Stativ könnt ihr verwackelte Aufnahmen vermeiden.
– Der Text sollte langsam, laut und deutlich gesprochen werden.

4. Schritt: Das Erklärvideo aufnehmen

👥 **12** Nehmt nun euer Erklärvideo mit einem Smartphone oder einem Tablet auf.
Tipps: – Filmt das Erklärvideo am besten zweimal.
– Am Computer könnt ihr eure Videos mit Hilfe kostenloser Programme nachbearbeiten, z. B. Tonaufnahmen ergänzen.

5. Schritt: Das Erklärvideo präsentieren

👥 **13** a. Präsentiert euer fertiges Erklärvideo in der Klasse.
b. Gebt euch gegenseitig Rückmeldung zum Inhalt, zur Veranschaulichung und zur Sprache.

Feedback geben ▶ S. 313

So ein Drama! – Romeo und Julia

1. Romeo und Julia gelten als das berühmteste Liebespaar der Weltliteratur.
   Sprecht über die folgenden Fragen:
   – Was wisst ihr schon über diese beiden Figuren?
   – Woher kennt ihr die Geschichte von Romeo und Julia?

Der Dramatiker William Shakespeare schrieb „Romeo und Julia"
als ein Theaterstück.

2 Was wisst ihr schon über Theaterstücke?
   a. Habt ihr schon einmal ein Theaterstück gesehen oder gelesen? Berichtet davon.
   b. Nennt Fachbegriffe, die zum Theater oder zu Theaterstücken gehören, und erklärt sie.

3 Das Drama ist eines von William Shakespeares bekanntesten Werken. Was wisst ihr bereits über Shakespeare? Sammelt gemeinsam Informationen über den Dramatiker und seine Werke.

„Romeo und Julia" wird heute noch häufig aufgeführt.
Bevor die Handlung des Dramas beginnt, treten Schauspieler
auf die Bühne und führen mit einer Vorrede in die Handlung
und den zentralen Konflikt ein.

4 a. Lest die kurze Vorrede zum Drama.
   b. Stellt Vermutungen darüber an, um welchen zentralen Konflikt es in diesem Drama gehen könnte.

Mehrere Schauspieler treten auf und sprechen im Chor:

Zwei angesehene Familien aus Verona,
wo dieses Theaterstück spielen wird,
sind seit langer Zeit verfeindet
5 und bekämpfen sich bis aufs Blut.
Aus diesen Familien stammen zwei Liebende,
deren unglücklicher, trauriger Tod erst
den blutigen Streit der Eltern beenden wird.
Das zeigen wir euch in den nächsten zwei Stunden.
10 Folgt dieser traurigen Liebesgeschichte
geduldig und mit Aufmerksamkeit. [...]*

5 In der Vorrede wird bereits verraten, wie das Drama endet. Besprecht verschiedene Möglichkeiten, wie es zu dem Ende kommen könnte?

In diesem Kapitel untersucht ihr das Drama „Romeo und Julia"
von William Shakespeare. Ihr erschließt Auszüge aus diesem Drama und
lernt Merkmale von Dramen kennen. Außerdem informiert ihr euch über
Hintergründe und den Handlungsort von „Romeo und Julia".

Ein Drama untersuchen

Auf den folgenden Seiten lernst du das Drama „Romeo und Julia" näher kennen.
Die Handlung spielt um das Jahr 1300 in der italienischen Stadt Verona.
Die beiden adligen Familien Montague und Capulet sind seit Generationen zerstritten.

1 Lies die Szene aus dem Drama.

Textknacker ▶ S. 310

Romeo und Julia   William Shakespeare

1. Akt, 5. Szene (Auszug)

Romeo Montague schleicht sich zu einem Ball der Capulets.

Romeo *(er erblickt Julia. Zu einem Diener)*: Wer ist die Dame dort, die jetzt dem Ritter ihre Hand reicht?
Diener: Ich weiß nicht, Sir.
Romeo *(voller Bewunderung)*: Sie leuchtet heller als alle Fackeln, ihre Schön-
5 heit strahlt mehr als ein Diamant am Ohr einer dunklen Schönen. Sie ist wie eine schneeweiße Taube inmitten ihrer Begleiterinnen, die wie Krähen wirken neben ihr. Ich will aufpassen, wo sie nach dem Tanz Platz nimmt. Ich will mit meiner plumpen Hand ihre zarte Hand berühren. Mein Herz, hast du je geliebt, dann vergiss es! Erst heute Abend sehe ich – die wahre Schönheit! [...]
10 **Romeo** *(er himmelt Julia an und nimmt ihre Hand)*: Wenn ich mit meiner unwürdigen Hand dich Heilige entweihe, ist das nur eine leichte Sünde. Meine Lippen sind bereit, die grobe Berührung durch einen zarten Kuss zu mildern.
Julia: Da tun Sie Ihrer Hand wirklich Unrecht, sie drückt mir ja ihre Verehrung aus. Auch Heiligenfiguren haben Hände, die ein andächtiger Pilger[1] berühren
15 darf.
Romeo: Haben Heilige nicht auch Lippen, und fromme Pilger ebenso?
Julia: Pilger sollten sie zum Beten gebrauchen.
Romeo: Liebe Heilige, lass die Lippen tun, was
20 die Hände taten, damit aus Glaube nicht Verzweiflung wird.
Julia *(lächelnd)*: Heiligenfiguren halten still, wenn sie dem Betenden eine Bitte gewähren.
Romeo: Dann halte auch still, wenn ich tue,
25 wofür ich gebetet habe. *(Er küsst sie.)* So sind meine Lippen von jeder Sünde frei.

[1] der Pilger: ein Gläubiger auf dem Weg zu einem religiösen Ort

Julia: Jetzt haben meine Lippen deine Sünde.
Romeo: Sünde von meinen Lippen? Ein süßer Vorwurf! Gib mir meine Sünde wieder. *(Er küsst sie noch einmal.)*
30 **Julia:** Du verstehst zu küssen. – *(Die Amme kommt.)*
Amme: Madam, Ihre Mutter möchte mit Ihnen sprechen. *(Julia geht zögernd weg.)*
Romeo *(zur Amme)*: Wer ist ihre Mutter?
Amme: Na, junger Mann, ihre Mutter ist die Herrin dieses Hauses, eine gute
35 Dame, klug und tugendsam. Ich habe ihre Tochter großgezogen, mit der Sie gerade gesprochen haben. Ich sage Ihnen, wer sie einmal bekommt, hat das ganz große Los gezogen.
Romeo: O Gott! Sie ist eine Capulet? – Ich würde für sie mein Leben hingeben. […]
40 *(Alle verlassen nach und nach die Bühne. Nur Julia und die Amme bleiben.)*
Julia: Komme her, Amme. Wer ist der Edelmann dort? […] Geh, frag nach seinem Namen. – Wenn er schon verheiratet sein sollte, dann will ich sterben, und mein Grab wird mein Brautbett sein. *(Amme hat sich erkundigt und kommt zurück.)*
45 **Amme:** Sein Name ist Romeo, ein Montague, der einzige Sohn unseres alten Feindes.
Julia: Meine große Liebe – zu dem verhassten Feind! Die Liebe beginnt für mich unheilvoll. Ich kannte ihn nicht, und jetzt liebe ich ihn, diesen verhassten Feind.*

Der 1. Akt führt die Zuschauer in die Handlung des Dramas ein.
Er gibt auch wichtige Hinweise auf den weiteren Handlungsverlauf.
Man nennt ihn auch Exposition.

2 Was hast du bis jetzt über die Handlung des Dramas erfahren? Fasse es in eigenen Sätzen zusammen.

3 Gib den Inhalt der Szene wieder. Nimm dafür die Rolle **Romeo** oder die Rolle **Julia** ein und berichte aus seiner oder ihrer Perspektive.

> **Starthilfe**
> Romeo: Gestern habe ich mich auf den Ball der Capulets geschlichen. Dort sah ich …
> Julia: Gestern haben meine Eltern ein großes Fest veranstaltet …

4 Was habt ihr in der Exposition über den Ort, die Zeit des Geschehens, die beiden Hauptfiguren und den zentralen Konflikt erfahren?
  a. Fasst es zusammen.
  b. Stellt gemeinsam Vermutungen an, wie das Drama weitergehen könnte.

Romeo und Julia begegnen sich schon bald wieder.
Die Szene, in der sie sich wiedersehen, ist die berühmte Balkonszene.

5 Lies die Balkonszene.

Textknacker ▶ S. 310

2. Akt, 2. Szene (Auszug)

Romeo schleicht sich zum Haus der Capulets und versteckt sich
unter dem Balkon, der zu Julias Zimmer gehört.

Romeo: […] Was für ein Licht fällt durch das Fenster dort oben? Es ist wie die Morgensonne im Osten, und Julia ist meine Sonne! […]
Julia *(zu sich selbst)*: O Romeo, Romeo! Warum musst du Romeo sein? Verleugne deinen Vater und lege deinen Namen ab. Oder, wenn du es nicht kannst,
5 schwöre mir deine Liebe, und ich will keine Capulet mehr sein.
Romeo *(zu sich selbst)*: Soll ich länger zuhören? Oder soll ich antworten?
Julia: Nur *dein Name* ist mein Feind. Du bist, wie du bist – ob Montague oder nicht. Was bedeutet schon „Montague"? […] Dein Name ist kein Teil von dir. Nimm auch *mich*, wie ich bin.
10 **Romeo:** Ich nehme dich beim Wort. Nenne mich „Geliebter", und ich bin wie neu getauft.
Julia *(überrascht)*: Wer bist du, fremder Mann, verborgen in der Nacht, der du dich in meine Gedanken einmischst?
Romeo: Meinen Namen will ich nicht nennen. Mein Name, liebe Heilige,
15 ist mir verhasst, weil er dich an deinen Feind erinnert.
Julia: Meine Ohren haben noch nicht hundert Worte von deinen Lippen aufgesogen, doch kenne ich den Klang. Bist du nicht Romeo und ein Montague?
Romeo: Weder der eine noch der andere, schönes Mädchen, wenn dir diese Namen nicht gefallen.
20 **Julia:** Wie kamst du hierher, sag mir, und wozu? Die Gartenmauern sind hoch und schwer zu erklettern, und der Ort könnte für dich den Tod bedeuten, wenn meine Verwandten dich hier finden.
Romeo: Mit den leichten Flügeln der Liebe bin ich über die Mauer geflogen. Steine können die Liebe nicht aufhalten, und was die Liebe
25 kann, das wird sie auch versuchen. Deine Verwandten können mich nicht aufhalten.
Julia: Wenn sie dich sehen, werden sie dich ermorden.
Romeo: Viel mehr Gefahr liegt in deinen Augen als in tausend Schwertern. Schau mich liebevoll an, und ich fürchte mich nicht
30 mehr vor den Feinden.
Julia: Ich will nicht, um alles in der Welt, dass sie dich hier finden.
Romeo: Der Mantel der Nacht wird mich verbergen. Nur wenn du mich nicht liebst, sollen sie mich hier finden, dann
35 kann mein Leben durch ihren Hass enden. Was bedeutet mir schon mein Leben ohne deine Liebe?
Julia: Wer hat dir diesen Ort gezeigt?

Romeo: Die Liebe ließ mich nachforschen. Ich hätte dich gefunden, und wärst du auf einer fernen Insel, vom Meer umtost. Ich hätte alles für dich gewagt.

Julia: Du weißt, ich konnte dich in der Nacht nicht sehen, sonst würde ich mädchenhaft erröten, weil du alles mitgehört hast, was ich hier gesprochen habe. Gern würde ich die guten Sitten einhalten, gern würde ich meine Worte zurücknehmen. Aber wozu? Wichtig ist nur: Liebst du mich wirklich? Ich weiß, dass du ja sagen wirst, und will es glauben. Doch schwöre nichts, Liebesschwüre sind oft falsch. O, edler Romeo, wenn du mich wirklich liebst, sag es offen und ehrlich. Aber wenn du glaubst, du hättest meine Liebe zu *schnell* gewonnen, werde ich widerspenstig sein und nein sagen. Aber nur in *diesem* Fall – sonst um nichts in der Welt. [...]

Romeo: Wenn meines Herzens treue Liebe –

Julia: Lass die wohltönenden Worte heute Nacht. Alles geschieht so schnell, so unbedacht, wie ein Blitz, der schon vorüber ist, ehe man sagen kann: „Es blitzt." – Mein Süßer, gute Nacht! Die Knospe unserer Liebe kann sich öffnen und zur schönen Blüte werden durch die Wärme des Sommers, wenn wir uns wiedersehen. Gute Nacht! Gute Nacht! [...]

Romeo: Schwör mir noch einmal deine Liebe.

Julia: Alles möchte ich dir geben. Meine Liebe ist so tief wie das Meer. Je mehr Liebe ich dir gebe, desto mehr Liebe habe ich, das Geben und das Nehmen sind unendlich. – [...] Drei Worte noch, lieber Romeo, und dann wirklich gute Nacht. Wenn deine Liebe zu mir *ehrenhaft* ist, dein Ziel die *Ehe*, gib mir morgen Bescheid durch jemanden, den ich dir schicken werde, wo und wann die kirchliche Trauung vollzogen werden soll. Dir will ich mein Schicksal zu Füßen legen und dir, als meinem Ehemann, durch die ganze Welt folgen. [...] Morgen werde ich dir einen Boten schicken.*

6 **a.** Lest die berühmte Balkonszene mit verteilten Rollen. Probiert dabei verschiedene Sprechweisen aus.
   b. Wie verändert sich die Wirkung der Szene? Sprecht darüber.

7 Romeo und Julia verwenden in ihrem Dialog sprachliche Bilder.
   a. Erklärt die folgenden sprachlichen Bilder näher:
   - **Romeo:** Mit den leichten Flügeln der Liebe bin ich über die Mauer geflogen. (Z. 23–24)
   - **Julia:** Die Knospe unserer Liebe kann sich öffnen und zur schönen Blüte werden durch die Wärme des Sommers, wenn wir uns wiedersehen. (Z. 52–54)
   b. Finde zwei weitere sprachliche Bilder. Schreibe sie mit Erklärung auf.

Sprachliche Bilder
▶ S. 306

Romeo und Julia geben sich in der Balkonszene ein Eheversprechen.

8 Die Balkonszene ist eine Schlüsselszene für die weitere Handlung.
   a. Erklärt in eigenen Worten, warum sie so wichtig ist.
   b. Diskutiert verschiedene Möglichkeiten des weiteren Handlungsverlaufs.

Nachdem Romeo und Julia sich das Eheversprechen gegeben haben, werden sie heimlich von dem Priester Laurenz getraut.
Dann erreicht die Spannung im Drama ihren Höhepunkt.

9 Lies, wie das Drama weitergeht.

Textknacker ▶ S. 310

3. Akt, 1. Szene (Auszug)

Romeos Freunde Benvolio und Mercutio treffen auf Julias Cousin Tybalt.

Benvolio: O Gott, hier kommen die Capulets.
Mercutio: Beim Teufel, was soll's?
Tybalt *(zu seinen Leuten)*: Folgt mir, ich will mit ihnen sprechen. – Ihr Herren, guten Tag. Ein Wort mit einem von euch beiden.
5 **Mercutio:** Nur ein Wort? Wie wäre es mit einem Wort und einem Schlag mit dem Schwert?
Tybalt: Ich bin gern dazu bereit, bei passender Gelegenheit.
Mercutio: Warum lange warten?
Tybalt: Mercutio, du bist doch ein Spielkamerad von Romeo?
10 **Mercutio:** Spielkamerad? Wenn du uns zu Spielern machen willst – hier ist mein Geigenbogen. *(Er erhebt sein Schwert.)* Ein Tänzchen gefällig?
Benvolio: Wir sind hier in aller Öffentlichkeit. Entweder zieht ihr euch zurück oder sagt vernünftig, warum ihr euch streiten wollt. Alle Leute gaffen ja schon.
Mercutio: Lass sie gaffen. Ich jedenfalls ziehe mich *nicht* zurück, ich nicht!
15 *(Romeo tritt auf.)*
Tybalt: Gut! Friede sei mit euch! – Hier kommt mein Mann.
Mercutio: Dein Mann? Etwa dein Dienstmann? Lächerlich! Geh nur zum Duellplatz voraus, dann wird er dir folgen – wie ein Diener.
Tybalt *(zu Romeo)*: Die „Liebe", die ich für dich empfinde, kann ich nur so
20 ausdrücken: Du bist ein elender Schuft!
Romeo: Tybalt, der Grund, den ich habe, um dich zu lieben, hält meine Wut zurück. Ein „elender Schuft" bin ich nicht. […]*

**Tybalt und Mercutio streiten weiter und beginnen einen Kampf.
Tybalt verwundet Mercutio tödlich, dann flieht er mit seinen Leuten.**

Romeo: Dieser Tag bringt Unheil, wie wird das enden?
(Tybalt tritt wieder auf.)
25 **Benvolio:** Der wütende Tybalt kommt wieder zurück.
Romeo: Er triumphiert, und Mercutio ist erschlagen! Was soll jetzt alle Zurückhaltung? Feurige Wut soll mich jetzt leiten! *(Zu Tybalt:)* Tybalt, nimm den „elenden Schuft" zurück! Mercutios Seele schwebt noch über
30 unseren Köpfen und wartet auf deine, damit du sie begleitest. Entweder du – oder ich – oder wir beide werden ihr folgen.
Tybalt: Elendes Bürschchen, *du* sollst ihn begleiten.

Romeo: Diese Waffe wird alles entscheiden. *(Sie kämpfen. Tybalt unterliegt und wird getötet.)*

Benvolio: Romeo, fort, fort! Hau ab! Die Polizisten kommen gleich! Tybalt ist tot! Steh nicht wie versteinert herum! Der Fürst wird dich zum Tode verurteilen, wenn sie dich kriegen. Weg! Verschwinde! *(Romeo läuft weg. [...] Der Fürst, der alte Montague, der alte Capulet, ihre Frauen und viele andere treten auf.)*

Fürst: Wo sind die verbrecherischen Anstifter dieses Streites?

Benvolio: O edler Fürst, ich kann den unglücklichen Verlauf dieser tödlichen Streitereien berichten: Der junge Romeo hat den Tybalt erschlagen, dort liegt der Mann – aber Tybalt hatte zuvor den tapferen Mercutio erschlagen.

Lady Capulet *(weinend bei Tybalts Leiche)*: Tybalt, mein armer Neffe! Das Kind meines Bruders! *(Zum Fürsten:)* O Fürst! Das Blut meines lieben Verwandten wurde vergossen! Für unser Blut muss das Blut der Montagues vergossen werden! – Mein armer Vetter[1]!

Fürst: Benvolio, wer hat die Schlägerei angefangen?

Benvolio: Das war Tybalt. Romeo hat ihm gut zugeredet und ihm gesagt, dass der Streit unbedeutend sei und dass Ihr, mein Fürst, jedes Duell verboten hättet. Alles das konnte den hitzigen[2] Tybalt nicht besänftigen, der nichts vom Frieden wissen wollte. Stattdessen hat er den spitzen Stahl seines Schwerts auf die Brust des kühnen Mercutio gerichtet. Romeo hat laut gerufen: „Halt, Freunde, auseinander!" Er wollte sie trennen. Aber unter dem Arm von Romeo hindurch traf ein unglücklicher Stoß von Tybalt den kräftigen Mercutio. – Zunächst ist Tybalt geflohen, kam aber schnell zurück und hat Romeo angegriffen. Bevor ich mein Schwert ziehen konnte, um sie zu trennen, war der kräftige Tybalt erschlagen. Und während er stürzte, ist Romeo geflohen. [...]

Fürst: Romeo hat ihn erschlagen. Tybalt hat Mercutio erschlagen. Wer ist der Schuldige?

Montague: Nicht der Romeo, Fürst. Er war Mercutios Freund. Nicht er, sondern Tybalt war der Anstifter.

Fürst *(denkt nach)*: Für sein Vergehen wird Romeo aus Verona verbannt. Ich werde eure Bitten und Entschuldigungen *nicht* anhören! Romeo soll aus der Stadt möglichst schnell verschwinden, wenn er gefasst wird, ist das seine letzte Stunde. [...]*

[1] Vetter: veraltet für Cousin [2] hitzig: leidenschaftlich

Der Konflikt des Dramas erreicht seinen Höhepunkt mit dem Zusammentreffen der beiden Familien und dem Urteil des Fürsten.

10 Sprecht über die Szene:
- Welche Figuren treffen zusammen? Wie verhalten sie sich? Warum hält Romeo sich zu Beginn der Szene zurück?
- Wie verläuft das Treffen? Wie endet es?

11 a. Erklärt das Urteil des Fürsten mit eigenen Worten.
   b. Wie wirkt sich das Urteil auf das Liebespaar und die Handlung aus?

**Im 4. Akt geht Romeo in Verbannung nach Mantua.
Das geschieht in der Zwischenzeit in Verona:**

> Julia wurde von ihren Eltern gezwungen, in die Heirat mit dem Grafen Paris einzuwilligen. Priester Laurenz gibt ihr ein Betäubungsmittel und so erscheint sie am Hochzeitsmorgen wie tot. Ihre verzweifelten Eltern bahren sie in der Familiengruft auf. Der Priester schickt Romeo einen Brief, in dem er ihm mitteilt, dass Julia nicht tot ist und er sie nach Mantua entführen soll.

12 Lies nun, wie das Drama endet.

Textknacker ▶ S. 310

5. Akt, 3. Szene (Auszug)

Romeo erhält den Brief nicht. Als er von Julias Tod erfährt, eilt er nach Verona zur Gruft der Capulets. Dort trifft er auf Graf Paris und tötet ihn. Er findet die scheinbar tote Julia und vergiftet sich aus Verzweiflung. Priester Laurenz kommt in der Gruft an, dann erwacht Julia.

Julia: O mein Vater! Wo ist er, mein Mann, mein Romeo?
Bruder Laurenz: [...] Komm, komm fort! Dein heimlicher Ehemann liegt hier tot, Graf Paris auch. Komm, ich will dich in ein Nonnenkloster bringen. Frag nicht lange, die Polizei kommt. Wir können hier nicht bleiben.
5 **Julia:** Geh du, ich bleibe hier. *(Bruder Laurenz geht.)* Was ist das? Ein Glas in der Hand von meinem Liebsten? Gift? Er starb durch Gift. – Du Schelm! Er hat alles ausgetrunken. Kein Tropfen ist übrig geblieben, um *mir* zu helfen. Ich will deine Lippen küssen. Vielleicht haftet dort noch ein Rest vom Gift. *(Sie küsst ihn.)* Deine Lippen sind warm!
10 **Polizeihauptmann:** Wo sind sie?
Julia: Was für ein Lärm? Schnell! O glücklicher Dolch! *(Sie reißt Romeos Dolch an sich.)* Lass mich sterben. *(Sie ersticht sich und fällt zu Boden. [...] Der Fürst tritt mit Gefolge auf.)*
Fürst: Was ist passiert? Warum weckt man mich aus meiner Morgenruhe?
15 *(Capulet und seine Frau treten auf.)*
Capulet: Warum schreien hier alle herum?
Lady Capulet: Die Leute auf der Straße schreien „Romeo", andere „Julia" und einige auch „Paris". Und alle rennen zu unserem Grabmal.
Fürst *(zu den Polizisten)*: Warum seid ihr so ängstlich?
20 **1. Polizist:** O mein Fürst, hier liegt Graf Paris erschlagen, und Romeo ist tot. Und Julia, die schon vorher tot war, ist noch warm und wurde wohl erst jetzt getötet.
Fürst: Untersucht, wie es zu diesen grässlichen Morden gekommen ist!
1. Polizist: Hier ist ein Priester und der Diener von Romeo. Sie hatten Werk-
25 zeuge bei sich, um die Gruft der Toten zu öffnen.
Capulet: O Himmel! Frau, sieh nur, wie unsere Tochter blutet! Sieh den Dolch im Busen meiner Tochter!
Lady Capulet: Schrecklich! Ich werde das nicht überleben!

(Montague und andere treten auf.)

30 **Fürst:** Komm her, Montague. Früh bist du aufgestanden, um den frühen Tod deines Sohns und Erben zu sehen.

Montague: O weh! Mein Fürst! Meine Frau ist heute Nacht gestorben. Der Schmerz über die Verbannung meines Sohnes hat sie umgebracht. Und jetzt *das* noch! – O Sohn! Was tust du? Du drängst dich vor deinem Vater ins Grab.

35 **Fürst:** Wir werden versuchen, die wahren Umstände aufzuklären. Bringt die Verdächtigen her. [...]

Fürst: Capulet! Montague! Seht, was eure Zwietracht angerichtet hat! Euer Hass hat die Liebe dieser jungen Menschen zerstört. Der Himmel selbst hat euch bestraft.

40 **Capulet** *(geht auf Montague zu und reicht ihm die Hand)*: O Bruder Montague, reich mir die Hand zur Versöhnung. Um meiner Tochter willen. – Was kann ich mehr verlangen?

Montague: Ich kann dir mehr geben: Ich will für deine Tochter Julia eine Statue aus reinem Gold machen lassen. Der Name deiner Tochter

45 soll unvergessen sein, solange die Stadt Verona besteht.

Capulet: Ebenso reich soll dein Sohn Romeo neben der Dame seines Herzens liegen, ihr Andenken wird unsere Feindschaft besiegen.

Fürst: Ein trauriger Frieden entsteht an diesem Morgen. Aus Kummer hält sich die Sonne noch verborgen. Nie gab es eine traurigere Ge-

50 schichte anderswo als die von Julia und Romeo.*

13 „Ein trauriger Frieden entsteht an diesem Morgen." (Z. 48)
Was meint der Fürst mit dieser Aussage? Erklärt es mit eigenen Worten.

Klassische Dramen haben einen bestimmten Aufbau.

14 a. Lies das Merkwissen.
b. Notiere für jede Szene auf den Seiten 142 bis 149 einen Satz, der die eigentliche Handlung der fünf Akte beschreibt. Schreibe auch einen Satz für den 4. Akt auf.
c. Überlege, welche Wirkung der Aufbau auf die Zuschauer hat? Begründe.

Merkwissen

Ein Drama ist meist in **Szenen** unterteilt. In längeren Dramen sind die Szenen oft in Akte oder Aufzüge (Hauptabschnitte) zusammengefasst. In der Regel hat ein Drama fünf Akte:
1. Akt: Exposition: Zeit, Ort, Figuren und Konflikt werden eingeführt.
2. Akt: Steigende Handlung: Der Konflikt spitzt sich zu.
3. Akt: Höhepunkt: Der Konflikt erreicht den Höhepunkt.
4. Akt: Fallende Handlung: Es findet ein Lösungsversuch des Konflikts statt.
5. Akt: Katastrophe: Die Handlung wird zum Schlimmen oder zum Guten aufgelöst. Das Drama endet glücklich (Komödie) oder tragisch (Tragödie).

Historische Bezüge untersuchen

Das Drama „Romeo und Julia" kannst du besser verstehen, wenn du dazu Hintergründe kennst und dich über den Handlungsort und die Handlungszeit informiert hast.

Das Drama spielt in der italienischen Stadt Verona um das Jahr 1300.

1 Lies den Sachtext über das mittelalterliche Verona.

Das mittelalterliche Verona

Verona ist eine Stadt in Norditalien. Im Mittelalter war sie eine reiche Handelsstadt. Dort lebten wohlhabende Bürger in Großfamilien zusammen.

⁵ Während Jungen schon vor der Ehe erste Liebeserfahrungen machen durften, mussten die Mädchen zur damaligen Zeit als Jungfrauen in die Ehe gehen. Sie heirateten jung, häufig schon mit zwölf oder dreizehn Jahren. Die
¹⁰ Ehemänner waren oft sehr viel älter. Die Hochzeiten wurden von den Familienoberhäuptern ausgehandelt und die Kinder durften sich nicht widersetzen.

Über Verona herrschte ein vielseitig gebildeter Fürst. Er sorgte für Ruhe und
¹⁵ Ordnung und sprach Recht, wenn Gesetze gebrochen wurden. Neben der Todesstrafe war die Verbannung eine der härtesten Strafen. Dann wurden Gesetzesbrecher aus der Stadt vertrieben und somit aus der Gemeinschaft ausgeschlossen.

2 Gib die Informationen über das Leben im mittelalterlichen Verona mit eigenen Worten wieder:
Was hast du über die Stadt, ihren Fürsten und über die damals geltenden Regeln und Sitten erfahren?

3 Welche Besonderheiten über das Leben im mittelalterlichen Verona findest du in Shakespeares Drama wieder?
Vergleiche die Besonderheiten mit dem Drama „Romeo und Julia".

4 a. Recherchiere im Internet oder in der Bibliothek weitere Besonderheiten über das mittelalterliche Verona, die du in William Shakespeares Drama wiederfindest.

Im Internet recherchieren
▶ S. 311

b. Schreibe einen kurzen Informationstext über die Darstellung des mittelalterlichen Veronas in Shakespeares Drama.

William Shakespeare lebte von 1564 bis 1616 in England.
Das Drama „Romeo und Julia" schrieb er Ende des 16. Jahrhunderts.

5 Lest den folgenden Sachtext mit dem Textknacker.

Textknacker ▶ S. 310

William Shakespeares Leben und seine Bedeutung

William Shakespeare war ein englischer Dramatiker, Lyriker und Schauspieler. Er lebte von 1564 bis 1616 und gilt noch heute als der erfolgreichste Bühnenautor seiner Zeit. Vermutlich stammte er aus einer wohlhabenden Familie in Stratford-upon-Avon. Mit 18 Jahren heiratete Shakespeare die acht Jahre ältere Bauerntochter Anne Hathaway, mit der er drei Kinder hatte. Um 1586 zog er – angeblich mit einer der vielen reisenden Schauspielertruppen – nach London. Er war Mitbesitzer des Londoner Globe Theatre und erwarb Wohlstand und hohes Ansehen sowohl beim Volk als auch am Hof der englischen Königin Elisabeth I.
Shakespeares Komödien und Tragödien gehören noch immer zu den am meisten aufgeführten und verfilmten Bühnenstücken der Weltliteratur. Vor allem in seinen Tragödien greift Shakespeare Abgründe und Leid des menschlichen Daseins auf: Eifersucht, Wahnsinn, Leidenschaft der Liebe und Gewalt.
Seine Dramen spielen in anderen Ländern und zu längst vergangenen Zeiten, sie sind in altertümlicher Sprache verfasst. Dennoch sind seine Figuren und ihre Konflikte zeitlos. So verkörpern Romeo und Julia ein Liebespaar, das nicht zueinanderkommen kann – ein Motiv, das sich auch heute noch durch die Weltliteratur zieht: Eine Liebe ist zum Scheitern verurteilt, weil familiäre, soziale, religiöse oder gesellschaftliche Gründe diese nicht zulassen wollen.

6 a. Mit welchen Themen beschäftigte sich Shakespeare in seinen Tragödien?
b. Vermutet, warum Shakespeare vor allem Dramen geschrieben hat.

7 Warum werden heute noch häufig Dramen von Shakespeare an deutschen Theatern gespielt? Stellt gemeinsam Vermutungen an.

Klassische Werke werden häufig als zeitlos bezeichnet, ihre Themen und Inhalte lassen sich auf aktuelle Situationen und Fragen übertragen.

8 Versucht, in eurer Umgebung oder im aktuellen Weltgeschehen Konflikte aufzuzeigen, die Parallelen zum Thema und zur Handlung in dem Drama „Romeo und Julia" aufweisen.

Projektidee: Szenische Umsetzungen reflektieren

„Romeo und Julia" wird oft aufgeführt und ist mehrfach verfilmt worden. Ihr könnt euch gemeinsam eine szenische Umsetzung ansehen.

W Wenn ihr eine Verfilmung ansehen möchtet, bearbeitet Aufgabe 1 bis 6 auf dieser Seite. Möchtet ihr lieber ins Theater gehen? Dann bearbeitet Aufgabe 7 bis 12 auf Seite 153.

1
a. Entscheidet gemeinsam, welche Verfilmung ihr sehen möchtet.
b. Seht euch die gesamte Verfilmung gemeinsam an.

2 Untersucht die Balkonszene der Verfilmung genauer.
a. Seht euch die Balkonszene im Film mehrfach an.
b. Beobachtet die Schauspieler genau:
Wie stellen sie die Gefühle der Figuren dar? Was fällt euch auf?
c. Welche filmischen Mittel verstärken die Wirkung der berühmten Szene in der Verfilmung? Sprecht darüber.

Bild und Ton ▶ S. 308

3
a. Beschreibt, wie die Balkonszene und die Verfilmung auf euch wirken.
b. Begründet, was euch gefallen hat und was ihr anders gemacht hättet.

Ihr könnt selbst eine Dramenszene spielen und aufnehmen.

4 Bereitet das Spiel der Szene in Gruppen vor:
a. Wählt eine Szene aus und fertigt Kopien der Texte an.
b. Lest die Szene mit verteilten Rollen und erklärt, wie die Figuren jeweils zueinander sprechen.
c. Tragt Regieanweisungen zur Sprechweise und zum Verhalten der Figuren ein.

5 Spielt euch die Szene gegenseitig vor der Klasse vor.
- Die Darsteller stellen die Gefühle der Figuren durch passende Sprechweise, Mimik und Gestik dar.
- Die Zuschauer beobachten genau und geben anschließend positives Feedback und konstruktive Tipps.

Feedback geben ▶ S. 313

6 Setzt die Tipps in eurem szenischen Spiel um und filmt eure Szenen mit dem Handy oder Tablet.
a. Wählt einen geeigneten Drehort aus.
b. Verwendet geeignete filmische Mittel, zum Beispiel passende Musik und Geräusche oder verschiedene Perspektiven und Kameraeinstellungen.

Bild und Ton ▶ S. 308

Wenn ihr lieber eine Theateraufführung sehen möchtet, dann bearbeitet die folgenden Aufgaben.

7 a. Recherchiert im Internet oder in Zeitschriften, welche Theateraufführungen von „Romeo und Julia" oder von einem anderen Stück in eurer Nähe stattfinden.
b. Organisiert einen Theaterbesuch mit der Klasse.

Im Internet recherchieren ▶ S. 311

8 Bereitet den Theaterbesuch gemeinsam vor. Besprecht zunächst:
– Was darf man während der Vorstellung tun, was nicht?
– Was erwartet ihr von dem Stück, das ihr sehen werdet?
– Worum geht es in dem Theaterstück? Wer sind die Hauptfiguren?

Bereitet Beobachtungsaufgaben vor.

9 Bildet Gruppen aus drei bis vier Personen.
Jede Gruppe beobachtet eine der Hauptfiguren:
– Wie spricht die Figur? Wie ist ihre Mimik, wie ihre Gestik?
– Was fällt euch auf? Was würdet ihr anders machen?
Tipp: Bereitet Beobachtungskarten vor und notiert darauf Stichworte.

> *Beobachtungskarte*
> *Rolle: Julia Capulet*
> *Schauspielerin: …*
> *Ausdruck: …*
> *Sprachebene: …*
> *stimmliche Variation: …*
> *Mimik: …*
> *Körperhaltung: …*
> *Gestik: …*

10 Welche Gestaltungsmittel machen den Theaterbesuch besonders? Notiert, was euch zur Beleuchtung, zum Ton, zum Bühnenbild, den Requisiten und den Kostümen aufgefallen ist.

Wertet den Theaterbesuch anschließend gemeinsam aus.

11 a. Besprecht eure Beobachtungen.
b. Formuliert eure Meinung zur Aufführung:
– Was hat euch besonders beeindruckt?
– Was fandet ihr an der Aufführung weniger gelungen? Warum?
– Würdet ihr anderen die Aufführung empfehlen? Begründet.

12 Verfasst einen Bericht über die Theateraufführung für die Schülerzeitung oder Webseite eurer Schule.
– Nennt den Titel, das Datum und den Ort der Aufführung.
– Geht auf die Leistung der einzelnen Schauspielerinnen und Schauspieler und auf die Gestaltungsmittel der Aufführung ein. Äußert dabei Lob und Kritik und begründet eure Aussagen.
– Formuliert zum Schluss eine Empfehlung, ob andere Klassen die Aufführung besuchen sollten oder nicht.

> **Starthilfe**
> Am Freitagabend, …, besuchte unsere Klasse die Aufführung „Romeo und Julia" von William Shakespeare im Stadttheater. Die Hauptrolle der Julia wurde gespielt von …

Nichts ist undenkbar

Bücher können die Fantasie beflügeln und uns in andere Welten eintauchen lassen.

1. „Mit Geschichten kann ich in jede beliebige Welt eintauchen."
   Erklärt diese Aussage.

2. Welche Bücher kennt ihr, die in fremden Welten spielen? Sprecht darüber.

3. Über welche Welt würdest du gerne einmal schreiben? Begründe.

Die folgenden Jugendbücher spielen in fremden Welten.

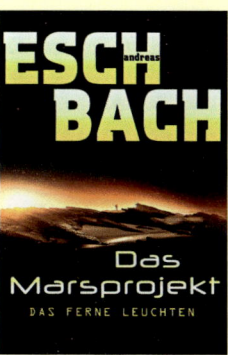 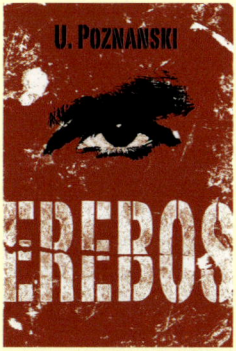

4 Seht euch die Cover an: Worum könnte es in den Büchern gehen?

5 Lies die folgenden Textauszüge.

A Dem Kalender nach war die Zeit der Stürme seit acht Wochen vorbei. Letzte Woche war eine Gruppe draußen beim Point Armstrong gewesen, hatte das Druckzelt für das Silvesterfest aufgestellt, und prompt war kurz darauf wieder eine dicke, gelbe Staubwolke über die Ebene hinweggezogen und gestern Abend noch eine.
Die Verschlüsse der Raumanzüge klickten, die Anschlüsse gaben schrille Zischlaute von sich, Kontrollanzeigen leuchteten grün auf. Jeder Handgriff saß, wie man es nach hunderten Malen erwarten konnte. […]

B Allmählich hellte der Bildschirm sich auf und gab den Blick frei auf eine sehr realistisch wirkende Waldlichtung, über der der Mond stand. In ihrer Mitte hockte eine Figur mit zerrissenem Hemd und fadenscheiniger Hose. Ohne Waffe, nur mit einem Stock in der Hand. Das sollte vermutlich seine Spielfigur sein. Probehalber klickte Nick rechts neben sie, woraufhin sie aufsprang und sich exakt an die gewählte Stelle bewegte. Okay, die Steuerung war idiotensicher und den Rest würde er ebenfalls in Kürze kapiert haben. Schließlich war das nicht sein erstes Spiel.

6 Wo könnte sich die Handlung in dem jeweiligen Buch abspielen? Begründet eure Vermutungen.

7 a. Ordne die Textauszüge den Covern zu.
b. Begründe, welches Buch dich interessieren könnte.

**In diesem Kapitel lest ihr Auszüge aus diesen Jugendbüchern.
Ihr untersucht, wie ihr fremde Welten besonders spannend beschreiben und gestalten könnt. Anschließend schreibt ihr selbst eine Geschichte.**

Auszüge aus einem Science-Fiction-Roman lesen und analysieren

Der fünfteilige Roman „Das Marsprojekt" spielt im Jahr 2086.

1 Lies den Buchanfang mit dem Textknacker.

Textknacker ▶ S. 310

Das Marsprojekt. Das ferne Leuchten   Andreas Eschbach

Elinn konnte mit einem Raumanzug umgehen. Normalerweise.
Niemand wurde auf dem Mars geboren und dreizehn Jahre alt, ohne mit einem Raumanzug umgehen zu können. Aber in diesem Moment hatte sie alles vergessen. Alle Vorsicht, und vor allem die Zeit, die verging und ihren Sauerstoff-
5 vorrat verringerte.
Sie hatte *das Leuchten* gesehen.
Vergessen war die Marssiedlung, die weiter hinter ihr in der rostig braunen Ebene lag. Ihr eigenes Keuchen klang ihr in den Ohren, als sie über Felsen und Geröll stieg. Ihr Atem schlug silbern gegen die Innenseite ihres Helms.
10 Sie hatte *das Leuchten* gesehen, und es war aus der Jefferson-Schlucht gekommen. Vergessen waren die Ermahnungen ihrer Mutter, sich nicht aus der Sichtweite der oberen Station zu entfernen, vor allem nicht allein. Elinn stieg über den felsigen Rand, sprang hinab auf eine Felsplatte, die einige Meter weiter unten aus dem Hang ragte. Sie liebte solche Sprünge. Im Unterricht hatte sie ge-
15 lernt, dass die Schwerkraft auf der Erde dreimal so stark war wie die des Mars. Ihres Mars. Ihrer Heimat. Hier konnte sie Dinge tun, die den Menschen auf der Erde unmöglich waren.
Der Fels fühlte sich auch durch die Handschuhe hindurch kalt an, als sie sich am Rand festhielt. Der weite
20 Himmel über ihr war gelb von den Staubstürmen, die um diese Jahreszeit hoch oben in der dünnen Atmosphäre dahinfegten. Doch die Sterne schimmerten dahinter hervor, kalt und klar und verheißungsvoll.
Sie dachte nicht an die anderen. Die lachten sie immer
25 nur aus, wenn sie vom *Leuchten* erzählte. Sie dachte auch nicht daran, die Anzeige des Sauerstoffvorrats zu prüfen. Normalerweise war das etwas, das einem, wenn man auf dem Mars lebte, so in Fleisch und Blut überging wie Zähneputzen. Aber Elinn vergaß auch das Zähne-
30 putzen manchmal.

Die gewöhnlichen Raumanzüge hatten keine Recyclingsysteme, denn das waren große, schwere Geräte, und die Atemluft, die sie produzierten, stank nach Chemie. Raumanzüge mit Komplettrecycling trug man nur bei Expeditionen. Die Marssiedler hatten leichte, bequeme Raumanzüge an, wenn sie hinausgin-
35 gen, und da man selten mehr als ein paar Stunden draußen war, kam man mit den Vorräten an Energie und Atemluft problemlos aus.

Elinn sprang über den Rand der Felsplatte, landete auf sandigem Geröll, das unter ihren Füßen staubte, und rannte den Abhang dann in weiten, eleganten Sätzen hinab, dem Grund der Schlucht entgegen. Als sie unten angekom-
40 men war, hatte sie bereits nicht mehr genug Sauerstoff, um den Rückweg zu schaffen. Aber auch das bemerkte sie nicht, sondern ging weiter, immer weiter von der Marssiedlung weg. […]*

Die Handlungsbausteine helfen dir, die Geschichte zu verstehen.

Handlungsbausteine:
- Hauptfigur/Situation
- Wunsch
- Hindernis
- Reaktion
- Ende

2 Schreibe auf, welche Informationen der Textauszug über die Hauptfigur Elinn und den Planeten Mars enthält.

3 Was unterscheidet Elinns Leben von deinem Leben? Notiere Stichworte.

4 „Sie dachte nicht an die anderen. Die lachten sie immer nur aus, wenn sie vom *Leuchten* erzählte." (Z. 24–25)
  a. Wie könnte sich Elinn in dem Moment fühlen, wenn die anderen über sie lachen? Notiere Stichworte.
  b. Was könnte hinter dem Leuchten stecken? Schreibe Vermutungen auf.
  c. Schreibe Elinns Gedanken, Gefühle und ihre Hoffnung in einem inneren Monolog auf.

5 Was erfährst du über den Handlungsbaustein **Hindernis**? Formuliere zwei bis drei Sätze.

Starthilfe
Elinn bemerkt nicht, dass …
Elinn vergisst, …
Sie bringt sich in Gefahr, da …

6 Was könnte Elinn passieren? Schreibe eine kurze Fortsetzung auf.

7 a. Untersucht die Erzählweise, die der Autor gewählt hat, um die Leserinnen und Leser neugierig zu machen:
  – Welchen Erzähler wählt er?
  – Wie wirkt die Wahl der Erzählperspektive?
  b. Belegt eure Antworten mit passenden Textstellen.
  c. Vergleicht die Wirkung der Erzählperspektive mit eurem Text zu Aufgabe 4c.

Erzählperspektiven
▶ S. 307

In dem Roman finden sich immer wieder Stellen, an denen der Autor die Landschaft und die Lebensbedingungen auf dem Mars beschreibt, sodass die Leserinnen und Leser sich ein Bild machen können.

8 Lies den folgenden Textauszug.

Elinn, ihr Bruder Carl, Ariana und Ronny sind die einzigen Jugendlichen, die in der Marskolonie leben. Manchmal unternehmen sie Erkundungstouren, so auch an diesem Morgen.

Dass die Aussicht rings um die Asiatische Marsstation großartig war, daran erinnerten sie sich alle von ihren wenigen Besuchen dort. Doch an diesem Morgen war sie schlicht überwältigend.

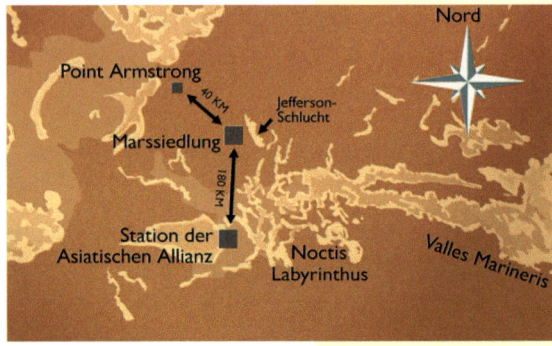

5 Sie hielten auf einem der Felsvorsprünge, von denen aus man in eines der gewaltigen Täler der Valles Marineris hinabschauen konnte, und standen dann am Fenster des Rover[1], schauten und schauten, ließen sich regelrecht durchtränken von dem An-
10 blick, der sich ihnen bot.
Die Sonne war inzwischen aufgegangen über den Valles, ein weicher Lichtfleck an einem hellorangefarbenen Himmel, und versprach einen strahlenden Tag. Sie leuchtete herab auf ferne Tafelberge und dunkel geäderte Berghänge, tauchte Felsschrunden[2] und Vorsprünge in rotgoldenen Schimmer, ließ den Morgen-
15 nebel, der in dem weit verästelten Canyon ruhte, so hell und weiß glänzen, dass man nicht bis auf den Boden sah. Der Nebel entstand, wenn die Sonne morgens Trockeneis von den ostwärts gerichteten Hängen verdampfen ließ, wo es sich in der Kälte der Nacht abgesetzt hatte, und um diese Zeit sah man noch viele weiße Punkte in dem zerklüfteten rostroten Gestein: Stellen, die im Schatten
20 lagen und dem gefrorenen Kohlendioxid noch eine Weile Schutz bieten würden.
„Unglaublich, oder?", meinte Ariana irgendwann mit rauer Stimme.
„Merkt ihr das auch?", fragte Elinn flüsternd. „Merkt ihr auch, dass wir hier zu Hause sind?"
25 Carl nickte, fast widerwillig. Ja, sie waren hier zu Hause. Die Erde würde ihnen immer zu heiß sein, zu hell, zu gewalttätig in jeder Hinsicht.
Schließlich fuhren sie weiter. Hier schien die Landschaft zu lodern, so hellrot war der Boden. Der Frühnebel bewegte sich langsam in dem gewaltigen Canyon, wogte wie ein weißer Ozean. Sie überquerten eine lang gezogene Anhöhe,
30 von deren höchstem Punkt aus, das wussten sie noch vom letzten Mal, man die Station bereits sehen würde. „Wahnsinn", entfuhr es Ariana, als sich der Blick auf die Ebene vor dem Noctis Labyrinthus weitete.
„Galaktisch!", rief Ronny aus. […]*

[1] der Rover: eigentlich ein (unbemanntes) Landefahrzeug für Planeten
[2] Felsschrunden: der Schrund: Randspalte eines Gletschers, Abgrund

Der Handlungsort beziehungsweise die Räume spielen in dem Roman „Das Marsprojekt" eine besondere Rolle.

9 Sieh auf der Karte nach, wo sich die Jugendlichen befinden könnten.

10 Lies den Infokasten und beantworte die folgenden Fragen:
- Welchen Handlungsort beschreibt der Autor?
- Mit welchen Adjektiven wird der Ort beschrieben?
- Wie wirkt der Ort auf dich?
- In welchem sozialen Raum leben die Jugendlichen vermutlich?

> **Info**
> Der Raum beziehungsweise Handlungsort in einem Roman kann ein geografischer Ort sein, wo eine Handlung stattfindet, z. B. eine Landschaft oder eine Stadt.
> Der Raum kann auch ein sozialer Raum sein, in dem sich Figuren befinden, z. B. die Familie oder eine Gruppe, die ein gemeinsames Schicksal verbindet.
> Oft hat der Raum Einfluss auf die Handlung.

11 a. Fühlen Elinn und Carl sich auf dem Mars zu Hause? Beschreibe ihre Gedanken und Gefühle in einem kurzen Text.
  b. Vergleicht eure Beschreibung der Gedanken und Gefühle mit der Beschreibung des Ortes durch den Autor. Was fällt euch auf?

Eines Tages erfahren die Jugendlichen, dass die Marskolonie geschlossen werden soll.

12 a. Sammle Ideen für eine Fortsetzung.
  b. Schreibe eine kurze Fortsetzung auf.

Andreas Eschbachs Roman hat eine wissenschaftliche Idee zum Thema, die es schon seit Langem gibt und die immer noch aktuell ist: die Besiedlung des Mars.

13 Welche Informationen in den Textauszügen entsprechen der Wirklichkeit bzw. dem Stand der Wissenschaft? Recherchiert dazu im Internet.

Im Internet recherchieren
▶ S. 311

14 Was ist Science-Fiction? Informiert euch darüber und notiert Merkmale.

Ist dies eine Welt, in die ihr tiefer eintauchen möchtet?
Ihr könnt den Roman als Klassenlektüre lesen oder ihn in einer Bibliothek ausleihen.

Erzählmittel analysieren

In dem folgenden Jugendbuch geht es um ein geheimnisvolles Computerspiel mit Namen „Erebos". Nick taucht mit seinem selbst geschaffenen Avatar[1] Sarius in die Spielwelt von Erebos ein.

1 Lies den Textauszug mit dem Textknacker.

Textknacker ▶ S. 310

Erebos Ursula Poznanski

Jemand nähert sich, Sarius kann Hufschläge hören. Ist es nur einer, sind es mehrere? Nun bewegt er sich doch, zieht sein Schwert und geht langsam auf den Saum des Waldes zu. Drizzel ist vorhin dort verschwunden, das will Sarius nun auch tun, Mut kann er sich nicht mehr leisten. Verdammt, warum konnte
5 er nicht gleich vorsichtiger sein?
Er steht bereits im Schatten der Bäume, als er das gepanzerte Pferd des Boten erkennt. [...]
„Du hast dich beachtlich geschlagen", sagt der Bote.
„Danke. Ich habe es auf jeden Fall versucht."
10 „Es ist sehr bedauerlich, dass du so schwer verletzt wurdest. Einen weiteren Kampf wirst du nicht überleben."
Nicht, dass Sarius das nicht wüsste. Doch so, wie der Bote es sagt, klingt es, als wäre es nicht mehr zu ändern. Als wäre Sarius todgeweiht. Er zögert mit seiner Antwort und entschließt sich
15 letztlich, sie in eine Frage zu verpacken.
„Ich dachte, wir wollen einander helfen?"
„Ja. Das war mein Vorschlag. Ich denke, du bist kein blutiger Anfänger mehr. Du solltest bereit sein für das zweite Ritual."
Das ist mehr, als Sarius erwartet hat. Nach dem zweiten Ritual
20 wird er eine Zwei[2] sein, vermutet er.
„Ich werde dich also heilen und dir mehr Stärke, mehr Ausdauer und eine bessere Ausrüstung geben", fährt der Bote fort. „Ist das in deinem Sinn?"
„Natürlich", antwortet Sarius.
Nun muss die Forderung des Boten kommen, der Preis, den er für all das zahlen
25 soll. [...]
„Und was kann ich für dich tun?", fragt Sarius, als ihm die Pause zu lange dauert. [...]
„Folgendes trage ich dir auf: Fahre morgen nach Totteridge[3] zur St Andrew's Church[4]. Dort steht eine uralte Eibe. In ihrer unmittelbaren Umgebung wirst du
30 eine Kiste finden, auf der das Wort ‚Galaris' steht. Sie ist verschlossen.

[1] der Avatar: die Spielfigur, der Spielcharakter
[2] die Zwei: hier eine Spielstufe. Je besser man spielt, desto höher kommt man.
[3] Totteridge: ein Stadtteil in London
[4] St Andrew's Church: eine Kirche im Londoner Stadtteil Totteridge

Du wirst sie nicht öffnen, sondern in der Tasche verstauen, die du mitgebracht hast. Damit begibst du dich zum Dollis Road Viaduct[5], dort, wo es über die Dollis Road führt. Du legst die Kiste ins Gebüsch, unter einen der Bögen nahe der Straße. Verstecke sie so, dass nicht jeder Uneingeweihte sie sehen kann.
35 Dann geh, ohne dich umzuwenden. Hast du alles verstanden?"
Sarius starrt den Boten wortlos an. Nein, er begreift gar nichts. Totteridge und Dollis Road? Die liegen in London, nicht in der Welt von Erebos. Oder doch? Er zögert, überlegt, fragt zur Sicherheit schließlich nach.
„Das heißt, ich muss deinen Auftrag in London erfüllen? In der Realität?"
40 „Genau das heißt es. Was immer ‚Realität' bedeuten mag." [...]
„Gut, ich tu es."
„Das freut mich. Warte nicht zu lange. Wir sehen uns morgen, noch vor dem Mittag. Bis dahin muss deine Aufgabe erfüllt sein. Falls du mich enttäuschst ..."
Zum ersten Mal, seit Sarius ihm begegnet ist, stiehlt sich ein Lächeln in die
45 Züge des Boten. Als wüsste er um die Hintergedanken in Sarius' Kopf.
„... falls du mich enttäuschst, ist dies unsere letzte Zusammenkunft unter freundschaftlichen Umständen." [...]*

[5] Dollis Road Viaduct: eine Straßenbrücke, die aus mehreren Bögen besteht

2 Untersuche das Gespräch zwischen Sarius und dem Boten genauer.
Beantworte die folgenden Fragen in Stichworten:
- Was erfährst du über die Hauptfiguren?
- Was erfährst du über den Handlungsort?
- Welchen Auftrag soll Sarius erfüllen?
- In welcher Welt wartet seine Aufgabe auf ihn?

3 Beschreibt die Beziehung zwischen Sarius und dem Boten.
- Wie fühlt Sarius sich, als er den Auftrag des Boten hört?
- Welche Gründe könnte der Bote für seinen Auftrag haben?
- Wie wirkt das Ende des Gesprächs auf euch?

4 Was ist an Erebos ungewöhnlich? Sprecht darüber.

5 „Was immer ‚Realität' bedeuten mag." (Z. 40)
Was könnte der Bote damit meinen? Tauscht euch darüber aus.

6 Der Textauszug ist im Präsens geschrieben.
   a. Lest den Text noch einmal.
   b. Wie wirkt die Verwendung des Präsens auf euch? Sprecht darüber.

7 Sprecht in der Klasse über die folgenden Fragen:
Welche Computerspiele kennt ihr? Wie realitätsnah sind diese?
Wurde dir schon einmal ein Computerspiel zu real?

Am nächsten Morgen wacht Nick früh auf, Erebos lässt ihm keine Ruhe.

Nick seufzte. Mit Weiterschlafen war es wohl nichts, wenn ihm dauernd das Spiel im Kopf herumspukte. Er rekelte sich, setzte sich auf und schwang die Beine über die Bettkante.

Totteridge war nicht weit. Die Northern Line[6] war seine Heimstrecke, da konnte er schon mal schnell zur St Andrew's Church fahren, nur der Form halber. Obwohl das Spiel ja nicht mehr startete.

Probehalber setzte sich Nick an den Computer und versuchte es noch einmal, mit dem gleichen Ergebnis wie vor dem Schlafengehen. Erebos ließ sich nicht öffnen. Das Internet funktionierte zum Glück und so hatte Nick innerhalb weniger Minuten [...] den Standort der St Andrew's Church gefunden – und sogar ein Bild von der Eibe, die angeblich zweitausend Jahre alt war und damit das älteste Lebewesen Londons. Wow. Ihre Äste setzten so tief an, dass sie auf dem Bild aussah wie ein enormer Busch. [...]*

Erebos lässt sich nicht mehr starten. Also macht Nick sich auf den Weg, um den Auftrag des Boten zu überprüfen.

Nick stieg bei Totteridge & Whetstone[7] aus und musste zehn Minuten auf den Bus warten, der ihn [...] zur Kirche brachte.

Die Eibe war nicht zu übersehen. [...]

Mit einem Mal wurde ihm bewusst, wie absurd diese Situation war. Wieso war er hier? Weil eine Computerspielfigur ihm aufgetragen hatte, etwas unter einem Baum zu suchen? Mein Gott, war das lächerlich. [...]

Er ging weiter, duckte sich unter den tief hängenden Zweigen, erreichte die Rückseite des Baumriesen. Bückte sich.

Etwas Hellbraunes, Eckiges lugte zwischen den Pflanzen hervor, die sich dicht an der rissigen Borke des Baumes gruppiert hatten. Nick bog die Stängel auseinander. Die Kiste hatte etwa die Größe eines dicken Buchs und war bei den Seitenkanten mit breitem, schwarzem Klebeband umwickelt. Ungläubig hob Nick sie hoch, registrierte flüchtig, dass sie schwer war, und wischte gedankenverloren die haften gebliebene Erde ab. „Galaris", stand in schwungvoller Schrift auf dem Holz und darunter ein Datum: 18. 03.

Nick kämpfte gegen ein Gefühl der Unwirklichkeit an. Der 18. März war sein Geburtstag.

Die Tasche mit der Kiste darin auf den Knien, starrte Nick aus dem Fenster des Zuges. Ein Teil von ihm konzentrierte sich darauf, die richtige Haltestelle nicht zu verpassen. Ein anderer, wesentlich größerer Teil versuchte, sich einen Reim auf all das zu machen. Es war fast zwei Uhr morgens gewesen, als der Bote ihm den Auftrag erteilt hatte, die Kiste zu suchen. Hatte sie zu diesem Zeitpunkt schon unter dem Baum gelegen? Und noch wichtiger: Wie war sie dort hingekommen? Wieso stand sein Geburtsdatum darauf? Was bedeutete das Wort „Galaris"? [...]*

---

[6] Northern Line: eine U-Bahn-Linie in London   [7] Totteridge & Whetstone: eine U-Bahn-Station

Was erfährst du in diesem Textauszug?

8 Beantworte die folgenden Fragen in Stichworten:
- Warum wird nun von Nick und nicht mehr von Sarius erzählt?
- In welchen zwei Welten befindet sich die Hauptfigur?
- Wie unterscheiden sich diese beiden Welten?

9 „Mit einem Mal wurde ihm bewusst, wie absurd diese Situation war." (Z. 64) Was meint Nick damit? Schreibe es auf.

10 a. Was denkt und fühlt Nick, während er auf die Eibe zugeht? Belege deine Antwort mit Zeilenangaben.
b. Beschreibe Nicks Gedanken und Gefühle, als er die Kiste findet.
c. Nick stellt sich auf dem Heimweg Fragen. Versuchт, Antworten darauf zu finden.

11 In welcher Zeitform ist dieser Textauszug geschrieben?
a. Lies noch einmal im Text nach.
b. Vergleiche die Zeitform mit dem Textauszug auf den Seiten 160–161. Was fällt dir auf?

Zeitformen der Verben
▶ S. 326

Nachdem Nick den Auftrag erfüllt hat, kehrt er als Sarius zurück nach Erebos. Sarius erhält vom Boten seine Belohnung: Er wird eine Zwei und erhält eine Rüstung, ein Schwert und einen Umhang.

„Bist du zufrieden?", fragt der Bote.
Sarius bejaht aus ganzem Herzen. Er ist eine Zwei und er sieht cool aus.
„Das war noch nicht alles."
90 Der Bote zieht den Mantel enger um seinen mageren Leib.
„Dies ist Erebos. Du wirst sehen, dass treue Dienste sich lohnen. Sag Nick Dunmore, er soll dafür sorgen, dass kein Uneingeweihter hier eindringt, dann soll er sich in den Innenhof des Nachbarhauses begeben. Das Gitter an einem der Lüftungsschächte ist locker. Wenn er es abnimmt und in den Schacht greift,
95 wird er etwas finden."
Etwas finden? Eigentlich will Sarius gerade keine Unterbrechung, er will loslegen und sein neues Schwert ausprobieren.
„Jetzt gleich?", fragt er.
„Natürlich. Ich warte so lange."
100 Der Bote lehnt sich gegen die kristallene Wand und verschränkt die Arme vor der Brust.

Verzögerungen, nichts als Verzögerungen. Nick nahm die Kopfhörer von den Ohren. Er würde sein Zimmer abschließen müssen, vorsichtshalber. Doch wenn Mum das merkte, würde sie Fragen stellen. Und überhaupt – er musste ja
105 an ihr vorbei und wenn sie fragte, wohin er ging, konnte er keinen sinnvollen Grund angeben.

Am besten, er brachte es schnell hinter sich. Er schlich hinaus, sperrte leise, leise ab und horchte in die Wohnung. Aus der Küche drang Mums Stimme – sie telefonierte. [...]

110 Der Innenhof des Nachbarhauses strahlte freundliche Vernachlässigung aus. Vor Jahren hatte jemand versucht, auf der winzigen Grünfläche Blumen zu pflanzen, von denen die meisten verdorrt waren. Was überlebte, wucherte wild. Es gab drei Lüftungsgitter, alle auf Kniehöhe angebracht. Das erste saß bombenfest. Nick rüttelte ein wenig, nichts rührte sich. [...] Doch schon das zweite
115 Gitter war ein Treffer. Es saß locker in der Mauer und leistete kaum Widerstand, als Nick es herauszog.

Erst jetzt fragte er sich, was in der dahinterliegenden Nische auf ihn warten würde. Wieder eine Kiste mit seinem Geburtsdatum? Eine weitere Aufgabe? Oder tatsächlich die Belohnung, die der Bote angedeutet hatte?

120 Schokolade, dachte Nick. Gummibärchen als Proviant für lange Erebos-Nächte. Er tastete in die rechteckige Öffnung und zog seine Hand gleich wieder zurück. Feigling, schalt er sich. Was ist los? Angst vor Ratten? Reiß dich zusammen, das hier ist die echte Welt!

Trotzdem kribbelte es in Nicks Nacken, als er erneut seine Hand in die Nische
125 schob. Erst war da gar nichts, außer Dreck, doch dann erfühlte er Plastik. Er griff zu und zog eine gelbe Selfridges-Tüte hervor, in der sich etwas Weiches befand. Im ersten Moment dachte Nick an eine Art Erebos-Uniform, die alle Spieler ab Level 2 tragen durften, was natürlich lächerlich war, aber immer noch einleuchtender als das, was er tatsächlich aus der Tüte zog.

130 „Hell Froze Over", war blau auf das schwarze Shirt gedruckt, darunter grinste der vereiste Teufelskopf.

Für einige Sekunden stand alles still. Denn das konnte einfach nicht sein. HFO war eine Sache zwischen ihm und seinem Bruder, von dem Shirt wussten nur Finn und er selbst. Dass Nick keinen Ton davon gegenüber dem Boten, ach was,
135 gegenüber *irgendjemandem* hatte verlauten lassen, dessen war er sicher. [...] War es möglich, dass Finn Erebos spielte? Aber sicher, warum nicht? Manchmal gab es die irrsten Zufälle.*

Nicht nur Sarius erhält seine Belohnung.

13 Sprecht über die folgenden Fragen:
– Welche Belohnung bekommt Nick in der realen Welt?
– Warum ist er sehr verwundert über dieses Geschenk?
– Wie könnte das Shirt in das Versteck gekommen sein?
– Warum könnte der Bote von dem Shirt gewusst haben?

14 a. Untersuche die Gedanken und Gefühle der Hauptfigur genauer:
– Was denkt und fühlt Sarius, als er die Belohnung des Boten erhält?
– Was denkt und fühlt Nick, als der Bote ihn in den Innenhof schickt?
b. Wie werden Nicks Gedanken und Gefühle im Innenhof beschrieben? Gib passende Textstellen mit den entsprechenden Zeilenangaben an.

Die Autorin verwendet verschiedene sprachliche Mittel, um die Geschichte besonders spannend, anschaulich und lebendig zu gestalten.

15 Untersuche den Handlungsort in dem Textauszug genauer:
Woran erkennst du, an welchem Handlungsort die Geschichte gerade spielt?
  a. Lege eine Folie über den Text und markiere Hinweise auf die verschiedenen Handlungsorte.
  b. Was erfährst du über die Handlungsorte? Schreibe zu jedem Handlungsort Stichworte auf.

16 Untersucht die Zeitform genauer.
  a. Lest noch einmal im Text nach: In welcher Zeitform ist dieser Textauszug geschrieben? Was fällt euch auf?
  b. Beschreibt die Wirkung der unterschiedlichen Zeitformen.
  c. Überlegt, warum die Autorin unterschiedliche Zeitformen verwendet haben könnte. Bezieht dabei die Handlungsorte mit ein.

Zeitformen der Verben ▶ S. 326

17 a. Lies noch einmal die Zeilen 117–123.
  b. Wie wirkt diese Textstelle? Was fällt euch an den Sätzen auf?
  c. Findet weitere Beispiele für kurze Sätze und für Fragesätze. Schreibe die Sätze mit Zeilenangaben auf.

Geschichten können aus verschiedenen Perspektiven erzählt werden.

18 Welche Erzählperspektive hat die Autorin in den Auszügen verwendet? Schreibe die Erzählperspektive auf und belege deine Antwort mit einer passenden Textstelle.

> **Merkwissen**
> – Der Er-Erzähler/Die Sie-Erzählerin ist nicht am Geschehen beteiligt. Er oder sie erzählt das Geschehen von allen Figuren in der Er- oder Sie-Form. Dabei weiß er oder sie nicht mehr als die handelnden Personen.
> – Der Ich-Erzähler/die Ich-Erzählerin ist direkt am Geschehen beteiligt. Er oder sie beschreibt das Geschehen aus seiner oder ihrer Sicht. Gedanken und Gefühle des Ich-Erzählers/der Ich-Erzählerin werden deutlich.

19 Sprecht über die folgenden Fragen:
  – Wie unterscheiden sich die beiden Erzählperspektiven in ihrer Wirkung?
  – Warum hat sich die Autorin wohl für die Er-/Sie-Form entschieden?

20 Wie könnte die Geschichte weitergehen? Schreibe eine Fortsetzung auf.

Eine Geschichte schreiben

Nichts ist undenkbar – mit Geschichten kann man in jede beliebige Welt eintauchen. Du kannst nun eine eigene Geschichte schreiben.

Plane zunächst deine Geschichte.
Der Handlungsort spielt dabei eine besondere Rolle.

> eine versunkene Stadt
> hinter dem Spiegel
> an einem magischen Ort
> eine Zeitreise

W **1** Wähle eine Grundidee für deine Geschichte:
- Soll eine fremde Welt erkundet werden?
- Sollen sich zwei Welten miteinander vermischen?

2 Was ist das Besondere an deiner Welt? Sammle Ideen in einem Cluster.
- Wie sieht es dort aus?
- Wie riecht es dort?
- Wer oder was lebt dort?
- Mit welchen Adjektiven lässt sich die Welt beschreiben?

Mit einem Cluster Ideen sammeln ▶ S. 314

Die Handlungsbausteine helfen dir, eine Geschichte zu entwickeln.
Lege für jeden Handlungsbaustein eine Karteikarte an.

3 a. Wer soll die Hauptfigur in deiner Geschichte sein?
Beschreibe sie mit Hilfe eines Steckbriefes.
b. Welche weiteren wichtigen Figuren gibt es? Schreibe ihre Beziehungen zur Hauptfigur auf.
c. In welcher Situation ist die Hauptfigur? An welchem Ort befindet sie sich?
Notiere deine Ideen und beschreibe den Handlungsort genau.

4 Welchen Wunsch hat deine Hauptfigur? Welche Aufgabe muss sie erfüllen?
Schreibe Stichworte auf die zweite Karteikarte.

5 Warum kann sich die Hauptfigur ihren Wunsch nicht erfüllen?
Welches Hindernis steht ihr im Weg? Schreibe deine Ideen
auf die dritte Karteikarte.

6 Was könnte deine Hauptfigur tun, um das Hindernis zu überwinden?
Wie reagiert sie darauf? Welche Folgen könnte die Reaktion haben?
Welche Schwierigkeiten ergeben sich vielleicht aus dem Handlungsort?
Notiere deine Ideen auf einer weiteren Karteikarte.

7 Wie soll deine Geschichte enden?
Schreibe eine Idee für das Ende auf die fünfte Karteikarte.
Tipp: Ein unerwartetes Ende kann das Interesse der Leserinnen und Leser belohnen.

Nun kannst du deine Geschichte schreiben.

8 Wie beginnt das Abenteuer? Was sollten deine Leserinnen oder Leser erfahren, damit sie die Geschichte weiterlesen möchten?
    a. Plane den Aufbau deiner Geschichte möglichst spannend. Probiere verschiedene Möglichkeiten aus.
    b. Bringe die Karteikarten in die Reihenfolge, in der du deine Geschichte erzählen möchtest.

W **9** **a.** Entscheide dich für eine Erzählzeit: Präsens oder Präteritum?
      b. Entscheide dich für eine Erzählperspektive: Erzählst du in der Er-/Sie-Form oder in der Ich-Form?

Zeitformen der Verben ▶ S. 326

10 Schreibe eine Einleitung auf, die zu der Geschichte und zur Stimmung passt.

11 Erzähle im Hauptteil die Erlebnisse deiner Hauptfigur lebendig, ausführlich und abwechslungsreich.
– Schreibe auf, was die Hauptfigur alles erlebt.
– Gibt es ein plötzliches Ereignis? Beschreibe es anschaulich mit treffenden Adjektiven und Verben.
– Gibt es ein plötzliches Aufeinandertreffen? Verwende wörtliche Rede.
– Was denkt und fühlt deine Hauptfigur? Beschreibe ihre Gedanken und Gefühle. Verwende auch Fragesätze oder verkürzte Sätze.
– Verwende unterschiedliche Satzanfänge.

Sprachspeicher
düster
geheimnisvoll
gewaltig
knorrig
seltsam
sonderbar
unbehaglich
wärmend

12 Wie endet deine Geschichte? Erzähle, wie sich die Spannung löst.

13 Überlege dir eine Überschrift, die die Leserinnen und Leser neugierig macht.

Anschließend kannst du deine Geschichte überarbeiten.
Du kannst mit einer Partnerin oder einem Partner arbeiten oder in der Gruppe.
W Wähle Aufgabe 14 oder 15.

14 **a.** Erstellt gemeinsam eine Checkliste.
     b. Überprüft eure Geschichten gegenseitig mit Hilfe der Checkliste.

15 Überprüft eure Geschichten gemeinsam mit Hilfe der Arbeitstechnik „Über den Rand hinaus schreiben".

Über den Rand hinaus schreiben ▶ S. 233

16 **a.** Überarbeite anschließend deine Geschichte mit Hilfe der Tipps, die ihr bei der Überprüfung eurer Texte erhalten habt.
     b. Schreibe deine überarbeitete Geschichte noch einmal auf.
        Tipp: Du kannst deine Geschichte auch am Computer schreiben.

Projektidee:
Ein Jugendbuch präsentieren

Wenn du ein Buch gelesen hast, kannst du es anderen präsentieren. Hier findest du Ideen für eine Präsentation zu einem Jugendbuch.

Idee 1: Das Portfolio

In einem Portfolio kannst du Informationen, eigene Texte und Bilder sowie Bewertungen zu einem Buch sammeln. Du kannst die einzelnen Seiten handschriftlich oder am Computer gestalten.

1. Zu welchem Buch möchtest du ein Portfolio anlegen?
   - Schreibe den Buchtitel und den Namen der Autorin oder des Autors auf.
   - Fasse knapp zusammen, worum es in dem Buch geht.

2. Gestalte zunächst Seiten mit den wichtigsten Informationen zum Buch.
   a. Recherchiere im Internet Informationen über die Autorin oder den Autor und stelle sie oder ihn kurz vor, z. B. in Form eines Steckbriefs.
   b. Stelle die Hauptfiguren vor. Beschreibe sie in einem kurzen Text. Du kannst sie auch zeichnen.
   c. Schreibe zu jedem Kapitel eine kurze Inhaltszusammenfassung.

Eine Textzusammenfassung schreiben
▶ S. 317

W Gestalte weitere Seiten. Du kannst aus den folgenden Ideen auswählen.

3. Schreibe einen Brief an eine der Hauptfiguren.
   Gib Tipps, wie sie/er handeln sollte, erkläre, wie du ihr/sein Handeln bisher findest, oder stelle Fragen, die dich interessieren.

4. Schreibe einen Tagebucheintrag aus der Sicht einer der Hauptfiguren.

5. Stelle einen Handlungsort genauer vor. Erstelle z. B. eine Landkarte oder einen Flyer, mit dem du Werbung für diesen Ort machen möchtest.

6. Schreibe eine Bewertung zum Buch: Wie hat dir das Buch gefallen?

7. Gestalte ein Deckblatt und ein Inhaltsverzeichnis für dein Portfolio.

Nach dem Gestalten kannst du dein Portfolio präsentieren.

8. a. Stelle dein Portfolio der Klasse vor.
   b. Gebt euch gegenseitig eine Rückmeldung zu euren Portfolios: Was ist gut gelungen? Was gefällt euch? Welche Tipps habt ihr noch?

Feedback geben
▶ S. 313

Idee 2: Das Video

Präsentiere dein Buch in einem selbst gedrehten Video.

9 Wähle ein Buch aus, das du vorstellen möchtest.
- Schreibe den Buchtitel und den Namen der Autorin oder des Autors auf.
- Fasse knapp zusammen, worum es in dem Buch geht.
- Recherchiere im Internet Informationen über die Autorin oder den Autor.

10 Mache dir während des Lesens Notizen zu folgenden Aufgaben:
- Beschreibe die Hauptfiguren.
- Fasse die Handlung in jedem Kapitel kurz zusammen.
- Gibt es eine spannende Textstelle, die du vorstellen möchtest?
- Wie hat dir das Buch gefallen? Würdest du es weiterempfehlen?

**Nun kannst du die Gestaltung deines Videos vorbereiten.
Bei der Gestaltung sind dir keine Grenzen gesetzt.**

11 Überlege, wie du dein Video gestalten möchtest.
- Du kannst dich filmen lassen, während du dein Buch mündlich präsentierst.
- Du kannst Szenen nachspielen.
- Du kannst deine Arbeitsergebnisse auf Wortkarten schreiben, du kannst Bilder oder Comics zeichnen, du kannst Zeichnungen nach und nach hinlegen, …

Tipp: Wenn du Ideen suchst, kannst du dir verschiedene Erklärvideos im Internet ansehen.

Erklärvideos
▶ S. 132–134

12 Bereite deine Aufnahme vor.
- Schreibe entweder deine Informationen in Stichworten auf Karteikarten und übe, diese flüssig darzustellen und zu erklären.
- Oder gestalte Materialien und überlege, wie du sie präsentieren möchtest.

13 Drehe nun dein Video.
- Lasse dich von einer Mitschülerin oder einem Mitschüler filmen. Verwende einen geeigneten Hintergrund.
Sprich deutlich und nicht zu schnell. Halte Blickkontakt mit der Kamera.
- Oder erstelle dein Video mit Hilfe deiner vorbereiteten Materialien.

Legetechnik ▶ S. 138

Abschließend kannst du dein Video präsentieren.

14 Seht euch gemeinsam dein Video an.

15 Gebt euch gegenseitig eine Rückmeldung zu euren Videos:
Was ist gut gelungen? Was gefällt euch? Welche Tipps habt ihr noch?

Feedback geben
▶ S. 313

Im Bann der Großstadt: Gedichte

Fußgängerzone (1998)
Olaf N. Schwanke

Gleich Geschäftsschluß! Eben
darum müssen manche Menschen laufen,
um noch schnell was wichtiges zu kaufen;
parfümier'n ihr Leben.

Frost will sich verbreiten.
Und beizeiten blaue Dämm'rungslichter
fallen in verzerrte Fast-Gesichter,
woll'n durch Kleidung gleiten.

Alles schließt und endet einsam.
Du empfindest es als heilsam,
doch du würd'st was geben …

Das Geschäft für Schmuck und Glitter
läßt herab die Eisengitter.
Gleich Geschäftsschluß? Eben! Ⓡ

Moderne Landschaft (1982)
Uwe Greßmann

Stahlbäume wachsen auf den
Bürgersteigen;
Und es zweigen die Drähte
Von Baum zu Baum.
Darunter brüllen
Die elektrischen Tiere
Mit Menschen im Herzen vorüber.
Und so mancher gehet vorbei dort
Und findet nichts weiter dabei;
Denn die steinerne Landschaft
Ist ja auch seine Mutter.

Meine Stadt (um 1974)
Josef Reding

Meine Stadt ist oft schmutzig;
aber mein kleiner Bruder ist es auch,
und ich mag ihn.
Meine Stadt ist oft laut;
aber meine große Schwester ist es auch,
und ich mag sie.

Meine Stadt ist dunkel
wie die Stimme meines Vaters
und hell wie die Augen meiner Mutter.
Meine Stadt und ich sind Freunde,
die sich kennen […]*

In der Nachberschafd (2013)
Helmut Haberkamm

Horch amoll, heersders nedd
do hadd doch aaner gschriea
do hadd doch etz aans blägd?
Horch amoll, woss woorn dees
woor des nedd dreem bei denna?
Na ja, horngmer lieber goor nedd noo
des woor ja bloß bei denna!

cars and cars (1973)
Eugen Gomringer

cars and cars
cars and elevators
cars and men
elevators and elevators
elevators and men
men and cars and elevators
men and men

trains and trains
trains and men and elevators
trains and elevators
men and trains
men and men

cars and trains
cars and men and trains
men and men

men and men

Das Leben in einer Großstadt hat viele Gesichter. In diesen Gedichten beschreiben Dichter, wie sie die Stadt und das Leben darin empfinden.

1 Seht euch die Bilder an und lest die Gedichte.

2 Ihr kennt bereits einige Gedichtmerkmale.
Welche findet ihr in den Gedichten? Nennt sie.

3 Das Gedicht „In der Nachberschafd" ist in fränkischem Dialekt geschrieben.
   a. Versucht, den Text gemeinsam ins Hochdeutsche zu übersetzen.
   b. Vergleicht die Wirkung eures übersetzten Gedichts und des Originals.

4 Welche Erfahrungen habt ihr mit einer Stadt oder Großstadt gemacht? Sprecht darüber.

5 Welches der Gedichte spricht euch am meisten an?
   a. Sprecht darüber.
   b. Lest euch gegenseitig dieses Gedicht vor.

In diesem Kapitel lernt ihr Gedichte zum Thema **Großstadt** kennen. Ihr untersucht die Gedichte, tragt sie ausdrucksvoll vor und findet Zusammenhänge zwischen den Texten und ihrer Entstehungszeit.

Ein Großstadtgedicht vortragen

Der Dichter Orhan Veli hat in einer Großstadt genau hingehört und der Umgebung nachgespürt. Er hat das folgende Gedicht geschrieben.

1 a. Sieh dir die Bilder an. Lies die Überschrift.
b. Worum könnte es in dem Gedicht gehen? Schreibe Stichworte auf.
c. Was wisst ihr über Istanbul? Sprecht darüber.

Ich höre Istanbul (1941)   Orhan Veli

Ich höre Istanbul, meine Augen geschlossen.
Zuerst weht ein leichter Wind,
Leicht bewegen sich
Die Blätter in den Bäumen.
5 In der Ferne, weit in der Ferne.
Pausenlos die Glocke der Wasserverkäufer.
Ich höre Istanbul, meine Augen geschlossen.

Ich höre Istanbul, meine Augen geschlossen.
In der Höhe die Schreie der Vögel,
10 Die in Scharen fliegen.
Die großen Fischernetze werden eingezogen,
Die Füße einer Frau berühren das Wasser.
Ich höre Istanbul, meine Augen geschlossen.

Ich höre Istanbul, meine Augen geschlossen.
15 Der kühle Basar,
Mahmutpascha[1] mit dem Geschrei der Verkäufer,
Die Höfe voll Tauben.
Das Gehämmer von den Docks[2] her;
Im Frühlingswind der Geruch von Schweiß.
20 Ich höre Istanbul, meine Augen geschlossen.

Ich höre Istanbul, meine Augen geschlossen.
Im Kopf den Rausch vergangener Feste.
Eine Strandvilla mit halbdunklen Bootshäusern,
Das Sausen der Südwinde legt sich.
25 Ich höre Istanbul, meine Augen geschlossen.
[...]*

[1] Mahmutpascha: Geschäfts- und Basarviertel in Istanbul
[2] die Docks: Werkstätten für Schiffe

Info

Orhan Veli (1914–1950) war ein türkischer Dichter aus Istanbul. Viele Gedichte von ihm wurden vertont. Er entwickelte eine neue dichterische Ausdrucksform, die möglichst viele Menschen erreichen sollte. Seine Heimatstadt inspirierte ihn zu mehreren Gedichten. Er zählt zu den bekanntesten und beliebtesten Dichtern in der Türkei.

Wenn ihr das Gedicht mit geschlossenen Augen hört,
könnt ihr euch vieles besser vorstellen.

2 a. Eine oder einer liest das Gedicht in der Klasse vor.
Die anderen hören mit geschlossenen Augen zu.
b. Wie klingt Istanbul für euch? Beschreibt es gemeinsam.

In vielen Gedichten spricht jemand in der Ich-Form: das **lyrische Ich**.

3 Untersuche das **lyrische Ich** in diesem Gedicht genauer.
a. Lege eine Folie über den Text.
b. Finde im Text, was das lyrische Ich hört, riecht oder was es fühlt.
c. Markiere die Stellen.
d. Überlege, wer das lyrische Ich sein könnte. Begründe deine Ideen.

Merkmale von Gedichten
▶ S. 307

In dem Gedicht kommen Wiederholungen vor.

4 a. Welcher Satz wird in dem Gedicht mehrfach wiederholt?
Schreibe ihn auf und gib die Verse dazu an.
b. Wie wirken die Wiederholungen auf euch? Sprecht darüber.

In dem Gedicht werden einige Verben ausgelassen.
Dieses Stilmittel nennt man Verdichtung.

5 a. Findet gemeinsam Stellen im Gedicht, an denen ein Verb
eingefügt werden könnte.
b. Welches Verb vom Rand würde jeweils dort passen?
c. Warum hat Orhan Veli die Verben in diesen Versen weggelassen?
Begründet eure Ideen.

6 Sprecht darüber: Wie gefällt Orhan Veli seine Heimatstadt Istanbul?
Woran erkennt ihr das?

ertönen
lärmen
kreischen
rufen
schallen
wehen
herüberziehen

Bereitet den Gedichtvortrag gemeinsam vor.

7 a. Schreibt zu jeder Strophe des Gedichts Stichworte auf:
– Wovon handelt die Strophe? Wo ist das lyrische Ich?
– Was hört, riecht oder fühlt das lyrische Ich?
b. Probiert aus, wie ihr die Inhalte der Strophen vortragen könnt:
– Lest manche Verse lauter vor, manche leiser.
– Lest schneller oder langsamer oder mit verschiedener Betonung.
– Ihr könnt das Gedicht auch als Song vortragen, z. B. als Rap.
c. Tragt das Gedicht ausdrucksvoll vor.

Betont vorlesen
oder vortragen
▶ S. 312

173

Ein Gedicht untersuchen

Kurt Tucholsky schrieb 1930 das folgende Gedicht über eine Großstadt.

1 Das Gedicht trägt den Titel „Augen in der Groß-Stadt".
Worum könnte es in dem Gedicht gehen? Sprecht über eure Ideen.

2 Lies das Gedicht von Kurt Tucholsky mehrmals leise durch.

Augen in der Groß-Stadt (1930)   Kurt Tucholsky

Wenn du zur Arbeit gehst
am frühen Morgen,
wenn du am Bahnhof stehst
mit deinen Sorgen:
5   da zeigt die Stadt
     dir asphaltglatt
     im Menschentrichter
     Millionen Gesichter:
Zwei fremde Augen, ein kurzer Blick,
10 die Braue, Pupillen, die Lider –
Was war das? Vielleicht dein
Lebensglück ...
Vorbei, verweht, nie wieder.

Du gehst dein Leben lang
15 auf tausend Straßen;
du siehst auf deinem Gang,
die dich vergaßen.
     Ein Auge winkt,
     die Seele klingt;
20   du hast's gefunden,
     nur für Sekunden ...
Zwei fremde Augen, ein kurzer Blick,
die Braue, Pupillen, die Lider;
Was war das? Kein Mensch dreht die Zeit zurück ...
25 Vorbei, verweht, nie wieder.

Du musst auf deinem Gang
durch Städte wandern;
siehst einen Pulsschlag lang
den fremden Andern.
30   Es kann ein Feind sein,
     es kann ein Freund sein,
     es kann im Kampfe dein
     Genosse sein.
     Es sieht hinüber
35   und zieht vorüber ...
Zwei fremde Augen, ein kurzer Blick,
die Braue, Pupillen, die Lider.
Was war das?
     Von der großen Menschheit ein Stück!
40 Vorbei, verweht, nie wieder.

Info

Kurt Tucholsky wurde 1890 in Berlin geboren. Als Journalist schrieb er viele Texte, in denen er die Gesellschaft und die Politik kritisierte. Er verfasste auch Romane und Reiseberichte. Eine Zeit lang lebte er in Paris. Seit 1929 hatte er seinen Wohnsitz in Schweden. 1933 wurden seine Bücher von den Nationalsozialisten verbrannt. Er starb 1935 in Schweden.

3 Was wird in dem Gedicht beschrieben?
 a. Schreibe zuerst zu jeder Strophe einen Satz auf.
 b. Gib den Inhalt in zwei Sätzen wieder.

Der Aufbau und die Form des Gedichts geben dir Hinweise auf den Inhalt.

4 Untersuche den Aufbau und die Form des Gedichts mit Hilfe der Fragen:
- Wie viele Verse, wie viele Strophen hat das Gedicht?
- Welche Reimformen werden verwendet? Gib die Verse an.
- Was fällt dir bei der Anordnung der Zeilen auf?
- Gibt es Besonderheiten in der Form?

Reimformen
▶ S. 306

5 a. Vergleicht eure Ergebnisse aus der Aufgabe 4.
b. Wie wirken der Aufbau und die Form insgesamt auf euch? Sprecht darüber.

In dem Gedicht kommen viele Wiederholungen vor. Das können einzelne Wörter, Wortgruppen oder sogar mehrere Verse sein.

6 Welche Wiederholungen entdeckst du in dem Gedicht? Schreibe die Wiederholungen auf. Gib jeweils die Verse an.

> **Starthilfe**
> „Wenn …" – „wenn …" (V. 1 und 3)
> „Zwei fremde Augen …" (V. …)

Einige Verse werden in jeder Strophe wiederholt.

7 Überlegt gemeinsam:
Woran erinnern euch diese Textwiederholungen?
Tipp: Auch der Text für ein Lied kann ein Gedicht sein.

8 a. In der dritten Strophe beginnen drei Verse mit den gleichen Wörtern, aber sie enden jeweils unterschiedlich. Schreibt sie auf.
b. Wer wird in diesen Versen näher beschrieben? Sprecht darüber.

9 Aus welchem Grund könnte der Dichter in seinem Gedicht Wiederholungen verwendet haben?
a. Wählt die Vermutung aus dem Kasten aus, die eurer Meinung nach am besten passt.
b. Begründet eure Wahl.

> A So bleibt das Gedicht besser im Gedächtnis.
> B So wird gezeigt, wie wichtig diese Stellen sind.
> C So war es leichter für den Autor.

Manchmal werden Dinge, Tiere oder Pflanzen in Gedichten als Personen dargestellt, also vermenschlicht. Das nennt man Personifikation.

10 a. Lies im Gedicht die Verse 5 und 18 und überlege:
– Kann eine Stadt dir etwas „zeigen" (V. 5)?
– Kann ein Auge „winken" (V. 18)?
b. Erkläre diese Personifikationen mit eigenen Worten.
c. Finde eine weitere Personifikation in dem Gedicht und erkläre sie.

> **Starthilfe**
> In einer Stadt kann man viel entdecken, wenn man sich aufmerksam umsieht ...

In dem Gedicht werden auch Metaphern verwendet.

11 a. Lies die Metaphern am Rand.
b. Gib jeweils die Zeilenangabe an und überlege:
– Was könnten diese Metaphern aussagen?
– Welche Besonderheiten der Großstadt machen sie deutlich?
c. Erkläre die übertragene Bedeutung dieser Metaphern schriftlich.
d. Warum benutzt Kurt Tucholsky in dem Gedicht Metaphern? Finde eine Erklärung.

> **Starthilfe**
> „asphaltglatt": glatt wie Asphalt. Asphalt hat keine Unebenheiten. Dieses Bild wird hier auf Menschen übertragen: Auch sie wirken glatt und einförmig, schlecht zu unterscheiden. ...

asphaltglatt

im Menschentrichter

kein Mensch dreht die Zeit zurück

einen Pulsschlag lang

Das lyrische Ich stellt in dem Gedicht seine Sicht auf eine Großstadt dar.

12 Welche Sicht hat das lyrische Ich auf die Großstadt?
a. Lest die folgenden Aussagen A und B.
b. Wählt die Aussage aus, die ihr für das Gedicht passend findet.
c. Begründet eure Wahl.

> A In einer Großstadt begegnen sich die Menschen nur flüchtig, weil das Leben so hektisch ist. Die Menschen bleiben allein.
> B In einer Großstadt ist immer viel los. Hier lernt man besonders viele Menschen kennen.

Man kann das Gedicht auch so verstehen, dass es den Lebensweg eines Menschen in einer Großstadt beschreibt.

13 Wie wird der Lebensweg des Einzelnen in der Großstadt dargestellt? Schreibe einen kurzen Text. Belege deine Ausführungen mit passenden Versen.

Ein Gedicht in seiner Zeit verstehen

In Gedichten über die Großstadt spielt häufig die Arbeit eine Rolle.
So ist es auch in dem folgenden Gedicht „Die Fabrik".

1 Was verbindet ihr mit dem Begriff **Fabrik**? Sprecht darüber.

2 Lies das folgende Gedicht mehrmals leise.

Die Fabrik (1921)   Gerrit Engelke

Düster, breit, kahl und eckig
Liegt im armen Vorort die Fabrik.
Zuckend schwillt, schrill und brutal
Aus den Toren Maschinen-Musik.

5 Schlot und Rohr und Schlot und Schlot,
Heißdurchkochtes Turmgestein,
Speien dickes Qualmgewölk
Über traurigstarre Häuser, Straßenkot.

Tausend Mann, Schicht[1] um Schicht,
10 Saugt die laute Arbeits-Hölle auf.
Zwingt sie all in harte Pflicht
Stunde um Stunde.

Bis der Pfiff heiser gellt:
Aus offnem Tore strömen dann
15 Mädchen, Frauen, Mann und Mann –
Blasses Volk – müde – verquält –

Schläft der Ort –: glüh und grell
Schreit aus hundert Fenstern Licht!
Kraftgesumm, Rädersausen, Qualm durchbricht
20 Roh und dumpf die Nacht –

Tag und Nacht: Lärm und Dampf,
Immer Arbeit, immer Kampf:
Unerbittlich schröpft das Moloch[2]-Haus
Stahl und Mensch um Menschen aus.

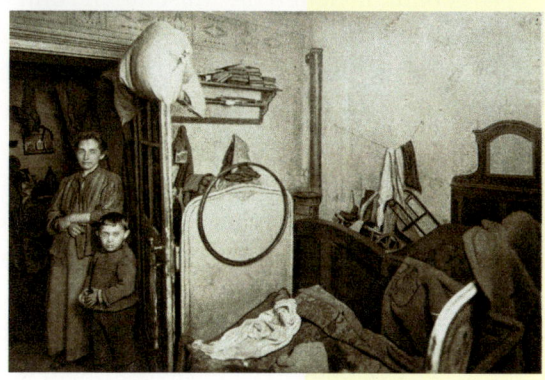

[1] die Schicht: hier: der Abschnitt eines Arbeitstages in durchgehend arbeitenden Betrieben
[2] der Moloch: eine grausame Macht, die alles zu verschlingen droht

Info

Gerrit Engelke wurde 1890 in Hannover geboren. Er arbeitete als Maler und Lackierer, obwohl er lieber Künstler geworden wäre. Sein erstes Gedicht schrieb er mit 20 Jahren. Seine Themen waren die Arbeitswelt und das Leben in der Großstadt. Im Ersten Weltkrieg wurde er schwer verwundet und starb 1918. Eine Gesamtausgabe seiner Gedichte erschien 1921. Er gilt als einer der ersten Arbeiterdichter.

Untersuche nun den Inhalt und den Aufbau des Gedichts.

3 a. Wie wirkt das Gedicht auf dich? Schreibe einen Satz dazu auf.
b. Worum geht es in dem Gedicht? Notiere Stichworte.
c. Gib den Inhalt mit Hilfe der Stichworte wieder.

4 a. Untersuche den Aufbau des Gedichts: Verse, Strophen, Reime.
b. Die Reimform wechselt oft in dem Gedicht. Einige Verse reimen sich gar nicht. Überlege, welche Wirkung damit erreicht werden soll.

Du kannst ein Gedicht oft besser verstehen, wenn du etwas über die Entstehungszeit weißt.

5 a. Lies den folgenden Text über die Zeit der Industrialisierung.
b. Schreibe Stichworte zu den folgenden Fragen auf.
– Wie sah der Arbeitstag der Menschen aus?
– Wie lebten die Arbeiterinnen und Arbeiter?

> Um 1840 begann in Deutschland die **Industrialisierung**. Durch die Erfindung neuartiger Maschinen konnten viele Dinge schneller hergestellt werden als vorher. In den Randbezirken der Städte wurden große Fabrikhallen gebaut, in denen die Maschinen rund um die Uhr liefen. Die Menschen arbeiteten im Schichtbetrieb täglich bis zu 14 Stunden sechs Tage in der Woche. Die Arbeitsbedingungen waren schlecht. Trotzdem zogen immer mehr Menschen auf der Suche nach Arbeit in die Städte. Sie lebten dicht gedrängt in engen Wohnungen und in schlechten hygienischen Verhältnissen.

6 a. Vergleiche deine Stichworte mit dem Gedicht.
Findest du Aussagen dazu in dem Gedicht wieder?
Schreibe die Textstellen auf und gib die Verse an.
b. Begründe in einem kurzen Text, dass das Gedicht „Die Fabrik" von einer Stadt in der Zeit der Industrialisierung handelt.

Starthilfe
Das Gedicht „Die Fabrik" von Gerrit Engelke erschien zum ersten Mal 1921. Es handelt von einer ... Die Fabrik liegt in einem ...

Mit einer Parallelstrophe kannst du eine Fabrik von heute beschreiben.

7 a. Informiere dich über Fabrikarbeit heute.
Tipp: Befrage Eltern oder Bekannte oder recherchiere im Internet.
b. Wie würdest du das Gedicht verändern, wenn du eine Fabrik von heute in einer Großstadt beschreiben würdest? Schreibe Beispiele auf.
c. Verfasse nun eine Parallelstrophe zu dem Gedicht.

Im Internet recherchieren
▶ S. 311

In diesem Gedicht entsteht eine besondere Stimmung durch die Wortwahl.

8 a. Lest noch einmal das Gedicht.
   b. Klärt gemeinsam die Bedeutung von schwierigen Wörtern.
      Tipp: Betrachtet bei den zusammengesetzten Wörtern zuerst die Einzelteile.

Nachschlagen
▶ S. 319

9 Untersuche nun die Sprache genauer.
   a. Übertrage die Tabelle in dein Heft.
   b. Wie werden Fabrik, Arbeit, Menschen und die Stadt beschrieben? Finde im Gedicht passende Textstellen und trage sie mit den Versangaben in die Tabelle ein.

Starthilfe

die Fabrik	düster, breit, kahl und eckig (V. 1), …
die Arbeit	Arbeits-Hölle (V. 10), …
die Menschen	Blasses Volk …
die Stadt	im armen Vorort …

10 a. Lies die Wörter aus deiner Tabelle laut vor.
   b. Beschreibe in Stichworten:
      – Welche Stimmung wird durch die Wörter erzeugt?
      – Wie wirken die zusammengesetzten Wörter auf dich?
      – Kannst du in der Wortwahl erkennen, welche Haltung Gerrit Engelke zur Fabrik und zu der Arbeit dort hat?

11 Welche sprachlichen Bilder findest du in dem Gedicht?
   a. Schreibe zwei Personifikationen und zwei Metaphern auf.
   b. Erkläre die Bedeutung der sprachlichen Bilder.
   c. Was könnten die letzten zwei Verse bedeuten? Erkläre es mit eigenen Worten.

Du hast dich nun sehr genau mit dem Gedicht beschäftigt.

12 Lies noch einmal deinen ersten Eindruck in Aufgabe 3a. Hat sich dein Eindruck nun verändert? Begründe.

13 Überlegt gemeinsam:
   Warum könnte Gerrit Engelke dieses Gedicht geschrieben haben?

14 Tragt die Strophen des Gedichts abwechselnd ausdrucksvoll vor.

Betont vorlesen
oder vortragen
▶ S. 312

Teste dich!

Ein Gedicht untersuchen und in seiner Zeit verstehen

Überprüfe, ob du ein Gedicht untersuchen und Zusammenhänge zwischen dem Gedicht und seiner Entstehungszeit herstellen kannst.

1 Lies das Gedicht mehrmals leise durch.

Spät nachts (1933)   Mascha Kaléko

Jetzt ruhn auch schon die letzten Großstadthäuser.
Im Tanzpalast ist die Musik verstummt
Bis auf den Boy, der einen Schlager summt.
Und hinter Schenkentüren[1] wird es leiser.

5 Es schläft der Lärm der Autos und Maschinen,
Und blasse Kinder träumen still vom Glück.
Ein Ehepaar kehrt stumm vom Fest zurück,
Die dürren Schatten zittern auf Gardinen.

Ein Omnibus durchrattert tote Straßen.
10 Auf kalter Parkbank schnarcht ein Vagabund[2].
Durch dunkle Tore irrt ein fremder Hund
Und weint um Menschen, die ihn blind vergaßen.

In schwarzen Fetzen hängt die Nacht zerrissen,
Und wer ein Bett hat, ging schon längst zur Ruh.
15 Jetzt fallen selbst dem Mond die Augen zu …
Nur Kranke stöhnen wach in ihren Kissen.

Es ist so still, als könnte nichts geschehen.
Jetzt schweigt des Tages Lied vom Kampf ums Brot.
– Nur irgendwo geht einer in den Tod.
20 Und morgen wird es in der Zeitung stehen …

> **Info**
>
> **Mascha Kaléko** entstammte einer jüdischen Familie und wurde 1907 im heutigen Polen geboren. Seit 1918 lebte sie in Berlin. Sie arbeitete zuerst als Sekretärin. Ende der Zwanzigerjahre bekam sie Kontakt zu Künstlerkreisen. Seit 1929 erschienen ihre Gedichte und Lieder, mit denen sie berühmt wurde. Die Nationalsozialisten verboten 1933 ihre Bücher. Sie musste 1938 in die USA emigrieren. Kaléko starb 1975 in Zürich.

[1] die Schenke: nicht mehr gebräuchlicher Ausdruck für eine Gaststätte
[2] der Vagabund: nicht mehr gebräuchlicher Ausdruck für einen obdachlosen Menschen

2 a. Notiere passende Textstellen und gib die Verse an:
– Was kann man nachts sehen, was kann man hören?
– Wie werden die Personen beschrieben, die vorkommen?
b. Schreibe in wenigen Sätzen auf, wovon das Gedicht handelt.

3 Begründe, warum es sich bei diesem Text um ein Gedicht handelt.

Teste dich!

Die Stimmung des Gedichts wird mit sprachlichen Bildern verstärkt.

4 Welche Personifikationen findest du?
  a. Schreibe zwei Personifikationen aus dem Gedicht heraus.
  b. Erkläre die Personifikationen in eigenen Worten.
  c. Welche Stimmung wird mit den sprachlichen Bildern verstärkt? Begründe.

5 Du findest auch Metaphern als sprachliche Bilder in dem Gedicht.
  a. Lies die Verse 13 und 18.
  b. Beschreibe in eigenen Worten, was die Metaphern ausdrücken könnten.

Mascha Kalékos Gedicht „Spät nachts" erschien 1933. Zu dieser Zeit hatten die Menschen in Deutschland unter den Folgen der Weltwirtschaftskrise zu leiden.

6 a. Lies den folgenden Text.
  b. Schreibe Stichworte über die „Goldenen Zwanziger" und über die Weltwirtschaftskrise auf.

> Die **Zwanzigerjahre** des 20. Jahrhunderts werden häufig als die „Goldenen Zwanziger" bezeichnet. Die Menschen hatten den Ersten Weltkrieg überstanden und genossen den wirtschaftlichen Aufschwung. In Großstädten wie Berlin vergnügten sich damals viele Menschen im Trubel des Nachtlebens. Die **Weltwirtschaftskrise** beendete diese Zeit. Sie wurde 1929 durch den Zusammenbruch der Börse in den USA ausgelöst und wirkte sich auf viele Länder aus. Auch der deutschen Wirtschaft ging es immer schlechter. Viele Betriebe wurden geschlossen. Die Zahl der Arbeitslosen stieg bis 1932 auf sechs Millionen. Die Bevölkerung litt unter Obdachlosigkeit, Hunger und Elend.

7 a. Finde in dem Gedicht Belege dafür, dass Armut herrscht. Schreibe passende Textstellen auf.
  b. In der zweiten und dritten Strophe wird deutlich, dass nicht alle Menschen einen sicheren Schlafplatz haben. Schreibe die Verse heraus.
  c. In Vers 6 heißt es: „Und blasse Kinder träumen still vom Glück." Was könnte dieser Vers bedeuten?

8 Begründe in einem kurzen Text, dass das Gedicht „Spät nachts" von der Zeit kurz nach der Weltwirtschaftskrise 1929 handelt.

9 Welche Aufgaben fallen dir leicht? Was möchtest du noch weiter üben? Schreibe in dein Lerntagebuch.

Fördern

Ein Gedicht untersuchen und dazu schreiben

Hier übst du noch einmal, ein Gedicht zu untersuchen und dazu zu schreiben. Du entscheidest, ob du die Aufgaben auf dieser Seite mit mehr Hilfen oder die kniffligeren Aufgaben auf Seite 183 lösen willst.

1 Lies das Gedicht und beschreibe deinen ersten Eindruck.

In einer Stadt   Imants Ziedonis

In einer grauen, grauen Stadt
war eine graue, graue Straße.

In dieser grauen, grauen Straße
stand ein graues, graues Haus.

5 In diesem grauen, grauen Haus
war ein graues, graues Zimmer.

In diesem grauen, grauen Zimmer
stand ein grauer, grauer Stuhl.

Auf diesem grauen, grauen Stuhl
10 saß ein grauer, grauer Mensch.

Er streckte eine graue, graue Hand aus
und schaltete den Farbfernseher ein.

2 Untersuche das Gedicht genauer und schreibe Stichworte auf:
– Beschreibe die äußere Form des Gedichts: Strophen, Verse, Reime.
– Beschreibe die Sprache des Gedichts: Was fällt dir auf?
  Welche Wiederholungen gibt es? Werden sprachliche Bilder verwendet?

3 Untersuche die Wörter am Ende jeder Zeile: Schreibe sie untereinander auf. Was fällt dir auf?

4 Das Adjektiv **grau** hat der Dichter besonders oft verwendet. Wie verändert sich die Wirkung des Gedichts, wenn du das Adjektiv beim Vorlesen weglässt oder eine andere Farbe einsetzt?

5 Die letzten beiden Verse unterscheiden sich von den anderen Versen.
  a. Warum könnte der Mensch den Farbfernseher einschalten?
  b. Was sagt das über das Leben des Menschen aus?

6 **a.** Schreibe ein Parallelgedicht.
     – Du kannst andere Farben oder andere Adjektive einsetzen.
     – Du kannst den Menschen im letzten Vers etwas anderes tun lassen.
  b. Lies dein Gedicht laut vor.
  c. Vergleiche die Wirkung des Originalgedichts mit deinem Parallelgedicht: Was hat sich verändert?

7 Schreibe einen zusammenfassenden Text über das Gedicht „In einer Stadt".

Fordern

In dem folgenden Gedicht beschreibt der Dichter, wie das lyrische Ich den Abend in einer großen Stadt erlebt.

1 Lies das Gedicht und beschreibe deinen Eindruck.

Abend in der großen Stadt (1951)   Louis Fürnberg

Wenn der Abend durch die große Stadt geht,
ist's, als hielt ich eine Muschel an mein Ohr
und ich lausch dem Rauschen, das vom Meer weht,
und dem Mund des Sturmes, der es beschwor.

5 Und ich stell mich an die Straßenecken,
wo das Licht der Bogenlampen tanzt,
um des Menschen Antlitz[1] zu entdecken
und sein Schicksal, das ihm Runen[2] stanzt.

Blaue Schatten schleichen an den Wänden,
10 abgekämpft, einander fremd gemacht;
doch die Liebenden gehn an den Händen
ohne Masken durch das Tor der Nacht.

[1] das Antlitz: das Gesicht
[2] die Runen: alte Schriftzeichen der Germanen, die in Stein oder andere Gegenstände geritzt wurden

2 Begründe, warum es sich bei diesem Text um ein Gedicht handelt.

3 a. Notiere passende Textstellen und gib die Verse an:
  – Womit vergleicht der Dichter seinen Gang durch die Stadt?
  – Was möchte er gern entdecken?
  – Was sieht er stattdessen?
  b. Schreibe in wenigen Sätzen auf, wovon das Gedicht handelt.

4 Mit welchen sprachlichen Mitteln erreicht der Dichter, dass sein Gedicht besonders anschaulich ist? Notiere Beispiele und gib die Verse an.

5 Untersuche die dritte Strophe noch genauer:
  – Wer könnten die blauen Schatten sein? Wie geht es ihnen?
  – Was machen die Liebenden?

6 a. Lies die Information über den Dichter. Welche Verbindung kannst du zwischen seinem Leben und dem Gedicht herstellen?
  b. Schreibe einen zusammenfassenden Text über das Gedicht „Abend in der großen Stadt".

Info

Louis Fürnberg (1909–1957) war ein tschechoslowakisch-deutscher Schriftsteller, Journalist, Komponist und Diplomat. Die Nationalsozialisten inhaftierten ihn, weil er jüdischer Abstammung und Kommunist war. Ihm gelang die Flucht nach Palästina. Die meisten seiner Familie überlebten den Krieg nicht. 1946 kehrte er nach Prag zurück. Seit 1954 lebte er in Weimar.

Fit für die Probe

Ein Gedicht untersuchen

Hier übst du Schritt für Schritt, dich auf eine Probe vorzubereiten.
Stelle dir vor, dies ist die Aufgabe für die Probe:

> Untersuche den folgenden Text:
> – Fasse den Inhalt des Textes mit eigenen Worten zusammen.
> – Überprüfe, ob es sich bei dem Text um ein Gedicht handelt.
>   Belege deine Meinung mit geeigneten Textstellen.
> – Untersuche die verwendeten Stilmittel und erkläre ihre Bedeutung.
> – Das Gedicht heißt „Die Wälder schweigen". Begründe, warum es sich
>   dennoch um ein Stadtgedicht handelt.

1. Schritt: Die Aufgabe verstehen

Aufgaben verstehen
▶ S. 311

1 a. Lies die Aufgabe mehrmals genau.
b. Schreibe mit eigenen Worten auf, was du genau tun sollst.

2 Was weißt du über Gedichte? Schreibe Stichworte auf.

2. Schritt: Die Aufgabe bearbeiten

3 Lies den Text.

Die Wälder schweigen (1936)   Erich Kästner

Die Jahreszeiten wandern durch die Wälder.
Man sieht es nicht. Man liest es nur im Blatt[1].
Die Jahreszeiten strolchen[2] durch die Felder.
Man zählt die Tage. Und man zählt die Gelder.
5 Man sehnt sich fort aus dem Geschrei der Stadt.

Das Dächermeer schlägt ziegelrote Wellen.
Die Luft ist dick und wie aus grauem Tuch.
Man träumt von Äckern und von Pferdeställen.
Man träumt von grünen Teichen und Forellen.
10 Und möchte in die Stille zu Besuch.

Die Seele wird vom Pflastertreten krumm.
Mit Bäumen kann man wie mit Brüdern reden
und tauscht bei ihnen seine Seele um.
Die Wälder schweigen. Doch sie sind nicht stumm.
15 Und wer auch kommen mag, sie trösten jeden.

Man flieht aus den Büros und den Fabriken.
Wohin, ist gleich! Die Erde ist ja rund!
Dort, wo die Gräser wie Bekannte nicken
und wo die Spinnen seidne Strümpfe stricken,
20 wird man gesund.

[1] im Blatt: in der Zeitung
[2] strolchen: umherziehen

Fit für die Probe

Nun untersuchst du den Inhalt, die Form und die Sprache des Gedichts.

4 a. Worum geht es in den einzelnen Strophen? Notiere Stichworte.
b. Worum geht es in dem Gedicht? Schreibe einen Satz auf.

5 Untersuche die äußere Form des Gedichts: Welche Merkmale von Gedichten kannst du finden? Schreibe Beispiele aus dem Text auf.

6 Erich Kästner verwendet in seinem Gedicht sprachliche Bilder.
a. Finde jeweils zwei Vergleiche, Personifikationen und Metaphern und schreibe sie mit der Versangabe auf.
b. Erkläre ihre Bedeutung.
c. Beschreibe die Wirkung der sprachlichen Bilder auf dich.

7 a. Das Wort **man** kommt im Gedicht besonders oft vor. Wer könnte damit gemeint sein?
b. Finde Textstellen, die die Stadt beschreiben. Schreibe sie mit Versangaben auf.
c. Wie werden Wälder und Felder beschrieben? Schreibe Textbeispiele mit Versangaben auf.

Mit Hilfe deiner Notizen kannst du nun die Aufgabe der Probe lösen.

8 Schreibe einen kurzen Text, in dem du die Ergebnisse deiner Untersuchung zusammenfasst.
– Fasse den Inhalt des Textes knapp und in eigenen Worten zusammen.
– Begründe, warum es sich bei dem Text um ein Gedicht handelt.
– Begründe, warum es sich bei dem Gedicht um ein Stadtgedicht handelt.

3. Schritt: Die Aufgabe überprüfen

9 Mit Hilfe einer Checkliste kannst überprüfen, ob du die formalen und die sprachlichen Merkmale von Gedichten bestimmen kannst.
a. Erstelle eine Checkliste und überprüfe deinen Text.
Tipp: Lies noch einmal die Aufgaben 1 bis 7. Hast du alles bearbeitet?
b. Überarbeite deinen Text, wenn nötig.

4. Schritt: Die Vorgehensweise auswerten

10 Schreibe deine Erfahrungen in dein Lerntagebuch:
– Welche Gedichtmerkmale kannst du sicher bestimmen?
– Welche sprachlichen Bilder kannst du sicher erkennen und beschreiben?
– Was hat dir geholfen, die Aufgabe zu lösen?
– Was möchtest du noch üben?

Geschichten, die das Leben schreibt

1 Beschreibt das Bild.
Stellt auch Vermutungen über den Ort, die Zeit und die Personen an.

2 Denkt euch eine kurze Geschichte zu dem Bild aus und erzählt sie euch gegenseitig.

Gute Geschichten müssen nicht immer in fremden Welten oder Zeiten spielen. Sie können auch mitten im Leben und im Alltag stattfinden.

3 Sprecht gemeinsam über die folgenden Fragen:
- Welche Autorinnen und Autoren kennt ihr?
  Was schreiben sie für Geschichten?
- Was zeichnet für euch eine gute Geschichte aus?
- Was macht einen Text überhaupt erst zu einer Geschichte?

Kurzgeschichten handeln oft von alltäglichen Geschehnissen
im Leben ihrer Figuren.

4 Was wisst ihr bereits über Kurzgeschichten?
Sammelt Stichworte.

5 Lest die folgenden Anfänge von Kurzgeschichten.

> Die Frau lehnte am Fenster und sah hinüber. Der Wind trieb in leichten Stößen vom Fluss herauf und brachte nichts Neues. Die Frau hatte den starren Blick neugieriger Leute, die unersättlich sind. Es hatte ihr noch niemand den Gefallen getan, vor ihrem Haus niedergefahren zu werden.

> „Kennst du den schon? Kleine Jungs tragen Schlafanzüge mit Superman drauf, Superman trägt einen Schlafanzug mit Chuck Norris drauf!"
> „Ja, kenn ich. Jetzt halt die Klappe und trag mich einfach da hoch. Oder willst du warten, bis Chuck vorbeikommt und mit anpackt?"

> Diese Tussi! Denkt wohl, sie wäre die Schönste. Juhu, die Dauerwelle wächst schon heraus. Und diese Stiefelchen von ihr sind auch zu albern. Außerdem hat sie sowieso keine Ahnung. Von nix und wieder nix hat die 'ne Ahnung. Immer, wenn sie ihn sieht, schmeißt sie die Haare zurück wie 'ne Filmdiva.

6 Untersucht die Anfänge genauer:
– Was erfahrt ihr über die Hauptfiguren und
die Situationen, in denen sie sich befinden?
– Was könnte an den Situationen alltäglich sein?
Stellt Vermutungen an.
– Was erfahrt ihr alles nicht? Welche Fragen stellt ihr euch?

7 Worum könnte es in den Kurzgeschichten gehen?
Sprecht gemeinsam über eure Ideen.

In diesem Kapitel lest ihr verschiedene Kurzgeschichten
und untersucht ihre Merkmale.
Außerdem übt ihr, Kurzgeschichten zusammenzufassen.

Merkmale einer Kurzgeschichte untersuchen

Die folgende Kurzgeschichte erzählt von einem entscheidenden Moment.
Du erschließt den Text und untersuchst die Merkmale von Kurzgeschichten.

1 Lies die Kurzgeschichte mit dem Textknacker.

Textknacker ▶ S. 310

Das Fenster-Theater   Ilse Aichinger

Die Frau lehnte am Fenster und sah hinüber. Der Wind trieb in leichten Stößen vom Fluss herauf und brachte nichts Neues. Die Frau hatte den starren Blick neugieriger Leute, die unersättlich sind. Es hatte ihr noch niemand den Gefallen getan, vor ihrem Haus niedergefahren zu werden. Außerdem wohnte sie im
5 vorletzten Stock, die Straße lag zu tief unten. Der Lärm rauschte nur mehr leicht herauf. Alles lag zu tief unten. Als sie sich eben vom Fenster abwenden wollte, bemerkte sie, dass der Alte gegenüber Licht angedreht hatte. Da es noch ganz hell war, blieb dieses Licht für sich und machte den merkwürdigen Eindruck, den aufflammende Straßenlaternen unter der Sonne machen. Als hätte
10 einer an seinen Fenstern die Kerzen angesteckt, noch ehe die Prozession¹ die Kirche verlassen hat. Die Frau blieb am Fenster.
Der Alte öffnete und nickte herüber. Meint er mich?, dachte die Frau. Die Wohnung über ihr stand leer und unterhalb lag eine Werkstatt, die um diese Zeit schon geschlossen war. Sie bewegte leicht den Kopf. Der Alte nickte wieder.
15 Er griff sich an die Stirne, entdeckte, dass er keinen Hut aufhatte, und verschwand im Inneren des Zimmers.
Gleich darauf kam er in Hut und Mantel wieder. Er zog den Hut und lächelte. Dann nahm er ein weißes Tuch aus der Tasche und begann zu winken. Erst leicht und dann immer eifriger. Er hing über die Brüstung², dass man Angst
20 bekam, er würde vornüberfallen. Die Frau trat einen Schritt zurück, aber das schien ihn nur zu bestärken. Er ließ das Tuch fallen, löste seinen Schal vom Hals – einen großen bunten Schal – und ließ ihn aus dem Fenster wehen. Dazu lächelte er. Und als sie noch einen weiteren Schritt zurücktrat, warf er den Hut mit einer heftigen Bewegung ab und wand den Schal wie einen Turban um sei-
25 nen Kopf. Dann kreuzte er die Arme über der Brust und verneigte sich. Sooft er aufsah, kniff er das linke Auge zu, als herrsche zwischen ihnen ein geheimes Einverständnis. Das bereitete ihr so lange Vergnügen, bis sie plötzlich nur mehr seine Beine in dünnen, geflickten Samthosen in die Luft ragen sah. Er stand auf dem Kopf. Als sein Gesicht gerötet, erhitzt und freundlich wieder auftauchte,
30 hatte sie schon die Polizei verständigt.

¹ die Prozession: ein feierlicher kirchlicher Umzug
² die Brüstung: eine Begrenzung aus Mauerwerk, Holz oder Metall, die zum Schutz vor einem Absturz angebracht wird

Und während er, in ein Leintuch gehüllt, abwechselnd an beiden Fenstern erschien, unterschied sie schon drei Gassen weiter über dem Geklingel der Straßenbahnen und dem gedämpften Lärm der Stadt das Hupen des Überfallautos[3]. Denn ihre Erklärung hatte nicht sehr klar und ihre Stimme erregt geklungen.

35 Der alte Mann lachte jetzt, so dass sich sein Gesicht in tiefe Falten legte, streifte dann mit einer vagen Gebärde[4] darüber, wurde ernst, schien das Lachen eine Sekunde lang in der hohlen Hand zu halten und warf es dann hinüber. Erst als der Wagen schon um die Ecke bog, gelang es der Frau, sich von seinem Anblick loszureißen.

40 Sie kam atemlos unten an. Eine Menschenmenge hatte sich um den Polizeiwagen gesammelt. Die Polizisten waren abgesprungen, und die Menge kam hinter ihnen und der Frau her. Sobald man die Leute zu verscheuchen suchte, erklärten sie einstimmig, in diesem Hause zu wohnen. Einige davon kamen bis zum letzten Stock mit. Von den Stufen beobachteten sie, wie die Männer, nachdem
45 ihr Klopfen vergeblich blieb und die Glocke[5] allem Anschein nach nicht funktionierte, die Tür aufbrachen. Sie arbeiteten schnell und mit einer Sicherheit, von der jeder Einbrecher lernen konnte. Auch in dem Vorraum, dessen Fenster auf den Hof sahen, zögerten sie nicht eine Sekunde. Zwei von ihnen zogen die Stiefel aus und schlichen um die Ecke. Es war inzwischen finster geworden. Sie
50 stießen an einen Kleiderständer, gewahrten[6] den Lichtschein am Ende des schmalen Ganges und gingen ihm nach. Die Frau schlich hinter ihnen her.

Als die Tür aufflog, stand der alte Mann, mit dem Rücken zu ihnen gewandt, noch immer am Fenster. Er hielt ein großes, weißes Kissen auf dem Kopf, das er immer wieder abnahm, als bedeutete er jemandem, dass er schlafen wolle. Den
55 Teppich, den er vom Boden genommen hatte, trug er um die Schultern. Da er schwerhörig war, wandte er sich auch nicht um, als die Männer schon knapp hinter ihm standen und die Frau über ihn hinweg in ihr eigenes finsteres Fenster sah.

Die Werkstatt unterhalb war, wie sie angenommen hatte, geschlossen. Aber in
60 die Wohnung oberhalb musste eine neue Partei eingezogen sein. An eines der erleuchteten Zimmer war ein Gitterbett geschoben, in dem aufrecht ein kleiner Knabe stand. Auch er trug sein Kissen auf dem Kopf und die Bettdecke um die Schultern. Er sprang und winkte herüber und krähte vor Jubel. Er lachte, strich mit der Hand über das Gesicht, wurde ernst und schien das Lachen eine Sekun-
65 de lang in der hohlen Hand zu halten. Dann warf er es mit aller Kraft den Wachleuten ins Gesicht.*

[3] das Überfallauto: Gemeint ist ein Polizeiauto.
[4] die vage Gebärde: eine nicht eindeutige Bewegung der Hände
[5] die Glocke: hier: die Klingel
[6] gewahren: bemerken

2 Worum geht es in der Kurzgeschichte? Tauscht euch über den Inhalt aus.

3 Die Kurzgeschichte heißt das „Fenster-Theater".
Besprecht mögliche Bedeutungen des Titels.

Du kannst den Inhalt der Kurzgeschichte nun genauer untersuchen.

4 Notiere Stichworte zum Inhalt mit Hilfe der Handlungsbausteine.

5 Die Hauptfigur beobachtet aus ihrem Fenster etwas im Haus gegenüber.
  a. Notiere in Stichworten, was die Frau beobachtet.
  b. Schreibe Textstellen auf, die etwas über ihre Gedanken aussagen.
  c. Notiere Stichworte zu folgenden Fragen: Wie verhält sich die Frau, wie der Mann im Haus gegenüber? Was tun sie jeweils?

6 Beantworte die Fragen zum weiteren Verlauf der Handlung schriftlich:
  – Welche Figuren sind an der Handlung beteiligt?
  – Wie verhalten sie sich?
  – An welchen Orten spielt sich das Geschehen jeweils ab?

7 Licht und Finsternis spielen in der Kurzgeschichte eine besondere Rolle. Benennt die Textstellen, die die folgenden Behauptungen stützen:
  – Im ersten Abschnitt löst Licht das Handeln der Hauptfigur aus.
  – Im vorletzten Abschnitt wendet sich die Handlung durch Finsternis.

Handlungsbausteine
► S. 311

**Kurzgeschichten haben bestimmte Merkmale.
Du kannst sie nun genauer untersuchen.**

Plötzlich warst du mitten in der Handlung der Kurzgeschichte.

8 a. Lies noch einmal den Anfang der Kurzgeschichte.
  b. Notiere, was dir zum Anfang auffällt.

**Kurzgeschichten handeln oft von alltäglichen Geschehnissen
im Leben ihrer Figuren.**

9 Was ist alltäglich an dem Geschehen dieser Kurzgeschichte?
  a. Was tut die Frau zu Beginn der Geschichte? Warum tut sie es? Stelle Vermutungen an.
  b. Woran erkennst du, dass es sich dabei um ein alltägliches Geschehen in ihrem Leben handelt? Belege deine Aussage mit einem aussagekräftigen Zitat aus dem Text.

In der Handlung gibt es einen entscheidenden Moment, einen Wendepunkt.

10 Als die Frau in der Wohnung des Mannes ankommt, erfährt sie den Grund für das Verhalten des Mannes.
  a. Lies noch einmal die Zeilen 52 bis 62.
  b. Fasse die Geschehnisse in eigenen Worten zusammen.

Sprachspeicher

Langeweile haben

neugierig sein

einsam sein

auf jemanden warten

11 Was bedeutet der Moment für die Frau, was für die Handlung der Geschichte?
  a. Beantworte die folgenden Fragen schriftlich:
   – Wie endet die Geschichte für die Frau?
   – Was könnte sie in dem Moment denken?
   – Welche Rolle spielen Licht und Finsternis dabei?
  b. Belege deine Deutung mit Zitaten aus dem Text.

Kurzgeschichten haben meist ein offenes oder überraschendes Ende.

12 Was erfährst du am Ende der Kurzgeschichte?
  a. Lies noch einmal die Zeilen 59–66.
  b. Fasse das Ende der Kurzgeschichte in eigenen Worten zusammen: Was geschieht am Ende? Wer ist die handelnde Figur?

Für einen kurzen Augenblick warst du mitten im Leben der Hauptfigur.

13 Wie viel Zeit vergeht wohl zwischen dem Anfang und dem Ende der Kurzgeschichte? Stelle Vermutungen an.

Du hast nun wesentliche Merkmale von Kurzgeschichten im Text „Das Fenster-Theater" herausgearbeitet.

14 Fasse in einem kurzen Text zusammen, warum „Das Fenster-Theater" eine Kurzgeschichte ist.
Verwende deine Ergebnisse aus den Aufgaben 6 bis 12.

> **Merkwissen**
>
> Eine Kurzgeschichte ist eine knappe, moderne Erzählung mit bestimmten Merkmalen. Kurzgeschichten handeln meist von einem **kurzen Ausschnitt** aus einem Geschehen **aus dem Alltag**, das mit dem **Wendepunkt** zu einem entscheidenden Moment im Leben einer oder mehrerer Figuren wird. Weitere Kennzeichen sind ein **unvermittelter Anfang** und ein **offenes Ende**, das viele Deutungsmöglichkeiten zulässt.

15 Sprecht gemeinsam über das Ende: Welches Ende hättet ihr erwartet?

Geschichten können aus verschiedenen Perspektiven erzählt werden.

16 Untersuche die Erzählperspektive der Kurzgeschichte genauer.
  a. Welche Erzählperspektive hat die Autorin für die Kurzgeschichte verwendet? Belege deine Antwort mit einer passenden Textstelle.
  b. Wie wirkt die Erzählperspektive auf dich? Stelle Vermutungen an, warum die Autorin diese Perspektive gewählt hat.

Erzählperspektiven
▶ S. 307

Eine Kurzgeschichte szenisch interpretieren

Um den Text „Das Fenster-Theater" noch besser zu verstehen, könnt ihr ihn szenisch interpretieren. Ihr gestaltet und spielt eine Szene zum Text, bei der das Ende nicht offen bleibt.

1 Bildet Dreiergruppen.

Für eure Spielszene ist es wichtig, eine genaue Vorstellung von den Figuren zu haben. Versetzt euch in die Figuren hinein.

2 a. Untersucht zunächst die Hauptfigur und ihre Situation genauer.
- Was erfahrt ihr über die Frau?
- Wo lebt die Frau? Wie stellt ihr euch den Ort vor?
- Was könnte sie am Theater am Fenster gegenüber so interessieren?

b. Beschreibt die Frau und ihre Situation in Stichworten.

3 Im Text heißt es: „Die Frau hatte den starren Blick neugieriger Leute". (Z. 2 bis 3) Baut zwei Standbilder:
a. Baut ein Standbild zu den Zeilen 2 bis 3. Wie stellt ihr euch die Mimik der Frau vor?
b. Baut nun ein Standbild zum Ende der Geschichte. Welchen Gesichtsausdruck hat die Frau am Ende der Geschichte?
c. Besprecht, was sich verändert hat.

> Ein Standbild bauen
> ▶ S. 312

4 In der Kurzgeschichte gibt es keine Dialoge.
Wie kommunizieren die Figuren in dieser Kurzgeschichte?
Wer spricht eigentlich? Wer verständigt sich mit wem?
a. Schreibt Textstellen auf, in denen Äußerungen mittels Mimik und Körpersprache beschrieben werden.
• **b.** Was bedeuten die Äußerungen jeweils? Notiert eure Deutungen.

Nun könnt ihr eure Spielszene planen.

5 Sammelt Ideen für ein Ende der Spielszene.

> **Starthilfe**
> – Der Mann dreht sich um und …
> – Die Frau erklärt der neugierigen Menschenmenge, warum sie die Polizei gerufen hat …
> – Der kleine Junge …
> – …

👥 **6** Um herauszufinden, ob eure Spielszene zum Text passt, beantwortet die folgenden Fragen zum Text:
- Was genau tut die Frau zu Beginn der Geschichte?
- Welche Mimik und welche Gesten des Mannes versteht die Frau wie?
- An was für einem Ort findet die Handlung statt? Woran ist das zu erkennen?
- Welche Rolle spielen Licht und Finsternis in der Geschichte?
- Was könnte der Handlungsort mit dem Wunsch der Frau zu tun haben?

7 a. Vergleicht eure Antworten mit euren Ideen aus Aufgabe 5.
b. Besprecht, welche Idee am besten zum Text passt, und entscheidet, welches Ende ihr in eurer Spielszene darstellen wollt.

Mit Rollenkarten könnt ihr euch auf das Spielen eurer Szene vorbereiten.

👥 **8** Schreibt Rollenkarten für die Figuren, die ihr darstellen wollt. Verwendet eure Ergebnisse aus den Aufgaben 2 bis 7.
a. Für die Rolle der Frau könnt ihr einen Monolog schreiben, in dem die Gedanken der Frau zu dem Fenster-Theater formuliert werden.
b. Für die Rollenkarte **alter Mann** notiert ihr alle Textstellen, in denen seine Gesten und seine Mimik beschrieben werden.
c. Ergänzt jeweils Regieanweisungen und Requisiten:
- Wie bewegen sich die Figuren, wie sind ihre Mimik und Gestik?
- Welche Requisiten benötigt die Frau, welche der Mann?

👥 **9** Gestaltet den Handlungsort der Spielszene.
a. Entwerft ein Hintergrundbild, zum Beispiel eine Plakatwand.
b. Besprecht, wie das Licht am Anfang der Szene aussehen soll und wie es sich im Laufe der Handlung verändert.

👥 **10** a. Verteilt die Rollen und übt die Spielszene ein.
b. Stellt sie der Klasse vor.

Szenisch spielen ▶ S. 312

Abschließend wertet ihr eure Interpretationen in der Klasse aus.

11 Diskutiert die folgenden Fragen:
- Welche Aufführung hat am besten zum Text gepasst? Warum?
- Wie habt ihr die Kurzgeschichte verstanden?
- Hat sich euer Verständnis nach dem Interpretieren verändert? Wenn ja, wie?

Eine Kurzgeschichte zusammenfassen

Auch die folgende Kurzgeschichte zeigt einen entscheidenden Moment im Leben ihrer Hauptfigur. Du erschließt die Kurzgeschichte und fasst sie in einer Textzusammenfassung zusammen.

1 Lies die Kurzgeschichte mit dem Textknacker.

Textknacker ▶ S. 310

Chuck Norris und all seine Freunde   Marlene Röder

„Kennst du den schon? Kleine Jungs tragen Schlafanzüge mit Superman drauf, Superman trägt einen Schlafanzug mit Chuck Norris drauf!"
„Ja, kenn ich. Jetzt halt die Klappe und trag mich einfach da hoch. Oder willst du warten, bis Chuck vorbeikommt und mit anpackt?"
5   Chuck Norris ist ein Actionheld. Ich habe noch nie einen Film mit ihm gesehen, aber wie alle kenne ich die Witze. In denen geht es immer darum, dass Chuck Norris etwas tut, was eigentlich unmöglich ist. Leider ist er jetzt nicht hier, deswegen muss mein Kumpel Piet den Actionhelden spielen.
Piet riecht nach Schweiß, als ich ihm den linken Arm um den Hals schlinge und
10 er seinen unter meine Kniekehlen schiebt und mich hochhebt und trägt wie eine verdammte Braut.
„Ich bin nicht sicher, ob das so 'ne geniale Idee ist, Ben", keucht er, während wir die Metalltreppe hochwanken.
„Klar ist das genial", behaupte ich, obwohl ich mir gerade auch nicht mehr so
15 sicher bin. Durch das Gitterwerk der Treppe kann man auf den Boden gucken. Er ist ziemlich tief unten.
Endlich sind wir oben. Piet setzt mich vorsichtig ab. Meine Beine, diese dummen, nutzlosen Anhängsel, baumeln über den Rand der Halfpipe. Über unserer zerkratzten, steilen, wunderbaren Halfpipe. Wie immer fühle ich mich sofort
20 besser.
„Jetzt noch den Rolli", sage ich. „Los, beeil dich, die anderen müssten gleich hier sein."
Rainbow, denke ich, Rainbow, Rainbow. Piet stöhnt, er hat einen ziemlich roten Kopf, aber er tut, was ich ihm sage, weil er weiß, dass
25 mir das hier wirklich wichtig ist, und weil er ein guter Kumpel ist, der beste, vielleicht sollte ich ihm das mal sagen, aber dann lass ich es doch. Er geht die Treppe wieder runter und ich sitze hier und kann die ganze Prärie[1] überblicken. Wir nennen es die Prärie, weil hier nichts ist. Keine Häuser, nur verrostete Bahnschienen und Glas-
30 scherben und über allem das hohe Gras. Mittendrin unsere Halfpipe. Horror für jeden Rollifahrer.

[1] die Prärie: die Grassteppe in Nordamerika

Außer für mich. Es stimmt nicht, was ich über den Namen gesagt habe. Wir nennen es die Prärie, weil es cool klingt.

Jetzt kann ich die anderen sehen, sie sind schon beim Skelett des kaputten Kinderwagens. Johnny geht voran, natürlich, dann Patexx und Fred mit seinem Punkerhund. Zuletzt kommt Rainbow, wie ein Leuchtfeuer am Schluss. Sie geht mit ausgebreiteten Armen, als wollte sie mit den Händen über das Gras streichen, als wollte sie das Zittern spüren, das der Wind durch die Halme laufen lässt.

Ich würde das auch gerne machen, bei ihren Haaren. Wie sich das wohl anfühlt, all die Farben. Eigentlich heißt sie anders. Aber ich nenne sie Rainbow, weil ihre Haare so bunt sind.

Vielleicht hat jemand einen Witz erzählt, denn jetzt kann ich sie lachen hören, ihr Lachen sprudelt über die ganze Prärie. Niemand kann so lachen wie Rainbow. Ohne sie sind Piets Chuck-Norris-Witze nur halb so lustig.

Es stimmt nicht, was ich über Rainbows Namen gesagt habe. Ich nenne sie Rainbow, weil sie mir Glück bringt.

Johnny hat mich oben auf der Halfpipe gesehen, er salutiert[2] vor mir wie vor einem General und ruft: „Zu Diensten! Warum hast du uns herbestellt, Ben?"

Johnny ist eine echt coole Sau, und wäre Chuck Norris hier, würde er das bestimmt auch finden und er und Johnny wären Freunde.

Johnny und ich sind auch so was wie Freunde, wir reden oft übers Skaten und ich weiß, dass er mich respektiert, weil ich mehr Ahnung davon habe als Piet und die anderen Jungs.

Zumindest theoretisch.

Johnny hat mich auch schon auf Wettkämpfe mitgenommen. *Du bist doch unser Maskottchen, Ben.* Er ist echt in Ordnung, und wenn Johnny loslegt, Mann, er macht unglaubliche Sachen mit seinem Board. „Chuck Norris isst keinen Honig. Chuck Norris kaut Bienen!", sagt Piet dann immer. Wenn wir skaten gehen, sagen wir manchmal, wir gehen Bienen kauen. Und wenn es auf dieser Welt einigermaßen gerecht zugehen würde, würde mir Johnny beibringen, wie man sie richtig kaut.

„Wirste schon sehen, Johnny!", rufe ich zurück. „Wirste gleich sehen!"

Die Halfpipe ist echt hoch. Aber was soll mir schon passieren? Im Rollstuhl sitze ich ja schon.

Es stimmt nicht, was ich über das Skaten gesagt habe. Wir nennen es fliegen.

Fluchend zerrt Piet meinen Rolli auf die Plattform, klappt ihn auf und murmelt dabei, dass ich ihm was schuldig bin. Er hebt mich rein und ich lege den Gurt an. Unten witzeln Patexx und Fred, dass ich jetzt auch auf die Pipe will. Aber Rainbow lacht nicht. Nicht ein winziges bisschen.

„Was soll'n das werden, Ben?", fragt Johnny.

„Willst du das wirklich durchziehen, nur wegen letzter Woche …?", fragt Piet.

Letzte Woche waren wir bei Johnny und haben DVDs übers Skaten geguckt und ein paar Folgen Jackass[3]. Rainbow hielt sich die Hände vor die Augen, während die Jackass-Truppe mit einem Bobbycar Rolltreppen runtersauste und alle möglichen anderen krassen Kamikaze-Aktionen machte.

---

[2] salutiert: militärischer Gruß mit der Hand an der Schläfe [3] Jackass: eine amerikanische Fernsehsendung

Ich musste über Rainbow lachen und sie selbst lachte auch und wiederholte immer wieder: „Sind die mutig oder einfach total durchgeknallt, oh Gott, ich kann nicht hingucken!" Aber dann guckte sie doch.

Johnny war neue Cola holen gegangen und da habe ich sie gefragt, obwohl ich doch weiß, dass Rainbow auf Johnny steht, jeder weiß das, aber ich musste trotzdem fragen, ob sie mal Bock hat, was mit mir zu machen. Nur wir beide. Rainbow zögerte ganz kurz, dann sagte sie: „Klar, warum nicht?" Und einen Moment hab ich gedacht, dass ich ein Glückspilz bin, aber dann habe ich kapiert, dass ich nur ein Krüppel bin. Jeden anderen hätte sie abblitzen lassen, weil sie sich wegen Johnny nicht mit anderen Jungs trifft. Aber ich zähle wohl nicht als Junge, ich bin nur der im Rollstuhl. Mit mir auszugehen ist ungefähr so erotisch, wie seinen Opa durch den Park zu schieben. Na, danke.

Das war letzte Woche und da wusste ich, dass ich was ändern muss.

„Willste das wirklich machen?", wiederholt Piet.

Ich frage nur, ob er die Kamera hat.

„Klar", antwortet Piet und klappt die Videokamera auf: „Mach mal winke, winke für deine Fans."

Ich mache das Victory-Zeichen in die Kamera und sage: „Egal was passiert, du stellst das auf YouTube."

„Was soll'n das heißen, Ben, ‚egal was passiert'?"

Ich antworte nicht, setze den Helm auf, den ich mir gestern gekauft habe, rot und blau. Meine Finger zittern nur ein bisschen.

„Du hast gesagt, du kriegst das hin. Du rockst die Pipe. Es kann nichts passieren. Echt, Mann, dein Vater bringt mich um!" Piet umklammert die Griffe meines Rollis.

„Wenn's nach meinem Vater ginge, würde ich zu Hause in meinem Zimmer sitzen und Modellflugzeuge bauen."

Wir schauen uns an und schließlich nickt Piet, als würde ihn das Mühe kosten, und gibt die Griffe meines Rollis frei. Das, was ich über meinen Vater gesagt habe, stimmt nicht. Vielleicht könnte er es sogar verstehen.

Ich rolle vor zur Kante. Die anderen unten an der Halfpipe haben jetzt kapiert, dass ich es ernst meine.

Johnny ruft zu mir hoch:

„Hey, Ben, wir brauchen dich noch! Du bist doch unser Maskottchen!" Aber ich hab keinen Bock, den Rest meines Lebens bloß das Scheißmaskottchen von anderen Leuten zu sein. Jetzt balanciere ich nur noch auf den Hinterreifen, es ist ein geiles Gefühl, den Rolli so unter Kontrolle zu haben.

„Mach keinen Scheiß, hörst du?!", brüllt Johnny und vielleicht ist das Angst in seiner Stimme. Rainbow ist ganz still und sieht aus, als würde sie sich am liebsten die Augen zuhalten.

„Chuck Norris hat bis unendlich gezählt. Zweimal!", flüstere ich, stoße mich ab über die Kante – und fliege.

Zunächst erschließt ihr den Inhalt der Kurzgeschichte.

👥 **2** Worum geht es in der Kurzgeschichte?
Beantwortet die folgenden Fragen in Stichworten:
- Wer ist die Hauptfigur und in welcher Situation befindet sie sich?
- Was wünscht sich die Hauptfigur?
- Was ist ihre geniale Idee?

👥 **3** Die Beziehungen zwischen den Figuren spielen eine besondere Rolle.
Lest noch einmal den Text und notiert dabei die Namen der Figuren.

👥 **4** Erstellt ein Schaubild, in dem deutlich wird, wie die Figuren zueinander stehen.
  a. Übertragt das folgende Schaubild und ergänzt weitere Figuren der Kurzgeschichte.
  b. Ergänzt wichtige Stichworte zu den Figuren und ihren Beziehungen untereinander. Belegt eure Aussagen mit Zeilenangaben aus dem Text.

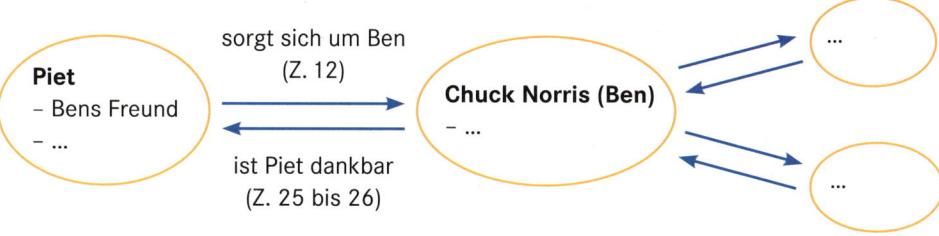

👥 **5** Wie endet die Kurzgeschichte? Beantwortet die Fragen in Stichworten:
- Was erfahrt ihr am Ende?
- Welche Fragen stellt ihr euch?
- Wie könnte die Geschichte weitergehen?

👥 **6** Ben möchte mit seiner genialen Idee etwas beweisen. Besprecht es:
- Was möchte er seinen Freunden beweisen? Warum?
- Was haltet ihr von Bens genialer Idee? Wie weit würdet ihr gehen, um anderen etwas zu beweisen? Begründet eure Antwort.

👥 **7** Die Kurzgeschichte heißt „Chuck Norris und all seine Freunde".
  a. Untersucht den Titel der Kurzgeschichte genauer.
     Ihr könnt auch im Internet zu Chuck Norris recherchieren.
  b. Erklärt, was der Titel der Geschichte mit ihrem Inhalt zu tun hat.

8 Eine Kurzgeschichte hat bestimmte Merkmale.
  a. Welche Merkmale findest du im Text?
     Schreibe sie untereinander auf.
  b. Notiere Stichworte zu jedem der Merkmale.

Im Internet recherchieren
▶ S. 311

Merkmale einer
Kurzgeschichte ▶ S. 307

Mit einer Textzusammenfassung kannst du andere über den Inhalt der Kurzgeschichte informieren.

1. Schritt: Notizen zum Inhalt machen und ordnen

9 Fasse die wichtigsten Ereignisse der Kurzgeschichte in Stichworten zusammen.
   a. Teile die Kurzgeschichte in Handlungsabschnitte ein.
   b. Formuliere zu jedem Abschnitt eine passende Überschrift.
   c. Notiere zu jedem Abschnitt die wichtigsten Stichworte.

> **Starthilfe**
> Abschnitt 1 (Z. 1 bis 16): Bens geniale Idee
> Ben kann nicht laufen, Piet trägt Ben Metalltreppe hoch, Bens geniale Idee …
> Abschnitt 2 (Z. 17 bis 33): …
> …

2. Schritt: Die Einleitung formulieren

In der Einleitung der Textzusammenfassung informierst du über die Textsorte, die Autorin, den Titel und das Thema des Textes.

10 Fasse die Angaben über die Textsorte, die Autorin und den Titel des Textes in einem Satz zusammen.

> **Starthilfe**
> Die Kurzgeschichte „Chuck Norris und all seine Freunde" wurde …

W 11 Wie könntest du das Thema des Textes benennen? Wähle eine der folgenden Formulierungen aus.

> Es geht um einen Jungen, der im Rollstuhl sitzt und sich und seinen Freunden beweisen will, dass er auch ein guter Skater ist.

> Der Rollstuhlfahrer Ben zeigt seinen Freunden, dass eine Behinderung kein Hindernis darstellen muss.

> Der im Rollstuhl sitzende Ben möchte als gleichwertiges Gruppenmitglied gesehen werden und will dafür eine gefährliche Idee umsetzen.

12 Schreibe deine vollständige Einleitung auf.

3. Schritt: Den Hauptteil der Textzusammenfassung formulieren

Im Hauptteil deiner Textzusammenfassung fasst du die wichtigsten Ereignisse der Handlung zusammen.

13 Formuliere nun den Hauptteil deiner Textzusammenfassung.
- Verwende deine Stichworte aus Aufgabe 8.
- Gib wichtige Aussagen der Figuren in indirekter Rede wieder oder umschreibe sie.
- Verwende eigene Worte und achte auf eine sachliche Sprache.
- Schreibe im Präsens, bei Vorzeitigkeit im Perfekt.

Verben im Konjunktiv
▶ S. 327

4. Schritt: Den Schluss formulieren

Im Schlussteil einer Textzusammenfassung kannst du dich dazu äußern, wie die Kurzgeschichte endet und wie du sie verstanden hast.

14 Formuliere deinen Schlussteil.
- Schreibe auf, wie die Kurzgeschichte endet.
- Äußere dich dazu, wie du die Kurzgeschichte verstanden hast.
- Gehe auf das Verhalten der Hauptfigur ein und nimm Stellung dazu.

Starthilfe
Am Ende der Kurzgeschichte ... Man erfährt nicht, ...
Meiner Meinung nach soll die Kurzgeschichte zeigen, ...
Ich finde das Verhalten der Hauptfigur Ben ...

15
a. Tauscht eure Textzusammenfassungen aus und gebt euch mit Hilfe der Arbeitstechnik gegenseitig eine Rückmeldung.
b. Überarbeitet eure Textzusammenfassungen. Achtet dabei auch auf die Rechtschreibung.
c. Schreibe deine überarbeitete Textzusammenfassung am Computer. Verwende auch die Rechtschreibprüfung am Computer.

Texte am Computer überarbeiten
▶ S. 236–237

Arbeitstechnik: Eine Textzusammenfassung schreiben

Eine Textzusammenfassung informiert kurz über den wesentlichen Inhalt eines Textes.
- In der **Einleitung** nennst du den Autor, den Titel, die Textsorte und das Thema des Textes.
- Im **Hauptteil** fasst du die wichtigsten Ereignisse der Handlung zusammen.
- Schreibe sachlich und im Präsens.
- Verwende keine wörtliche Rede.
- Schreibe im Präsens, bei Vorzeitigkeit im Perfekt.
- Am **Schluss** gehst du auf das Ende des Textes ein. Beziehe das Verhalten der Hauptfigur ein und äußere dich, wie du den Text verstanden hast.

Eine Kurzgeschichte zusammenfassen

Teste dich!

Hier kannst du überprüfen, ob du die Merkmale einer Kurzgeschichte bestimmen und eine Textzusammenfassung schreiben kannst.

Eifersucht   Tanja Zimmermann

Diese Tussi! Denkt wohl, sie wäre die Schönste. Juhu, die Dauerwelle wächst schon heraus. Und diese Stiefelchen von ihr sind auch zu albern. Außerdem hat sie sowieso keine Ahnung. Von nix und wieder nix hat die 'ne Ahnung. Immer, wenn sie ihn sieht, schmeißt sie die Haare zurück wie 'ne Filmdiva.
5 Das sieht doch ein Blinder, was die für 'ne Show abzieht. Ja, okay, sie kann ganz gut tanzen. Besser als ich. Zugegeben. Hat auch 'ne ganz gute Stimme, schöne Augen, aber dieses ständige Getue. Die geht einem ja schon nach fünf Minuten auf die Nerven. Und der redet mit der ... stundenlang. Extra nicht hingucken. Nee, jetzt legt er auch noch
10 den Arm um die. Ich will hier weg! Aber aufstehen und gehen, das könnte der so passen. Damit die ihren Triumph hat.
Auf dem Klo sehe ich in den Spiegel, finde meine Augen widerlich und auch sonst, ich könnte kotzen. Genau, ich müsste jetzt in Ohnmacht fallen, dann wird ihm das schon leidtun, sich stundenlang
15 mit der zu unterhalten.
Als ich aus dem Klo komme, steht er da: „Sollen wir gehen?" Ich versuche es betont gleichgültig mit einem Wenn-du-willst, kann gar nicht sagen, wie froh ich bin. An der Tür frage ich, was denn mit Kirsten ist.
20 „O Gott, eine Nervtante, nee, vielen Dank!" ...
„Och, ich find die ganz nett, eigentlich", murmle ich.

1 Erschließe den Inhalt der Kurzgeschichte und notiere Schlüsselwörter.
– Wer ist die Hauptfigur und in welcher Situation befindet sie sich?
– Welche weiteren Figuren kommen vor?
– Wie alt könnten die Figuren sein?
– In welcher Beziehung stehen die Figuren zueinander?

2 Überprüfe, ob der Text „Eifersucht" eine Kurzgeschichte ist.

3 a. Schreibe eine Textzusammenfassung zu der Kurzgeschichte.
b. Überarbeitet eure Textzusammenfassungen in Partnerarbeit.

4 Schreibe in dein Lerntagebuch:
– Was kannst du schon gut?
– Was möchtest du noch weiter üben?

Fördern

Eine Kurzgeschichte zusammenfassen

Hier übst du noch einmal, eine Kurzgeschichte zu erschließen und zusammenzufassen.

Du entscheidest, ob du die Aufgaben auf den Seiten 201 bis 203 mit mehr Hilfen oder die kniffligeren Aufgaben auf den Seite 204 und 205 lösen willst.

1 Lies die Kurzgeschichte mit dem Textknacker.

Textknacker ▶ S. 310

Die Sache mit dem Parka Hanna Hanisch

Ich kann den braunen Parka nicht leiden. Er stört mich beim Radfahren, das Futter ist mir zu warm, die Kapuze ist mir lästig. Wenn er wenigstens grün wäre! Und jeden Morgen dasselbe Thema: „Zieh deinen Parka an! Er liegt auf dem Küchenstuhl, vorgewärmt. Knöpf ihn richtig zu! Zieh die Kapuze über! Ver-
5 standen?"
Meistens schaffe ich es, so durchzukommen. Ich habe da meine Tricks: Ich gehe noch mal in mein Zimmer, lasse den Parka auf dem Bett liegen, lenke meine Mutter ab und verschwinde. Gestern stellt sich meine Mutter so lange neben mich, bis ich den Parka endlich über die Schultern hänge.
10 Vor der Haustür klemme ich ihn in den Gepäckträger. Plötzlich packt mich jemand am Hals: Mein Vater!
Er schüttelt mich am Kragen. Ich komme mir vor wie ein junger Hund, der auf den Teppich gepinkelt hat.
„So betrügst du uns?", schreit er mich an, und einen Moment hab ich das Gefühl,
15 als müsste ich um mich schlagen.
„Lass mich los!", schreie ich zurück. „Ich komme zu spät!"
„Mir egal!", brüllt mein Vater. „Wir reden jetzt oben ein Wort zusammen."
Er zieht mich in den Hausflur und treibt mich die Treppe hoch. Meine Mutter steht oben an der Flurtür und heult.
20 In der Küche muss ich mich setzen. Mein Vater steht vor mir; wie ein Riese steht er da.
Meine Güte! Was für ein Theater wegen diesem blöden Parka!
„Du warst krank, mein Freund!", sagt mein Vater, und seine Stimme ist immer noch viel zu laut.
25 Ja doch, weiß ich! Ist schon eine Weile her. Jetzt bin ich eben wieder gesund.
„Du hattest eine Lungenentzündung, vierzig Fieber. Wir haben eine Menge Angst ausgestanden. Jeden Tag ist der Doktor gekommen. Doch wohl nicht zum Spaß, oder?"
„Dein Leben hat am seidenen Faden gehangen", schluchzt meine Mutter.
30 „Wir wollen deutlich mit ihm reden", sagt mein Vater. „Er versteht das sonst vielleicht nicht. Du warst am Abnippeln! Habe ich mich klar genug ausgedrückt?"

Mein Vater redet jetzt auch so mit Zitterstimme.

Mir wird komisch. Ich sehe die Küchenuhr wie etwas Fremdes. „Zehn vor acht?", denke ich. „Wieso bin ich da noch zu Hause?" Überhaupt kommt mir das alles vor wie ein Film, in dem ich gar nicht mitspielen will.

Abnippeln hat mein Vater gesagt? Was soll das heißen?

Ich müsste jetzt eigentlich gar nicht mehr leben?

Tot sein?

Das gibt es doch gar nicht!

Man kann doch nicht einfach sterben.

Oder doch?

Ich mache mich steif und schließe die Augen.

Ich stelle mir vor, tot zu sein.

„Warum habt ihr mir das nicht gesagt?", stoße ich mühsam aus meinem steifen Körper.

Mein Vater hat sich an den Küchentisch gesetzt.

Endlich ist er mir vom Leibe gerückt!

Meine Mutter steht auf und gießt ihm noch einmal Kaffee in seine Tasse. Er schlürft in langen Zügen.

Mein Vater redet vor sich hin, als wäre ich gar nicht da. „Wenn einer gefährlich krank ist, sagt man ihm das nicht auf den Kopf zu. Was hilft ihm das? – Man setzt sich für ihn ein mit allen Kräften. Man legt sich ins Zeug, bis man selber nicht mehr auf den Beinen stehen kann. Man bringt ihn durch, wie ein Wunder ist das. Und dann rennt so ein verbockter Dummkopf in die Schule ohne Mantel! Und verspielt vielleicht alles wieder. Kriegt einen Rückfall. Ich begreife das nicht."

Mein Vater lässt den Kopf hängen. Er tut mir leid. Er hat Angst, ich erkälte mich. Kann ich ja verstehen! Also gut, dann ziehe ich den Parka eben an. Es macht mir nichts aus. Hauptsache, ich habe keinen Ärger mehr.

„Du musst mir eine Entschuldigung schreiben", sage ich plötzlich. „Für die erste Stunde. Sonst kriege ich einen Eintrag."

Mein Vater zieht seinen Kugelschreiber und schreibt mir etwas auf seinen Notizblock.

Ich stecke den Zettel in die Hosentasche. Dann hänge ich mir den Parka um und laufe aus der Küche, die Treppe hinunter, aus der Haustür auf die Straße. Mein Körper ist nicht mehr steif. Er ist leicht wie Luft. Unten schwinge ich mich aufs Fahrrad, trete bergab in die Pedale. Der Wind zischt mir um die Ohren. Die Straße riecht nach verbrannten Briketts, nach Auspuffgas, nach nassem Laub. In der Kurve schreie ich Jippijäh!

Die Bremse fasst gut. Ich fühle mich großartig heute Morgen.*

Fördern

In der Kurzgeschichte sorgt ein Parka sorgt für einen Konflikt
zwischen einem Jungen und seinen Eltern.
Darüber kannst du andere in einer Textzusammenfassung informieren.

2 Worum geht es in der Kurzgeschichte? Notiere Stichworte.
 – Was wünscht sich der Junge? Warum?
 – Was wünschen sich seine Eltern? Warum?

3 a. Untersuche die Beziehung zwischen dem Jungen und
 seinen Eltern genauer.
 b. Beschreibe die Beziehung in einem kurzen Text.
 – Warum sorgen sich die Eltern um ihren Sohn?
 – Woran erkennst du, dass sie sich sorgen?
 – Wie verhalten sich die Eltern? Wie verhält sich der Junge?

Plötzlich fragt der Junge die Eltern:
„Warum habt ihr mir das nicht gesagt?" (Z. 44)

4 Was meint der Junge mit dieser Frage?
 a. Erkläre, worauf sich die Frage bezieht.
 b. Belege deine Antwort mit einer passenden Textstelle.

5 Wie endet die Kurzgeschichte?
 – Was passiert am Ende, wie fühlt sich der Junge?
 – Warum ändert sich die Einstellung des Jungen zum Parka?

6 Im letzten Absatz heißt es: „Die Bremse fasst gut." (Z. 75)
 Was bedeutet dieser Satz für den Jungen?
 Schreibe eine mögliche Bedeutung auf.

7 Überprüfe, ob der Text „Die Sache mit dem Parka" eine Kurzgeschichte ist.

Nun kannst du deine Textzusammenfassung schreiben.

8 Schreibe eine Textzusammenfassung zu der Kurzgeschichte.
 a. Mache dir Notizen zum Inhalt und ordne sie.
 b. Informiere in der Einleitung über die Textsorte, die Autorin,
 den Titel und das Thema des Textes.
 c. Fasse die wichtigsten Ereignisse im Hauptteil zusammen.
 d. Gehe im Schlussteil auf das Ende ein und nimm Stellung
 zum Verhalten der Hauptfigur.

9 a. Überprüfe deinen Entwurf mit einer Partnerin oder einem Partner.
 b. Überarbeite anschließend deinen Text.

Fordern

Du kannst den folgenden Text erschließen und andere in einer Textzusammenfassung über seinen Inhalt informieren.

1 Lies den Text mit dem Textknacker.

Textknacker ▶ S. 310

Ein beinah lustiges Geschichtchen   Dieter Mucke

Über die Schienenschleife der Straßenbahn-Endstelle fegte ein beißender, schneestaubgesättigter Wind. Der viertelstündige Abstand, in dem die Bahnen fuhren, reichte gerade noch aus, um die parallelen Linien der schneeverwehten Schienen immer wieder zu markieren.

5 Es begann bereits zu dämmern. Man konnte noch gut sehen, doch die Schneekristalle wirbelten schon in den Lichtfühlern der vorsichtig fahrenden Autos.
In der schlecht geheizten Straßenbahn saßen die Leute mit hochgeschlagenem Mantelkragen, einen Arm durch die Henkel eines Netzes oder Einkaufsbeutels gefädelt, die
10 Hände in den Taschen vergraben, und warteten auf die Abfahrt.
In ein paar Tagen war Weihnachten, und die meisten hatten noch etwas in der Stadt zu besorgen. Ungeduldig trappelten sie sich die Füße warm und verfolgten mit ihren
15 Blicken die wenigen Passanten auf der Straße.

Plötzlich richtete sich ihre Aufmerksamkeit auf einen Mann. Der kam den Radweg entlang, aber mehr getorkelt als gegangen. In der Hand trug er eine abgewetzte und ausgebeulte Aktentasche, den linken Arm hielt er waage-
20 recht ausgestreckt, balancierte so den sehr ungleichmäßigen Gang auf dem glatten Weg etwas aus und strebte der Bahn zu.
Da sich an der Endstelle eine Kneipe befand, dachten sich die Leute ihr Teil. Ungefähr zehn Meter vor seinem Ziel rutschte der Mann aus. Im Fall bekam er
25 mit der freien Hand eine Laterne zu fassen. An der drehte er sich rücklings zu Boden. Dann saß er im Schnee. Das Grinsen der Straßenbahninsassen platzte zu einem Lachen. Sie rückten sich auf ihren Plätzen so zurecht, dass sie den Mann gut beobachten konnten, und waren neugierig, wie es nun weiterging.
Der Mann umarmte den Laternenpfahl und wand sich ebenso spiralförmig, nur
30 viel langsamer, wieder hoch. Als er endlich aufrecht und schwankend neben der Laterne stand, merkte er, dass seine Tasche noch im Schnee lag, und griff sich an den Kopf, was abermals bei den Fahrgästen einen Heiterkeitsausbruch zur Folge hatte. Man wartete auf einmal nicht mehr ungeduldig auf die Abfahrt der Straßenbahn, sondern amüsierte sich auf seinem Sitz wie im Kino, genoss
35 das Ganze wie einen Filmgag.
Indessen ließ sich der Mann wieder an dem Laternenpfahl herab. Wahrscheinlich hielt er sich nicht richtig fest, er stauchte hart auf. Der Hut rutschte in die Stirn und nahm ihm die Sicht. Vor Verwirrung tappte er mit den Händen wie ein Blinder nach der Tasche.

204

Fordern

40 Das Lachen in der Straßenbahn brandete so laut auf, dass es durch die Ritzen der Türen bis zu ihm gedrungen sein musste.
Da riss sich der im Schnee Sitzende den Hut vom Kopf, zeigte den wiehernden Zuschauern wild gestikulierend den Vogel und zog mit einem Ruck beide Hosenbeine bis zu den Knien hoch. Aus den Schuhschäften[1] ragte das
45 Metallgestänge und Lederzeug von Prothesen[2].
Das Gelächter gefror auf der Stelle. Doch ehe sich die Fahrgäste eines Besseren besannen[3], klingelte die Straßenbahn und fuhr ab.

[1] der Schuhschaft: der Teil des Schuhs, der an der Ferse anliegt
[2] die Prothese: ein künstliches Ersatzbein
[3] besannen, sich besinnen: bevor sie reagieren konnten

2 Worum geht es in dem Text? Formuliere das Thema des Textes in einem Satz.

3 Die ersten drei Absätze schildern die Situation der Menschen in der Straßenbahn. Beschreibe die Situation in Stichworten.

4 Die Aufmerksamkeit der Fahrgäste richtet sich plötzlich auf einen Mann. Wie ändert sich das Verhalten der Fahrgäste nach und nach?
   a. Lies noch einmal die passenden Textstellen.
   b. Notiere in Stichworten, was sich nach und nach verändert.

5 Der Text heißt „Ein beinah lustiges Geschichtchen".
Was könnte der Titel mit dem Inhalt der Geschichte zu tun haben? Schreibe eine mögliche Erklärung auf.

6 Schreibe einen kurzen Text, in dem du nachweist, ob und warum der Text „Ein beinah lustiges Geschichtchen" eine Kurzgeschichte ist.

7 Schreibe eine Textzusammenfassung zum Text „Ein beinah lustiges Geschichtchen".

8 a. Überprüfe deinen Text mit einer Partnerin/einem Partner.
   b. Überarbeite anschließend deinen Text.

9 Am Ende der Geschichte fährt die Straßenbahn davon, „ehe sich die Fahrgäste eines Besseren besannen" (Z. 46 bis 47).
   a. Was bedeutet dieses Zitat? Erkläre es in eigenen Worten.
   b. Nimm Stellung zum Verhalten der Fahrgäste.

10 Untersuche die Erzählperspektive des Textes genauer.
   a. Bestimme die Erzählperspektive des Textes und belege deine Antwort mit passenden Textstellen.
   b. Beschreibe die Wirkung der Erzählperspektive schriftlich.

Erzählperspektiven
▶ S. 307

Fit für die Probe

Eine Kurzgeschichte zusammenfassen

Hier übst du Schritt für Schritt, dich auf eine Probe vorzubereiten.
Stelle dir vor, dies ist die Aufgabe für die Probe:

Schreibe eine Textzusammenfassung zu der Kurzgeschichte „Sommerschnee".

1. Schritt: Die Aufgabe verstehen

Aufgaben verstehen ▶ S. 311

1 a. Lies die Aufgabe mehrmals genau.
b. Schreibe mit eigenen Worten auf, was du genau tun sollst.

2 Überlege: Worauf sollst du achten, wenn du eine Textzusammenfassung schreiben möchtest?

2. Schritt: Die Aufgabe bearbeiten

3 Lies den Text mit dem Textknacker.

Textknacker ▶ S. 310

Sommerschnee   Tanja Zimmermann

Mir ist alles so egal, ich fühle mich gut.
Der Regen macht mir nichts aus, meine Stiefel sind durchweicht, die Bahn kommt nicht. Neben mir hält ein Mercedes: „Engelchen, ich fahre dich nach Hause." Ich hab keine Angst, setze mich einfach neben eine alte Frau, fühle mich
5 sicher, mir kann nichts passieren! In der Bahn stehe ich eingequetscht zwischen nass-stinkenden Persianermänteln[1] und grauen Anzugmännern.
Die Bahn bremst, eine dicke Frau fällt gegen mich, drückt mich an die Fensterscheibe. Die Leute fluchen, beschimpfen den Fahrer. Ich lache. Beim Aussteigen drängt jeder den anderen, ich lasse mich treiben, bin glücklich,
10 denke nur an dich!
An der Ampel merke ich, dass ich zu laut singe. Eine Mutter mit Kinderwagen lacht mich an, eine aufgetakelte[2] Blondine mustert mich von oben bis unten. Ich weiß, ich bin klitschnass, meine weiße Hose ist nach 5 Tagen eher dunkelgrau, doch ich weiß, dass sie dir
15 gefällt. Meine Haare hängen nass und strähnig auf meiner Schulter. Du hast gesagt, du hast dich schon am ersten Tag in mich verliebt, und da hatte ich auch nasse Haare. Ich laufe schnell über die Straße, leiste mir eine Packung Filterzigaretten, kaufe welche, die mir zu leicht sind, die du am liebsten magst.

[1] die Persianermäntel (Pl.): Fellmäntel   [2] aufgetakelt: übertrieben schick

20 Ein grelles Quietschen. Ein wütender Autofahrer brüllt, ob ich Tomaten auf den Augen hätte. Ich lache und beruhige ihn mit einem „kommt nicht noch mal vor". An einem Schaufenster bleibe ich trotzdem stehen, zupfe an meinen Haaren herum, ziehe die Hose über meine Stiefel, will dir ja gefallen. Ich will dir ja sogar sehr gefallen!

25 Auf der Apothekenuhr ist es fünf. Ich laufe quer über die nasse Wiese. Schliddere mehr, als dass ich laufe. Aber ich will dich nicht warten lassen, ich kann das auch nicht. Ich werde dann von Minute zu Minute nervöser, also laufe ich. Bevor ich schelle[3], atme ich erst ein paarmal tief durch, dann klingel ich, fünfmal hast du gesagt. Und meine Freude, dich zu sehen, ist endgültig Sieger über meine Angst.

30 Erst dann bemerke ich den kleinen zusammengefalteten Zettel an der Wand. Ja, es tut dir leid, wirklich leid, dass du Vera wiedergetroffen hast! Ich soll es mir gutgehen lassen. Richtig gutgehen lassen soll ich es mir! Die brennende Zigarette hinterlässt Wunden auf meiner Hand. Das Rattern der vorbeifahrenden Laster, das Kindergeschrei, Hundegebell und das laut aufgedrehte Radio von 35 gegenüber verschwimmen zu einem nervtötenden, Angst einjagenden Einheitsgeräusch, meine Augen nehmen nur noch die gröbsten Umrisse wahr. Wie eine alte Frau gehe ich den endlos langen Weg zur Haltestelle, meine Füße sind nass und kalt in den durchweichten Stiefeln.

Ein glatzköpfiger Mann pfeift hinter mir her, bietet mir sein Zimmer und sich 40 an. Verschüchtert stehe ich in der Ecke neben dem Fahrplan, mein Gesicht spiegelt sich in der Scheibe. Wann kommt endlich diese elende Straßenbahn?

[3] schellen: klingeln

4 Plane deine Textzusammenfassung.
    a. Teile den Text in Handlungsabschnitte ein.
    b. Notiere zu jedem Abschnitt die wichtigsten Stichworte.
    c. Überprüfe, ob der Text „Sommerschnee" eine Kurzgeschichte ist.

5 Schreibe deine Textzusammenfassung.
    a. Formuliere eine Einleitung mit allen notwendigen Angaben.
    b. Fasse im Hauptteil die wichtigsten Ereignisse der Handlung zusammen.
    c. Nimm im Schlussteil Stellung zum Verhalten der Hauptfigur.

3. Schritt: Die Aufgabe überprüfen

6 **a.** Erstelle eine Checkliste und überprüfe deine Textzusammenfassung.
    Tipp: Lies noch einmal die Aufgaben 1 bis 6. Hast du alles bearbeitet?
  b. Überarbeite deinen Text, wenn nötig.

4. Schritt: Die Vorgehensweise auswerten

7 Schreibe deine Erfahrungen in dein Lerntagebuch:
Was hat dir geholfen, die Aufgabe zu lösen?

Arbeitstechniken

In diesem Teil kannst du gezielt das Handwerkszeug üben, das du zum Lernen benötigst.

Das Lernen organisieren
Hier übst du, Aufgaben besser zu verstehen und richtig zu bearbeiten.

Lesen und interpretieren
Hier trainierst du, einen Sachtext und Grafiken zu erschließen und untersuchst die Funktionen von Grafiken. Außerdem liest und deutest du ein Gedicht.

Sich und andere informieren
Du trainierst, Informationen anschaulich zu präsentieren. Du lernst, wie du ein Lapbook gestaltest. Weiterhin lernst du, korrekt aus fremden Texten zu zitieren. Außerdem übst du, anderen ein hilfreiches Feedback zu geben.

Schreiben und überarbeiten
Auf diesen Seiten übst du, Texte zu schreiben und zu überarbeiten. Ihr lernt außerdem die Methode „Über den Rand hinaus schreiben" kennen, mit der ihr Texte gemeinsam überarbeiten könnt.

Das Lernen organisieren

Aufgaben verstehen

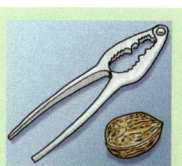

Du kannst Aufgaben in drei Schritten verstehen.

1 Lies die Aufgabe mehrmals genau – Satz für Satz.

> Verfasse einen informierenden Text für die Homepage eurer Schule zum Thema „Nachhaltigkeit und Umweltschutz" auf der Grundlage der bereitgestellten Materialien.
> **a.** Beschreibe in der Einleitung, was der Begriff „Nachhaltigkeit" bedeutet.
> **b.** Erkläre, warum Nachhaltigkeit für den Umweltschutz wichtig ist. Nutze dazu die Materialien als Quelle.
> **c.** Erläutere an drei konkreten Beispielen, wie ihr an eurer Schule etwas über Nachhaltigkeit und Umweltschutz lernen könnt.
> **d.** Belege deine Aussagen mit Textstellen aus den Materialien.

2 Untersuche die ersten drei Zeilen der Aufgabe:
– Was sollst du tun?
– Wofür sollst du es tun?
– Worüber sollst du schreiben?
– Auf welcher Grundlage sollst du schreiben?

3 Die Verben in der Aufgabe sagen dir, was du genau machen sollst.
a. Schreibe die Verben aus den Teilaufgaben **a.** bis **d.** untereinander auf.
b. Lies die Erklärungen und ordne sie den passenden Verben zu. Schreibe die Erklärungen zu den Verben.

> Erklärungen:
> – Ich stütze eigene Aussagen durch ein Zitat oder einen Verweis.
> – Ich stelle Zusammenhänge zwischen Sachverhalten her.
> – Ich gebe Merkmale in eigenen Worten wieder.
> – Ich zeige Vorgänge auf und veranschauliche sie.

4 Was sollst du tun? Wie sollst du die Aufgabe lösen? Schreibe es in deinen eigenen Worten auf.

> **Starthilfe**
> Ich soll einen ... schreiben. Dazu soll ich zuerst genau wiedergeben, was der Begriff ...

Lesen und interpretieren

Den Textknacker anwenden

Hier wiederholst du den Textknacker noch einmal Schritt für Schritt.

Zuerst siehst du dir den Sachtext und die Grafiken auf den Seiten 210 bis 212 an und verschaffst dir einen Überblick.

Textknacker ▶ S. 310

1. Schritt: Vor dem Lesen

1 a. Sieh dir den Text als Ganzes an.
    b. Schreibe Stichworte auf:
      – Was weißt du schon über das Thema?
      – Was erzählen dir die Grafiken und die Überschriften?
      – Worum könnte es in dem Text gehen? Begründe deine Vermutungen.

Du liest den Sachtext ein erstes Mal.

2. Schritt: Das erste Lesen

2 a. Lies den Text einmal durch.
    b. Beantworte Fragen in Stichworten:
      – Welche Wörter oder Wortgruppen fallen dir auf?
      – Worum geht es? Überprüfe deine Vermutungen aus Aufgabe 1b.

Die Forscher von morgen: Der Wettbewerb „Jugend forscht"

1 Wie kann man Plastikmüll vermeiden? Wie entsteht eine automatische Musikmaschine? Kann man die Umwelteinflüsse messen, die zum Bienensterben beitragen? Mit den Antworten auf diese und andere technische und naturwissenschaftliche Fragen haben sich Schülerinnen und Schüler intensiv
5 beschäftigt und ihre Forschungsergebnisse 2019 bei dem Landeswettbewerb „Jugend forscht" in Bayern vorgestellt.

2 „Jufo" – so die Abkürzung – ist mittlerweile der größte europäische Wettbewerb, der Forschertalente aufspürt und Leistungen junger Menschen in den sogenannten MINT-Fächern[1] fördert. Er
10 findet seit mehr als fünfzig Jahren deutschlandweit in allen Bundesländern statt; aus den Landessiegern werden dann zehn Bundessieger ermittelt. Veranstaltet wird der Wettbewerb von der Stiftung „Jugend forscht e. V.". Das Bundesministerium für Bildung und Forschung beteiligt sich jedes Jahr an den Kosten der Durchführung.

[1] die MINT-Fächer: Mathematik, Informatik, Naturwissenschaften, Technik

3 Auch Unternehmen aus der Wirtschaft unterstützen den Wettbewerb als Sponsoren: Sie stellen Geld, Material oder geeignete Räumlichkeiten zur Verfügung. Für sie sind die jungen Talente von heute die qualifizierten Fachkräfte von morgen. Diese Firmen richten auch ein Begleitprogramm mit Vorträgen und Arbeitsgruppen aus, bei dem die jungen Forscher etwas lernen und Kontakte knüpfen können. Und nicht zuletzt stiften die Unternehmen die Preise. Neben Geldbeträgen und Sachpreisen kann man Einladungen zu Studienfahrten oder einen Praktikumsplatz gewinnen. Auf diese Weise sammeln die Gewinner praktische Erfahrungen und können ihre Talente ausprobieren.

4 Wer bei „Jugend forscht" mitmachen möchte, muss zwischen 15 und 21 Jahren alt sein. Man kann allein forschen oder sich in Gruppen zu maximal drei Personen zusammentun. Für Schülerinnen und Schüler, die mindestens in der vierten Klasse und jünger als 15 Jahre sind, gibt es eine eigene Sparte[2], die „Schüler experimentieren" heißt. Die Forscherarbeiten können für folgende Bereiche angemeldet werden: Arbeitswelt, Biologie, Chemie, Geo- und Raumwissenschaften, Mathematik/Informatik, Physik und Technik. Jedes Fachgebiet hat eine eigene Wettbewerbsjury, der die Ergebnisse präsentiert werden. Dazu gestalten die jungen Forscher einen Stand, auf dem sie ihren Arbeitsprozess verdeutlichen und die Lösungen zeigen. Außerdem müssen sie einen mündlichen Vortrag halten und Nachfragen der Jury beantworten.

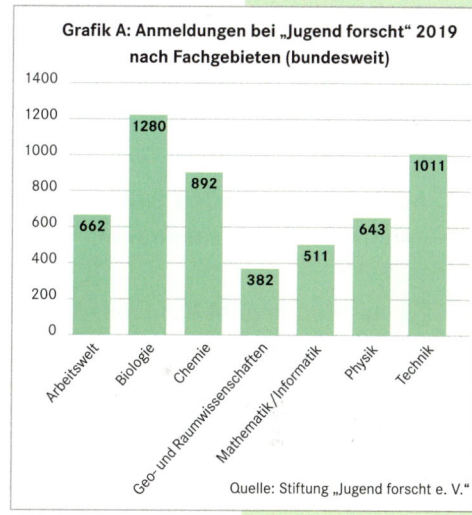

5 An vielen Schulen existieren eigene „Jufo-AGs", in denen die Teilnehmenden Hilfestellungen bekommen und sich austauschen können. Auch Lehrkräfte sind häufig als Berater dabei. Die jungen Forscher können ihr Thema frei wählen, solange es zu den genannten Fachbereichen gehört. Meist werden aktuelle Fragestellungen der Zeit aufgegriffen. Im Jahr 2019 ging es z. B. verstärkt um Umweltschutz, Mobilität[3] und die Anwendung neuer Technologien.

Beispiele für Forschungsthemen aus Bayern 2019	
Arbeitswelt	Bau eines Rollstuhl-Untersatzes, damit der Rollstuhl auch im Winter und im Gelände gut fahren kann
Biologie	Erstellen einer Karte, auf der man sehen kann, in welchen Kirchen wie viele Fledermäuse vorkommen
Chemie	Entwicklung eines Bindemittels, um z. B. auf dem Meer Ölverschmutzungen umweltfreundlich beseitigen zu können
Mathematik/Informatik	Programmierung einer Mitfahrvermittlung für Smartphones
Technik	Bau einer funktionsfähigen Gitarre mit Hilfe eines 3-D-Druckers

---
[2] die Sparte: die Unterabteilung
[3] die Mobilität: die Beweglichkeit (sich von einem Ort zu einem anderen bewegen können)

6 Den großen Erfolg konnten die Begründer von „Jugend forscht" im Jahr 1965 noch nicht voraussehen: Unter dem Motto „Wir suchen die Forscher von morgen" riefen sie damals junge Menschen dazu auf, selbstständig zu einem naturwissenschaftlichen Thema zu forschen und die Ergebnisse einer Wettbewerbsjury vorzustellen. Es trafen aus ganz Deutschland 244 Anmeldungen ein – darunter 20 von weiblichen Teilnehmerinnen. Heute melden sich Jahr für Jahr ca. 12 000 Jugendliche an, wobei der Anteil der Mädchen zwar steigt, aber immer noch deutlich niedriger ist als der der Jungen. Es wäre schön, wenn sich noch mehr Mädchen beteiligen würden, denn „Wir suchen auch die Forscher**innen** von morgen"!

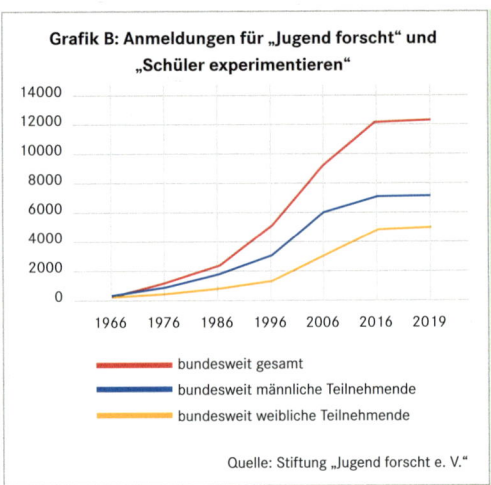

Nun „knackst" du den Text Absatz für Absatz. Schlüsselwörter helfen dir, die wichtigsten Informationen in jedem Absatz zu erkennen.

3. Schritt:
Den Text genau lesen

3 a. Lies die Absätze **1** bis **6** genau.
b. Schreibe zu jedem Absatz Schlüsselwörter auf.

Absätze gliedern den Sachtext. Was in einem Absatz zusammensteht, gehört inhaltlich zusammen.

4 a. Worum geht es in den einzelnen Absätzen? Schreibe für jeden Absatz eine Zwischenüberschrift auf.
b. Notiere deine Schlüsselwörter unter die Zwischenüberschriften.

> **Starthilfe**
> Absatz 1:
> Schülerinnen und Schüler stellen Forschungsergebnisse bei „Jugend forscht" vor.
> technische und naturwissenschaftliche Fragen, Landeswettbewerb …

Du musst nicht jedes Wort im Text verstehen. Manchmal ist ein unbekanntes Wort aber wichtig für das Textverständnis.

5 Klärt gemeinsam unbekannte Wörter und schreibt sie zusammen mit ihrer Bedeutung auf.
– Manche Wörter werden unter dem Text mit Fußnoten erklärt.
– Andere Wörter werden im Text selbst erklärt. Ihr könnt sie aus dem Zusammenhang verstehen.
– Schlagt Wörter, die jetzt noch immer unbekannt sind, in einem Wörterbuch oder Lexikon nach.

Nachschlagen ▶ S. 319

Zu dem Sachtext gehören auch eine Tabelle und zwei Grafiken.
Sie erklären Textstellen genauer und liefern zusätzliche Informationen.

6 a. Sieh dir die Tabelle auf Seite 211 genau an.
b. Zu welchem Absatz gehört die Tabelle? Schreibe es auf.
c. Worum geht es in der Tabelle? Schreibe einen Satz dazu auf.
d. Es gibt im Text noch eine zweite Stelle, zu der die Tabelle passt. Sucht diese Stelle und sprecht darüber.

7 a. Erschließe die Grafiken A und B auf den Seiten 211 und 212 mit dem Textknacker für Grafiken.
b. Was zeigen die Grafiken? Erkläre es mit eigenen Worten.
c. Zu welchem Textabschnitt gehören die Grafiken jeweils? Lies noch einmal die passenden Sätze im Text und notiere die Zeilenangaben.
d. Was sagen die beiden Grafiken noch genauer als der Text? Sprecht darüber.

Textknacker für Grafiken
▶ S. 310

Zu dem Sachtext gehört auch die Abbildung eines Plakats.
Sie liefert weitere Informationen.

8 a. Sprecht über die Abbildung.
– Was zeigt sie?
– Welche Informationen sind zu lesen?
– Wie ist der Zusammenhang zwischen der Abbildung und dem Text?
– Wie passt die Abbildung zum Thema des Sachtextes?
b. Schreibt zwei Sätze zur Abbildung auf.

Nach dem Lesen kannst du das Wichtigste aus dem Text wiedergeben.

4. Schritt:
Nach dem Lesen

9 Stelle den Wettbewerb „Jugend forscht" in einem kurzen informierenden Text für die Schülerzeitung oder die Homepage deiner Schule vor.

Einen informierenden Text schreiben ▶ S. 314

Starthilfe

In dem Wettbewerb „Jugend forscht" können Schülerinnen und Schüler …
Der Wettbewerb hat das Ziel, …
Die Unternehmen sind interessiert an …
Die Teilnahme lohnt sich, weil …

10 Schreibe deine Erfahrungen beim Lesen des Sachtextes mit Grafiken in dein Lerntagebuch:
– Was hast du gemacht, wie bist du vorgegangen?
– Was war neu für dich?
– Was ist dir gut gelungen? Wobei brauchst du noch Hilfe?

Grafiken und ihre Funktion untersuchen

Textknacker für Grafiken
▶ S. 310

Sina will für die Schülerzeitung über „Jugend forscht" schreiben.
Sie findet in ihren Materialien ein Kreisdiagramm.

1 a. Sieh dir die Grafik an.
b. Worum geht es in der Grafik? Erkläre es mit eigenen Worten.

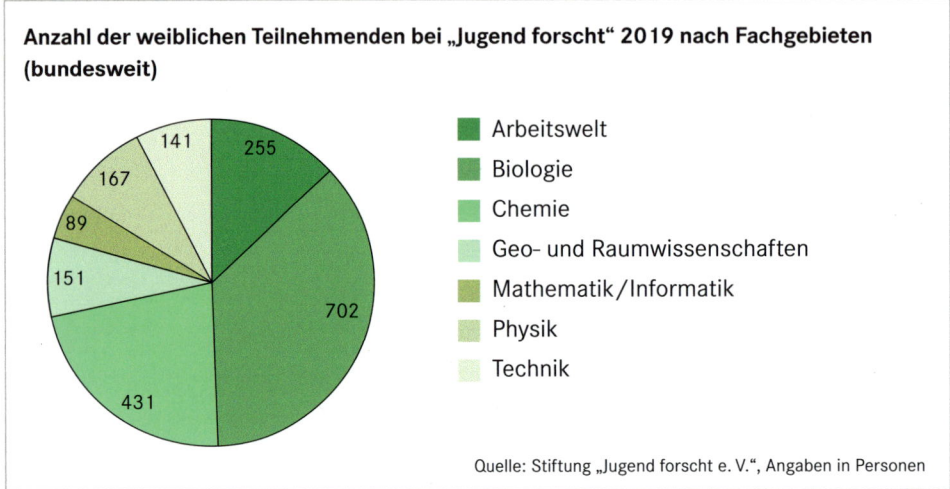

Anzahl der weiblichen Teilnehmenden bei „Jugend forscht" 2019 nach Fachgebieten (bundesweit)

- Arbeitswelt
- Biologie
- Chemie
- Geo- und Raumwissenschaften
- Mathematik/Informatik
- Physik
- Technik

Quelle: Stiftung „Jugend forscht e. V.", Angaben in Personen

2 Wie sind die Informationen veranschaulicht? Schreibe auf,
- wofür der gesamte Kreis steht,
- was durch die Farben der Kreisanteile ausgedrückt wird,
- was die Zahlen angeben.

In einem Kreisdiagramm werden Teile eines Ganzen miteinander verglichen.

3 Welche Informationen könnt ihr den Einzelteilen der Grafik entnehmen? Sprecht darüber.

Über die einzelnen Angaben hinaus kann man auf einen Blick weitere Informationen erkennen.

4 a. Untersucht das Kreisdiagramm genauer:
Welche Informationen könnt ihr noch aus der Grafik ablesen?
Was bedeutet die Formulierung „bundesweit" in der Überschrift?
b. Schreibt mindestens zwei Sätze dazu auf.

> **Starthilfe**
> Es gibt insgesamt sieben …
> Auf den beiden ersten Plätzen der Anmeldungen liegen …

Sprachspeicher

Jedes Teilstück steht für …

Die Zahlen geben jeweils … an.

An der Größe der Teilstücke ist zu erkennen, dass …

Sina findet im Internet eine weitere Grafik zu „Jugend forscht".

5 a. Sieh dir das Balkendiagramm an.
b. Worum geht es in dieser Grafik? Erkläre es mit eigenen Worten.

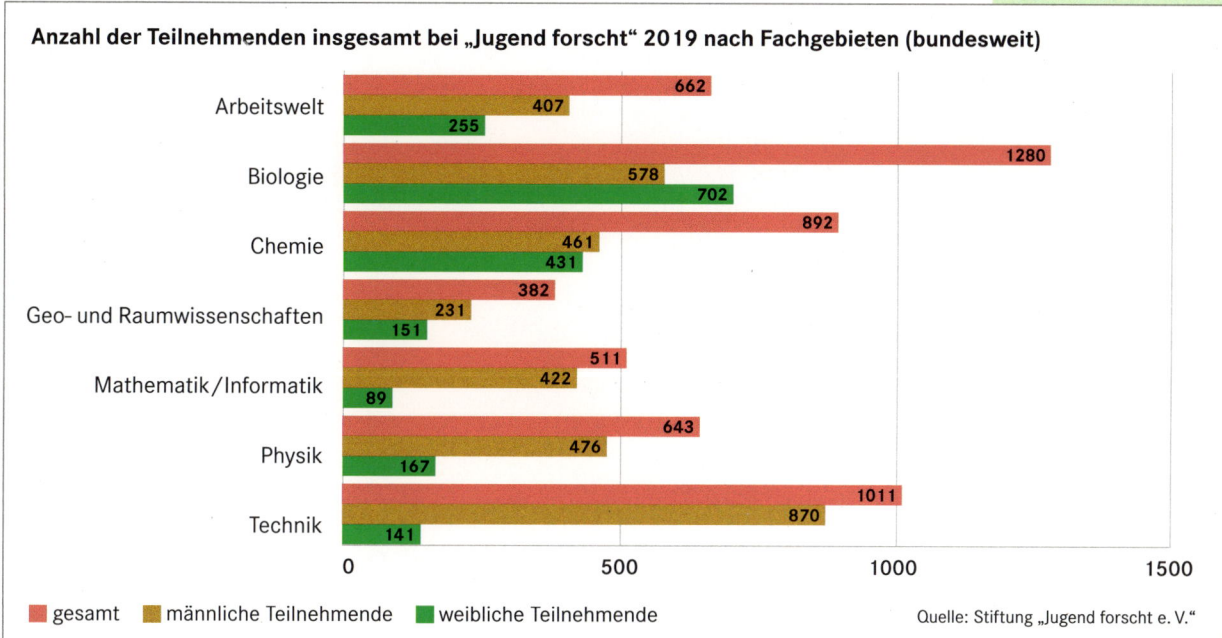

6 Wie sind die Informationen hier veranschaulicht? Schreibe auf,
– was auf der linken Seite angegeben ist,
– was die Balken bedeuten,
– was durch die unterschiedlichen Farben der Balken ausgedrückt wird.

Sprachspeicher

Jedes Fachgebiet wird durch ... dargestellt.

Die Farben stehen für ...

Mit einem Balkendiagramm können verschiedene Mengen und Größen vergleichend dargestellt werden.

7 Ordne die Angaben aus dem Balkendiagramm in einer Tabelle.

Starthilfe

Fachgebiet	Weibliche Teilnehmende	Männliche Teilnehmende	Gesamt
Technik	...	...	...

Nun kannst du deine Ergebnisse auswerten.

8 Vergleicht die Darstellungsformen Tabelle, Kreisdiagramm und Balkendiagramm. Schreibt auf, wofür sie sich eignen.

9 Welches Diagramm empfehlt ihr Sina für ihren Text über „Jugend forscht"? Begründet.

Ein Gedicht untersuchen und deuten

Textknacker ▶ S. 310

Das folgende Gedicht könnt ihr gemeinsam lesen und deuten.
Die Schritte des Textknackers helfen euch dabei.

1 a. Seht euch das Bild an und lest die Überschrift.
b. Worum könnte es in dem Gedicht gehen?
Sprecht über eure Vermutungen.

2 Lest nun jeder für sich leise das Gedicht.

stadt ohne namen   Zoran Drvenkar

an diesem ort hier
fange ich neu an
mit einigen häusern
und schmalen straßen
5 mit viel grün und
einem hund der
nie bellt und
sich immer freut
dich zu sehen

10 keine schilder führen hierher
das telefon klingelt nie
kein empfang fürs radio
und den fernseher
vergiss den mal

15 ich pflanze birken
und weiden
ich pflanze bücher
und zeit
ich wandere von
20 einem ort zum andern
und fange stets
von neuem an

3 a. Was fällt euch auf? Schreibt euren ersten Leseeindruck auf.
b. Welche Bilder sind beim Lesen im Kopf entstanden?
Schreibt dazu Stichworte auf.

4 Worum geht es in dem Gedicht? Haben sich eure Vermutungen
aus Aufgabe 1 bestätigt? Sprecht darüber.

Nach dem ersten Lesen lest ihr das Gedicht genau. Ihr stellt Fragen an den Text und besprecht gemeinsam Unklarheiten.

5 a. Lest euch das Gedicht gegenseitig vor.
b. Schreibt auf, was euch dabei auffällt.
c. Sprecht über Verse, die ihr nicht versteht.

6 Untersucht die äußere Form des Gedichts genauer.
Schreibt Stichworte zu den folgenden Fragen auf:
- Wie viele Strophen gibt es?
- Wie sind die Strophen aufgebaut?
- Was fällt euch an der Sprache auf?

7 Untersucht nun den Inhalt genauer, Strophe für Strophe.
a. Was wird in der ersten Strophe beschrieben? Fasst es zusammen.
b. Findet ein Wort oder eine Wortgruppe, um den Inhalt der zweiten Strophe wiederzugeben.
c. Worum geht es in der dritten Strophe? Wie unterscheidet sie sich von den beiden anderen? Sprecht darüber.

8 a. Untersucht das lyrische Ich mit Hilfe der folgenden Fragen:
- In welcher Stimmung könnte das lyrische Ich sein?
- In welchen Strophen spricht das lyrische Ich nur von sich selbst?
- In welchen Versen spricht es jemanden an? Wer könnte das sein?
- Wie beschreibt das lyrische Ich seinen Neuanfang?
b. Belegt eure Antworten mit den passenden Versen.
Schreibt die Versangaben auf.

Merkwissen Gedichte
▶ S. 306

Nach dem genauen Lesen wertet ihr eure Arbeitsergebnisse aus und deutet das Gedicht. Dazu benötigt ihr auch euer Vorwissen.

9 a. Wo könnte das lyrische Ich vorher gelebt haben?
Stellt Vermutungen an.
b. Deutet die Verse 15 bis 18: Was kann es bedeuten, neben „birken und weiden" auch „bücher und zeit" zu pflanzen?
c. Wie könnte es sich anfühlen, immer unterwegs zu sein und „stets von neuem" anzufangen? Wie passt die Überschrift des Gedichts dazu?
Sprecht darüber.
d. Fasst eure Ergebnisse in einem kurzen Text zusammen.

10 Schreibt einen Brief, in dem das lyrische Ich einer befreundeten Person über den Neuanfang berichtet.

Starthilfe
Liebe/r ..., jetzt bin ich in meinem neuen Wohnort angekommen. Es sieht hier ...

Sich und andere informieren

Informationen in einem Referat veranschaulichen

Tim und Elin wollen ein Referat über Radschnellwege mit unterschiedlichen Materialien veranschaulichen.

A Gliederung

- Wie sieht die Planung in Bayern aus?
- Was ist das?
- Wie sehen sie aus?
- **Radschnellwege**
- Wo gibt es schon welche?
- Welchen Nutzen bringen sie?

B Radschnellweg Ruhr in Mühlheim an der Ruhr

C Befragung zur Nutzung von Radschnellwegen

Wenn es in Ihrer Nähe einen Radschnellweg gäbe: Würden Sie ihn benutzen?

- ja, auf jeden Fall: 13%
- vielleicht: 32%
- eher nicht: 25%
- nein, auf keinen Fall: 25%
- weiß nicht: 5%

Befragt wurden 1394 Menschen, die bisher nicht mit dem Rad pendeln. Quelle: sinus-institut, Heidelberg

D Kennzeichen der „Fahrrad-Autobahn":
- breite Fahrbahn nur für Fahrräder, getrennt vom sonstigen Verkehr
- verbindet Stadtteile oder Orte miteinander
- kaum Kurven oder Kreuzungen
- ermöglicht schnelles Radfahren

1 a. Seht euch die Materialien A bis D an:
- Zu welchem Thema gehören alle Materialien?
- Was wisst ihr schon über das Thema?
- Was findet ihr an dem Thema interessant?

b. Schreibt für jedes Material auf,
- in welcher Form es Informationen präsentiert,
- welche Informationen es enthält.

Starthilfe
Material A: Mindmap – Gliederung des Referats
Material B: Foto – …

Die Materialien sollen helfen, die Inhalte besser zu verstehen.
Deshalb wollen Tim und Elin einige Inhalte mit passenden Materialien veranschaulichen.

2 Welche Materialien A bis F vom Rand könnten zu welchen Inhalten 1 bis 3 passen? Sprecht darüber.
Tipp: Es gibt verschiedene Möglichkeiten.

> 1 Tim will zeigen, wie viel CO_2 gespart werden kann, wenn durch die Radschnellwege 1 000, 2 000 oder 3 000 Autos weniger fahren.
> 2 Tim will den Entwurf für ein neues Verkehrszeichen für Radschnellwege vorstellen.
> 3 Elin spricht mit einem Verkehrsplaner über die Planung von Radschnellwegen in Bayern.

A die Landkarte
B das Foto
C die Zeichnung
D das Diagramm
E die Tabelle
F die Audioaufnahme

Die Materialien können Tim und Elin mit verschiedenen Medien präsentieren.

3 **a.** Notiert, welche Medien ihr aus dem Unterricht kennt.
b. Tragt in eine Tabelle ein, welche Vor- und Nachteile jedes Medium hat.

Starthilfe		
Medium	**Vorteile**	**Nachteile**
das Flipchart	leicht zu transportieren	begrenzter Platz zum Schreiben
…	…	…

Sprachspeicher

das Flipchart
das Whiteboard
der Beamer
die Wandtafel
der Overheadprojektor
das Lapbook
das Lernplakat

4 Mit welchen Medien könnten die Materialien aus den Aufgaben 1 und 2 gut präsentiert werden? Begründet.

Arbeitstechnik: Informationen in einem Referat veranschaulichen

– Finde Materialien, die wichtige Inhalte in deinem Referat veranschaulichen, oder fertige selbst solche Materialien an.
– Wähle Materialien aus, die zusätzliche Informationen für deine Zuhörerinnen und Zuhörer enthalten.
– Gestalte die Materialien übersichtlich.
– Wähle Medien aus, die sich zum Präsentieren der Materialien eignen, die dir zur Verfügung stehen und die du bedienen kannst.
– Übe den Vortrag und die Präsentation der Materialien, bis du die Medien sicher bedienen kannst, während du dich auf die Inhalte des Referats konzentrierst.
– Halte dein Referat und präsentiere die vorbereiteten Materialien.

Ein Lapbook gestalten

Ein Lapbook ist eine Faltmappe zum Aufklappen. Ihr könnt damit Informationen zu einem Thema geordnet und anschaulich präsentieren.

1 Sprecht über die folgenden Fragen:
- Was wisst ihr bereits über Lapbooks?
- Was braucht man dafür?

Info
das Lapbook (engl.): das „Schoßbuch", ein Buch, das man sich zum Ansehen auf den Schoß legen kann

Shari, Leo und Tarik haben ein Lapbook gestaltet.

2 Seht euch das Lapbook an:
- Welches Thema wird in diesem Lapbook präsentiert?
- Was könnte euch an dem Thema interessieren?

3 a. Was ist vorn auf dem geschlossenen Lapbook zu sehen? Sprecht darüber.
b. Seht euch das aufgeklappte Lapbook genauer an:
- Welche Materialien sind in dem Lapbook zu sehen?
- Worüber informieren die einzelnen Materialien? Was könnt ihr erkennen?
- Sind die Materialien ansprechend gestaltet?

Ein Lapbook soll die Präsentation eurer Ergebnisse unterstützen, aber nicht davon ablenken.

4 Wann ist ein Lapbook sinnvoll gestaltet? Wann könnte die Gestaltung vom Inhalt ablenken? Sprecht darüber.

Sprachspeicher

das Leporello: ein faltbares Heft in Form eines Papierstreifens

die Klappkarte

der Umschlag

die Papiertasche

das Pop-up: Papierfigur, die sich beim Öffnen entfaltet

Nun könnt ihr in der Gruppe eigene Lapbooks gestalten.

5 a. Wählt ein Thema für euer Lapbook:
– Erstellt ein Lapbook über Käthe Paulus.
– Erstellt ein Lapbook zu einem Thema aus eurem Unterricht.
b. Recherchiert im Internet zu eurem Thema.

Im Internet recherchieren
▶ S. 311

**Auf der Vorderseite des Lapbooks nennt ihr das Thema und eure Namen.
Ihr könnt mit einigen Bildern auf das Thema neugierig machen.**

6 Gestaltet die Vorderseite eures Lapbooks.
a. Schreibt das Thema und eure Namen auf.
b. Klebt passende Abbildungen dazu.

**Auf den Innenseiten informiert ihr mit Texten und Bildern über euer Thema.
Ihr könnt auch Teile zum Aufklappen oder Falten verwenden.**

7 a. Sprecht darüber, wie ihr die Innenseiten eures Lapbooks gestalten wollt:
– Welche Inhalte sollen dort präsentiert werden?
– Welche Arten von Materialien passen zu diesen Inhalten?
– Was braucht ihr, um die Materialien herzustellen?
– Wirken die Materialien ansprechend und interessant?
– Wie könnt ihr die Materialien im Lapbook anordnen?
b. Gestaltet nun die Innenseiten eures Lapbooks.
Achtet auch auf die richtige Rechtschreibung.

Rechtschreibstrategien
und Regeln ▶ S. 319–324

Die fertigen Lapbooks könnt ihr in der Klasse präsentieren.

8 a. Präsentiert eure Lapbooks in der Klasse.
b. Gebt euch gegenseitig ein Feedback:
– Was ist gelungen?
– Was kann verbessert werden?

Feedback geben
▶ S. 313

Arbeitstechnik: Ein Lapbook gestalten

Mit einem Lapbook kannst du Informationen zu einem Thema
anschaulich und abwechslungsreich präsentieren.
– Gestalte ein schönes Deckblatt, auf dem du dein Thema angibst.
– Finde zu deinen Inhalten passende Materialien für den Innenteil.
– Verwende auch Teile zum Aufklappen oder Falten wie Papiertaschen
oder Klappkarten.
– Ordne die Einzelteile übersichtlich an.
– Beschrifte alles deutlich und gut lesbar.
– Achte auf die richtige Rechtschreibung und Zeichensetzung.

Richtig zitieren

Mia hat sich in zwei Büchern über den Planeten Mars informiert.

1 Lies die beiden Texte mit dem Textknacker.

Textknacker ▶ S. 310

Der Mars ist mit einem Durchmesser von 6 794 km etwa halb so groß wie die Erde. Ein Marstag ist 39 Minuten länger als der 24-stündige Erdtag und ein Marsjahr ist fast doppel so lang wie das 365-tägige Erdjahr. Die Anziehungskraft des Mars ist nur etwa ein Drittel so stark wie auf der Erde. […]*

(Stuart Murray: Mars. Expeditionen zum Roten Planeten. Gerstenberg Verlag, Hildesheim 2005, S. 17)

Unser Nachbarplanet im Sonnensystem hat Astronomen seit Jahrhunderten fasziniert. In mancher Hinsicht ist er der Erde sehr ähnlich: Sein Tag dauert 25 Stunden, es gibt Vulkane, Täler und Eiskappen an den Polen, die sich mit den Jahreszeiten verändern. Vor Milliarden von Jahren besaß der Mars noch eine Atmosphäre, in der möglicherweise Leben existierte. […]*

(Peter Bond: Faszination Weltraum. Eine Reise durch unser Sonnensystem. Verlag Dorling Kindersley, Starnberg 2004, S. 22)

Anschließend hat Mia diesen informierenden Text über den Mars verfasst:

> Der Mars
> Unser Nachbarplanet im Sonnensystem hat Astronomen seit Jahrhunderten fasziniert. Der Mars hat einen Durchmesser von 6794 Kilometern. Die durchschnittliche Entfernung von der Sonne beträgt 227,9 Millionen Kilometer. Der Mars hat zwei Monde, Deimos und Phobos. In mancher Hinsicht ist er der Erde sehr ähnlich: Sein Tag dauert 25 Stunden, es gibt Vulkane, Täler und Eiskappen an den Polen. Die Anziehungskraft des Mars ist nur etwa ein Drittel so stark wie auf der Erde. Wegen seiner roten Farbe wurde der Mars nach dem Kriegsgott benannt. Auf dem Mars würde man ohne richtige Ausrüstung erfrieren und ersticken.

Achtung: Fehler!

Einige Sätze hat Mia wörtlich übernommen, ohne die Quellen zu nennen.

2 a. Welche Sätze hat Mia wörtlich abgeschrieben? Ordne sie in einer Tabelle den beiden Büchern zu.
b. Kennzeichne die Sätze als Zitate: Setze sie in Anführungszeichen und notiere hinter den Zitaten in Klammern die Zeilenangaben.

Starthilfe

Stuart Murray: Mars …	Peter Bond: Faszination …
…	„Unser Nachbarplanet …" (Z. …)

*An einer Stelle hat Mia einen Satz aus dem Buch verkürzt.
Diese Stelle muss sie mit […] kennzeichnen.*

3 a. Finde den Satz, den Mia für ihren Text verkürzt hat.
   b. Schreibe den Satz richtig auf. Setze […] an die ausgelassene Stelle.

4 Schreibe Mias Text mit Hilfe der Arbeitstechnik noch einmal richtig auf.

> **Arbeitstechnik: Wörtlich zitieren**
>
> Beim wörtlichen Zitieren übernimmst du aus anderen Texten (z. B. aus Büchern, Zeitungen) Wörter, Wortgruppen oder Sätze in deinen Text, ohne sie zu verändern.
> – Damit die fremden Textteile zu erkennen sind, musst du sie in Anführungszeichen setzen.
> – Wenn du Wörter in einem Zitat auslässt, füge an diese Stelle […] ein.
> – Gib in Klammern die Quelle und die Textstelle (Seiten- und Zeilenzahl) an, die du zitierst.

Mia hat noch einen Textauszug über den Mars gefunden.

5 Lies den Textauszug.

> Einige Wissenschaftler sind sich ziemlich sicher, dass es auf dem Mars vor etlichen Millionen Jahren richtige Meere und Flüsse gegeben hat. Noch heute kann man die alten Flussbetten und Canyons sehen. Es ist sehr wahrscheinlich, dass es zu dieser Zeit dort auch Lebewesen gegeben hat. Aber wie das Leben aussah, weiß niemand. Möglicherweise waren es einfache Bakterien, vielleicht Algen, Pflanzen oder Flechten. Aber mehr können auch die besten Experten nicht sagen. […]*
> (Kurt Hopf: So spannend ist die Welt im Weltraum. Baumhaus Verlag, Frankfurt am Main 2009, S. 29)

(Zeile 5)

Mia möchte den Inhalt dieses Textes in eigenen Worten wiedergeben.

6 Fasse die wichtigsten Informationen aus dem Textauszug zusammen.
   a. Notiere zunächst Stichworte.
   b. Formuliere dann mit Hilfe der Arbeitstechnik ganze Sätze.
   c. Gib am Ende deiner Zusammenfassung in Klammern die Quelle an.

> **Arbeitstechnik: Textstellen in eigenen Worten wiedergeben**
>
> – Wenn du den Inhalt eines Textes in eigenen Worten wiedergibst, ist es wichtig anzugeben, auf welche Textstelle einer Quelle du dich beziehst. Dafür verwendest du die Abkürzung **vgl.** Sie steht für **vergleiche**.
> – Du kannst die Zeile oder die Seite angeben, mit der dein eigener Text verglichen werden kann: vgl. Zeile 3 / vgl. Z. 3 oder vgl. Seite 2 / vgl. S. 2.

Eine Textzusammenfassung schreiben ▶ S. 317

Feedback empfangen und geben

Greta hat eine Präsentation über mögliches Leben auf dem Mars gehalten. Anschließend bittet sie Moritz um ein Feedback.

Das Wort **Feedback** kommt aus dem Englischen und bedeutet „Rückmeldung".

1. Wozu dient das Feedback? Sprecht darüber, was Greta durch das Feedback erfahren kann.

Wer um ein Feedback bittet, kann selbst dazu beitragen, dass es gelingt.

2. a. Seht euch nochmals das Bild an und lest die Sprechblasen.
   b. Beschreibt, wie Greta zeigt, dass sie am Feedback interessiert ist.

Wenn du ein Feedback erhältst, solltest du überlegt darauf reagieren.

3. a. Lest, was Greta denkt.
   b. Warum wartet Greta noch ab? Ergänzt ihren letzten Satz.
   c. Tauscht euch darüber aus, ob Gretas Reaktion während des Feedbacks sinnvoll ist. Begründet.

Moritz verwendet in seinem Feedback Sätze mit Ich-Botschaften. So macht er deutlich, dass er seine persönliche Wahrnehmung ausdrückt.

4 Wie gelungen findet ihr das Feedback von Moritz?
  a. Sprecht darüber, was Moritz gut gelungen ist.
  b. Schreibt in Stichworten auf, was Moritz verbessern könnte.

5 Formuliere die folgenden Sätze in Ich-Botschaften um und schreibe sie auf.

> Du hast viel zu leise gesprochen.
> Die Tabelle passte überhaupt nicht zum Thema.
> Deine Infos über mögliches Leben auf dem Mars waren der Hammer.
> Du hast die einzelnen Aspekte super zusammengefasst.

Sprachspeicher
Mir hat gefallen, …
Mir hat nicht gefallen, …
Ich hatte den Eindruck, …
Ich wünschte, …
Mich hat überrascht, …
Aus meiner Sicht …

Nun könnt ihr selbst üben, ein Feedback zu geben.

6 Schreibt auf, wozu ihr gerade ein Feedback brauchen könntet.

> **Starthilfe**
> – zu einem Bewerbungsschreiben
> – zu einer Präsentation
> – zu einem Text, den ich geschrieben habe
> – …

7 a. Bittet euch gegenseitig um ein Feedback.
  b. Gebt euch gegenseitig ein Feedback mit Hilfe der Arbeitstechnik und euren Formulierungen aus Aufgabe 5.

> **Arbeitstechnik: Feedback geben**
> – Sende Ich-Botschaften.
> – Benenne positive Eindrücke zuerst. Beschreibe dabei genau, was positiv war.
> – Stelle Fragen, wenn dir etwas unklar war.
> – Sage, was noch verbessert werden könnte.
> – Falls du noch einen Tipp hast, benenne diesen so konkret wie möglich.

Anschließend könnt ihr euer Feedback-Gespräch auswerten.

8 Wie ist euer Feedback-Gespräch gelungen? Wertet es mit Hilfe der folgenden Fragen aus.
  – Wie habt ihr euch als Feedback-Empfänger gefühlt?
  – Wie habt ihr euch als Feedback-Geber gefühlt?
  – Was ist euch leichtgefallen? Was schwerer?
  – Was war besonders hilfreich?

Schreiben und überarbeiten

Einen Arbeitsvorgang beschreiben

Lea macht ihr Betriebspraktikum bei einer Bahngesellschaft. Die Überprüfung einer Weichenstörung gehört dort zu den wichtigen Arbeitsvorgängen.

1 Lies den Text mit dem Textknacker.

Textknacker ▶ S. 310

Was passiert bei einer Weichenstörung?

Täglich sind in Deutschland tausende von Zügen unterwegs. Sie fahren auf festen Gleisen und können nur dann die Richtung ändern, wenn eine Weiche sie von einem Gleis auf ein anderes leitet. Die Steuerung und Überwachung der Weichen geschieht elektronisch im sogenannten „Stellwerk". Dort werden alle Gleise, Signale und Weichen schematisch auf großen Wandtafeln oder auf Bildschirmen dargestellt.
Wird für eine Weiche im Stellwerk eine Störung angezeigt, wird auf der Strecke automatisch das Signal „Halt!" ausgelöst. Nun darf kein Zug über diese Weiche fahren. Sie muss schnell überprüft und repariert werden, damit der Zugverkehr wieder sicher fließt.
Ein Weichenwärter begibt sich auf den Gleisanlagen zu der Weiche. Dabei trägt er die vorgeschriebene Warnweste. Über ein Funkgerät hält er den Kontakt zum Stellwerk. In einem Werkzeugkasten hat er passendes Werkzeug bei sich, zum Beispiel Schraubenschlüssel und Hammer.
Zuerst wird die Weiche auf äußere Beschädigungen geprüft, wie sie zum Beispiel durch umgestürzte Bäume entstehen oder weil das Material unter Hitze oder Kälte leidet. Manchmal blockieren auch Laub, Steine oder Müll die Weiche. Es kann ein Fehler in der Elektrik vorliegen, etwa eine defekte Sicherung. Bevor der Weichenwärter an der Weiche arbeiten darf, muss der Strom für diesen Gleisabschnitt ausgeschaltet werden. Dies gibt der Wärter per Funkgerät an das Stellwerk durch.
Kann der Fehler nicht sofort behoben werden, besteht die Möglichkeit, die Weiche zumindest so zu sichern, dass sie gefahrlos überfahren werden kann, wenn nötig in verminderter Geschwindigkeit. Dazu wird die Weiche mit einer mechanischen Handkurbel in die richtige Position gebracht und mit einem besonderen Gerät, dem Weichenschloss, fixiert. Anschließend wird weiter nach der Ursache für die Störung gesucht.
Wenn die Weichenstörung behoben wurde, wird der planmäßige Zugverkehr an dieser Stelle wieder freigegeben.

Schematische Übersicht in einem Stellwerk

Gleisanlage mit Weichen

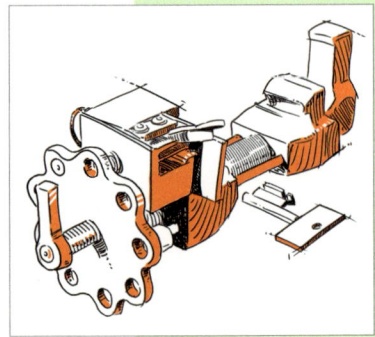

das Weichenschloss

Was passiert bei einer Weichenstörung?

2 Beschreibt die Bilder neben dem Text.
Verwendet Fachbegriffe.

3 a. Beschreibt mündlich, wie eine Weiche überprüft wird.
b. Warum ist es wichtig, eine Weichenstörung schnell zu beseitigen?
Nennt Gründe dafür.

Für ihre Praktikumsmappe möchte Lea diesen Arbeitsvorgang so beschreiben, dass eine Leserin oder ein Leser ihn genau nachvollziehen kann.

Die Überschrift gibt an, welchen Arbeitsvorgang Lea beschreiben will.

4 a. Wodurch unterscheiden sich die folgenden Überschriften?
Sprecht darüber.
b. Welche Überschriften erscheinen euch geeignet?
Begründet eure Entscheidung.

- Keine sichere Zugfahrt bei einer Weichenstörung
- So überprüfst du eine Weiche bei einer Störung
- Was tust du bei einer Störungsmeldung?
- Wie man eine Weiche bei einer Störung überprüft
- Wenn eine Störung gemeldet wird

In der Einleitung der Vorgangsbeschreibung werden alle Materialien und Arbeitsmittel genannt, die für den Vorgang benötigt werden.

5 Welche Arbeitsmittel braucht man, um eine Weiche zu überprüfen?
Schreibe sie auf.

> **Starthilfe**
> Warnweste, Funkgerät …

6 Schreibe für die Einleitung in einem Satz auf, welche Arbeitsmittel man für den Vorgang benötigt.
- Schreibe im Präsens.
- Entscheide dich für eine einheitliche Anredeform: das Aktiv mit **du**, das Aktiv mit **man** oder das Passiv.

> **Starthilfe**
> Um eine Weiche zu überprüfen, benötigst du … / benötigt man … / werden … benötigt …

Im Hauptteil der Vorgangsbeschreibung werden alle Arbeitsschritte in der richtigen Reihenfolge beschrieben.

7 Sieh dir die Bilder genau an.

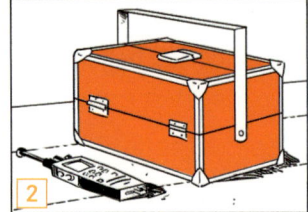

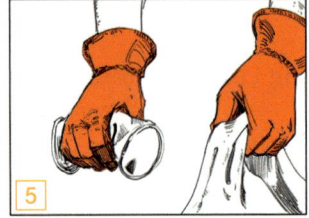
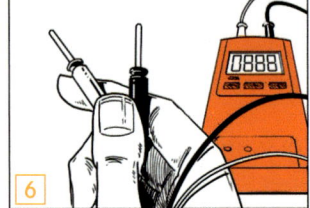

8 Ordne die Arbeitsschritte den Bildern richtig zu.

> **Starthilfe**
> Bild 1: E …

- A Müll entfernen
- B Weiche mit Weichenschloss sichern
- C Werkzeug und Funkgerät mitnehmen
- D kontrollieren, ob das Signal auf „Halt" steht
- E Warnweste anziehen
- F im Stellwerk Strom abstellen lassen
- G Elektrik der Weiche kontrollieren
- H an das Stellwerk melden, dass Weiche überfahren werden kann
- I Weiche mit Handkurbel in die richtige Position bringen

9 Schreibe zu jedem Bild einen Satz im Präsens auf. Verdeutliche die Reihenfolge mit passenden Satzanfängen.

> **Starthilfe**
> Zuerst zieht man … Als Nächstes …

Die Beschreibungen sollen knapp und sachlich sein.

10 a. Lies die folgenden Sätze aus Leas Beschreibung.
b. Welche Sätze sind nicht für die Beschreibung geeignet? Begründe.
c. Überarbeite die Sätze so, dass sie sachlich formuliert sind.

> *Danach schnappst du dir Werkzeugkoffer und Funkgerät. Anschließend kontrollierst du, ob das Signal auf „Halt" steht. Dann leitest du die Meldung an Toni im Stellwerk weiter, dass der Zug zum Glück wieder über die Weiche fahren kann.*

Zum Schluss beschreibst du das Ergebnis des Arbeitsvorgangs.

11 Was sollte beim Überprüfen einer Weiche das Ergebnis sein? Schreibe einen Satz dazu auf.

Starthilfe
Zum Schluss sollte der Zugverkehr …

Beschreibe nun in einer vollständigen Vorgangsbeschreibung, wie eine Weiche überprüft wird.

12 Schreibe nun mit Hilfe der Arbeitstechnik und deiner Ergebnisse aus den Aufgaben 4 bis 11 die vollständige Vorgangsbeschreibung auf.

Arbeitstechnik: Einen Vorgang beschreiben

- Formuliere eine sachliche Überschrift.
- Nenne in der Einleitung die benötigten Materialien und Arbeitsmittel.
- Beschreibe im Hauptteil die Arbeitsschritte genau und in der richtigen Reihenfolge.
- Verwende passende Verben, die den Vorgang am besten beschreiben.
- Schreibe knapp, sachlich und verwende Fachbegriffe.
- Schreibe durchgehend im Präsens.
- Beschreibe den Vorgang einheitlich im Aktiv (mit **du** oder **man**) oder im Passiv.
- Nutze abwechslungsreiche Satzanfänge, die die zeitliche Abfolge verdeutlichen.
- Nenne zum Schluss das Ergebnis des Vorgangs.
- Überprüfe auch die Rechtschreibung und Zeichensetzung.

Rechtschreibstrategien und Regeln ▶ S. 319–324

Anschließend könnt ihr eure Vorgangsbeschreibungen überarbeiten.

13 a. Überprüft mit Hilfe der Arbeitstechnik eure Vorgangsbeschreibungen.
b. Schreibt die verbesserten Beschreibungen auf.

Ein Ergebnisprotokoll schreiben

Anatolij hat versucht, während der SMV-Sitzung die Ergebnisse mitzuschreiben. Dazu hat er sich während der Sitzung Stichworte notiert:

fast alle Klassensprecher/innen da, 36 Personen insg.
Beginn: 9:50 Uhr / 19.03.20..

Vorstellung der Neuen, Namensliste siehe Aushang

Schuldisko: eventuell 1. Samstag im Monat, 17–21 Uhr, Getränke und Snacks selbst besorgen, Eintritt 1 Euro, kein Alkohol, für 5–7 (also die Babys)

Abschlussfest: ist bisher ein großer Reinfall, alle müssen mitmachen, Klassensprecher müssen dafür sorgen
(na toll, wir sollen's wieder machen!)

Trinken im Klassenraum: Mineralwasser ist erlaubt, alle anderen Getränke sind verboten, doof, wer möchte schon Wasser trinken?

Einige fragen, ob es einen Chor gibt. Schulsprecher wollen nachfragen.

Schulhof ist für alle da, daher sauber halten, abwechselnd alle Klassen, alle 14 Tage wechselt der Schulhofdienst

Getränkeverkauf wird in diesem Schuljahr von den Klassen 8 und 9 übernommen, Hausmeister sagen, was nachgekauft werden muss

Förderunterricht ab Mai in Raum 234

nächstes Treffen: in 4 Wo, auf Aushang achten
Ende: 5 vor 11 Gott sei Dank, Pause gerettet!!

1 Welche Informationen sind wichtig, welche nicht?
Schreibe wichtige Informationen in Stichworten auf.

2 Fasse die Ergebnisse der Sitzung in ganzen Sätzen zusammen.

> **Starthilfe**
> Die neuen … wurden vorgestellt.
> Die … hängt am Schwarzen Brett.
> …

Die Klasse möchte genau wissen, was auf der Sitzung beschlossen wurde. Anatolij will alle Ergebnisse in einem Ergebnisprotokoll zusammenfassen.

Zu einem Ergebnisprotokoll gehören bestimmte formale Angaben.

Ergebnisprotokoll

(Anlass der Sitzung)
Zeit: (Datum, Beginn, Ende)
Ort: (Raum)
Teilnehmende:
Protokollführer/in:

⎫
⎬ „Kopf"
⎭

(Text: zusammengefasste Ergebnisse) — Hauptteil

(Ort, Datum der Abfassung)
(Unterschrift Protokollführer/in)

⎫
⎬ Schluss
⎭

3 Sprecht über den Aufbau des Protokolls:
- Welche Angaben enthält der „Kopf" des Protokolls?
- Welche Angaben stehen am Schluss?
- Warum sind diese Angaben wichtig?

4 Schreibe nun den „Kopf" und den Schluss des Ergebnisprotokolls für die SMV-Sitzung. Verwende dazu die Angaben vom Rand.

Nun kannst du das vollständige Ergebnisprotokoll der SMV-Sitzung schreiben.

5 Schreibe das Ergebnisprotokoll mit Hilfe der folgenden Arbeitstechnik in Reinschrift oder am Computer.

Arbeitstechnik: Ein Ergebnisprotokoll schreiben

Ein Ergebnisprotokoll informiert über die Ergebnisse und Beschlüsse einer Besprechung oder eines Versuchs.
- Der „Kopf" des Ergebnisprotokolls enthält genaue Angaben über Anlass, Zeit, Ort, Teilnehmende und den Protokollführer oder die Protokollführerin.
- Der Hauptteil fasst die Ergebnisse der Besprechung oder des Versuchs kurz und übersichtlich zusammen.
- Ein Ergebnisprotokoll wird im Präsens geschrieben und kann auch in Stichworten zusammengefasst sein.
- Der Schluss enthält Ort und Datum der Abfassung und die Unterschrift des Protokollführers oder der Protokollführerin.

Goethe-Mittelschule, Gruppenraum

Anatolij Seran

SMV-Sitzung

19.3.20../
9:50–10:55 Uhr

Anatolij Seran

(siehe Anwesenheitsliste)

Landshut, den 21.3.20..

Sich online bewerben

Viele größere Betriebe bieten Online-Formulare zur Bewerbung an. Olga möchte sich bewerben und hat das Formular ausgefüllt.

Praktikum als Landschaftsgärtner (m/w/d)

Anrede*: [x] Frau [ ] Herr
Titel:
Vorname*: Olga
Nachname*: Baric
Geburtsdatum*: 01. 02. 20..
Straße*: Marktstraße 257
Postleitzahl*: 97080
Ort*: Würzburg
E-Mail-Adresse*: o.baric@example.net
Telefon*: 0162/2090503
Mobiltelefon:
Bewerbungsunterlagen*: [Anhang herunterladen]
Weitere Dokumente: [auswählen]

Datenschutzerklärung

[Bewerbung einreichen]   [abbrechen]

---

1 Sieh dir das Formular genau an. Notiere Stichworte.
– Um welche Stelle bewirbt sich Olga?
– Was bedeuten die mit * gekennzeichneten Felder?

2 Olga hat ihre Bewerbungsunterlagen zu einem Dokument zusammengefasst. Besprecht gemeinsam: Welche Unterlagen sind darin enthalten?

3 Fülle das Online-Formular mit deinen eigenen Angaben aus.
 a. Übertrage das Muster und ergänze deine Angaben.
 b. Überprüfe deine Angaben auf Vollständigkeit und korrekte Rechtschreibung.

> **Info**
>
> Große Betriebe bieten auf ihrer Homepage häufig Online-Formulare zur Bewerbung an. Du füllst im Formular alle mit * gekennzeichneten Felder aus und fügst die Dokumente mit deinen Bewerbungsunterlagen hinzu.
> Bei vielen kleineren Betrieben kannst du dich per E-Mail bewerben. In einem kurzen Text stellst du dein Anliegen vor und weist auf deine Bewerbungsunterlagen im Anhang der E-Mail hin.

4 Schreibe einen eigenen Entwurf für eine Bewerbung per E-Mail.

Texte gemeinsam überarbeiten

Mit der Methode „Über den Rand hinaus schreiben" könnt
ihr eure Texte gemeinsam in der Gruppe überarbeiten.
Dabei wird jeder Text von allen Gruppenmitgliedern schriftlich kommentiert.
Probiert es mit euren Tagesberichten nach eurem Betriebspraktikum aus.

1. Bereitet zuerst die Gruppenarbeit vor.
    a. Setzt euch in Vierer- oder Fünfergruppen zusammen um einen Tisch, auf dem ein großes Blatt Papier (DIN A1) liegt.
    b. Klebt eure Tagesberichte vor euch auf das Papier.

2. Lest nacheinander eure Tagesberichte laut und deutlich vor. Die anderen hören aufmerksam zu.

3. Überlegt nun still jeder für sich:
   - Was ist gut gelungen in dem Tagesbericht?
   - Was kann man verbessern?
   - Was könnte man ergänzen?
   - Was sollte man streichen?

4. Schreibt eure Vorschläge, Fragen und Kommentare neben den jeweiligen Tagesbericht an den Rand des großen Blattes.
    Tipps:
    - Ihr könnt die Texte vorher noch einmal still lesen.
    - Ihr könnt die Plätze tauschen oder aufstehen, um besser an die jeweiligen Tagesberichte zu kommen.

5. Jede Autorin/Jeder Autor entscheidet, ob die Verbesserungsvorschläge sinnvoll sind.
    a. Lest die folgenden Vorschläge zur Verbesserung eines Tagesberichts.
    b. Sprecht darüber, welche Vorschläge übernommen werden sollten. Begründet eure Meinung.

    - genaue Beschreibung der Tätigkeit fehlt
    - Hast du dich mit den Kollegen verstanden?
    - Fachbegriff nicht erklärt
    - Sätze statt Stichworte
    - Wo warst du in der Mittagspause?
    - Mit welchem Werkzeug hast du gearbeitet?

6. Überarbeite nun deinen Tagesbericht.
   Nutze dabei die Verbesserungsvorschläge, die du bekommen hast.

Rechtschreiben

In der Rechtschreibung ist die Wiederholung sehr wichtig.
Übe jeden Tag, dann wirst du immer sicherer beim Schreiben.
Tipp: Lege dir ein Übungsheft für die Rechtschreibung an.

Die Arbeitstechniken

Hier findest du Arbeitstechniken,
die du immer wieder anwenden kannst:
– Schreibungen begründen
– Die Rechtschreibprüfung am Computer

Rechtschreibstrategien und Regeln

Rechtschreibstrategien und Regeln machen dir
das Rechtschreiben leichter:
– Gliedern – verlängern – ableiten
– Mit Wortbausteinen üben
– Regelwissen anwenden: Nomen großschreiben
– Regelwissen anwenden: Wortgruppen getrennt schreiben
– Regelwissen anwenden: Zusammenschreibung
– Regelwissen anwenden: Der Bindestrich
– Merkwörter üben
– Kurzformen und Abkürzungen richtig schreiben

Die 5-Minuten-Übungen

Hier findest du Übungen für dein tägliches
Rechtschreibtraining.
Die Übungen kannst du nach deinen Fehlerschwerpunkten
auswählen.

Texte lesen – üben – richtig schreiben

Hier gibt es viele Texte und Übungen zu Wörtern,
die du häufig schreibst.
So kannst du an deinen Schwerpunkten üben.

Die Arbeitstechniken

Schreibungen begründen

Häufiges Üben, Rechtschreibstrategien und Regeln helfen dir dabei, immer sicherer zu schreiben.

Rechtschreibstrategien und Regeln ▶ S. 319–324

1 Lies den folgenden Text. Die schwierigen Wörter sind hervorgehoben. Es ist die Stelle im Wort markiert, die häufig falsch geschrieben wird.

Endlich war es so weit: Mein Praktikum begann. Aufgeregt sprang ich aus dem Bett und zog mich nach dem Duschen rasch an. Dann holte ich mein Fahrrad aus der Garage. Um ganz pünktlich zu sein, fuhr ich um 7 Uhr los. Als ich bei der Praxis ankam, war die Tür noch geschlossen. Enttäuscht las ich auf dem Schild: Sprechstunde von 9 bis 12 Uhr.

2 Du kannst begründen, warum die blau hervorgehobenen Wörter genau so geschrieben werden.
  a. Schreibe die Wörter untereinander auf. Markiere die schwierige Stelle.
  b. Welche Rechtschreibstrategie hilft dir jeweils, dich für die richtige Scheibung zu entscheiden?
  c. Wie heißt das Lösungswort?

zog schreibe ich mit **g**, weil …
  P … ich es verlängern kann und dann **g** höre: wir zogen.
  M … weil es von **ziehen** kommt.

begann schreibe ich mit **nn**, weil …
  R … ich auch **beginnen** und **begonnen** mit **nn** schreibe.
  C … weil es im Präteritum steht.

endlich schreibe ich mit **d**, weil …
  R … es auf **-lich** endet.
  O … es zur Wortfamilie **Ende** gehört.

Bett schreibe ich mit **tt**, weil …
  H … es ein Nomen ist.
  F … das **e** kurz gesprochen wird und deshalb zwei Konsonanten folgen.

Duschen schreibe ich groß, weil das Verb **duschen** hier als Nomen verwendet wird. …
  I … Das erkenne ich an der Präposition **nach** und am Artikel **dem**.
  A … Das erkenne ich an dem Adjektiv **rasch**.

3 Schreibt für die orange hervorgehobenen Wörter selbst Begründungen auf.

Die Rechtschreibprüfung am Computer

Die Rechtschreibprüfung am Computer hilft dir, Fehler zu vermeiden.

So kannst du deine Texte mit dem Rechtschreibprogramm korrigieren:

1 Schreibe deinen Text am Computer in ein Dokument.

2 Überprüfen die Rechtschreibung mit dem Rechtschreibprogramm.
Alle Fehler, die die automatische Rechtschreibprüfung
gefunden hat, sind rot oder blau markiert.

3 Korrigiere deine Fehlerwörter.
- Klicke mit der rechten Maustaste auf
das erste Wort, das mit einer farbigen
Wellenlinie markiert wird.
Es öffnet sich ein Fenster,
in dem Vorschläge zur Verbesserung
gemacht werden.
- Willst du das Wort verbessern, klicke auf
ÄNDERN.
- Erscheint kein Vorschlag,
kennt das Programm das Wort nicht.
Mach weiter mit IGNORIEREN.
- Manchmal markiert das
Rechtschreibprogramm ein Wort als falsch,
weil es dieses Wort nicht kennt.
Du kannst dieses Wort zum Wörterbuch hinzufügen.
Dann wird es in Zukunft nicht mehr als Fehler markiert.
Dies solltest du nur tun, wenn du weißt,
dass das Wort richtig geschrieben ist.

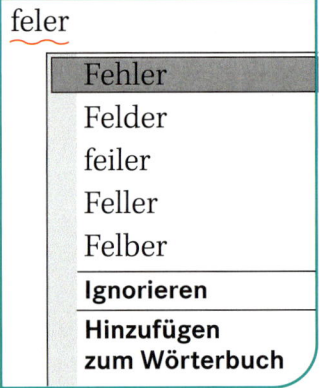

Das Rechtschreibprogramm erkennt nur die Schreibung der einzelnen Wörter, nicht den Sinn deines Satzes. Es bietet dir also nur eine Hilfe, keine Sicherheit.

4 Überprüfe in schwierigen Fällen selbst die Rechtschreibung.
Dazu gehören:
- gleich klingende Wörter,
- Groß- und Kleinschreibung,
- Getrennt- und Zusammenschreibung,
- Eigennamen.

Schlage dann in einem Wörterbuch nach.

Wissenswertes zur
Rechtschreibung
▶ S. 319–324

Nachschlagen ▶ S. 319

Der folgende Text wurde am Computer geschrieben.
Das Rechtschreibprogramm hat mehrere Wörter als Fehler markiert.

Achtung: Fehler!

So ein fuchs!

Heute bekahm die Klasse 8b die Hausarbeit zurück. Bei Alina war es bis her immer das Gleiche: lauter feler! Wenn sie eine Arbeit abgeben musste, war ihr ganz schlecht vor angst. Sie war entteuscht, wenn sie so fiel falsch schrieb. Aber noch Meer üben ging einfach
5 nicht, der tag hat ja nur 24 stunden.
Da hatte Alinas Vater eine tole idee: „Es gipt doch Gute Rechtschreibprogramme. DU tippst jeden Text in den PC, dann macht der Komputer den rest. Ich weiß dass, schliesslich bin ich ein Computerfuchs." Alina war froh, denn sie dachte,
10 das Ihr Vater bescheid weiß, weil er selbst am PC Arbeitet.
Sie schrieb die Arbeit und korrigierte anschließend mit dem Rechtschreibprogramm.
Als sie nun sah, dass immer noch fiele Wörter falsch geschrieben waren, sagte sie zu ihrem Vater: „Papa, Es reicht nicht, Fuch zu sein,
15 man sollte sich mit dem Rechtschreibprogramm auch auskennen."

5 a. Findet in Partnerarbeit heraus, was an den rot markierten Wörtern falsch geschrieben ist.
b. Schreibt die falsch geschriebenen Wörter korrigiert auf.
c. Welche Strategie oder Regel hilft euch? Schreibt sie jeweils dazu.

Die unterstrichenen Fehler im Text erkennt das Rechtschreibprogramm oft nicht. Es verwechselt zum Beispiel gleich klingende Wörter wie **viel** und **fiel**.

6 Überlegt, um welche Rechtschreibregeln es bei den unterstrichenen Wörtern geht:
– zusammen oder getrennt?
– groß oder klein?
– **das** oder **dass**?
– gleich klingende Wörter?

7 a. Schreibe den Text „So ein Fuchs!" am Computer.
Verbessere dabei alle Fehler, die du selbst erkennst.
b. Kontrolliere dann den Text mit der automatischen Rechtschreibprüfung.
c. Hat das Rechtschreibprogramm Fehler markiert?
Überprüfe es und verbessere die Fehler, wenn nötig.

Rechtschreibstrategien und Regeln

Gliedern  – verlängern – ableiten

Deutliches Sprechen und genaues Hinhören helfen dir, auch lange Wörter richtig zu schreiben und richtig zu trennen.

Nomen	Verben	Adjektive
die Unterrichtsstunde	entgegengehen	voraussichtlich
die Fahrradgepäcktasche	zusammenarbeiten	höchstwahrscheinlich
der Personennahverkehr	hinübergehen	hochkonzentriert
der Satellitenempfang	dazwischenfahren	dreigeschossig
die Diebstahlsicherung	hinunterlaufen	vorschriftsmäßig
das Umweltschutzprogramm	zurückversetzen	einzigartig

1
a. Sprich die Wörter so, dass man die Sprechsilben deutlich hört.
b. Schreibe die Nomen, Verben und Adjektive mit Trennstrichen untereinander auf.
c. Schreibe hinter jedes Wort die Anzahl der Silben.

> **Starthilfe**
> die Un-ter-richts-stun-de (5)
> ...

2
a. Findet jeder je zwei Nomen, Verben und Adjektive mit mindestens fünf Sprechsilben und schreibt sie richtig auf.
b. Diktiert euch die Wörter gegenseitig und überprüft ihre Schreibweise.

Bei den folgenden einsilbigen Verbformen kannst du nicht hören, wie man sie schreibt. Du kannst sie verlängern und dann in Sprechsilben gliedern.

> sie stel/llt, es klap/ppt, er schwim/mmt, es knal/llt, er knur/rrt, es klem/mmt, sie kip/ppt, er schaf/fft, es stim/mmt, sie klet/ttert, es bren/nnt, er ir/rrt

3 Bilde zu den Verbformen den Infinitiv und gliedere dann.

> **Starthilfe**
> stellen → also: sie stellt
> ...

d oder **t** am Wortende? Das Verlängern und das deutliche Sprechen helfen dir, diese Nachdenkwörter richtig zu schreiben.

> hervorragen?, bekann?, der Aben?, entfern?, jeman?, spannen?, berühm?, wüten?, elegan?, tausen?, das Elemen?, intelligen?, hunder?

4 a. Verlängere die Wörter, sprich deutlich und entscheide.
b. Schreibe die Wörter auf und markiere die schwierige Stelle.

> **Starthilfe**
> hervorragende Leistungen → also: hervorragend
> …

Wenn du unsicher bist, ob ein Wort mit **ä** oder **e**, mit **äu** oder **eu** geschrieben wird, hilft dir das Ableiten, diese Nachdenkwörter richtig zu schreiben.

> h?fig, kr?ftig, gef?hrlich, l?cheln, l?ten, das Geb?de, ?ngstlich, der Verk?fer, erk?lten

5 Leite die Schreibweise der Wörter ab und schreibe sie mit ihren Ableitungen auf.

Nun kannst du die Rechtschreibstrategien noch einmal anwenden.

6 Lies den Text.

Eine erfolgreiche Zusammenarbeit

Auf dem Gebiet Satellitenempfang wird unsere Firma voraussichtlich mit einer anderen Firma zusammenarbeiten. Es stimmt, dass diese Firma gute Produkte herstellt. Wir hoffen, dass eine Zusammenarbeit erfolgreich ist. Ein Experte errechnete nämlich, dass dadurch hundert neue Arbeits-
5 plätze entstehen werden. Das finden wir hervorragend. Häufig sind Firmen zu ängstlich. Sie halten eine Zusammenarbeit mit anderen Firmen für gefährlich und befürchten Nachteile für die eigene Firma.

7 a. Schreibe die hervorgehobenen Wörter untereinander auf.
b. Entscheide, welche Rechtschreibstrategie bei der Schreibung der einzelnen Wörter hilft. Schreibe sie jeweils neben die Wörter.

8 Schreibe den Text ab und unterstreiche die schwierigen Stellen in den hervorgehobenen Wörtern.

Das Abschreiben
▶ S. 318

Mit Wortbausteinen üben

Die deutsche Sprache ist lebendig.
Mit Vorsilben und Nachsilben entstehen neue Verben, Nomen und Adjektive.
Die Schreibweise der Vorsilben und der Nachsilben bleibt immer gleich.

Mit der Vorsilbe **zer-** entstehen neue Verben mit einer anderen Bedeutung.

1 Bilde neue Verben mit der Vorsilbe **zer-** und schreibe sie auf.

zer- + schlagen, stechen, knittern, wühlen, schneiden, legen, treten, sägen, kauen, kratzen, reiben, brechen = ?

2 Verben mit der Vorsilbe **zer-** können unterschiedliche Bedeutungen haben. Ordne die Verben der Bedeutung entsprechend in eine Tabelle ein.

Starthilfe

Bedeutung: teilen/zerkleinern	Bedeutung: beschädigen
...	zerschlagen
...	...

3 Bilde mit fünf Verben aus Aufgabe 1 sinnvolle Sätze und schreibe sie auf.

Starthilfe
Versehentlich hat Lukas den neuen Teller ...

Mit der Vorsilbe **miss-/Miss-** können neue Verben und Nomen gebildet werden.

4 Bilde neue Verben und Nomen mit der Vorsilbe **miss-/Miss-** und schreibe sie auf.
Tipp: Nomen werden großgeschrieben.

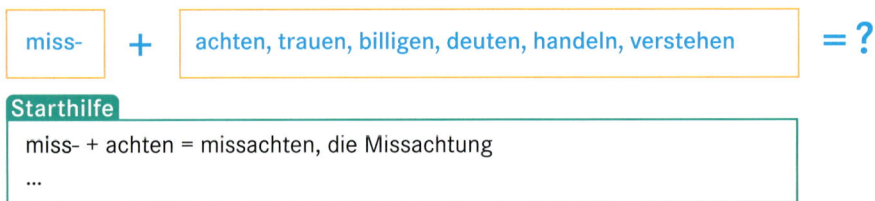

miss- + achten, trauen, billigen, deuten, handeln, verstehen = ?

Starthilfe
miss- + achten = missachten, die Missachtung
...

5 a. Welche Bedeutungsänderung entsteht durch die Vorsilbe **miss-/Miss-**? Sprecht darüber.
b. Bildet jeweils zwei Sätze mit den Verben und Nomen aus Aufgabe 4, sodass die Bedeutungsänderung deutlich wird.

Das Wort **wider** hat die Bedeutung „gegen". Alle Wörter mit dieser Bedeutung schreibt man mit langem **i** ohne **e**, z. B. widersprechen = etwas dagegen sagen.

> widersprechen, der Widerstand, das Widerwort, widerspenstig, widerlich, der Widerruf, widerstehen, widerlegen, widerstandsfähig, widerstandslos, die Widerrede, widerwillig

6 a. Schreibe die Wörter mit **wider** alphabetisch geordnet untereinander auf.
  b. Schreibe jeweils die Bedeutung daneben.

  Starthilfe
  widerlegen – …
  …

7 Schreibe die Nomen noch einmal in Silben gegliedert auf.

  Starthilfe
  der Wi | der | stand
  …

8 Schreibe die folgenden Sätze ab und ergänze passende Wörter mit **wider**.

> Als die Polizei eintraf, ließ sich der Einbrecher ? festnehmen, denn er hatte begriffen, dass jeder ? zwecklos war.
> „Ich bin da aber ganz anderer Meinung", ? Jan energisch.
> Der verschimmelte Käse stinkt wirklich ? .
> „Deine Argumente überzeugen mich nicht. Ich werde sie der Reihe nach ? ."

Mit den Nachsilben **-einander** und **-wärts** erhältst du Wörter, die du nicht steigern oder erweitern kannst.

9 Bilde aus den folgenden Wortbausteinen Wörter mit den Nachsilben **-einander** und **-wärts**.
  a. Schreibe die Wörter auf.
  b. Bilde zu je zwei Wörtern mit den Nachsilben **-einander** und **-wärts** Sätze und notiere sie.

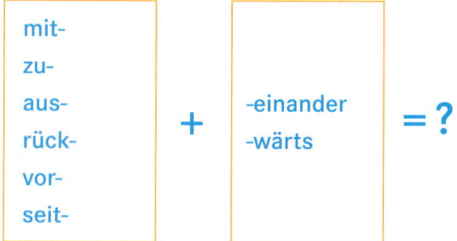

Regelwissen anwenden: Nomen großschreiben

Die folgenden Tipps zum Erkennen von Nomen kennst du schon.

1 Lies die Tipps zum Erkennen von Nomen.

> **Tipp 1:** Prüfe, ob mit dem Wort Lebewesen, Gegenstände oder Dinge bezeichnet werden.
> **Tipp 2:** Prüfe, ob das Wort einen bestimmten oder einen unbestimmten Artikel bei sich hat.
> **Tipp 3:** Prüfe, ob vor dem Wort ein Adjektiv steht.
> **Tipp 4:** Prüfe, ob vor dem Wort ein Pronomen steht.
> **Tipp 5:** Prüfe, ob das Wort die Nachsilbe **-ung**, **-heit**, **-keit**, **-schaft**, **-nis** oder **-tum** hat.
> **Tipp 6:** Prüfe, ob vor dem Wort eine Präposition steht.
> **Tipp 7:** Prüfe, ob vor dem Wort ein Zahlwort steht.
> **Tipp 8:** Prüfe, ob Verben oder Adjektive zu Nomen geworden sind.
> **Tipp 9:** Prüfe, ob ein Adjektiv ein Teil eines mehrteiligen Eigennamens ist.

In dem folgenden Text sind alle Nomen kleingeschrieben.
Mit Hilfe der Tipps kannst du den Text richtig aufschreiben.

2 a. Lies den Text.
b. Lege eine Folie über den Text und markiere alle Nomen.
Wende die Tipps an, wenn du dir unsicher bist, ob ein Wort ein Nomen ist.

Alles nur ein missverständnis?

Im jahr 1770 segelte der englische entdecker james cook auf dem pazifischen ozean nahe der australischen küste. Plötzlich lief sein schiff auf ein riff, wurde beschädigt und drohte zu sinken. Glücklicherweise hatte die mannschaft werkzeug und material zum reparieren dabei.
5 Einige seefahrer nutzten die gelegenheit zur erforschung der landschaft. Manchmal trafen sie beeindruckende kragenechsen, pelzige koalas oder ein anderes merkwürdiges tier. Es konnte weit springen und stützte sich beim sitzen auf seinem schwanz ab. Welchen namen hatten die australischen urein-
10 wohner diesem unbekannten tier wohl gegeben? Als man sie fragte, sollen sie geantwortet haben: „Kan-ga-roo." Dieses wort hielten die engländer für den namen des tieres. Angeblich soll es aber bedeuten: „Ich verstehe nicht."

Achtung: Fehler!

3 a. Schreibe den Text in richtiger Groß- und Kleinschreibung auf.
b. Sammle deine Fehlerwörter in deiner Rechtschreibkartei.

Rechtschreibkartei
▶ S. 318

Verben können zu Nomen werden. Oft wird zwischen Begleiter und nominalisiertem Verb ein weiteres Wort eingeschoben.

4 Lies den folgenden Text.

Mathematik bereitet mir Freude. Das Rechnen mit Zahlen kann ich ganz gut. Besonders mag ich die Geometrie. Das genaue Messen und das saubere Zeichnen liegen mir einfach. Englisch kann ich nicht so gut. Zum nötigen Auswendiglernen der Vokabeln fehlt mir manchmal die Geduld. Auch beim richtigen Schreiben mache ich noch einige Fehler.

5 In dem Text findest du vier Wortgruppen aus Begleiter, eingeschobenem Wort und nominalisiertem Verb.
  a. Schreibe die Wortgruppen untereinander auf.
  b. Verbinde jeweils den Begleiter mit dem Nomen.

> **Starthilfe**
> das genaue Messen
> ⌊_____↑
> …

6 Schreibe drei weitere Beispiele für Wortgruppen aus Begleiter, eingeschobenem Wort und nominalisiertem Verb auf.

Eigennamen können aus mehreren Teilen bestehen. Manchmal ist ein Adjektiv ein Teil eines Eigennamens.

> der Bayerische Wald, der Englische Garten, Scheker Bayram, Johann Wolfgang von Goethe, der Heilige Abend, die Vereinigten Staaten von Amerika, Augsburger Platz, Elisabeth die Zweite, das Norddeutsche Tiefland, Erster Bürgermeister, Jom Kippur, Am Schwarzen Weg, der Atlantische Ozean, Ulmer Straße

7 a. Übertrage die folgende Tabelle in dein Heft.
  b. Ordne die Eigennamen mit einem Adjektiv in die Tabelle ein.

Starthilfe

Personen	Straßen/Plätze	Landschaften/Staaten/Meere	Feste
…	…	der Bayerische Wald	…

Merkwissen

> Eigennamen wie die Namen von Personen, Lebewesen, Orten und Festen werden großgeschrieben. Bestehen Eigennamen aus mehreren Wörtern, werden alle Adjektive und Nomen großgeschrieben.
> Straßennamen mit einem Orts- oder Ländernamen mit der Endung **-er** schreibt man groß und getrennt.

Regelwissen anwenden: Wortgruppen getrennt schreiben

Wortgruppen aus Verb + Verb werden in der Regel getrennt geschrieben, z. B. schwimmen lernen.

1 a. Lies den folgenden Text.
b. Schreibe alle Wortgruppen aus Verb + Verb aus dem Text auf.

„Habt ihr meinen Stein springen sehen?", fragte Tom stolz. Die Familie rastete gerade bei ihrem Sonntagsspaziergang an einem Badesee. „Ich will jetzt gleich baden gehen", sagte Toms Schwester Anna. „Das wirst du schön bleiben lassen im Oktober!", meinte der Vater und schlug vor: „Ihr könntet euren Drachen steigen lassen. Ich habe ihn eingepackt."

2 Schreibe mit den folgenden Wortgruppen jeweils einen Satz auf.

> essen gehen, rennen sehen, stehen bleiben, spazieren gehen

Auch die Wortgruppen aus Nomen + Verb oder Adjektiv + Verb schreibst du in der Regel getrennt, z. B. Abschied nehmen, neu beginnen.

3 Lies den folgenden Text.

In den letzten Sommerferien musste ich von meinen Freunden Abschied nehmen und mit meiner Familie nach Odenthal ziehen. Hier sollte unser Leben neu beginnen. In der ersten Zeit blieb ich nur zu Hause. Doch dann musste ich der Anordnung meiner Eltern Folge leisten, wie meine Mutter sagt, und aktiv
5 werden. „Wie wäre es mit Rad fahren?", fragte meine Mutter. Also fuhr ich zum Sportplatz, wo viel los war. Ich war sehr aufgeregt, konnte aber ruhig bleiben. Ich fragte einen der Jungen, ob ich beim Basketball mitspielen könnte. „Klar!", sagte er und warf mir den Ball zu.

4 Schreibe alle Wortgruppen aus Nomen + Verb sowie Adjektiv + Verb auf.

Starthilfe

Nomen + Verb	Adjektiv + Verb
Abschied nehmen	…

Merkwissen

Wortgruppen schreibt man in der Regel getrennt:
– Verb + Verb: schwimmen lernen
– Nomen + Verb: Abschied nehmen
– Adjektiv + Verb: neu beginnen

Regelwissen anwenden: Zusammenschreibung

Adjektiv + Verb werden zusammengeschrieben, wenn das zusammengesetzte Verb eine neue Bedeutung hat, z. B. schwerfallen → neue Bedeutung: Mühe bereiten.

zusammengesetztes Verb

leicht + fallen → leichtfallen
glatt + gehen → glattgehen
offen + bleiben → offenbleiben
krank + schreiben → krankschreiben
fest + halten → festhalten
hoch + rechnen → hochrechnen
schwarz + sehen → schwarzsehen

Bedeutung

keine Probleme mit etwas haben
eine Bescheinigung ausstellen, dass jemand arbeitsunfähig ist
ein Sachverhalt bleibt ungeklärt
aufschreiben/sich merken
etwas gelingt gut
pessimistisch in die Zukunft blicken
aus Teilergebnissen das Gesamtergebnis vorausrechnen

1 Was bedeuten die zusammengesetzten Verben? Schreibe die Verben in die linke Spalte, die Bedeutung in die rechte Spalte.

2 a. Präge dir die zusammengesetzten Verben mit den Bedeutungen ein.
b. Teste dich:
– Decke die linke Spalte zu und schreibe die zusammengesetzten Verben untereinander auf.
– Decke die rechte Spalte zu und schreibe die Bedeutungen auf.

3 Schreibe die folgenden Sätze auf und ergänze passende Zusammensetzungen aus Aufgabe 1.

> Ich habe viel gelernt und denke, dass mir das Referat ? wird.
> Die wichtigsten Informationen des Referats sollten wir ? .
> Nach der Diskussion werden hoffentlich keine Fragen ? .
> Wenn wir die Jahresdurchschnittstemperaturen der letzten 50 Jahre ? , können wir über zukünftige Entwicklungen mehr sagen.
> Wegen einer fiebrigen Erkältung wird mich der Arzt ? .
> Weil ich mich gut auf die Prüfung vorbereitet hatte, war ich sicher, dass es ? würde.
> Wenn wir den Klimawandel nicht stoppen, müssen wir für die Zukunft der Erde ? .

Aus Nomen + Verb entsteht mit Hilfe der Wörter **das**, **zum**, **beim** und **vom** ein zusammengesetztes Nomen, z. B. das Radfahren.

> Eis essen, Kaffee trinken, Ski fahren, Fußball spielen, Schlange stehen, Luft holen, Theater spielen, Angst haben, Karten spielen, Auto fahren

4 Bilde aus den Wortgruppen aus Nomen + Verb neue Nomen.

> **Starthilfe**
> Kaffee trinken – beim Kaffeetrinken
> ...

5 Schreibe fünf Sätze mit den neuen Nomen auf.

Viele Zusammensetzungen entstehen auch aus Wortgruppen, z. B. rot wie Feuer → feuerrot.

> bezogen auf den Beruf, einen Finger breit, scharf wie ein Messer, lang bis zum Knie, mehrere Jahre lang, tätig im Beruf, vor Freude strahlend, weich wie Butter, gegen Hitze beständig

6 Bilde Zusammensetzungen. Schreibe die Wortgruppen und die Zusammensetzungen auf.

> **Starthilfe**
> bezogen auf den Beruf – berufsbezogen
> ...

7 Schreibe die folgenden Sätze auf und ergänze passende Zusammensetzungen aus Aufgabe 6.

> Nach der Schule versorge ich mich selbst, weil meine Eltern ? sind.
> Mein Vater arbeitete ? in einer Holzfabrik.
> Als ich ein neues Fahrrad bekam, umarmte ich meine Eltern ? .
> Mein neues Kleid ist ? .

Merkwissen
- Adjektiv + Verb werden zusammengeschrieben, wenn das zusammengesetzte Verb eine neue Bedeutung hat:
 schwer + fallen → schwerfallen
- Nomen + Verb bilden mit Hilfe der Wörter **das**, **zum**, **beim** und **vom** zusammengesetzte Nomen:
 Rad fahren → das Radfahren
- Aus Wortgruppen können Zusammensetzungen werden:
 rot wie Feuer → feuerrot

Regelwissen anwenden: Der Bindestrich

Bindestriche machen Wortzusammensetzungen übersichtlicher.

> der 15-Jährige, die Albert-Einstein-Straße, der 200-Meter-Lauf, die E-Mail, die UN-Versammlung, die Albrecht-Dürer-Mittelschule, der Hals-Nasen-Ohren-Arzt, die Musik-CD, Rheinland-Pfalz, der 50-Euro-Schein, der Main-Donau-Kanal

1 a. Übertrage die folgende Tabelle in dein Heft.
b. Ordne die Wörter aus der Wortliste in die Tabelle ein.

Starthilfe

Zusammensetzungen mit Buchstaben, Abkürzungen oder Zahlen	Zusammensetzungen mit mehr als zwei Bestandteilen	Eigennamen mit mehrteiligen Namen
der 15-Jährige …	…	die Albert-Einstein-Straße …

2 Schreibe die folgenden Zusammensetzungen richtig auf. Achte auf die Groß- und Kleinschreibung.

> die E MAIL ADRESSE, BADEN WÜRTTEMBERG, 14 TÄGIG, der ERSTE HILFE LEHRGANG, 100 PROZENTIG, die THEODOR HEUSS ALLEE, die WLAN VERBINDUNG, die U BAHN

Einen Bindestrich setzt man auch, um Wortwiederholungen zu vermeiden.

> der Eingang und der Ausgang, der Einkauf und der Verkauf, hingehen und hergehen, die Weltmeisterschaft und die Europameisterschaft, die Gasheizung oder die Ölheizung

3 Ersetze das jeweils gemeinsame Wort durch einen Bindestrich.

Starthilfe

der Eingang und der Ausgang → der Ein- und Ausgang
…

Merkwissen

Bindestriche erleichtern das Lesen von Zusammensetzungen.
Einen Bindestrich muss man bei den folgenden Verbindungen setzen:
– Zusammensetzungen mit einzelnen Buchstaben, Abkürzungen oder Zahlen:
  die E-Mail, 14-jährig
– Zusammensetzungen mit mehr als zwei Bestandteilen:
  der Hals-Nasen-Ohren-Arzt
– Eigennamen mit mehrteiligen Namen: **das Robert-Koch-Institut**
Einen Bindestrich setzt man auch, um Wortwiederholungen zu vermeiden:
hinauf- und hinabfahren

Merkwörter üben

Wörter, deren Schreibung du nicht durch Strategien oder Regeln herleiten kannst, sind Merkwörter. Viele Merkwörter sind Fremdwörter.
Übe sie immer wieder.

Viele Fremdwörter mit langem i werden ohne e danach geschrieben.

1 a. Schreibe die Fremdwörter mit langem **i** nach dem Alphabet geordnet auf.
b. Schlage unbekannte Wörter nach und schreibe die Erklärungen auf.

> das Klima, die Medizin, der Termin, mobil, die Maschine, das Benzin,
> die Vitamine, die Disziplin, aktiv, die Lawine, der Satellit, das Risiko, die Kritik,
> stabil, positiv, die Margarine, die Krise, negativ, passiv

2 Schreibe die Sätze ab und setze passende Fremdwörter mit langem **i** ein.

> Die   ?   schmeckt bitter.
> Ich habe den   ?   verpasst.
> Deine   ?   ist berechtigt.
> Er geht ein hohes   ?   ein.
> Frischer Salat enthält wichtige   ?   .
> Eine   ?   verschüttete ein Dorf.
> Die   ?   muss repariert werden.
> Das   ?   ist schon wieder teurer geworden.

Viele Wörter mit x sind Fremdwörter.

3 a. Schreibe die Wörter mit **x** alphabetisch geordnet untereinander auf.
b. Was bedeuten die Wörter? Schreibe kurze Erklärungen daneben.
   Tipp: Du kannst im Wörterbuch nachschlagen.

> explodieren, boxen, die Hexe, exzellent, fix, das Experiment, der Express,
> die Axt, der Export, der Experte, der Luxus, die Expedition, exotisch, das Taxi,
> der Text, der Jux, exklusiv, die Praxis, die Existenz, das Lexikon, das Exil,
> exakt, mixen, das Examen

Nachschlagen ▶ S. 319

4 Schreibe die Sätze ab und setze dabei passende Wörter mit **x** ein.

> Er bestand sein   ?   mit der Note „sehr gut".
> Vor dieser Reparatur sollten wir einen   ?   hinzuziehen.
> Amundsen beendete seine   ?   zum Südpol im Jahr 1911 erfolgreich.
> Aus Erdbeeren und Milch kann man ein wohlschmeckendes Getränk   ?   .
> Wenn du mit dem   ?   fährst, erreichst du den Zug noch.

Kurzformen und Abkürzungen richtig schreiben

In vielen Stellenanzeigen findest du Abkürzungen.

> **Kauffrau/-mann für Bürokommunikation in VZ oder TZ (ca. 20 Std./Woche) gesucht!**
>
> Wir bieten:
> – einen unbefristeten Arbeitsplatz
> – attraktive Sozialleistungen (inkl. Weihnachts- und Urlaubsgeld)
> – Mitarbeiterangebote, z. B. betriebliche Altersvorsorge, Fortbildungen usw.
>
> Wir erwarten:
> – eine abgeschlossene Ausbildung
> – gute PC-Kenntnisse
> – PKW und FS wünschenswert

1   a. Welche Abkürzungen aus der Stellenanzeige kennst du? Schreibe sie untereinander auf.
   b. Wofür stehen die Abkürzungen? Schreibe die Bedeutungen neben die Abkürzungen.
   c. Findet zusammen weitere Abkürzungen und deren Bedeutungen und schreibt sie auf.

2 Es gibt verschiedene Arten von Abkürzungen.
Vergleicht die Abkürzungen aus Aufgabe 1: Wie werden sie gebildet?

3 Ordne die folgenden Abkürzungen ihren Bedeutungen zu.

die Info	der Omnibus
die Kripo	die Information
der Schiri	der Schiedsrichter
das Abi	die Kriminalpolizei
der Bus	das Abitur

> **Merkwissen**
>
> Es gibt vier Arten von Abkürzungen:
> – Abkürzungen mit einem Punkt: z. B., vgl., S.
> – Buchstabenwörter: PC, PKW, WM
> – Silbenwörter: Kripo, Schiri, Kita
> – Kurzwörter: Info, Lok, Bus
>
> Abkürzungen mit einem Punkt sprichst du immer als vollständiges Wort aus. Wenn eine Abkürzung aus zwei Wörtern besteht und du sie mit einem Punkt abkürzt, musst du ein Leerzeichen zwischen den beiden Teilen lassen.

Rechtschreibstrategien und Regeln anwenden

Rechtschreibstrategien und Regeln helfen dir, Fehler selbstständig zu finden. Überprüfe hier, wie gut du die Strategien und Regeln anwenden kannst.

Wie gut beherrschst du die Rechtschreibstrategien bereits?

1 Schreibe vier Rechtschreibstrategien mit je einem Beispiel auf.

2 a. Überprüfe die Schreibweise der folgenden hervorgehobenen Wörter.
b. Schreibe die Fehlerwörter verbessert auf.
c. Schreibe jeweils dazu, welche Rechtschreibstrategie dir geholfen hat.

Fabios Schnupperpraktikum

Fabio hat viele Sterken und wird in der Schule oft gelopt. Es gibt keinen Grund, ihm zu mistrauen. Von seiner Lehrerin wird er als freundlich und geduldik beschrieben. Außerdem kann er Geschichten spannent erzählen. Fabio unterhelt sich auch gerne mit anderen Menschen. Er wollte sein Schnupperpraktikum
5 gerne im Kindergarten ableisten. Zunächst musste er daher zur Kindergartenleitung geen und sich bei ihr vorstelen.

Achtung: Fehler!

Wie gut beherrschst du die Rechtschreibregeln zur Groß- und Kleinschreibung und zur Zusammen- und Getrenntschreibung?

3 Schreibe den folgenden Text in der korrekten Groß- und Kleinschreibung auf. Achte besonders auf nominalisierte Verben und Adjektive und Zeitangaben.

Fabio hatte sich gut über den gewählten beruf informiert und überlegt, was ihm an der arbeit mit kindern besonders gut gefällt. Er bekam das praktikum im elisabeth-winter-kindergarten. Im schnupperpraktikum erlebte fabio dann etwas interessantes: Als er am ersten tag morgens vor den kindern stand, war er
5 tatsächlich aufgeregt. Er hat sich gegen mittag aber bereits gut eingelebt, und die aufregung war beim spielen schnell vergessen.

Achtung: Fehler!

4 In dem folgenden Text finden sich zwei falsch geschriebene Wortgruppen.
a. Finde die Wortgruppen und schreibe sie korrigiert auf.
b. Notiere jeweils, um welche Art von Wortgruppe es sich handelt.

Fabio merkte während des Praktikums, dass er noch andere wichtige Eigenschaften für den Beruf des Erziehers mitbringt, wie zum Beispiel Geduld und Kreativität. Er konnte stets ruhigbleiben, wenn die Kinder sich wieder einmal um das Spielzeug stritten, und ihnen deutlichmachen, dass es am meisten Spaß macht, wenn sie alle gemeinsam damit spielen.

Achtung: Fehler!

Teste dich!

Der folgende Text enthält 25 Rechtschreibfehler. Mit Hilfe der Rechtschreibstrategien und Regeln kannst du den Text korrigieren.

5 Überprüfe den Text mit Hilfe der Rechtschreibstrategien und Regeln.
   a. Lege eine Folie über den Text und markiere die Fehlerwörter.
   b. Schreibe die Fehlerwörter korrigiert untereinander auf.
   c. Notiere hinter jedem Fehlerwort die Rechtschreibstrategie oder Regel, mit deren Hilfe du die richtige Schreibung ermittelt hast.

Fit ins Praktikum

In der Mittagspause saßen Lorenzo und tom mit Meral, Lisa und Vlado zusammen an einem Tisch. Die drei kamen gerade aus dem praktikum und erzehlten aufgeregt von ihren erlebnissen.

Meral meinte: „Beim Frisör war es toll. Ich durfte viel helfen. Im Gespräch mit
5 den Kundinnen und den Kunden ist Höflichkeit sehr wichtig. Ich habe viele Informationen über meinen traumberuf erhalten. Aber ich häte nie gedacht, dass ein Arbeitstag so anstrengent sein kann. Besonders das stundenlange stehen war ich nicht gewohnt."

Vlado lächelte: „Bei mir war es genau umgekehrt. Vom Fußball spielen bin ich
10 viel bewegung gewohnt, aber im Büro muste ich beinae den ganzen Tag sitzen und Post sortieren. Da kribbelte es richtik in den Beinen."

Lisa nickte: „sportlichkeit ist jedenfalls kein Nachteil. Ich war in einem Seniorenheim. Viele Bewohner brauchen morgens Unterstützung durch eine Pflegekraft, zum beispiel beim Anziehen. Wenn man da nicht kreftig zupacken kann,
15 ist man ganz schnell aufgeschmissen."

Fabio erzählte: „Was meint ihr, wie mobiel man im Kindergarten sein muss? Da kann man nicht sitzenbleiben, da rennt man den ganzen Tag hinter den Kindern her. Aber es macht viel Spaß und ich war ein bisschen traurig, als ich Abschiednehmen musste."

20 Lorenzo und Tom sahen sich erstaunt an. Daran hatten sie noch gar nicht gedacht. Körperliche Fitness war also in den meisten Praktikumsberufen gefragt. Tom stieß Lorenzo mit dem Ellenbogen in die Ripen und flüsterte: „Du, treffen wir uns um 17:00 Uhr am Parkplatz an der Johannesguten-
25 bergstraße? Ich brauche beim laufen Gesellschaft."

„Ehrensache", antwortete Lorenzo, „meinst du, ich will mein Praktikum abbrächen, weil ich zu schlapp bin? Ich werde pünktlich dasein."

Achtung: Fehler!

6 Schreibe den Text in richtiger Groß- und Kleinschreibung in dein Heft.

7 a. Besprich deine Ergebnisse mit deiner Lehrkraft:
   – Welche Strategien und Regeln beherrschst du schon gut?
   – Welche Strategien und Regeln solltest du noch üben?
   b. Sammle deine Fehlerwörter in der Rechtschreibkartei.

Rechtschreibkartei
▶ S. 318

Die 5-Minuten-Übungen

Das Geheimnis des Erfolgs ist die Wiederholung. Die folgenden Übungen eignen sich für das tägliche Training – in fünf Minuten.
W Du kannst die Übungen nach deinen Fehlerschwerpunkten auswählen.

Wörter mit Doppelkonsonanten

Sprechen – hören – schreiben ▶ S. 319

Häufig folgt auf einen kurz gesprochenen Vokal ein Doppelkonsonant. Deutliches Sprechen und genaues Hinhören helfen dir beim richtigen Schreiben.

> die Tablette, die Ebbe, buddeln, der Teppich, die Zigarre, die Batterie, knabbern, das Geschirr, kribbeln, das Paddel, die Herrschaft, der Pudding, der Fernsehapparat, die Quittung, die Grippe, die Krabbe, mittags, knurren, klappen, paddeln

1 a. Übertrage die Tabelle in dein Heft.
b. Ordne die Wörter mit Doppelkonsonanten in die Tabelle ein.
c. Markiere jeweils den doppelten Konsonanten.

Starthilfe

bb	dd	pp	rr	tt
...	...	...	...	die Tablette ...

2 a. Erweitere die Tabelle um die Spalten **ll** und **ff**.
b. Schreibe jeweils fünf Wörter mit **ll** und **ff** in die Spalten.

Mit Wortbausteinen üben

mit Wortbausteinen üben ▶ S. 320

Die Vorsilbe (Präfix) **end-/End-** kommt von **Ende** und wird immer gleich geschrieben.

> endlos, endgültig, das Endspiel, das Endergebnis, der Endlauf, die Endziffer, der Endbahnhof, unendlich, die Endfassung, die Endgeschwindigkeit, die Endlichkeit, die Endmontage, der Endpunkt, die Endzeit

3 Schreibe die Wörter mit der Vorsilbe **end-/End-** ab und gliedere sie nach Sprechsilben.

4 Finde drei weitere Wörter mit der Vorsilbe **end-/End-** und schreibe sie auf.
Tipp: Du kannst in einem Wörterbuch nachschlagen.

Nomen großschreiben

Nomen schreibst du groß.

5 Nomen kannst du oft an ihren Nachsilben (Suffixen) erkennen.
   a. Bilde aus den Wörtern Nomen mit den Nachsilben **-ung**, **-heit**, **-keit**, **-schaft**, **-nis** oder **-tum** und schreibe sie mit ihrem bestimmten Artikel auf.
   b. Schreibe mit fünf Nomen jeweils einen Satz auf.

> geheim, gleichgültig, frei, verändern, klug, vergrößern, wahrscheinlich, frech, ärgern, schwierig, verabreden, ähnlich, veranstalten, reich, leiden

Tipps zum Erkennen von Nomen ▶ S. 322

6 Adjektive können zu Nomen werden.
   a. Bilde aus den folgenden nominalisierten Adjektiven sinnvolle Sätze. Du kannst dazu die Wortgruppen aus dem rechten Kasten verwenden.
   b. Unterstreiche in deinen Sätzen die nominalisierten Adjektive nach **alles**, **nichts**, **etwas**, **wenig**, **viel**.

alles Gute	stand heute in der Zeitung
nichts Besonderes	wünsche ich dir
etwas Wichtiges	ergab die Untersuchung
wenig Neues	fand ich im Katalog
viel Interessantes	erlebte ich in den Ferien

Häufige Fehlerwörter

Manche Wörter werden häufig falsch geschrieben.

> vielleicht, ein bisschen, erwidern, wahrscheinlich, abends, zu Hause, irgendwie, außerdem, während, meistens, ziemlich, der Spaß, die Idee

7 Schreibe die häufigen Fehlerwörter nach dem Alphabet geordnet auf.

8 Schreibe die folgenden Sätze ab und ergänze passende Wörter aus Aufgabe 7.

In diesem Halbjahr werde ich in Deutsch ? eine gute Bewertung bekommen. Im letzten Halbjahr haben sich meine Leistungen ? verbessert. Letztes Jahr hat mir das Fach noch überhaupt keinen ? gemacht. Das lag ? am Unterrichtsstoff. Ich hatte ? zu wenig Zeit zum Lernen, da ich ? viel Sport trieb.

Fremdwörter mit *V/v* und mit *-ik*

Die folgenden Fremdwörter mit **V/v** und mit **-ik** sind Merkwörter
Du kannst sie immer wieder mit einem Wortlisten-Training üben.

Fremdwörter mit **V/v**	Fremdwörter mit **-ik**
konservieren	die Ästhetik
das Niveau	die Akustik
die Vanille	die Automatik
die Vase	die Fabrik
das Ventil	die Gestik
der Ventilator	die Kritik
die Visite	die Physik
das Vitamin	die Politik
die Vokabeln	die Republik
der Vulkan	die Technik

9 a. Schreibe die Wortlisten ab. Schreibe nur in jede zweite Zeile.
b. Schlage die Fremdwörter mit **V/v** und mit **-ik** im Wörterbuch nach und schreibe ihre Bedeutung jeweils hinter das Wort.

10 Wähle aus jeder Wortliste fünf Fremdwörter aus und bilde sinnvolle Sätze. Schreibe die Sätze auf.

> **Starthilfe**
> Das Niveau der Preise ist deutlich gestiegen.
> Die Ästhetik ist die Lehre vom Schönen.
> …

11 Sammle deine Fehlerwörter in deiner Rechtschreibkartei.

Rechtschreibkartei
► S. 318

Konjunktionen verwenden und Kommas setzen

Die Konjunktion **dass** steht häufig nach den folgenden Verben:

> glauben, denken, meinen, wissen, sehen, fühlen, hoffen, erwarten, erklären, sich freuen, merken, wetten

12 a. Bilde aus den Verben jeweils ein Satzgefüge mit der Konjunktion **dass**.
b. Markiere in deinen Sätzen das Komma vor **dass**.

> **Starthilfe**
> Ich glaube fest daran**,** dass ich …
> …

Komma bei Hauptsätzen und Nebensätzen
► S. 330

Häufig beginnen Nebensätze mit den Konjunktionen **dass**, **als**, **weil**, **wenn**.
Der Nebensatz wird durch ein Komma vom Hauptsatz abgetrennt.

In dem folgenden Text fehlen vier Kommas in den Satzgefügen.

Achtung: Fehler!

Marc kann heute Abend schlecht einschlafen weil er über sein Praktikum nachdenkt. Es beginnt morgen und Marc will unbedingt pünktlich sein. Wenn er den Bus um 7 Uhr nimmt muss er sehr früh aufstehen. Endlich schläft
5 Marc ein. Er träumt. Er ist im Bus unterwegs. Aber der Bus steckt im Stau fest. Als Marc aus dem Fenster schaut sieht er einen Fahrradfahrer. Das muss ein Hinweis sein. Mitten in der Nacht wacht Marc auf und beschließt dass er am nächsten Morgen mit dem Fahrrad fahren wird.

13 a. Schreibe den Text in dein Heft.
b. Markiere die Konjunktionen.
c. Unterstreiche die Nebensätze mit einer Wellenlinie.
d. Setze die fehlenden Kommas an die richtigen Stellen.

14 Schreibe zu jedem Satzbild einen passenden Satz auf.

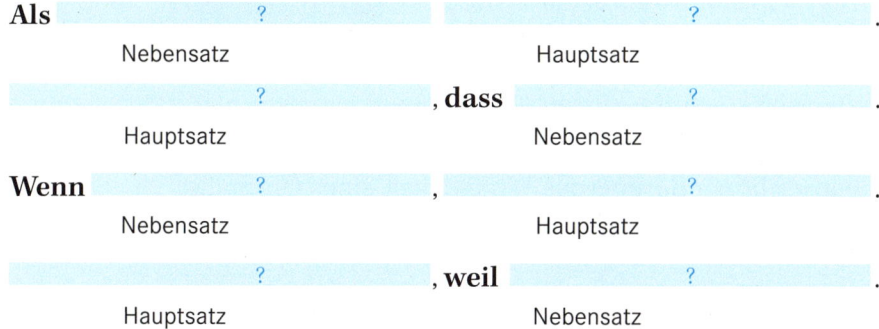

Manchmal wird ein Nebensatz in einen Hauptsatz eingeschoben.
Dann steht vor und nach dem Nebensatz ein Komma.

Hauptsatz 1. Teil	Nebensatz	Hauptsatz 2. Teil
Meine Sorge	als ich den Schulhof erreichte	ist Krankenschwester.
Meine Nachbarin	dass ich den Bus verpassen könnte	den Termin absagen.
Ich muss leider	weil ich krank geworden bin	kam der Regen.
In dem Moment	die in der Goethestraße wohnt	war unbegründet.

15 Füge die Nebensätze in passende Hauptsatzteile ein.
a. Schreibe die Satzgefüge auf.
b. Unterstreiche die eingeschobenen Nebensätze mit einer Wellenlinie.
c. Markiere die Kommas.

Texte lesen – üben – richtig schreiben

1. Trainingseinheit: Nomen großschreiben, Nominalisierungen, Gedankenstrich bei Zusätzen oder Nachträgen

1 Lies den Text.

Das Fliegen – für uns eine Selbstverständlichkeit

„Nur zwei Prozent der Weltbevölkerung können sich das Reisen mit dem Flugzeug leisten." Beim Lesen dieses Satzes stockte ich. Das war eine Behauptung, von der ich kaum glauben konnte, dass sie der Wahrheit entsprach.
5 Denn für viele von uns ist das Fliegen – Jahrtausende lang ein Wunschtraum der Menschen – fast schon eine Selbstverständlichkeit. Als Sportinteressierter las ich doch ständig Neuigkeiten von großen Weltsportereignissen. Vom Reisen per Schiff oder Bahn las ich dabei selten.
10 Und ich erinnerte mich, dass deutsche Fußballmannschaften in der kälteren Jahreszeit zum Trainieren häufig in wärmere Länder fliegen. Etwas beschämt musste ich feststellen, wie leicht wir darüber die Wirklichkeit eines Großteils der Weltbevölkerung vergessen, vor allem in Afrika, Südamerika und Asien.

2 Beantworte die Fragen zum Text schriftlich:
– Wie viel Prozent der Weltbevölkerung können sich das Reisen mit dem Flugzeug überhaupt leisten?
– Wohin fliegen im Winter Fußballmannschaften zum Trainieren?

Der Text enthält fünf nominalisierte Verben. Du erkennst sie an den Wörtern **das**, **beim**, **zum** und **vom**.

Nominalisierungen
▶ S. 322

3 a. Schreibe die Nominalisierungen mit ihren Begleitern **das**, **beim**, **zum** und **vom** auf.
b. Unterstreiche die Begleiter.

4 a. Bilde mit zwei Verben jeweils drei Nominalisierungen. Schreibe sie auf.
b. Schreibe jeweils einen Satz mit der Nominalisierung auf.

Starthilfe
Das Schreiben fällt mir nicht immer leicht.

Im Text gibt es sieben Nomen mit den Endungen -ung, -heit, -keit und -nis.

Nomen großschreiben ▶ S. 322

5 a. Schreibe die Nomen mit dem dazugehörigen Artikel auf.
b. Markiere jeweils die Endungen.

Dies sind weitere Nomen mit den Endungen -ung, -heit, -keit und -nis:

> die Einigung, das Hindernis, die Menschlichkeit, die Besonderheit, die Fröhlichkeit, das Geheimnis, die Streitschlichtung, das Einverständnis, die Eigenheit, die Betriebserkundung, die Freundlichkeit, die Süßigkeit, die Befreiung, die Vergangenheit, die Krankheit, das Wagnis

6 a. Lege eine Tabelle an und ordne die Nomen ein.
b. Schreibe auch die Nomen aus Aufgabe 5 in die Tabelle.
c. Ergänze in jeder Spalte drei weitere Nomen.

Starthilfe

-ung	-heit	-keit	-nis
die Einigung …	…	…	…

Im Trainingstext gibt es zwei Stellen mit Zusätzen bzw. Nachträgen. Sie sind im Text blau hervorgehoben.

Der Gedankenstrich bei Zusätzen oder Nachträgen ▶ S. 324

Merkwissen

> Mit Gedankenstrichen kann man Zusätze oder Nachträge deutlich vom übrigen Text abgrenzen: Der Flug – es war der erste mit einem Flugzeug dieses Typs – endete vorzeitig am Pariser Flughafen.

7 a. Schreibe die Textstellen ab.
b. Unterstreiche die Zusätze bzw. Nachträge. Markiere die Gedankenstriche.
c. Welche zusätzlichen Informationen enthalten die Textstellen?

8 a. Ergänze die Sätze links mit den zusätzlichen Informationen rechts. Schreibe die vollständigen Sätze auf.
b. Markiere die Gedankenstriche.

> Nina stieg aufgeregt in das Flugzeug.
> Das Flugzeug landete pünktlich.

> – es war ihr erster Flug –
> – der Flugzeugtyp gehört zu den größten der Welt –

9 Schreibe den Text „Das Fliegen – für uns eine Selbstverständlichkeit" ab.

Abschreiben ▶ S. 318

2. Trainingseinheit: Fachbegriffe, Wörter mit *wider*, Zeichensetzung bei der wörtlichen Rede

1 Lies den Text.

Unsere vernetzte Schulbücherei

„Eure Lehrer haben wirklich gute Ideen", hörte Paul seinen Vater sagen. „Na ja, nicht immer", erwiderte Paul, „wie kommst du darauf?" „Lies selbst", antwortete sein Vater und reichte ihm einen Elternbrief der Schiller-Schule.
5 „Können moderne Medien uns klüger machen und das Lesen fördern? Fernsehen verblödet, Computer machen einsam und von Videospielen werden Kinder gewalttätig. Diese und weitere negative Urteile sind oft zu hören und zu lesen, wenn über die modernen Medien diskutiert wird.
10 Darum müssen wir die Medienkompetenz verstärkt schulisch fördern und mit den Schülerinnen und Schülern einen sachgerechten und selbstgesteuerten Umgang mit den Medien einüben. Zu diesem Schulkonzept gehört die Online-Vernetzung unserer Schulbücherei mit der Stadtbücherei in einem Schulbüchereiverbund. Sämtliche ausleihbaren Medien aller Schulen unserer Stadt
15 werden erfasst und mit Hilfe einer besonders geschützten VPN-Verbindung im Internet über den Online-Katalog der Stadtbücherei zugänglich gemacht." Paul kommentierte: „Das heißt, wir haben dann Terminals in unserer Schulbücherei und können von dort ausleihen. Die Idee gefällt mir."

2 Beantworte die Fragen schriftlich:
– Was gibt der Vater seinem Sohn Paul zu lesen?
– Welche negativen Urteile kann man oft hören, wenn es um moderne Medien geht?

Im Trainingstext sind Fachbegriffe hervorgehoben. Hier findest du ihre Erklärungen.

– Endgerät, Bildschirm – ein Arbeitsplatzrechner, der zur Ein- und Ausgabe von Daten verwendet wird; der Nutzer (User) hat Zugriff auf einen entfernt stehenden Computer
– direkte Verbindung mit einem Datennetz
– virtual private network (dt. virtuelles privates Netz); es ist die sichere Verbindung lokaler Netze zum Transport privater oder geschäftlicher Informationen
– die Fähigkeit, mit Medien (Film, Funk, Fernsehen, Presse und Computer) kritisch umzugehen

3 a. Schreibe die Erklärungen untereinander auf.
b. Schreibe die passenden Fachbegriffe dazu.

Viele Fachbegriffe der modernen Medien kommen aus dem Englischen.

4 Erkläre die Bedeutung der Fachbegriffe vom Rand schriftlich.
Tipp: Du kannst ein Wörterbuch zu Hilfe nehmen.

der Hashtag
der Blog
der Podcast
der Download
online
der Onlineshop

Der Trainingstext enthält ein Wort mit **wider**.
Das Wort **wider** hat die Bedeutung **gegen**. Du schreibst es immer mit langem i.

5 a. Schreibe das Wort mit **wider** aus dem Text heraus.
b. Schreibe die Wörter mit **wider** nach Wortarten geordnet in eine Tabelle.

> widerwillig, die Widerrede, das Widerwort, widerstehen, widersetzen,
> der Widerstand, der Widerspruch, widerlegen, widersprechen, widerlich,
> widerspenstig, widerspiegeln, widerstandslos, der Widerruf, der Widersacher,
> widerrechtlich, widerwärtig, widerfahren

Starthilfe

Nomen	Verben	Adjektive
...	...	widerwillig ...

Im Trainingstext gibt es wörtliche Rede. Oft steht ein Begleitsatz dabei.
Er kann vorn, in der Mitte oder hinten stehen.

Wörtliche Rede
▶ S. 324

6 a. Schreibe die wörtliche Rede ab, die zu den folgenden Satzbildern passt.
b. Unterstreiche in den Sätzen die Begleitsätze und kreise die Anführungszeichen ein.
c. Markiere die Kommas und die anderen Satzzeichen.

„   ?   ",   ?   .
„   ?   ",   ?   „   ? ?"
          ?   : „   ?   ."

7 In den folgenden Sätzen fehlt die Kennzeichnung der wörtlichen Rede.
a. Schreibe die Sätze ab und füge passende Wörter mit **wider** aus Aufgabe 5 ein.
b. Setze die fehlenden Anführungszeichen und Satzzeichen.
c. Unterstreiche die Begleitsätze.

> Gegen diesen Bescheid sagte die Sachbearbeiterin können Sie   ?   einlegen.
> Meine Schwester rief Der verdorbene Fisch stinkt ja   ?   !
> Wer kann das Argument   ?   fragte der Lehrer.

8 Diktiert euch gegenseitig in Abschnitten den Text „Unsere vernetzte Schulbücherei".

Abschreiben
▶ S. 318

3. Trainingseinheit: Fremdwörter mit *-ik*, *-ie*, *-or*, *-(i)ell*, *-iv*, Komma bei Satzgefügen

1 Lies den Text.

Bionik – Vorbild Natur

Besitzt du ein Kleidungsstück mit Klettverschluss? Dann weißt du bestimmt, dass der Verschluss wie eine Klette funktioniert. Wenn man ein solches Prinzip der Natur abschaut, spricht man von „Bionik". Dieser Begriff ist aus den Wörtern „Biologie" und „Technik" zusammengesetzt und bezeichnet eine Wissenschaft,
5 die zunehmend an Bedeutung gewinnt. Auch die Physik und die Chemie spielen in der Bionik eine Rolle. Sobald Wissenschaftler auf ein technisches Problem stoßen, können sie in der Natur nach einer Analogie suchen und so vielleicht in ihrem Labor die Lösung finden. Diese verbessert die Qualität vieler Produkte, wird oft auch industriell genutzt und bringt finanzielle Erfolge. Somit hilft die
10 Bionik nicht nur, den Alltag der Menschen zu vereinfachen, sondern sie ist auch zu einem positiven wirtschaftlichen Faktor geworden.

2 Beantworte die Fragen schriftlich:
– Aus welchen Wörtern ist das Wort **Bionik** gebildet?
– Welche Wissenschaften spielen in der Bionik ebenfalls eine Rolle?

Der Trainingstext enthält viele Fremdwörter, die du an ihren Endungen erkennst. Viele Nomen haben die Endungen -ik, -ie, -or, viele Adjektive enden auf -(i)ell und -iv.

Fremdwörter
▶ S. 320

3 Ordne die Fremdwörter aus dem Text in eine Tabelle ein.
Ergänze bei den Nomen den Artikel.

Starthilfe

-ik	-ie	-or	-(i)ell	-iv
die Bionik	…	…	…	…

4 Erkläre die Fremdwörter aus dem Text: **die Analogie**, **der Faktor**.
Schreibe die Wörter und die Worterklärungen auf.

5 Ordne die Fremdwörter vom Rand ebenfalls in deine Tabelle ein.

6 Schreibe die folgenden Fremdwörter mit ihrer Erklärung auf.

die Demokratie		wahlweise
alternativ	?	die Volksherrschaft
die Realität		amtlich
offiziell		die Wirklichkeit

die Republik
die Energie
intensiv
die Politik
alternativ
der Direktor
die Theorie
effektiv
der Professor
aktuell
der Autor
funktionell

260

Die folgenden Sätze kannst du mit Fremdwörtern aus dieser Trainingseinheit ergänzen.

7 Schreibe die Sätze ab und ergänze passende Fremdwörter.

Manche Menschen sehen eher ? in die Zukunft, andere eher negativ.
Ein Grundrecht in einer ? ist das freie und geheime Wahlrecht.
Wenn etwas in der ? klappt, heißt das noch lange nicht, dass es auch in der Praxis funktioniert.
Um ? zu sparen, ist es ratsam, Fenster ausreichend zu isolieren.

Im Trainingstext gibt es einige Satzgefüge. Hauptsatz und Nebensatz werden durch Komma abgetrennt.

Komma bei Hauptsätzen und Nebensätzen
▶ S. 324

8 a. Finde zu jedem der folgenden Satzbilder das passende Satzgefüge im Text und schreibe es auf.
b. Unterstreiche die Hauptsätze und die Nebensätze unterschiedlich.
c. Markiere die gebeugten Verbformen.
d. Markiere die Konjunktionen und kreise die Kommas ein.

  _____?_____, **dass** _____?_____.
  Hauptsatz   Nebensatz

  Wenn _____?_____, _____?_____.
  Nebensatz   Hauptsatz

  Sobald _____?_____, _____?_____.
  Nebensatz   Hauptsatz

9 Welche Satzteile gehören zusammen? Bilde drei Satzgefüge mit den Konjunktionen **dass**, **wenn** und **sobald** und schreibe sie auf.

Ich denke positiv,	erinnere ich mich an frühere Erfolge.
Dass es keine Garantie für das Gelingen gibt,	wenn ich in die Zukunft sehe.
Sobald ich mich sorge,	weiß ich.

10 Bilde mit den folgenden Sätzen drei Satzgefüge mit den Konjunktionen **dass**, **wenn** oder **sobald** und schreibe sie auf.

> Die Katze versteckt sich unter dem Sofa. Der Gewitterdonner kracht.
> Die Regenrinne läuft über. Es regnet besonders heftig.
> Cem freut sich. Er muss im Garten nicht gießen.

11 a. Schreibe den Text „Bionik – Vorbild Natur" ab.
b. Unterstreiche alle Fremdwörter.

Abschreiben
▶ S. 318

4. Trainingseinheit: Wortgruppen mit *sein*, Komma bei Infinitivgruppen

1 Lies den Text.

Die Tanzstunde

Die vier Jungen sitzen vor dem Gebäude, in dem heute ihre erste Tanzstunde stattfinden wird. „Das ist klasse! Mensch, haben wir ein Glück, dass Evi und ihre Freundinnen bei uns im Tanzkurs sind. Mir war schon angst und bange bei dem Gedanken an die
5 Mädchen", gesteht Tim. „Ich hoffe nur, dass ich ein paar Schritte machen kann, ohne meiner Partnerin gleich auf die Füße zu treten." „Oder dass ich Anne auffordern kann, ohne einen roten Kopf zu bekommen", fügt Max hinzu. Er findet schon seit längerem, wie seine Freunde wissen, dass Anne wirklich spitze ist.
10 „Hey, bleibt cool", meint Tom. „Anstatt hier herumzuquatschen, lasst uns reingehen, um gute Plätze zu bekommen. Schön die Übersicht behalten, sage ich immer." Seine Freunde grinsen. Sie wissen, dass auch ihm mulmig ist. Aber anstatt das einzugestehen, klopft Tom gerne Sprüche.

2 Welche der folgenden Sätze stehen so nicht im Text? Schreibe sie auf.

> – Er findet, wie seine Freunde wissen, Anne schon seit längerem spitze.
> – Die vier Jungen sitzen vor dem Gebäude, in dem heute ihre erste Tanzstunde stattfinden wird.
> – „Ich hoffe nur, dass ich ein paar Schritte machen kann, ohne meiner Partnerin in die Arme zu stolpern."

Im Text „Die Tanzstunde" gibt es drei Kleinschreibungen in Verbindung mit **sein**.

Nomen werden zu Adjektiven ▶ S. 323

Merkwissen
> Die Wörter **angst**, **bange**, **klasse**, **leid**, **schuld**, **spitze** und **pleite** werden in Verbindung mit einer Verbform von **sein** immer kleingeschrieben.

3 a. Finde die Wortgruppen mit **sein** und schreibe diese Sätze ab.
b. Unterstreiche die Verbformen von **sein** und die Kleinschreibung.

4 Schreibe die folgenden Sätze ab und ergänze passende Kleinschreibungen.

Dies ist mein letzter Euro, nun bin ich ? .
Du bist ? daran, dass ich zu spät zur Schule komme.
Als ich sie zum ersten Mal sah, wusste ich sofort: „Die ist ? ."

Der Text enthält fünf Infinitivsätze, die mit Komma vom Hauptsatz abgetrennt werden. Sie sind blau hervorgehoben.

Komma bei Infinitivsätzen
▶ S. 324

Merkwissen

Infinitivsätze beginnen häufig mit den Signalwörtern **um**, **ohne**, **anstatt** und enden immer mit einem Infinitiv mit **zu**. Diese Sätze können vor oder nach dem Hauptsatz stehen. Sie werden mit Komma abgetrennt.

(Um) frische Luft zu bekommen, öffnete er das Fenster.

Er öffnete das Fenster, (um) frische Luft zu bekommen.

5 a. Schreibe aus dem Text die Satzgefüge mit den Infinitivsätzen ab.
b. Kreise das Signalwort ein und unterstreiche die Infinitivgruppe.
Tipp: Manchmal steht das Wort **zu** in zusammengesetzten Verben. In diesen Fällen wird zusammengeschrieben.

6 a. Schreibe die folgenden Sätze ab und ergänze zusammengesetzte Infinitive mit **zu** vom Rand.
b. Kreise die Signalwörter ein.

Anstatt dem Vortrag ? , unterhält er sich mit seinem Nachbarn.
Er packte seine Sachen, ohne das Pausenzeichen ? .
Um das Experiment ? , brauchen wir noch viel Zeit.
Sie setzten den Streit fort, anstatt das Kompromissangebot ? .
Ich werde diesen Kurs besuchen, um mich ? .

zuzuhören
vorzubereiten
abzuwarten
anzunehmen
fortzubilden

7 a. Finde zu den Hauptsätzen die passenden Infinitivsätze.
b. Schreibe die vollständigen Sätze zweimal auf.
Einmal soll der Hauptsatz vorne stehen, einmal der Infinitivsatz.

Hauptsätze	Infinitivsätze
Er musste laufen.	… anstatt die Abkürzung zu nehmen.
Sie machte einen großen Umweg.	… ohne sie jedoch zu erreichen.
Immer wieder rief er sie an.	… um noch vor Unterrichtsbeginn anzukommen.
Wir brauchen bestimmt viel Zeit.	… um das Klassenfest gut vorzubereiten.
Sie kaufte die schicke Hose.	… anstatt den Bus zu nehmen.
Er ging zu Fuß.	… ohne sie vorher anzuprobieren.

Starthilfe

Er musste laufen, um noch vor …
Um noch vor Unterrichtsbeginn anzukommen, musste er ..

8 a. Schreibe den Text „Die Tanzstunde" ab.
b. Unterstreiche die Infinitivsätze.

Abschreiben
▶ S. 318

5. Trainingseinheit: Adjektive mit den Nachsilben -*voll* und -*lich*, Eigennamen großschreiben, Komma bei Appositionen

1 Lies den Text.

Tägliche Wasserspiele

Wie viel Liter reinsten Trinkwassers verbraucht jeder Einwohner der Bundesrepublik pro Tag?
Es sind durchschnittlich 126 Liter. Wenn man diese Wassermenge in eine normale Badewanne kippt, ist
5 sie ungefähr randvoll.
Lediglich fünf Liter trinken wir oder verwenden es zum Kochen. Dagegen benutzen wir circa 46 Liter zum Baden und Duschen und 34 Liter fließen jeden Tag die Toilette hinunter.
10 Auf zwanzig Liter Trinkwasser schätzen die Vereinten Nationen, ein Zusammenschluss von 193 Staaten, den täglichen Mindestbedarf eines Menschen.
Unsere täglichen Wasserspiele muss man wohl angesichts dieser Schätzung als luxuriös bezeichnen, denn circa 1,1 Milliarden Menschen steht nicht einmal
15 dieses Minimum zur Verfügung. Hinzu kommt, dass diese knappe Wassermenge in Entwicklungsländern oft stark verunreinigt ist. Krankheiten, die zum Tode führen, sind die Folge.

2 Beantworte die Fragen schriftlich:
– In welchem Zusammenhang stehen die Angaben „126 Liter" und „zwanzig Liter"?
– Wie viele Menschen haben zu wenig Wasser zur Verfügung?

Der Trainingstext enthält zusammengesetzte Adjektive:
der Rand + voll = randvoll, der Tag + lich = täglich

Mit Wortbausteinen üben ▶ S. 320

3 Bilde Adjektive aus den Wörtern und Nachsilben und schreibe sie auf.

| Respekt, Wert, Druck, Gefühl, Humor, Kraft, Neid, Schwung | + | -voll |

| sterben, nachdenken, bedrohen, lösen, ausführen, verändern | + | -lich |

Starthilfe
respektvoll
sterblich
....

Die Vereinten Nationen ist ein Eigenname. Bestehen Eigennamen aus mehreren Wörtern, schreibst du alle Adjektive und Nomen groß.

Eigennamen ▶ S. 322

> die Vereinten Nationen, die Vereinigten Staaten von Amerika, der Indische Ozean, der Deutsche Bundestag, die Deutsche Bahn, das Zweite Deutsche Fernsehen, die Sozialdemokratische Partei Deutschlands, die Christlich-Demokratische Union, der Bayerische Wald, der Schiefe Turm (in Pisa)

4 Schreibe die Sätze ab und setze passende Eigennamen aus dem Kasten oben in die Lücken.

Zwei der ältesten Parteien in der Bundesrepublik sind die ? und die ? . Das ? sendete gestern eine interessante Reportage zur Trinkwasserversorgung in Entwicklungsländern. Die ? schätzen den Mindestbedarf an Trinkwasser auf zwanzig Liter.
Im Urlaub in Italien haben wir auch den ? in Pisa besichtigt.
Unser nächstes Jugendcamp findet im ? statt.

In einem Satz im Text auf Seite 264 wird ein Nomen näher erklärt. Dazu stehen hinter dem Nomen zusätzliche Informationen. Diese nachgestellte Wortgruppe ist eine **Apposition** und wird durch Kommas abgetrennt.

Komma bei Appositionen
▶ S. 324

5 a. Finde im Trainigstext den Satz mit der Apposition und schreibe ihn auf.
   b. Unterstreiche die Apposition und kreise das Nomen ein, das näher erklärt wird.
   c. Markiere die Kommas.

6 In den folgenden Sätzen fehlen die Kommas.
   a. Schreibe die Sätze ab und trenne die Apposition mit Kommas ab.
   b. Unterstreiche die Apposition und kreise das Nomen ein, das näher erklärt wird.
   c. Markiere die Kommas.

> Auch Cholera eine Infektion des Darms kann durch verunreinigtes Trinkwasser verursacht werden.
>
> Vor allem in Asien und Afrika treten immer wieder Epidemien Masseninfektionen in der Bevölkerung auf.
>
> Die Inkubationszeit die Zeit von der Ansteckung bis zum Ausbruch der Krankheit liegt zwischen wenigen Stunden und fünf Tagen.
>
> Abgekochtes Trinkwasser eine von mehreren Vorsichtsmaßnahmen soll die Menschen schützen.

Achtung: Fehler!

7 Diktiert euch gegenseitig in Abschnitten den Text „Tägliche Wasserspiele".

Abschreiben
▶ S. 318

6. Trainingseinheit: Wortgruppen getrennt schreiben, Fremdwörter mit *Pro-*, Komma bei eingeschobenen Nebensätzen

1 Lies den Text.

**Zurück zur Erde – eine Begebenheit
nach „Das Marsprojekt" von Andreas Eschbach**

„Das Marsprojekt"
► S. 156–159

Wie sollten die Jugendlichen ruhig bleiben? „Das Marsprojekt ist zu Ende", sagten die Eltern, „wir müssen der Anordnung Folge leisten und wir sollen zur Erde zurückkehren." Für die vier Jugendlichen Ariana, Elinn, Ronny und Carl war es ein Schock. Sie waren die ersten Menschen, die auf dem Mars aufwuch-
5 sen. Sie hatten den Mars als ihre Heimat lieben gelernt. Nun wollte man das Projekt rückgängig machen, sie sollten alles hier einfach verlassen. Ihr Leben sollte noch einmal auf der Erde, die sie gar nicht kannten, neu beginnen. Zusammen mit Elinn machten sie einen Ausflug im Rover. Die Jugendlichen waren wieder überwältigt von dem Anblick der Marslandschaft. Sie fühlten:
10 Hier sind wir zu Hause! „Lasst uns aktiv werden, wir werden eine Botschaft an die Erde senden."

2 Welcher Satz steht so nicht im Text? Schreibe ihn ab.

– Ihre Eltern konnten die Neuigkeit nicht vor ihnen geheim halten.
– Ihr Leben sollte noch einmal auf der Erde, die sie gar nicht kannten, neu beginnen.

Im Trainingstext sind getrennt geschriebene Wortgruppen hervorgehoben.

Wortgruppen
getrennt schreiben
► S. 321

3 a. Übertrage die Tabelle in dein Heft.
b. Ordne die Wortgruppen in die richtigen Spalten ein.

Starthilfe

Wortgruppe aus Nomen + Verb	Wortgruppe aus Adjektiv + Verb	Wortgruppe aus Verb + Verb	weitere Wortgruppen
Folge leisten	ruhig bleiben	…	zu Ende

Auch diese Wortgruppen werden getrennt geschrieben:

falsch machen, darüber hinaus, stehen bleiben, Rad fahren, spazieren gehen, auf einmal, Schlange stehen, hängen bleiben, vor allem, wach bleiben, liegen bleiben, zu Hilfe (kommen), Not leiden, baden gehen

4 Ordne auch diese Getrenntschreibungen in deine Tabelle ein.

Viele Fremdwörter beginnen mit der Vorsilbe **Pro-**.

das Projekt, der Prozess, das Protokoll, der Protest, der Produzent, der Profit, das Profil, das Programm

5 a. Schreibe die Nomen ab und ergänze die Pluralformen.
b. Bilde zu jedem Nomen ein Verb mit der Endung **-ieren**.

Starthilfe

das Projekt, die Projekte – projektieren
…

6 a. Bildet zusammengesetzte Wörter mit den Wörtern **Protest**, **Projekt**, **Programm** und **Protokoll**.
b. Überprüft die Rechtschreibung mit dem Wörterbuch.

Der Trainingstext enthält einen Hauptsatz mit einem eingeschobenen Nebensatz. Vor und hinter dem Nebensatz steht ein Komma.

Komma bei Hauptsätzen und Nebensätzen
▶ S. 324

7 a. Schreibe den vollständigen Satz aus dem Text ab.
b. Markiere die beiden Kommas farbig.
c. Unterstreiche den Nebensatz.

8 a. Bilde Satzgefüge mit eingeschobenen Nebensätzen.
b. Schreibe die Sätze auf und setze die Kommas.
c. Markiere die Kommas und unterstreiche die Nebensätze.

Das langjährige Projekt sollte beendet werden.	als sie zusammensaßen
Die Sorge ließ die Jugendlichen aktiv werden.	die nichts falsch machen wollten
Die Jugendlichen schrieben eine Botschaft an die Erde.	das ihnen das Leben auf dem Mars ermöglichte
Die Eltern bereiteten die Rückkehr zur Erde vor.	dass sie ihre Heimat verlieren würden

9 a. Schreibe die folgenden Sätze ab und ergänze die fehlenden Kommas.
b. Markiere die Kommas und unterstreiche die Nebensätze.

Auf dem Schulfest das im Mai stattfindet wollen wir ein Theaterstück aufführen. Nach mehreren Treffen bei denen heftig diskutiert wurde konnten wir uns auf das Thema einigen.
Wir möchten die Idee dass man auf einem fernen Planeten leben könnte aufgreifen.

Achtung: Fehler!

10 Schreibe den Text „Zurück zur Erde" ab.

Abschreiben
▶ S. 318

Teste dich!

Richtig schreiben

Am Ende der nächsten Seite steht ein Text mit Fehlern.
Bearbeite alle Aufgaben und du bist fit für die Fehlersuche.

1 a. Sprich die folgenden Wörter so, dass man die Sprechsilben deutlich hört.
b. Schreibe die Wörter mit Trennstrichen untereinander auf.
c. Schreibe hinter jedes Wort die Anzahl der Silben.

> höchstwahrscheinlich, zurückversetzen, nachahmenswert, zusammenarbeiten, Sprudelbereiter, Fahrradgepäcktasche, voraussichtlich, entgegengehen

Sprechen – hören – schreiben
▶ S. 319

2 **ä/äu** oder **e/eu**?
Ergänze die Wörter und schreibe sie auf.
Tipp: Wende die Ableitungsprobe an, um die Wörter richtig zu schreiben: Finde ein verwandtes Wort mit **a/au**.

> gef ? hrlich, die S ? re, das Getr ? nk, tats ? chlich, die Erk ? ltung, das Geb ? de, das Gep ? ck, l ? ten

Wörter ableiten
▶ S. 320

3 a. Bilde aus den Verben und Adjektiven Nomen mit den Endungen **-ung, -heit, -keit, -nis** und schreibe sie mit ihrem Artikel auf.
b. Unterstreiche die Endungen.

Verben	Adjektive
belohnen	gesund
leiten	klug
hindern	traurig
ärgern	wahr
mischen	flüssig
erlauben	sauber

Nomen großschreiben
▶ S. 322

4 Bilde mit den Wortgruppen aus Verb + Verb je einen Satz und schreibe ihn auf.

> kennen lernen, liegen lassen, malen können

Wortgruppen getrennt schreiben
▶ S. 321

5 Die folgenden Nomen sind Fremdwörter mit der Endung **-ie**.
a. Ordne die Nomen nach dem Alphabet und schreibe sie mit Artikel auf.
b. Unterstreiche die Endung **-ie**.

> Industrie, Chemie, Kalorie, Energie, Biologie, Demokratie, Batterie, Kolonie, Akademie

Fremdwörter ▶ S. 320

Teste dich!

6 Schreibe die folgenden Sätze auf und ergänze passende Wörter mit **wider**.

„Du musst deine Zustimmung sofort ? !", rief Elisa.
„Für einen ? ist es zu spät", ? Jan.
„Ich bin da aber ganz anderer Meinung", ? Besa.

widerstehen, widersprechen, widerrufen, das Widerwort, der Widerspruch, erwidern

Wörter mit **wider**
▶ S. 259

7 In dem folgenden Satz fehlen die Kommas bei der Aufzählung. Schreibe den Satz ab und ergänze die Kommas.

Von der Einkaufsliste habe ich die koffeinhaltige Cola die süße Zitronenlimonade den Orangensaft mit viel Fruchtzucker und die von meiner Schwester so geliebte Waldmeisterbrause gestrichen.

Komma bei Aufzählungen
▶ S. 324

Achtung: Fehler!

Der folgende Text enthält vier Rechtschreibfehler und einen Zeichensetzungsfehler.

8 a. Lies den Text.
  b. Schreibe die Fehlerwörter richtig auf. Markiere die Fehlerstelle.
  c. Schreibe den Text korrigiert auf und setze das fehlende Komma.

Prickelnd und gesund

Glauben Sie, dass Kinder und Jugendliche auf die geliebten, aber ungesunden Limonaden verzichten können? Alle wissen dass diese Getränke der Gesundheit Schaden zufügenkönnen. Außerdem nehmen die meisten Menschen am Tag nicht genügend Flüssigkeit zu sich, wodurch
5 die körperliche und geistige Leistungfähigkeit beeinträchtigt ist.
In der Erich-Kästner-Schule steht seit Montag ein Apparat, der eine mischung aus Wasserhahn, Wasserfilter und Sprudelbereiter ist. In den Pau-
10 sen können die Schüler ihre Trinkflaschen kostenlos auffüllen, nach Wunsch mit oder ohne Kohlenseure. Bisher stößt diese Neuerung auf viel Sympathie. Hoffentlich hilft sie, der süßen Versuchung zu widerstehen.

Achtung: Fehler!

9 a. Besprich deine Arbeitsergebnisse mit deiner Lehrkraft.
  – Was beherrschst du sicher?
  – Wo liegen deine Fehlerschwerpunkte?
  b. Sammle deine Fehlerwörter in der Rechtschreibkartei.

Rechtschreibkartei
▶ S. 318

Grammatik

Sprache und Stil

Hier lernst du etwas über die Herkunft und Bedeutung von Wörtern.
Du übst, Sprachebenen zu erkennen und richtig zu verwenden.
Außerdem lernst du, wie du häufige Fehler vermeiden kannst.

Wortarten verwenden

Hier findest du Übungen zu den Wortarten, die du schon kennst, und zu den Zeitformen der Verben.
Außerdem erarbeitest du Neues zu den Verben im Konjunktiv II.

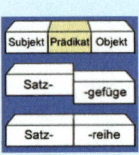

Der Satz

In diesem Kapitel findest du Übungen zu den Satzgliedern, zu Satzreihen und Satzgefügen.
Dabei übst du, wie du in eigenen Texten anschaulich formulieren und gedankliche Zusammenhänge ausdrücken kannst.
Außerdem lernst du Neues zu den adverbialen Bestimmungen und den Attributen.

Sprache und Stil

Wörter aus anderen Sprachen

Viele Wörter, die wir häufig im Alltag verwenden, stammen ursprünglich aus anderen Sprachen und Kulturen. Diese Wörter sind im Laufe der Zeit weit „gereist". Dabei haben sie sich verändert.

kěchap (malaiisch)	– gewürzte Fischtunke
qahwah (arabisch)	– Kaffee
scholé (altgriechisch)	– Muße, Freizeit
suffa (arabisch)	– Ruhebank
legere (lateinisch)	– lesen
kithára (altgriechisch)	– Zupfinstrument

1 Tauscht euch über die folgenden Fragen aus:
- Aus welchen Zutaten besteht **Ketchup**?
- Wie unterscheidet sich die Bedeutung von **Ketchup** und **kěchap**?

2 Aus welchen Sprachen kommen die Wörter **Ketchup**, **Kaffee**, **Schule**, **Sofa**, **lesen** und **Gitarre**?
  a. Trage die deutschen Wörter, die ursprünglichen Wörter, ihre Herkunft und ihre ursprüngliche Bedeutung in eine Tabelle ein.
  b. Welche Wörter haben heute eine andere Bedeutung? Sprecht darüber.

Starthilfe

deutsches Wort	ursprüngliches Wort	Herkunft	ursprüngliche Bedeutung
Ketchup	kěchap	malaiisch	…
…	…	…	…

3 Prüft gemeinsam, ob es die Wörter aus Aufgabe 2 in ähnlicher Form auch in anderen Sprachen gibt.
  a. Schlagt in Wörterbüchern nach, recherchiert im Internet oder befragt andere Personen.
  b. Schreibt auf, wie die Wörter in weiteren Sprachen heißen.

Starthilfe

der Kaffee: café (französisch), kahve (türkisch)
…

 **4** Recherchiert im Internet weitere Wörter, die aus anderen Sprachen stammen.

Im Internet recherchieren
▶ S. 311

Wortschatz im Wandel

Die folgenden Wörter sind zu unterschiedlichen Zeiten ins Deutsche übersetzt worden.

Ausgangswort	späteres deutsches Wort	Datum der Übersetzung ins Deutsche
Perron	der Bahnsteig	nach 1871
Aeroplan	das Flugzeug	nach 1905
Helikopter	der Hubschrauber	nach 1930

1 Sprecht über eure Vermutungen zu den folgenden Fragen:
- Warum entstanden die Wörter zuerst in anderen Sprachen?
- Warum sind dafür später neue deutsche Wörter gefunden worden?

Wenn neue Dinge entdeckt oder erfunden werden, werden auch neue Wörter benötigt.

das Gold, das Foto, das Schwert, das Geld, die Fabrik, das Kupfer, der Motor

2 In welcher Reihenfolge könnten die Wörter erfunden worden sein?
 a. Macht Vorschläge und begründet sie.
 b. Einigt euch auf eine Reihenfolge.
 c. Recherchiert im Internet, ob eure Reihenfolge richtig ist.

Durch die moderne technische Entwicklung sind im Bereich Mobilfunk in den letzten Jahren viele neue Wörter entstanden.

3 Untersucht neu entstandene Wörter in der Mobilfunk-Werbung.
 a. Schreibt aus der Werbung für Handys und Smartphones Wörter auf.
 b. Was bedeuten diese Wörter? Schreibt die Bedeutung dazu.
 c. Welche englischen Ausdrücke lassen sich sinnvoll durch ein deutsches Wort ersetzen? Macht Übersetzungsvorschläge.

4 a. Recherchiert im Internet, wie das Wort **Handy** entstanden ist.
 b. Was bedeutet der Begriff **Smartphone**? Recherchiert im Internet.

5 Die folgenden Wörter gab es im Deutschen vor fünfzig Jahren noch nicht.
 a. Was bedeuten die Wörter? Schreibe die Wörter mit ihren Erklärungen auf und notiere, in welchen Bereichen die Wörter verwendet werden.
 b. Ergänze mindestens fünf weitere solcher Wörter.
 c. Prüfe, ob die Wörter schon in neueren Wörterbüchern stehen.

Kids, das Kopfkino, liken, das Public Viewing, das E-Book, cool, der Flyer

Andere Wörter werden heute nur noch selten verwendet.

6 a. Überlegt, was das Wort **Bandsalat** bedeuten könnte.
   b. Stellt Vermutungen an, warum das Wort **Bandsalat** heute nur noch selten verwendet wird.

Auch die folgenden Wörter findest du nur noch selten in der deutschen Sprache.

- Alexander ist sportlich, gut in der Schule und interessiert sich für Technik. Er ist ein echter **Tausendsassa**.
- Hast du noch einen **Groschen** für mich übrig? Ich möchte mir etwas zu essen kaufen.
- Bei Straftaten musste man bis ins frühe 20. Jahrhundert in den **Karzer**.

7 Was bedeuten die Wörter **Tausendsassa**, **Groschen** und **Karzer**? Ordne den Begriffen die entsprechenden Erklärungen zu.

- ein Gefängnis für Schüler und Studenten
- eine Person, die viele Begabungen hat
- Bezeichnung für frühere Münzen

Starthilfe
der Tausendsassa – eine Person, die …

8 Welche Gründe könnte es dafür geben, dass Wörter heute nicht mehr oder nur noch selten verwendet werden? Sprecht darüber.

9 a. Recherchiert fünf weitere Wörter, die heute kaum mehr verwendet werden.
   b. Stellt eure Ergebnisse anschließend in der Klasse vor.

Im Internet recherchieren
▶ S. 311

Sprachebenen erkennen und richtig verwenden

Unsere Art zu sprechen passen wir der jeweiligen Situation an.
Dazu wählen wir eine bestimmte Sprachebene aus, z. B. Standardsprache, Umgangssprache, Jugendsprache, Fachsprache oder Dialekt.

1 Seht euch die abgebildete Szene an und lest die Sprechblasen.

2 Welche Sprechblase findet ihr angemessen für die Situation? Begründet eure Meinung.

3 Zu welcher Sprachebene gehören die Aussagen in den Sprechblasen?
    a. Ordnet die Sprechblasen den Sprachebenen zu.
    b. Begründet, woran man die Sprachebene erkennen kann.
    c. Nenne je ein Beispiel zu den fünf Sprachebenen.

4 Sprecht in der Klasse über die folgenden Fragen:
– Warum ist es wichtig, die passende Sprachebene in bestimmten Situationen zu verwenden?
– Welche Konsequenzen könnte es haben, die falsche Sprachebene zu verwenden?

Dialekte werden in bestimmten Regionen eines Landes gesprochen. Oft gibt es unterschiedliche regionale Bezeichnungen für bestimmte Wörter.

Erdapfel – Potake – Kartüffel – Grumbeere – Erdbirne – Gromper

5 a. Lest die regionalen Bezeichnungen.
b. Welches hochdeutsche Wort könnte gemeint sein? Begründet eure Vermutung.

Die Karte zeigt verschiedene Bezeichnungen für die Kartoffel in bayerischen Dialekten, z. B. Schwäbisch oder Fränkisch.

6 Seht euch die Karte von Bayern an und lest die Wörter.

7 a. Welche Bezeichnung für die Kartoffel kennt ihr in eurem Dialekt?
b. Vergleicht die Wörter: Was ist gleich, was hat sich verändert?

8 Informiert euch im Internet über die Herkunft der Kartoffel: Warum gibt es so unterschiedliche Bezeichnungen?

9 Recherchiert regionale Bezeichnungen für das hochdeutsche Wort **Brötchen** und stellt eure Ergebnisse in einer Karte zusammen.

Im Internet recherchieren
▶ S. 311

Die Jugendsprache enthält besondere Wörter und Wendungen, die sehr zeitbezogen sind und von Jugendlichen geprägt werden.

10 Welche Wörter und Wendungen verwendet ihr häufig im Gespräch mit Gleichaltrigen? Sammelt sie in der Klasse und erstellt eine Liste.

11 a. Wie unterscheidet sich eure Jugendsprache vom Sprachgebrauch der Erwachsenen? Tauscht euch darüber aus.
b. In welchen Situationen verwendet ihr Jugendsprache, in welchen Standardsprache? Sprecht darüber.

Fachsprachen enthalten besondere Wörter, die von bestimmten Berufsgruppen verwendet werden.

12 In den Tätigkeitsbeschreibungen sind Fachwörter hervorgehoben.
a. Recherchiere ihre Bedeutung im Internet.
b. Schreibe sie zusammen mit einer Erklärung auf.

Im Internet recherchieren ► S. 311

Was macht man als …?

Anlagemechaniker/innen für Sanitär, Heizungs- und Klimatechnik installieren zum Beispiel Solaranlagen oder energiesparende Pelletöfen in Privathaushalten oder Firmengebäuden.

Kaufleute für Spedition und Logistikdienstleistung organisieren den Versand von Gütern. Sie kalkulieren Preise und arbeiten Angebote aus.

Gärtner/innen im Garten und Landschaftsbau gestalten Grünanlagen durch fachgerechtes Anpflanzen von Rasen, Stauden und Blumen. Auch können sie zum Umweltschutz beitragen, in dem sie z. B. Mülldeponien rekultivieren.

> **Merkwissen**
>
> Wie du etwas ausdrückst, hängt von der Umgebung ab und von deinem Gesprächspartner. Es gibt bestimmte Sprachebenen:
> – Die Standardsprache ist die allgemein verbindliche Form einer Sprache, wie sie in der Öffentlichkeit verwendet wird.
> – Als Umgangssprache wird der mündliche Sprachgebrauch im Alltag bezeichnet. Die Umgangssprache orientiert sich an der Standardsprache, wendet aber nicht deren strenge Regeln an.
> – Die Jugendsprache enthält besondere Wörter und Wendungen, die sehr zeitbezogen sind und von Jugendlichen geprägt werden.
> – Fachsprachen enthalten besondere Wörter, meist Fremdwörter, und Formulierungen, die von bestimmten Berufsgruppen verwendet werden.
> – Dialekte (Mundarten) sind regionale Sprachformen, z. B. Niederbairisch oder Fränkisch.

Wortbedeutungen untersuchen

Ein Wort – eine Bedeutung?

1 Seht euch die Bilder an und beschreibt die Situationen.

2 a. Worauf beruhen die Missverständnisse? Sprecht darüber.
b. Schreibt die unterschiedlichen Bedeutungen der beiden Wörter auf.

3 Welche Probleme können im Alltag entstehen, wenn Wörter mit unterschiedlicher Bedeutung falsch verstanden werden?

4 Ordne die folgenden Bedeutungen jeweils den Wörtern vom Rand zu.

Essen probieren, ein festlicher Anlass, eine Blume, ein Sportler, eine Hunderasse, ein Gewürz, ein Sport- und Spielgerät, einen bestimmten Preis haben

der Ball
der Boxer
kosten
die Nelke

5 Findet zu den folgenden Wörtern unterschiedliche Bedeutungen und schreibt sie auf.

der Kiefer – die Kiefer, der Pony – das Pony, flicken – der Flicken

6 Finde weitere Wörter, die unterschiedliche Bedeutungen haben.

7 Du sprichst noch eine weitere Sprache. Gibt es in dieser Sprache auch Wörter mit unterschiedlichen Bedeutungen? Sammelt diese.

> **Merkwissen**
> Wörter, die gleich geschrieben und ausgesprochen werden, aber eine unterschiedliche Bedeutung haben, heißen Homonyme:
> der Kiefer: der Schädelknochen – die Kiefer: der Nadelbaum

Wörter mit ähnlicher Bedeutung gehören zu einem Wortfeld.
Je mehr passende Wörter eines Wortfeldes du kennst, desto treffender kannst du dich ausdrücken.

Tom schreibt Ariana eine Nachricht:

Ich gehe heute Nachmittag ins Kino. Möchtest du mitgehen? Anschließend könnten wir noch in ein Restaurant gehen. Oder wir könnten noch ins Jugendzentrum gehen.

8 Toms Nachricht könnt ihr treffender formulieren.
   a. Sammelt Verben aus dem Wortfeld **gehen**.
   b. Erklärt, wie sich die Bedeutung der Verben jeweils unterscheidet.
   c. Formuliert Toms Nachricht mit passenden Verben aus dem Wortfeld **gehen** neu.
   d. Wähle aus dem Wortfeld fünf weitere Verben aus und schreibe mit jedem Verb einen Satz auf.

Auch Wörter mit gegensätzlicher Bedeutung helfen dir, abwechslungsreich zu schreiben.

> Ich habe mir eine neue Jeans gekauft. Sie war echt billig, also wirklich nicht teuer.

> Deine Hose gefällt mir gut, die ist echt nicht schlecht.

9 Tom und Ariana verwenden Gegensatzpaare.
   a. Schreibe die Gegensatzpaare auf.
   b. Besprecht, warum Tom und Ariana Gegensatzpaare verwenden.

10 a. Findet zu den folgenden Wörtern jeweils ein Wort mit gegensätzlicher Bedeutung.
   b. Schreibe mit jedem Gegensatzpaar eine Wortgruppe auf.

> hell, schreien, der Tag, lieben, stark, vor, glücklich

Starthilfe
hell: der helle Tag – ...
...

11 Wie verändert sich jeweils die Bedeutung? Sprecht darüber.

Merkwissen
Wörter mit ähnlicher oder gleicher Bedeutung werden als Synonyme bezeichnet: gehen – laufen – schlendern
Antonyme sind Wörter mit gegensätzlicher Bedeutung: groß – klein

Beschönigungen in der Sprache erkennen

Mit Hilfe der Sprache werden Dinge oft besser dargestellt, als sie sind. Sie werden beschönigt, so wie in dieser Stellenanzeige.

Weitere Stellenanzeigen
► S. 93, 94, 100, 102, 110

> Spitzenunternehmen des Handwerks in der Lederbranche bietet Raumpflegerinnen eine Qualitätsbeschäftigung auf Leistungsbasis.

1 Welche Arbeit wird hier tatsächlich angeboten?
    a. Mit welchen Wörtern wird die ausgeschriebene Stelle beschönigt? Sprecht darüber.
    b. Schreibt die Stellenanzeige so um, dass die Besetzung der Stelle der Realität entspricht.
    Tipp: Ihr könnt die Wörter vom Rand verwenden.

die Gerberei
schnell, aber gründlich
arbeiten ohne Pausen
die Reinigungskraft
auf Minijob-Basis

2 Diskutiert: In welchen Situationen werden Beschönigungen häufig verwendet? Was haltet ihr davon?

Beschönigungen findet ihr häufig in der Werbung und in der Politik.

Beschönigungen:	„wahre" Bedeutungen:
freisetzen	teuer
die Gebührenanpassung	den Mitarbeitern und Mitarbeiterinnen kündigen
der Industriepark	die Gebührenerhöhung
kostenintensiv	die Friseurin
die Hairstylistin	der Stillstand in der Wirtschaft
das Nullwachstum	das Gewerbegebiet

3 Was bedeuten die Beschönigungen in Wahrheit?
    a. Ordnet den Wörtern oder Wortgruppen die „wahren" Bedeutungen zu.
    b. Ergänzt, von wem und wo sie verwendet werden könnten.

4 **a.** Sucht nach Beschönigungen für Unangenehmes in eurem Alltag.
    b. Verwendet diese Beschönigungen in einem Dialog, z. B. zwischen Vater und Tochter oder Lehrkraft und Schüler.

> **Starthilfe**
> schlechte Note – noch kein hervorragendes Ergebnis
> Zuspätkommen – …
> eine Verabredung nicht einhalten – …

Fehler vermeiden: Die Verbstellung in Nebensätzen

In den beiden Beispielen findest du einen häufigen Fehler.

Habt ihr schon bestellt?

Nein, noch nicht, obwohl wir hatten großen Durst.

Aus einem Bewerbungsschreiben:
[...]
Im Mai absolvierte ich einen Kurs zur Gestaltung von Textprogrammen.
Ich habe mich dieser Prüfung unterzogen, weil ich habe sehr großes Interesse am Programmieren.
[...]

1 Testet euer Sprachgefühl: Welche Sätze sind fehlerhaft?
    a. Schreibt die Sätze richtig auf. Unterstreicht, was ihr geändert habt.
    b. Besprecht, in welcher Situation der Fehler negative Folgen haben könnte. Begründet.
    c. Bei dem Fehler handelt es sich um einen Satzbaufehler. Sprecht über die Stellung des Verbs im Nebensatz.

Nebensätze ▶ S. 330

2 Schreibe drei Satzgefüge mit Konjunktionen auf, die einen Nebensatz einleiten.

Hannah macht einen Fehler, der im Englischen keiner wäre:

Hannah: Die Parallelklasse hat es gut, weil die sieht einen Film.
Lehrerin: And you're lucky because you will watch that film tomorrow.

3 An welcher Stelle steht die gebeugte Verbform im Nebensatz im Deutschen?
    a. Schreibe Hannahs Äußerung richtig auf.
    b. Schreibe den Satz der Lehrerin auf Deutsch. Achte auf die Verbstellung.
    c. Unterstreiche die gebeugte Verbform in den Nebensätzen.

4 Schreibe einen Merksatz zur Verbstellung in Nebensätzen auf.

5 Sprecht ihr in der Klasse noch weitere Sprachen?
    a. Schreibt Hannahs Äußerung in weiteren Sprachen auf.
    b. Überprüft die Verbstellung im Nebensatz.

Fehler vermeiden: Vergleiche mit *wie* und *als*

Vergleiche mit **wie** oder **als** werden häufig in Sprichwörtern und Redewendungen verwendet.

> Sie ist fleißig wie eine Biene.
> Das ist leichter gesagt als getan.

weitere Redensarten und Sprichwörter ▶ S. 80

1
  a. Lest die Sprichwörter und Redenarten.
  b. Erklärt die Sprichwörter und Redensarten.
  c. Wann wird bei Vergleichen **wie** verwendet, wann wird **als** verwendet? Schreibt einen Merksatz für Vergleiche mit **wie** und **als** auf.

2 Sammelt weitere sprachliche Bilder mit Vergleichen und erklärt euch gegenseitig ihre Bedeutung.

Vergleiche mit **wie** oder **als** werden mit der Grundform oder dem Komparativ eines Adjektivs gebildet.

> breit, bunt, eisig, friedlich, gemütlich, hell, trostlos

Adjektive ▶ S. 327

3 **wie** oder **als**?
  a. Schreibe zu den Adjektiven jeweils die Grundform mit **wie** und den Komparativ (1. Steigerungsform) mit **als** auf.
  b. Wähle vier Wortgruppen aus und bilde Sätze damit.

  Starthilfe
  | so breit wie | breiter als |
  | ... | ... |

Vergleicht die deutsche Sprache mit der englischen Sprache.

> bigger than a house   longer than a river
> as blue as the sky   as high as a mountain

4
  a. Übersetze die Vergleiche ins Deutsche. Wann verwendest du **wie** und wann **als**?
  b. Beschreibe die Regel im Englischen und vergleiche sie mit der Regel im Deutschen.

5 Sprecht ihr in der Klasse noch weitere Sprachen?
  a. Schreibt Vergleiche in weiteren Sprachen auf.
  b. Überprüft, ob es wie im Deutschen unterschiedliche Formen gibt.

Wortarten verwenden

Tipps zum Wiederholen und Lernen

1. Schritt: Finde Gründe, die Wortarten regelmäßig zu üben.

1 Entscheide dich für eine oder mehrere Aussagen, die du für dich wichtig findest.

- Ich brauche das Wissen über Wortarten, damit ich weniger Fehler beim Schreiben mache.
- Auch in Einstellungstests kann es Übungen zur Grammatik geben.
- Wenn ich die Wortarten kenne, verstehe ich Texte leichter.
- Je besser ich mich in Grammatik auskenne, desto leichter fällt es mir, eigene Texte zu schreiben.

2. Schritt: Mache dir deine Lernblockaden bewusst.

2 Solche Sätze erschweren dein Lernen. Mache dir deine Blockiersätze bewusst.

- Grammatik ist völlig uninteressant, jedenfalls für mich.
- Mir reicht das Sprechen. Dabei ist es egal, ob ich die Wortarten benennen kann oder nicht.
- Ich lerne die vielen verschiedenen Wortarten sowieso nie.

3. Schritt: Übung macht den Meister. Die folgenden Lerntipps helfen dir beim Üben.

Tipp 1: Verschaffe dir einen Überblick über den Lernstoff.
Tipp 2: Festige dein Wissen mit verschiedenen Übungen.
Tipp 3: Zu zweit üben hilft und macht mehr Spaß.

3 a. Probiere die Lerntipps auf den folgenden Seiten zur Wiederholung aus.
b. Sprecht anschließend über die Lerntipps:
Welche Lerntipps haben euch gut geholfen? Was war schwierig?

Die Wortarten wiederholen

Du weißt schon einiges über die wichtigsten Wortarten.
Hier kannst du sie noch einmal üben.

Tipp 1: Verschaffe dir einen Überblick über den Lernstoff.

1 Lies die Texte auf den Karteikarten.

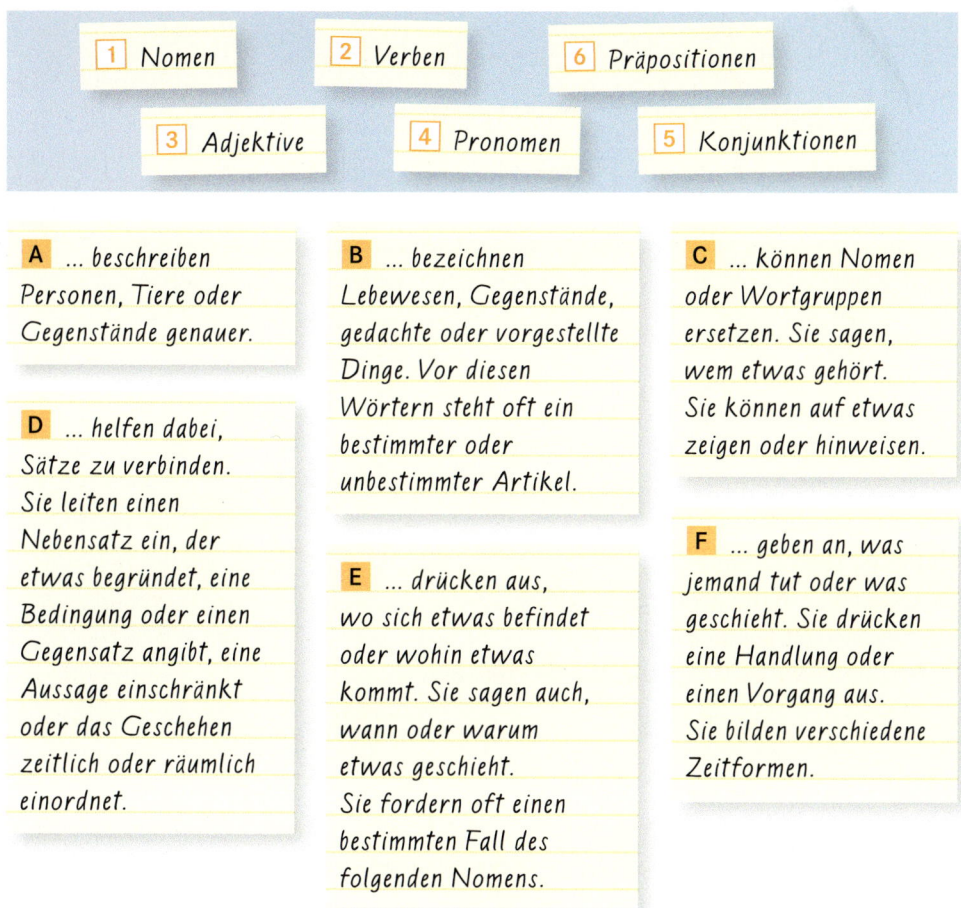

A ... beschreiben Personen, Tiere oder Gegenstände genauer.

B ... bezeichnen Lebewesen, Gegenstände, gedachte oder vorgestellte Dinge. Vor diesen Wörtern steht oft ein bestimmter oder unbestimmter Artikel.

C ... können Nomen oder Wortgruppen ersetzen. Sie sagen, wem etwas gehört. Sie können auf etwas zeigen oder hinweisen.

D ... helfen dabei, Sätze zu verbinden. Sie leiten einen Nebensatz ein, der etwas begründet, eine Bedingung oder einen Gegensatz angibt, eine Aussage einschränkt oder das Geschehen zeitlich oder räumlich einordnet.

E ... drücken aus, wo sich etwas befindet oder wohin etwas kommt. Sie sagen auch, wann oder warum etwas geschieht. Sie fordern oft einen bestimmten Fall des folgenden Nomens.

F ... geben an, was jemand tut oder was geschieht. Sie drücken eine Handlung oder einen Vorgang aus. Sie bilden verschiedene Zeitformen.

2 Welche Wortart von 1 bis 6 gehört zu welcher Erklärung A bis F?
Schreibe die Zuordnung auf.
Tipp: Du kannst in „Wissenswertes auf einen Blick" nachschlagen.

3 **a.** Schreibe jede Wortart mit ihrer Erklärung in dein Heft.
b. Schreibe jeweils drei Beispiele für diese Wortart dazu.

Nomen ▶ S. 325
Pronomen ▶ S. 326
Verben ▶ S. 326–327
Adjektive ▶ S. 327
Präpositionen ▶ S. 328
Konjunktionen ▶ S. 330

Tipp 2: Festige dein Wissen mit verschiedenen Übungen.

Ein alter Mann saß an einem Fluss und angelte. Er ärgerte sich über die lästigen Mücken. Seit Stunden kämpfte er gegen sie, aber ohne Erfolg. Deshalb packte er seine Sachen und ging. Als er zurückschaute, flog ein Glühwürmchen vorbei. „Sie suchen mich mit der Taschenlampe", schimpfte der empörte Angler.

4 a. Übertrage die Tabelle in dein Heft.
b. Ordne Wörter aus dem Text den Wortarten zu. Schreibe in der Tabelle die Grundform auf, bei Nomen auch den Artikel.

Starthilfe

Nomen	Verben	Adjektive	Pronomen	Präpositionen	Konjunktionen
ein Mann	sitzen	alt …	…	…	…

Die folgende Wortartkette besteht aus drei Beispielen für eine Wortart.

5 Ein Wort gehört aber nicht in die Kette. Begründet.

wenn — aber — ~~lustig~~ — während

6 a. Lies die folgenden Wortartketten.
b. Welches Wort passt nicht in die jeweilige Kette? Schreibe es zusammen mit seiner Wortart auf.
c. Schreibe die berichtigte Wortartkette und die Wortart auf.

> erfinden – entdecken – lange – mischen
> entsetzlich – weich – biegsam – legen
> Ufer – Fisch – schmackhaft – Klappstuhl
> vor – und – zu – bei
> euer – meine – wir – dünn

Tipp 3: Zu zweit üben hilft und macht mehr Spaß.

7 a. Erfindet selbst Wortartketten mit drei passenden und einem nicht passenden Wort.
b. Tauscht eure Wortartketten aus.
c. Streicht jeweils das falsche Wort durch. Schreibt die Wortarten für die passenden und für das nicht passende Wort dazu.
d. Kontrolliert eure Lösungen gemeinsam.

Die Zeitformen der Verben wiederholen

Du weißt schon einiges über die verschiedenen Zeitformen der Verben. Hier kannst du sie noch einmal üben.

Tipp 1: Verschaffe dir einen Überblick über den Lernstoff.

Die Zeitformen der Verben sind:
(T) Futur
(B) Perfekt
(E) Plusquamperfekt
(R) Präsens
(A) Präteritum

Dazu gehören diese Beschreibungen:
- (E) ... verwendest du, wenn du sagst, was gerade geschieht.
- (S) ... verwendest du, wenn du schriftlich über Vergangenes berichtest oder erzählst.
- (O) ... verwendest du, wenn du über Dinge sprichst, die in der Zukunft liegen.
- (L) ... verwendest du, wenn du ausdrücken möchtest, dass ein Vorgang schon abgeschlossen war, bevor ein anderer begann.
- (U) ... verwendest du, wenn du mündlich über etwas Vergangenes berichtest oder erzählst.

Die Beispielsätze zu den Zeitformen lauten:
- (T) Gestern sprach ich mit Elena über unseren Flohmarktstand.
- (F) Sie hatte mir vor zwei Wochen von dieser Idee erzählt.
- (S) Seitdem habe ich viele Dinge für den Stand gesammelt.
- (H) Heute besorge ich noch einen Klapptisch für uns.
- (R) Wir werden bestimmt viel Spaß auf dem Flohmarkt haben.

1 a. Lies die Zeitformen, die Beschreibungen und die Beispielsätze.
b. Immer drei gehören zusammen! Finde sie.
Die drei Buchstaben davor ergeben jeweils ein Lösungswort.
Tipp: Eine Lösung ist schon hervorgehoben (Lösungswort: TOR).

2 a. In welcher Zeitform steht der folgende Satz?
Meine letzte Klassenarbeit war ein voller Erfolg.
b. Schreibe diesen Satz in allen Zeitformen auf, die du kennst.
c. Erstelle einen Zeitstrahl und trage die verschiedenen Zeitformen an den passenden Stellen ein.

Starthilfe

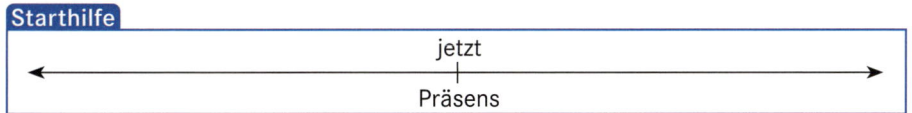

Tipp 2: Festige dein Wissen mit verschiedenen Übungen.

In Marys Klasse geht es zurzeit um Kurzgeschichten. Mary schreibt Stichpunkte über den Inhalt ihrer Geschichte auf.

> Titel: Ich dachte schon, von Mary; Hauptfiguren: Ella und ihr Freund Benny
> Ellas Traum: Tänzerin. Fährt auf Tanzworkshop, übt mit einem Partner,
> jemand macht Foto davon. Ellas Freund Benny zu Hause geblieben, sieht im
> Freundes-Netzwerk zufällig das Foto von Ella und Tanzpartner. Benny denkt,
> Tanzpartner ist Ellas neuer Freund; wütende SMS an Ella, Zerwürfnis,
> Aussprache nach Ellas Rückkehr; Benny: „Ich dachte schon …"

3
a. Schreibe die Stichpunkte zu Marys Geschichte in vollständigen Sätzen auf. Verwende das Präsens.
b. Markiere die Verben im Präsens.

Starthilfe
Die Geschichte „Ich dachte schon" von Mary handelt von … Ella möchte später …

Verben im Präsens
▶ S. 326

4 Mary erzählt, wie sie auf die Idee zu ihrer Geschichte kam.
Ergänze die folgenden Sätze mit passenden Verbformen im Perfekt.
Die Infinitive dazu findest du am Rand.
a. Schreibe die Sätze vollständig auf.
b. Markiere die Perfektformen.
Tipp: Das Perfekt besteht aus einer Form von **haben** oder **sein** und einem **Partizip II**.

Erst ? mir nichts ? .
Dann ? ich einen Film ? . Er ? mir super ? .
Mein Bruder und seine Freundin ? etwas Ähnliches ? .
Ich ? sofort in mein Zimmer ? und ? meine Ideen ? .

Verben im Perfekt
▶ S. 326

erleben
gefallen
aufschreiben
einfallen
sehen
gehen

In der Schreibkonferenz soll Marys Geschichte überarbeitet werden.
Mary bereitet sich vor:

> Ich werde den Anfang umformulieren.
> Kara wird mich bestimmt nach einem anderen Schluss fragen.
> Leander und Noel werden meine Geschichte richtig gut finden.
> Wir werden die Geschichte gemeinsam verbessern.

5 Was wird geschehen?
a. Schreibe die Sätze im Futur I ab.
b. Markiere die Formen von **werden** und die Infinitive der Verben.

Verben im Futur I
▶ S. 326

**Mary ist bei dem Schulwettbewerb um die beste Geschichte dabei.
Im Schulblog kann man später lesen, wie sie ihre Präsentation erlebte.**

Am Dienstag fand in unserer Schule der Wettbewerb um die beste Geschichte statt. 15 Schülerinnen und Schüler nahmen daran teil. Zuerst bekam ich kein Wort heraus. Aber dann legte ich los. Das Publikum hörte interessiert zu. Ich gewann den zweiten Platz.

6 In Marys Text stehen die Verbformen im Präteritum.
  a. Schreibe die Verbformen zusammen mit den Nomen oder Pronomen auf.
  b. Schreibe zu jedem Verb im Präteritum auch den Infinitiv auf.
  c. Vergleiche die Verbformen im Präteritum mit den Infinitiven.
     Markiere, was anders ist.

Verben im Präteritum
▶ S. 326

Marek hat sich eine Kriminalgeschichte ausgedacht.

Alexa wachte in der Nacht auf.		Laute Geräusche waren aus der Küche gekommen.
Ihr Vater beruhigte sie.	nachdem als	Er hatte die Polizei angerufen.
Die Polizisten fanden einen Waschbären.		Sie hatten alles durchsucht.
Das Tier gelangte ins Haus.		Jemand hatte ein Kellerfenster offen gelassen.

7 Was war zuerst geschehen? Was geschah danach?
  Du hast verschiedene Möglichkeiten, die Sätze zu verbinden.
  a. Schreibe Mareks Geschichte: Schreibe dazu vier Satzgefüge auf.
  b. Markiere die Verbformen im Präteritum und im Plusquamperfekt
     mit unterschiedlichen Farben.
  c. Schreibe die Infinitive zu den Verbformen auf.

Verben im Plusquamperfekt
▶ S. 326

> **Starthilfe**
> Alexa wachte … auf, nachdem … gekommen waren.
> aufwachen, …
> …

Tipp 3: Zu zweit üben hilft und macht mehr Spaß.

8 Fragt euch gegenseitig abwechselnd die Zeitformen ab.
  – Ihr sagt einen einfachen Satz.
  – Dann gebt ihr eine Zeitform vor.
  – Die Partnerin oder der Partner sagt den Satz in der neuen Zeitform.
  – Ihr prüft, ob der Satz stimmt, und verbessert, wenn es nötig ist.

Den Konjunktiv I wiederholen

Hier wiederholst du, Verben im Konjunktiv I zu verwenden.

Tipp 1: Verschaffe dir einen Überblick über den Lernstoff.

1 Lies den folgenden Text aus einer Schülerzeitung.

Die längste Kette aus Kaugummipapier

Wir sind im Internet auf den Bericht über einen Mann aus Virginia (USA) gestoßen, der seit Jahren einen Weltrekord mit Kaugummipapier hält.
Der Mann habe im März 1965 mit der Herstellung der längsten Kette aus Kaugummipapier begonnen und er arbeite immer noch daran. Er sei stolz, dass er
5   bereits das Papier von über 2,5 Millionen Kaugummis verbraucht habe. Die Kaugummis seien alle vom gleichen Hersteller. Das Papier habe er zu einer Kette verarbeitet, die inzwischen mehr als 32 km lang sei. Seine Arbeitszeit dafür betrage bisher über 40 000 Stunden. Sein Versuch koste viel Geld und er benötige deswegen noch Spender von Kaugummipapier.
10 Wir fragen uns: Wer mag die Kaugummis wohl alle verzehrt haben?

2 a. Worum geht es in dem Zeitungsartikel? Schreibe einen Satz auf.
b. Sind sich die Verfasser sicher, dass alles stimmt?
Begründe, woran du das sprachlich erkennst.

3 Im Text wird indirekt wiedergegeben, was der Mann gemacht hat.
a. Schreibe den Zeitungsbericht ab Zeile 3 ab.
b. Finde die Verbformen im Konjunktiv I und markiere sie.

Verben im Konjunktiv I
▶ S. 327

Tipp 2: Festige dein Wissen mit verschiedenen Übungen.

4 Stell dir vor, die Frau des Rekordhalters schreibt über ihren Mann.
a. Schreibe den Text aus der Sicht der Frau um.
b. Markiere in deinem Text alle Verbformen.

> **Starthilfe**
> Mein Mann hat im März … begonnen und arbeitet … Er ist stolz, dass …

5 Vergleiche die Verbformen aus den Aufgaben 3 und 4 miteinander.
Trage sie in eine Tabelle ein und markiere die Unterschiede.

> **Starthilfe**
>
> | Zeitungsbericht | Text der Frau |
> |---|---|
> | habe begonnen | hat begonnen |
> | … | … |

In der Redaktionssitzung der Schülerzeitung geht es um Rekorde von Tieren. Julia hat etwas über Bienen gelesen und erzählt:

„In meinem Zeitungsartikel wird behauptet, Bienen ? die reinsten Weltmeister unter den Tieren. Kein anderes Tier ? so auf das Sammeln von süßen Pflanzensäften spezialisiert. Eine Biene ? sich mit dieser Fähigkeit ihr Überleben. Sie ? den Honig als Nahrung auch im Winter. Und diesen ? sie nur im Sommer ? ."

sichere
seien
könne ... sammeln
sei
brauche

6 a. Schreibe den Text über die Bienen ab.
b. Ergänze passende Verbformen im Konjunktiv I vom Rand.

Auch Juri, Selim und Irina berichten von rekordverdächtigen Leistungen.

Juri weiß etwas über das schnellste Tier: „Kein Tier läuft schneller als der Gepard. Er schafft bis zu 105 km/h."
Selim staunt über die Oryx-Antilope: „In der Wüstensonne erhitzt sich ihr Körper oft auf 43 Grad Celsius. Kein anderes Säugetier erträgt diese Körpertemperatur."
Irina kennt ein besonders langsames Tier. „Das ist das Faultier. In Bäumen bewältigt es 300 m in der Stunde, auf dem Boden sind es 172 m."

7 Schreibe die Aussagen von Juri, Selim und Irina in der indirekten Rede auf. Die Verbformen im Kasten helfen dir.

Starthilfe
Kein Tier laufe schneller als ... Er schaffe ...
...

Infinitiv	Präsens	Konjunktiv I
laufen	es läuft	es laufe
schaffen	er schafft	er schaffe
sich erhitzen	er erhitzt sich	er erhitze sich
ertragen	es erträgt	es ertrage
sein	es ist	es sei
bewältigen	es bewältigt	es bewältige
sein	es sind	es seien

Tipp 3: Zu zweit üben hilft und macht mehr Spaß.

8 Was habt ihr am Wochenende gemacht?
a. Jeder schreibt drei Sätze dazu in der Ich-Form auf einen Zettel.
b. Tauscht die Zettel.
c. Gebt die Aussagen in der indirekten Rede wieder.

Den Konjunktiv II wiederholen

Hier wiederholst du, Verben im Konjunktiv II zu verwenden.

Tipp 1: Verschaffe dir einen Überblick über den Lernstoff.

Jeder hat Wünsche und Träume. Das ist Gregors Wunschtraum:

> ? ich doch die Stimme von …
> ? ich doch singen wie …
> Ich wünschte so sehr, es ? wahr:
> ich als der neue Superstar!

1 Wovon träumt Gregor? Was wünscht er sich?
    a. Schreibe seine Wunschsätze ab und ergänze sie sinnvoll.
    b. Markiere die Verbformen im Konjunktiv II.

Verben im Konjunktiv II
▶ S. 327

Tipp 2: Festige dein Wissen mit verschiedenen Übungen.

2 **a.** Schreibe die Verbformen vom Rand ab.
    b. Markiere, was sich in der abgeleiteten Konjunktivform verändert hat.

3 Gregor drückt seine Wünsche und Träume in einem Song aus.
    a. Schreibe den Songtext ab und ergänze passende Konjunktivformen aus Aufgabe 2.
    b. Unterstreiche die Konjunktivformen.

Ich ? jeden Monat einen tollen Hit,
sogar die Bundeskanzlerin ? mit.
Mit dem Erlös von dem Gesang
  ? ich bald 'ne eigne Bank.
5 Und ich ? einen dicken Wagen,
den ? ein Chauffeur mit Schlips und Kragen.
Meinen Fans ? ich so sehr,
es ? täglich immer mehr.

sie sang –
sie sänge

er fuhr –
er führe

ich besaß –
ich besäße

ich hatte –
ich hätte

ich gefiel –
ich gefiele

ich erfand –
ich erfände

es wurden –
es würden

4 Wie wird der Konjunktiv II gebildet?
    a. Schreibe es auf.
    b. Überprüfe deine Lösung mit „Wissenswertes auf einen Blick".

Jetzt kannst du selbst den Konjunktiv II bilden.

5 Bilde die Konjunktivformen zu den Verben vom Rand.
   a. Lege eine Tabelle an.
   b. Trage die Verben im Infinitiv in die erste Spalte ein.
   c. Bilde erst das Präteritum, dann den Konjunktiv II.

Starthilfe		
Infinitiv	**Präteritum**	**Konjunktiv II**
sein	ich war	ich wäre
…	…	…

sein
sprechen
fliegen
gehen
finden
geben

Der letzte Teil von Gregors Song klingt, als wäre alles wirklich passiert.

Ich sprach sehr gebildet, echt, ihr glaubt es kaum.
Die Welt war ein Supertraum.
Ich flog mal nach Bali oder nach Hawaii,
mein Manager, er war stets dabei.
5 Man gab mir ein Supersommerhaus,
nur Prominenz ging da ein und aus.
Man fand mich auf jeder Supersause,
nur ab und zu war ich zu Hause.

Und plötzlich merk ich:
10 Aus der Traum!
Ich sitze hier in meinem Superseifenblasenschaum.

6 Welche Strophen handeln von Gregors Wunschtraum?
Welche von der Wirklichkeit?

7 Kennzeichne Gregors Wünsche durch den Konjunktiv II.
Schreibe den neuen Songtext auf.
Ersetze dabei die Präteritumformen durch Konjunktivformen.
Tipp: Die Tabelle zu Aufgabe 5 hilft dir dabei.

Starthilfe
Ich spräche sehr gebildet, …

Tipp 3: Zu zweit üben hilft und macht mehr Spaß.

8 Übt die Verbformen im Konjunktiv II in einem Spiel:
   a. Abwechselnd nennt ihr eine Verbform im Konjunktiv II.
   b. Der Partner oder die Partnerin soll dazu den Infinitiv und
      eine Verbform im Präteritum finden.

Den Konjunktiv II mit Ersatzformen umschreiben

Stell dir vor, du wärst Königin oder König von Deutschland. Was würdest du tun?

1 a. Notiere verschiedene Verben im Infinitiv.
b. Schreibe mit den Verben von Aufgabe 1a einen kurzen Text in der Ich-Form. Verwende den Konjunktiv II.

Der Sänger Rio Reiser hat in einem ironischen Song beschrieben, wie er es sich vorstellt, „König von Deutschland" zu sein.

König von Deutschland   Rio Reiser

[...]
Ich würde die Krone täglich wechseln, würde zweimal baden
Würde die Lottozahlen eine Woche vorher sagen
Bei der Bundeswehr gäbe es nur noch Hitparaden
Ich würde jeden Tag im Jahr Geburtstag haben
[...]
Das alles und noch viel mehr
Würde ich machen
Wenn ich König von Deutschland wär'
[...]*

Rio Reiser (1950–1996)

2 a. Schreibe den Text ab.
b. Unterstreiche die Verbformen, mit denen Wünsche ausgedrückt werden.

> **Starthilfe**
> Ich würde die Krone täglich wechseln ...

Manchmal unterscheiden sich die Verbformen im Präteritum und im Konjunktiv nicht. Dann wird eine Ersatzform mit **würde** verwendet.

3 a. Untersuche die Konjunktivformen aus dem Songtext.
b. Trage die Konjunktivformen, die du in deinem Text aus Aufgabe 2 unterstrichen hast, in die richtige Spalte einer Tabelle ein.

Starthilfe

Konjunktiv II	Konjunktiv-Ersatzform mit *würde*
es gäbe	ich würde wechseln
...	...

Bei den folgenden Verben kannst du den Konjunktiv II oder die Ersatzform bilden.

kaufen, bekommen, trainieren, laufen, besuchen, gelingen, trinken, verpassen, unterstützen, ändern

4 a. Bilde zu jedem Verb die Präteritumform und die Formen im Konjunktiv II.
b. Überprüfe, ob sich die Formen im Präteritum und im Konjunktiv II unterscheiden.
c. Bilde – wenn nötig – die Ersatzform mit **würde**.

Starthilfe

Infinitiv	Präteritum	Konjunktiv II	Ersatzform
kaufen	ich kaufte	ich kaufte	ich würde kaufen
bekommen	er bekam	er bekäme	–
...	...	...	...

5 Schreibe mit jeder Verbform im Konjunktiv II einen Satz auf.

Auf die Frage „Was täten Sie, wenn Sie Königin oder König von Deutschland wären?" antwortete eine Frau:

> Ich würde 365 Tage im Jahr Urlaub nehmen.
> Ich würde nicht mehr ans Arbeiten denken.
> Und stinkende Autos würden auch nicht mehr fahren.

6 a. Lest die Antwort. Was fällt euch auf? Sprecht darüber.
b. Ersetzt die Ersatzformen durch den Konjunktiv II. Schreibt die Sätze auf.

Starthilfe

Ich nähme 365 Tage im Jahr Urlaub.

7 Du sprichst noch eine weitere Sprache.
Wie wird in dieser Sprache der Konjunktiv gebildet?

Merkwissen

Bei regelmäßigen Verben lauten die Formen im Präteritum und im Konjunktiv II gleich. In diesen Fällen kann der Konjunktiv II mit der Ersatzform mit **würde** umschrieben werden.
er lachte (Präteritum und Konjunktiv II) → er würde lachen (Ersatzform)
Auch bei manchen unregelmäßigen Verben unterscheiden sich die Formen im Präteritum und im Konjunktiv II nicht. Auch in diesem Fall kann die Ersatzform verwendet werden.
sie gingen (Präteritum und Konjunktiv II) → sie würden gehen (Ersatzform)

Präpositionen wiederholen

Tipp 1: Verschaffe dir einen Überblick über den Lernstoff.

1 Was weißt du schon über die Wortart **Präposition**?
Schreibe das Wichtigste dazu auf.
   a. Notiere als Überschrift die Wortart.
   b. Schreibe auf, welche Aufgabe die Wortart hat.
   c. Schreibe drei Beispiele für die Wortart auf.
   d. Überprüfe dein Wissen mit Hilfe der Erklärungen in „Wissenswertes auf einen Blick".

Präpositionen ▶ S. 328

Tipp 2: Festige dein Wissen mit verschiedenen Übungen.

Mila hat ihre Brille im Garten verlegt. Die Familie hilft bei der Suche.

Die Eltern suchen zuerst ? dem Gartenhaus.
Mila krabbelt ? den Gartentisch.
Gregori sucht ? dem Kräuterbeet.
Jetzt schaut er ? die Schubkarre.
Die Tante sucht ? dem Rosenbusch.
Die Mutter zeigt ? den Komposteimer.
Die Brille liegt ? den Kartoffelschalen.

auf
bei
hinter
in
neben
unter
zwischen

2 Schreibe den Text ab. Ergänze passende Präpositionen vom Rand.
Tipp: Es gibt mehrere Möglichkeiten.

Auf manche Präpositionen können sowohl Nomen mit Dativ als auch Nomen mit Akkusativ folgen.

3 a. Welche Sätze aus dem Text geben Antwort auf die Frage **Wo**? Welche geben Antwort auf die Frage **Wohin**?
Schreibe die Sätze in eine Tabelle.
   b. Unterstreiche die Artikel und Nomen, die den Präpositionen folgen.
   c. Markiere den Dativ und den Akkusativ in unterschiedlichen Farben.

Starthilfe

Wo?	Wohin?
Die Eltern suchen zuerst bei dem Gartenhaus. …	…

4 Sprecht darüber, wann der Dativ und wann der Akkusativ nach einer Präposition verwendet wird.

Teste dich!

Wortarten verwenden

Hier kannst du überprüfen, ob du die Wortarten verwenden kannst.

1 **a.** Immer zwei Wörter vom Rand gehören zu einer Wortart.
Schreibe die Wörter und ihre Wortart auf.
b. Finde zu jedem Wortpaar zwei weitere Wörter der gleichen Wortart.
Schreibe sie richtig auf.

unter – über
spannend – interessant
und – denn
ich – wir
lachen – trauern
Himmel – Traum

2 Schreibe den Lebenslauf ab. Ergänze die Verben vom Rand in der richtigen Zeitform.

Ich ❓ Ersin Erkan. Am 11. Juni 2002 ❓ ich in Regensburg ❓ . Von 2008 bis 2012 ❓ ich dort die Grundschule. Es ❓ ein fünfjähriger Besuch an der Hans-Sachs-Schule. Nachdem ich die 9. Klasse erfolgreich ❓ ❓ , ❓ ich eine Lehre als Werkzeugmechaniker. Ich ❓ gerade das zweite Lehrjahr. Demnächst ❓ ich an einer Schulung für den Gabelstaplerschein ❓ .

heißen
geboren werden
besuchen
folgen
abschließen
beginnen
beenden
teilnehmen

3 Pascal erzählt etwas über die Seewespe.
Wie lauten die Sätze im Konjunktiv I? Schreibe sie auf.

„Das giftigste Tier der Welt ist die Seewespe. Diese Qualle lebt im Pazifik. Ihr Gift blockiert die Muskeln und die Atmung setzt dann aus."

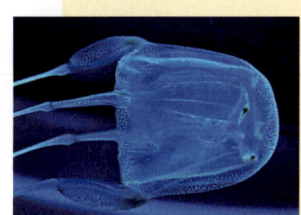

4 Schreibe zu den Verben im Präteritum den Konjunktiv II auf.

ich bekam – ihr wurdet – sie besaßen – wir flogen – er trug

5 Was würdest du mit einer Million Euro machen?
Schreibe deine Wünsche im Konjunktiv II auf.
Verwende die Ersatzform mit **würden**.

6 **a.** Schreibe die folgenden Sätze ab. Ergänze passende Präpositionen.
b. Markiere den Dativ und den Akkusativ nach der Präposition in unterschiedlichen Farben.

Mila legt sich ❓ die Hängematte.
Ihre Brille fällt dabei ❓ den Boden.
Mila beobachtet eine Stelle ❓ dem Komposthaufen.
Sie erkennt die Grabschaufeln des Maulwurfs ❓ den Erdhaufen.

7 Besprich deine Arbeitsergebnisse mit deiner Lehrkraft.
– Was kannst du schon gut?
– Beschreibe, wo du noch Probleme hast und was du noch nicht verstanden hast.
– Überlege dir Strategien, wie du die Aufgaben richtig lösen kannst.

Der Satz

Die Satzglieder wiederholen

Yüksel liest eine Kriminalgeschichte.

👥 **1** Lest den Anfang der Kriminalgeschichte.

Er hörte ein Knacken im Dickicht des Waldes. War ihm jemand gefolgt? Erschrocken blickte er sich um, aber in der Dunkelheit konnte er nichts erkennen. Das Mondlicht drang kaum durch die Baumkronen des Waldes. Sein Herz schlug schneller. Er drückte die grüne Tasche fest an sich, weil er die gestohlenen Sachen nicht verlieren wollte. Hatten sie seinen Einbruch schon heute bemerkt? Plötzlich spürte er eine Hand auf seiner Schulter.

👥 **2** Sprecht über die folgenden Fragen:
- Was könnte geschehen sein?
- Welche Angaben werden zum Ort, zu den Beteiligten und zur Beute gemacht?

Du kennst bereits die wichtigsten Satzglieder:
Subjekt, Prädikat, Objekt und adverbiale Bestimmungen.

3 a. Schreibe zu jedem Satzglied das Wichtigste auf eine Karteikarte.
b. Schreibe einen Satz aus der Kriminalgeschichte dazu, der das jeweilige Satzglied enthält. Markiere das Satzglied.
c. Ergänze auf der Karte jeweils ein eigenes Beispiel für das Satzglied.
d. Schreibe dazu, wie du das Satzglied erfragen kannst.

Das Subjekt,
das Prädikat,
die Objekte ▶ S. 328
Die adverbialen
Bestimmungen ▶ S. 328

👥 **4** Überprüft gemeinsam eure Karteikarten:
- Habt ihr alle Satzglieder gefunden?
- Habt ihr jeweils passende Fragen und Beispiele notiert?

👥 **5** Fragt euch gegenseitig ab:
- Ein Partner bildet einen Satz und nennt ein Satzglied.
- Wie kann das genannte Satzglied erfragt werden? Der andere nennt die passende Frage und ein Beispiel dazu.

Im Lauf der Geschichte wird ein Mann als Beschuldigter verhaftet und von Kommissarin Becker verhört.

Kommissarin: Es ist gut, dass Sie die Taten gestehen. Aber erklären Sie mir …
Beschuldigter: Aufgrund meiner Kündigung war ich in Geldnot geraten.
Kommissarin: …
Beschuldigter: Anfang Februar spionierte ich die erste Wohnung aus.
Kommissarin: …
Beschuldigter: Mit den gestohlenen Schlüsseln kam ich in die Wohnungen.
Kommissarin: …
Beschuldigter: Ich habe mehrere Einbrüche in der Schlossallee begangen.

6 Lest den Text und überlegt gemeinsam: Welche Fragen könnte Kommissarin Becker gestellt haben?

7 a. Schreibe die Aussagen des Beschuldigten ab.
b. Frage nach den adverbialen Bestimmungen der Zeit (Temporaladverbialien), des Ortes (Lokaladverbialien), des Grundes (Kausaladverbialien), der Art und Weise (Modaladverbialien).
Schreibe für jede Aussage die Frage mit der Antwort auf.
c. Markiere die verschiedenen adverbialen Bestimmungen in unterschiedlichen Farben.

> **Starthilfe**
> Warum waren Sie in Geldnot …?
> Wann …

Die Kriminalgeschichte endet mit einer Pressemitteilung.

Einbrecher gefasst!

Seit einigen Monaten wurden in Nürnberg mehrere Wohnungseinbrüche begangen. Gestern kam es erneut zu einem Einbruch. Der Verdacht, dass es sich wegen der ähnlichen Vorgehensweise um einen Wiederholungstäter handelt, hat sich bestätigt. Bei einem Einbruch in der Schlossallee hörten Nachbarn verdächtige Geräusche und verständigten über die Notrufnummer die Polizei. Noch am selben Abend wurde der Täter gefasst. Er gestand ohne Umschweife. Die Taten werden nun strafrechtlich vom zuständigen Staatsanwalt verfolgt.

8 a. Schreibe die Pressemitteilung der Polizei ab.
b. Markiere die adverbialen Bestimmungen in verschiedenen Farben.
c. Frage nach den adverbialen Bestimmungen.
Schreibe die Fragen und die Antworten auf.

9 Verfasse selbst eine kurze Pressemitteilung zu einem Kriminalfall.
Verwende dabei alle vier Arten der adverbialen Bestimmung.

Die adverbialen Bestimmungen des Zwecks

Herr Aslan von der Polizei gibt Tipps zum Schutz vor Einbrüchen.

Poste deinen Urlaub nicht in den sozialen Medien, …	damit das Haus bewohnt wirkt.
Im Urlaub sollte der Briefkasten regelmäßig geleert werden, …	damit Einbrecher nicht so leicht in die Wohnung einsteigen können.
Beim Verlassen der Wohnung sollten alle Fenster geschlossen sein, …	damit Einbrecher keinen Tipp auf deine Abwesenheit bekommen.

1 a. Was empfiehlt Herr Aslan? Lies die Tipps im linken Kasten.
b. Ergänze jeden Tipp mit einem passenden Nebensatz aus dem rechten Kasten. Schreibe die vollständigen Sätze auf.

2 a. Überlegt:
– Was geben die Nebensätze an?
– Welche Frage zu den Tipps beantworten die Nebensätze?
b. Schreibt zu jedem Tipp diese Frage und die Antwort auf.

> **Starthilfe**
> Wozu soll ich meinen Urlaub nicht in den sozialen Medien …? Damit Einbrecher …

Diese Nebensätze sind adverbiale Bestimmungen des Zwecks.

> **Merkwissen**
>
> Mit einer adverbialen Bestimmung des Zwecks (Finaladverbiale) kann man ausdrücken, **wozu** etwas geschieht. Man fragt mit **Wozu?** oder **Zu welchem Zweck?**.
> Wozu sollte der Briefkasten regelmäßig geleert werden?
> Er sollte regelmäßig geleert werden, damit das Haus bewohnt wirkt.

3 a. Verbinde jeweils die Hauptsätze mit der Konjunktion **damit** zu einem Satzgefüge.
  Tipp: Einige Satzglieder musst du dabei umstellen.
b. Kreise in den Satzgefügen jeweils die Konjunktion ein.
c. Markiere die Adverbialsätze des Zwecks.

Stelle dein Fahrrad an belebten Orten ab. Täter fühlen sich beobachtet.	Schließe dein Fahrrad an einem Fahrradbügel an. Niemand kann dein Fahrrad wegtragen.

Das Attribut

Die Klasse 8 M schreibt Kriminalgeschichten. Vier Schülerinnen und Schüler haben die folgenden Überschriften notiert:

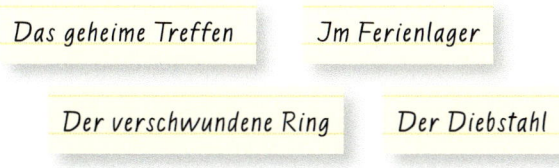

1 Sprecht über diese Fragen:
- Wie unterscheiden sich die Überschriften?
- Welche Kriminalgeschichten würdet ihr lieber lesen? Warum?

Einige Schülerinnen und Schüler suchen noch passende Ergänzungen, damit ihre Überschriften möglichst interessant und spannend klingen.

2 Du kannst die Überschriften spannender machen.
   a. Welches Wort vom Rand passt am besten zu welchem Nomen?
   b. Schreibe die neuen Überschriften auf.
   c. Markiere deine Ergänzungen. Es sind Attribute.

Starthilfe
Auf der heißen Spur
…

dunklen
entführte
gefährliche
heißen
versteckte
unheimliche

Hasans Geschichte heißt: **Die Flucht des Täters**
Auch Nomen im Genitiv können Attribute sein.

Nomen in vier Fällen
▶ S. 325

3 Ergänze diese Überschriften. Sie sollen Interesse wecken, die Kriminalgeschichte zu lesen.
Verwende die Vorschläge vom Rand.
   a. Schreibe die neuen Überschriften auf.
   b. Markiere die Attribute.

… des Komplizen
… der Hoffnung
… der Geisel
… des Verrats

Hasan hat Ideen für seine Geschichte notiert:

Die Hütte am Waldrand war sein Versteck.
Der Schrei einer Krähe war zu hören. Oder war es das Geräusch seiner Verfolger?
Das falsche Alibi war sicher schon aufgeflogen.
Morgen musste er das Schiff im Hafen erreichen.
Dann könnte diese überstürzte Flucht gelingen.
Ob sein Komplize aus der Bank dichthalten würde?

4 In den Sätzen sind die Attribute markiert.
    a. Unterscheide die vorangestellten Attribute von den nachgestellten Attributen.
    b. Trage die Attribute mit dem dazugehörigen Nomen in eine Tabelle ein.

Starthilfe

vorangestellte Attribute	nachgestellte Attribute
das falsche Alibi ...	die Hütte am Waldrand ...

5 Untersuche nun die nachgestellten Attribute in deiner Tabelle.
    a. Markiere alle Attribute im Genitiv.
    b. Es bleiben drei nachgestellte Attribute übrig.
       Überlegt: Welche Gemeinsamkeit haben sie?

Merkwissen

Das Attribut ist Teil eines Satzglieds und gibt nähere Informationen zu einem Nomen. Attribute können vor oder nach dem Nomen stehen. Das nachgestellte Attribut kann auch eine Wortgruppe mit Genitiv oder mit einer Präposition sein.
Beim Umstellen bleibt das Attribut fest mit dem Bezugswort verbunden:
das verschollene Bild, die Kette der Frau, die Spur im Garten

Sira fasst ihre Kriminalgeschichte so zusammen:

Meine Geschichte heißt: Die gemeine Verschwörung. Ein Agent aus einem anderen Land tarnt sich als berühmter Wissenschaftler. So bekommt er freien Zutritt in ein Labor der Zukunftsforschung. Der Leiter des Labors forscht an neuartigen Viren. Genau darauf hat es der fiese Agent abgesehen. Er will sie stehlen und in das ferne Land bringen. Ob ihm der Diebstahl der Viren gelingt, musst du selbst lesen.

6 a. Schreibe Siras Zusammenfassung ab.
    b. Markiere in deinem Heft alle Attribute.
    c. Bestimme in allen Wortgruppen die Attribute: vorangestellte Attribute, Attribute mit Genitiv und Attribute mit Präposition.

Die Satzreihe

**Die folgenden Texte über zwei Berufe bestehen aus Satzreihen.
Die Hauptsätze sind durch Konjunktionen verbunden.**

Satzreihen ▶ S. 330

A Estrichlegerinnen und Estrichleger bauen keine Häuser, doch sie sind für die Böden zuständig. Sie gießen nicht nur den Estrich, sondern kümmern sich auch um die Dämmung im Boden. Sie brauchen Kenntnisse im Bereich Technik und Werken, denn sie
5 arbeiten mit Baugeräten und -maschinen.

B Servicefachkräfte für Dialogmarketing müssen sich gut ausdrücken und sicher schreiben können, denn sie haben z. B. in Callcentern viele Kundenkontakte. Sie sollen einen freundlichen Umgang mit ihren Kunden pflegen, aber sie müssen sich auch durchsetzen können. Sie informieren und
5 beraten nicht nur, sondern müssen bei Reklamationen auch konfliktfähig sein.

1 a. Schreibe die beiden Texte ab.
   b. Mit welchen Konjunktionen werden Begründungen oder Gegensätze eingeleitet? Markiere in den Satzreihen diese Konjunktionen.
   c. Markiere jeweils das Komma.

Jeder Beruf erfordert bestimmte Verantwortlichkeiten.

Bauzeichnerinnen und Bauzeichner erstellen Zeichnungen.		Sie dosieren Wirk- und Hilfsstoffe bei der Arzneimittelproduktion.
Pharmakanten/-innen müssen verantwortungsbewusst arbeiten.	aber doch denn sondern	Sie bekommen ihre Entwürfe von Architekten/-innen.
Modeschneiderinnen und -schneider entwerfen nicht nur Modelle für Bekleidungskollektionen.		Sie warten Maschinen und stellen diese richtig ein.
Produktionsmechanikerinnen und -mechaniker müssen präzise arbeiten.		Sie überwachen auch den Produktionsablauf bei den Näherinnen und Nähern.

2 a. Verbinde immer jeweils zwei Hauptsätze mit einer Konjunktion zu einer Satzreihe. Schreibe die Satzreihen auf.
   b. Kreise die Konjunktion und das Komma ein.

   Starthilfe
   Bauzeichner und Bauzeichnerinnen erstellen Zeichnungen(,) (aber) sie bekommen …

Das Satzgefüge

Satzgefüge verbinden einen Hauptsatz mit einem oder mehreren Nebensätzen.

Satzgefüge ▶ S. 330

1 Jeder Beruf hat unterschiedliche Anforderungen.
  a. Schreibe die folgenden Satzgefüge vollständig auf. Ergänze jeweils die Konjunktion **weil** oder **damit**. Setze die Verben vom Rand in der passenden gebeugten Verbform ein.
  b. Markiere die gebeugte Form des Verbs im Nebensatz.

Ein Florist muss Pflanzensorten gut kennen, ? er sie fachmännisch ? . Eine medizinische Fachangestellte braucht Einfühlungsvermögen, ? sie viele kranke Menschen ? . Köche haben oft Stress, ? viele Gäste gleichzeitig ihr Essen ? . Ein Praktikum ist sinnvoll, ? man ein Berufsfeld besser ? .

pflegen können
bestellen
kennen lernen
treffen

> **Merkwissen**
> Nebensätze werden mit einer Konjunktion (einem Bindewort) eingeleitet:
> Mit **weil**- und **damit**-Sätzen kann man etwas begründen.

Im Praktikum kann man ein Berufsfeld erkunden. Manchmal verläuft das Praktikum anders als erwartet.

> Leroy konnte gut mit den Kindern umgehen. Er hatte vorher noch nie mit Kindergartenkindern zu tun gehabt.
>
> Larissa unterhielt sich gern mit den alten Menschen. Sie hatte sie immer als langweilig empfunden.
>
> Angela musste mit Chemikalien umgehen. Sie hat einige Allergien.

2 a. Bilde aus zwei Sätzen ein Satzgefüge, in dem der Hauptsatz vor dem Nebensatz steht. Überlege, welche Konjunktion am besten passt.
  b. Unterstreiche die gebeugte Verbform im Nebensatz. Umkreise die Konjunktion.
  c. Markiere das Komma.

> **Starthilfe**
> Leroy konnte gut mit den Kindern umgehen, (obwohl) er ... zu tun gehabt hatte.

3 Was erwartest du von deinem Praktikum? Schreibe Satzgefüge auf.

> **Merkwissen**
> Nebensätze mit **obwohl** schränken die Aussage des Hauptsatzes ein.

Kirsten hat während ihres Praktikums in einem Fotofachgeschäft gearbeitet und diesen Tagesbericht geschrieben.

Morgens um 9 Uhr stellte ich die Postkartenständer heraus. Dann kontrollierte ich die Regale und füllte sie auf. Dann kam ein Kunde und wollte Passfotos machen. Ich führte ihn ins Fotoatelier und sagte unserem Fotografen
5 Bescheid. Der Fotograf machte die Passfotos. Ich putzte zur gleichen Zeit unsere Kaffeeküche. Ich konnte einer Kundin den digitalen Bilderservice erklären. Dann hatte ich Mittagspause. Mein Chef erklärte mir einige Schwierigkeiten beim Ein- und Verkauf. Dann schickte er mich
10 zum Fotografieren in die Stadt. Ich kam zurück. Ich zeigte ihm meine Fotos. Die anderen Mitarbeiter bedienten einige Kunden. Ich dekorierte das Schaufenster neu. Mein Chef begutachtete mein Schaufenster. Dann hatte ich Feierabend.

Achtung: Fehler!

4 a. Verbessere Kirstens Tagesbericht: Verwende Satzgefüge mit den Konjunktionen **als**, **bevor**, **während**, **nachdem** statt einfacher Hauptsätze.
b. Schreibe die Satzgefüge auf und achte auf die Kommas.

Jeweils drei Tätigkeiten gehören zusammen. Du kannst die zeitliche Reihenfolge durch die Konjunktionen als, bevor, während verdeutlichen.

nachdem ich das Schaufenster dekoriert hatte	zerkleinerte ich die Verpackungen	ich Mittagspause machte
nachdem ich das Brot in den Ofen geschoben hatte	fotografierte ich das Schaufenster	wir ihn trocknen ließen
nachdem ich die neue Ware in die Regale einsortiert hatte	mussten wir ihn glätten	ich Musik hörte
nachdem wir den Estrich gleichmäßig verteilt hatten	säuberte ich die Backstube	ich noch eine Lieferung bekam

5 a. Ordne Haupt- und Nebensätze sinnvoll zu.
b. Achte auf die zeitliche Reihenfolge und schreibe Satzgefüge auf. Verwende die Konjunktionen **als**, **bevor**, **während**.

> **Starthilfe**
> Nachdem ich das Schaufenster dekoriert hatte, fotografierte ich das Schaufenster, bevor ich Mittagspause machte.

> **Merkwissen**
> Nebensätze mit **als**, **bevor**, **nachdem**, **während** ordnen das Geschehen zeitlich ein.

Der Relativsatz

Paul hat sein Praktikum in einer Kfz-Werkstatt gemacht. In seinem Praktikumsbericht schreibt er über ein ungewöhnliches Ereignis.

> … Plötzlich rollte ein fahrerloses Auto, das am Imbisswagen geparkt war, los. Vor der Werkstatt stand eine Frau, die laut aufschrie. Vor Schreck fiel dem Autofahrer, der sich gerade mit einer Bratwurst stärkte, die Gabel herunter. …

1
   a. Schreibe die Sätze aus Pauls Bericht auf.
   b. Unterstreiche die Relativsätze und markiere jeweils das gebeugte Verb.
   c. Markiere jeweils das Relativpronomen.
   d. Kennzeichne das Bezugswort, das näher beschrieben wird, mit einem Pfeil.

Starthilfe
> Plötzlich rollte ein fahrerloses (Auto), (das) am Imbisswagen geparkt war, los.

Nebensätze, die ein vorangehendes Nomen genauer beschreiben, nennt man Relativsätze.

2
   a. Bilde mit Hilfe der folgenden Wortgruppen und Relativpronomen sinnvolle Satzgefüge mit Relativsätzen.
   b. Markiere jeweils im Relativsatz das Relativpronomen und im Hauptsatz das Bezugswort.
   c. Kennzeichne das Bezugswort mit einem Pfeil.

Das fahrerlose Auto,	der	zum Glück gerade nicht befahren war,	pfiff laut auf seiner Trillerpfeife.
Ein Polizist,	das	inzwischen allen Angst einflößte,	ging es leicht bergauf.
An einer Kreuzung,	die	zufällig vor Ort war,	rollte weiter die Straße entlang.

Das Ereignis mit dem fahrerlosen Auto fand ein glückliches Ende.

3 Schreibe die folgenden Satzgefüge vollständig auf. Ergänze jeweils einen passenden Relativsatz.

Wegen der Steigung wurde das Auto, ? , allmählich langsamer.
Ein Mechaniker, ? , konnte das Auto stoppen.
Alle Zuschauer, ? , klatschten Beifall.

Teste dich!

Satzglieder verwenden und Sätze formulieren

Hier überprüfst du dein Wissen über die Satzglieder und den Satzbau.

1 In den folgenden Zeitungsmeldungen fehlen die adverbialen Bestimmungen.
   a. Schreibe die Zeitungsmeldungen ab und ergänze passende adverbiale Bestimmungen.
   b. Markiere die adverbialen Bestimmungen und bestimme sie jeweils.
   c. Erkläre für jede adverbiale Bestimmung, welche Funktion sie hat.

Feuerwehrmann wäscht Frisörkundin ? die Haare
Mexikanischer Bürgermeister heiratete ? ein Krokodil
Pony reiste ? auf der Autobahn nach Italien

2 a. Schreibe den folgenden Zeitungsbericht ab und ergänze passende Attribute.
   b. Bestimme die Art der Attribute.
   c. Wie wirkt der Text mit und ohne Attribute auf dich? Schreibe deine Erkenntnisse auf.

Frau beißt ihren Hund

Eine ? Frau ließ ihren Terrier im Park ? umherlaufen. Ein Spaziergänger kam mit seinem ? Mischling vorbei. Der Terrier griff den ? Mischling an. Die Halterin ? wollte ihren Hund stoppen. Deshalb biss sie ihrem ? Hund, der ? aufjaulte, ins Ohr. Diese Tat ? brachte den Terrier von seinem Opfer ab.

> am Rathaus
> angeleinten
> eigenen
> kleineren
> vor Schmerz
> des Terriers
> der Verzweiflung
> vierzigjährige

3 a. Schreibe das Satzgefüge mit dem Relativsatz aus dem Text auf.
   b. Markiere das Relativpronomen und das Bezugswort.

4 a. Bilde mit jeweils zwei der folgenden Sätze zwei Satzgefüge. Verwende die Konjunktionen **obwohl** und **nachdem**.
   b. Bilde mit zwei Sätzen eine Satzreihe mit der Konjunktion **denn**.
   c. Erkläre, wo in der Satzreihe und im Satzgefüge das gebeugte Verb steht.

Die Hundehalterin war erleichtert. Die Frau konnte ihren Hund bändigen. Der junge Hund muss noch viel lernen.

5 Besprich deine Arbeitsergebnisse mit deiner Lehrkraft.
   – Was kannst du schon gut?
   – Beschreibe, wo du noch Probleme hast und was du noch nicht verstanden hast.

Zum Nachschlagen

Wissenswertes auf einen Blick

Literarische Gattungen

In der Literatur gibt es drei Gattungen (Grundformen): die Lyrik (Gedichte), die Epik (erzählende Literatur) und die Dramatik (Theaterstück, Hörspiel).

Das Gedicht

Vers: Die Zeilen eines Gedichtes heißen Verse.
Strophe: Eine Strophe ist ein Gedichtabschnitt, der aus mehreren Versen (Zeilen) besteht. Ein Gedicht besteht häufig aus mehreren Strophen.
Die Verszeilen sind oft durch Reime miteinander verbunden.
Reimformen:

Paarreim: aabb	**umarmender Reim: abba**	**Kreuzreim: abab**
Zwei aufeinanderfolgende Verse reimen sich, also ein Paar:	Ein Paarreim wird umschlossen von zwei Versen, die sich ebenfalls reimen:	Der 1. und 3. Vers sowie der 2. und 4. Vers reimen sich, also „über Kreuz":
Berg a Zwerg a leise b Reise b	Band a Lüfte b Düfte b Land a	Zähne a Bär b Mähne a schwer b

Das **Metrum** (das Versmaß) gibt die regelmäßige Reihenfolge von betonten und unbetonten Silben innerhalb des Gedichts an.
Sprachliche Bilder machen ein Gedicht besonders anschaulich. Sprachliche Bilder sind z. B. der Vergleich, die Metapher und die Personifikation.
Bei einem **Vergleich** werden zwei Vorstellungen durch **wie** oder **als** miteinander verknüpft:
Er zitterte wie Espenlaub. Sie strahlte heller als die Sonne.
Bei einer **Metapher** wird ein Wort oder eine Wortgruppe aus dem Zusammenhang herausgenommen und auf etwas anderes übertragen:
Ein Meer von Liebe.
Bei einer **Personifikation** wird ein Gegenstand, ein Tier oder eine Pflanze als Person dargestellt und vermenschlicht:
Die Blumen haben dein Parfum geklaut.

Gedichte
▶ S. 86–87, 170–185, 216–217

Das lyrische Ich ist die Sprecherin oder der Sprecher in einem Gedicht.
Das lyrische Ich ist nicht mit der Autorin oder dem Autor gleichzusetzen.
Bei der **Wiederholung** wird ein Wort oder eine Wortgruppe mehrmals genannt.
Manchmal werden auch ganze Verse oder Strophen wiederholt.
Die Wiederholung hat eine verstärkende Wirkung.

Die Kurzgeschichte

Eine Kurzgeschichte ist eine knappe, moderne Erzählung.
Kurzgeschichten handeln meist von einem kurzen Ausschnitt aus einem
Geschehen aus dem Alltag, das mit dem Wendepunkt zu einem
entscheidenden Moment im Leben einer oder mehrerer Figuren wird.
Weitere Kennzeichen sind ein unvermittelter Anfang und ein offenes oder
überraschendes Ende, das viele Deutungsmöglichkeiten zulässt.

Kurzgeschichten
▶ S. 74–76, 186–207

Das Jugendbuch

Jugendbücher sind hauptsächlich für Jugendliche geschrieben.
Es geht in den Jugendbüchern häufig um Themen wie Erwachsenwerden,
Freizeit, Freundschaften, Familie und auch Schule.
Die Hauptfiguren in Jugendbüchern sind meist selbst Jugendliche.

Auszüge aus
Jugendbüchern
▶ S. 70–73, 81–82,
83–85, 154–165

Das Drama (Theaterstück)

Ein Drama (Theaterstück) ist für das Spiel auf der Bühne gedacht.
Die Handlung wird durch **Dialoge** oder durch **Monologe** ausgedrückt.
Die Schauspielerinnen und Schauspieler nutzen ihre Stimme, ihre Gestik
und ihre Mimik, um die Gefühle und Stimmungen der Figuren auszudrücken.
Eine **Szene** ist ein kurzer, abgeschlossener Teil eines Theaterstücks.
Eine Szene endet meist, wenn neue Figuren auftreten oder Figuren abtreten.
Mehrere Szenen werden oft in **Akte** zusammengefasst. Dramen haben in
der Regel fünf Akte.
Regieanweisungen sind im Text zusätzlich zu den Rollentexten bereits
mitgelieferte Anregungen, wie die Handlung auf einer Bühne eingerichtet
werden sollte oder wie die Figuren handeln und sprechen sollen.
Requisiten sind Gegenstände, die im Spiel verwendet werden.
Das Drama endet entweder glücklich (**Komödie**) oder tragisch (**Tragödie**).

Drama
▶ S. 140–149,
152–153

Die Erzählperspektiven

- **Der Er-Erzähler/die Sie-Erzählerin** ist nicht am Geschehen beteiligt.
  Er oder sie erzählt das Geschehen von allen Figuren in der Er- oder Sie-Form.
- **Der Ich-Erzähler/die Ich-Erzählerin** ist direkt am Geschehen beteiligt.
  Er oder sie beschreibt das Geschehen aus seiner oder ihrer Sicht.
  Gedanken und Gefühle des Ich-Erzählers/der Ich-Erzählerin werden deutlich.

Erzählperspektiven
▶ S. 77, 157, 165, 167,
191, 205

Die Wirkung von Bild und Ton

Auch ohne Worte erzeugen Bilder eine Stimmung. Je nachdem, aus welcher Entfernung und welchem Blickwinkel sie aufgenommen werden, entstehen unterschiedliche Wirkungen.
Man unterscheidet verschiedene **Kameraeinstellungen**:
- Die Totale zeigt die Umgebung, in der sich eine Handlung abspielt.
- Die Halbnahaufnahme zeigt die Figuren etwa vom Knie an aufwärts.
- Die Nahaufnahme zeigt nur Kopf und Schultern der Figuren. Diese Einstellung wird häufig verwendet, wenn sich Menschen unterhalten.
- Das Detail zeigt einen bestimmten Ausschnitt groß.

Als **Kameraperspektive** bezeichnet man den Blickwinkel einer Kamera auf Figuren, Gegenstände oder eine Landschaft:
- Als Normalperspektive empfindet man eine Kameraposition auf Augenhöhe der Figuren.
- Die Froschperspektive führt den Blick von unten nach oben und lässt Gegenstände und Figuren häufig groß, mächtig oder bedrohlich wirken.
- Bei der Vogelperspektive blickt die Kamera von oben auf eine Landschaft oder Figuren, die dadurch häufig klein oder unterlegen wirken.

Beim **Ton** unterscheidet man Sprache, Geräusche und Musik, aber auch Stille. Der Ton ist wichtig für die Atmosphäre und unterstützt die Bilder in ihrer Wirkung.

Bild und Ton
▶ S. 119, 132–134, 138–139, 152, 169

Sachtexte und Grafiken (Pragmatische Texte)

Sachtexte

Sachtexte informieren vorwiegend über wirkliche (reale) Ereignisse, Tatsachen und Vorgänge. Sachtexte können nach ihrer Funktion unterschieden werden:
- Texte, die sachlich informieren, z. B. Lexikonartikel, Bericht, Texte in Sachbüchern
- Texte, die eine Meinung darstellen und versuchen zu überzeugen, z. B. Kommentar, Werbeanzeige, Antrag
- Texte, die informieren und unterhalten, z. B. Reportage
- Texte, die zu etwas auffordern, z. B. Aufruf, Stellenanzeige
- Texte, die etwas anleiten, z. B. Gebrauchsanweisung, Kochrezept
- Texte, die etwas regeln, z. B. Gesetzestext, Vertrag

Sachtexte
▶ S. 29, 30–33, 38, 39, 40–41, 42, 44–45, 46–47, 50–51, 58, 64–65, 78–79, 106, 108, 110, 117, 120, 129, 131, 137, 150, 151, 181, 210–213, 226

Der Bericht

Ein Zeitungsbericht informiert sachlich und knapp über ein Ereignis oder einen Sachverhalt. Er beantwortet oft zu Beginn die wichtigsten W-Fragen und berichtet erst anschließend über Hintergründe, Zusammenhänge oder die Vorgeschichte.

Bericht
▶ S. 117, 120–121

Der Kommentar

Ein Kommentar ist eine persönliche Stellungnahme. Die Autorin oder der Autor analysiert aktuelle Ereignisse und stellt Informationen zu dem Thema aus persönlicher Sicht dar. Ziel des Kommentars ist es, zur Meinungsbildung der Leserinnen und Leser beizutragen.

Kommentare
▶ S. 61, 66, 124–125

Die Reportage

Eine Reportage informiert lebendig und anschaulich über Ereignisse oder Sachverhalte. Dies wird oft durch Fotos, originale Tonbeiträge oder Filme erreicht. Die Reportage verbindet sachliche Informationen, Erlebnisse, Beobachtungen und Stellungnahmen von Beteiligten. Sie gibt dennoch Tatsachen wieder.

Reportage
▶ S. 122–123, 126–127

Das Interview

Ein Interview informiert durch Fragen und Antworten über ein Ereignis oder einen Sachverhalt. Oft befragen Journalisten einer Zeitung dafür Expertinnen oder Experten zu Hintergründen oder bitten sie um Einschätzungen.

Interview
▶ S. 89, 109

Der Leserbrief

Leserbriefe nehmen in der Regel Bezug auf vorangegangene Artikel. Sie sind meist wertend und geben die Sicht der oder des Schreibenden wieder.

Leserbrief
▶ S. 58, 63

Grafiken

Mit Hilfe von Grafiken (Tabellen, Schaubildern und Diagrammen) kann man sachliche Informationen veranschaulichen.

Wenn man Zahlen, Mengen oder Größen vergleichend darstellen möchte, eignen sich Diagramme gut. Es gibt verschiedene Arten von Diagrammen:

– In einem **Kreisdiagramm** werden Teile eines Ganzen miteinander verglichen.
– Mit einem **Säulendiagramm** oder einem **Balkendiagramm** können Mengen und Größen vergleichend dargestellt werden.

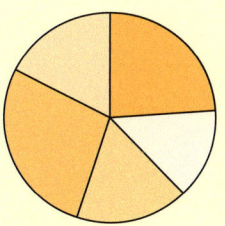 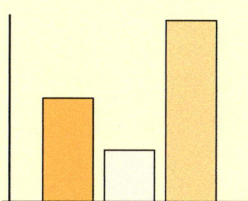 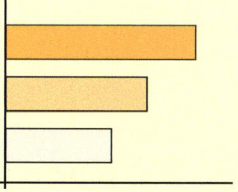

Grafiken
▶ S. 35, 43, 52, 79, 108, 109, 110, 128, 211, 212, 214, 215, 218, 275

Texte erschließen, Aufgaben verstehen, sich informieren

Der Textknacker

1. Schritt: Vor dem Lesen
Du siehst dir den Text als Ganzes an.
- Was weißt du schon über das Thema?
- Was erzählen dir die Bilder und die Überschrift?
- Worum könnte es gehen?

2. Schritt: Das erste Lesen

Sachtexte
Du überfliegst den Text oder liest ihn einmal durch.
- Was fällt dir auf?
- Worum geht es?
- Ist der Text für deine Fragestellung geeignet?

literarische Texte
Du liest den Text einmal durch.
- Was fällt dir auf?
- Worum geht es?

3. Schritt: Den Text genau lesen

Sachtexte
Du achtest auf:
- die Überschrift
- die Absätze
- die Schlüsselwörter
- unbekannte Wörter

literarische Texte
Du fragst nach:
- den Handlungsbausteinen
- den Gattungsmerkmalen
- der Sprache

4. Schritt: Nach dem Lesen
Du arbeitest mit dem Inhalt des Textes.
- Du arbeitest mit deinen Arbeitsergebnissen weiter.
- Du erfüllst deinen Arbeitsauftrag.

Sachtexte erschließen
▶ S. 30–32, 39, 40–41, 42–43, 44–45, 50–52, 58, 64–65, 66–67, 78–79, 106–107

Literarische Texte erschließen
▶ S. 70–73, 74–77, 81–82, 83–85

Handlungsbausteine
▶ S. 157, 190

Eine Grafik mit dem Textknacker verstehen

1. Schritt: Vor dem Lesen
Du siehst dir die Grafik als Ganzes an.
- Was erzählt dir die Überschrift?
- Worum könnte es gehen?

2. Schritt: Das erste Lesen
Du siehst dir die Grafik genauer an.
- Welche Angaben enthält die Grafik? Wer hat die Grafik veröffentlicht?
- Worüber informiert die Grafik?

3. Schritt: Die Grafik genau lesen
Du untersuchst die Grafik genau.
- Welche Fragen kannst du mit Hilfe der Grafik beantworten? Stelle Fragen an die Grafik.

4. Schritt: Nach dem Lesen
Du arbeitest mit dem Inhalt der Grafik.
- Beantworte die Fragen, die du an die Grafik gestellt hast.

Grafiken verstehen
▶ S. 33, 43, 52, 79, 108, 109, 110–111, 128–129, 211, 212, 214, 215, 218–219

Einen literarischen Text verstehen: Die Handlungsbausteine

Die fünf Handlungsbausteine finden sich in vielen literarischen Texten und enthalten das Wichtigste der Handlung.
Mit diesen Fragen ermittelst du die Handlungsbausteine:
– Wer ist die Hauptfigur? In welcher Situation steckt sie?
– Welchen Wunsch hat sie?
– Welches Hindernis ist ihr im Weg?
– Wie reagiert die Hauptfigur? Wie versucht sie, das Hindernis zu überwinden?
– Wie endet die Geschichte? Ist die Hauptfigur erfolgreich?

Handlungsbausteine
▶ S. 157, 190

Aufgaben verstehen

Aufgaben kannst du in drei Schritten verstehen.
1. Schritt: Du liest die Aufgabe genau.
2. Schritt: Du überlegst, was alles zur Lösung der Aufgabe gehört.
3. Schritt: Du gibst die Aufgabe mit eigenen Worten wieder.

Aufgaben verstehen
▶ S. 46, 66, 184, 206, 209

Im Internet recherchieren

Im Internet kannst du gezielt Informationen recherchieren.
1. Schritt: Treffende Suchbegriffe verwenden
2. Schritt: Geeignete Suchmaschinen nutzen
– Nutze Suchmaschinen, die speziell für Kinder und Jugendliche gemacht sind.
3. Schritt: Die passenden Treffer aus der Trefferliste auswählen
– Wähle die Treffer aus, die am besten zu deinen Suchbegriffen zu passen scheinen.
– Klicke dann mit dem Cursor auf die Treffer, die du dir ansehen möchtest.
4. Schritt: Die Glaubwürdigkeit einer Internetseite prüfen
– Überprüfe, wer die Seite wann erstellt hat.
– Vergleiche die Internetseite mit anderen Informationsquellen zum Thema.
5. Schritt: Informationen entnehmen
– Überfliege die gefundenen Texte.
– Lies die passenden Texte mit dem Textknacker.
6. Schritt: Informationen in eigenen Worten darstellen
– Fasse deine recherchierten Informationen in eigenen Worten zusammen.
7. Schritt: Informationsquellen angeben
– Nenne die Autorin/den Autor, die Internetadresse und das Datum, wann du die Webseite aufgerufen hast.

Im Internet recherchieren
▶ S. 34, 126, 138, 159, 178, 197, 218, 275, 276

Diskutieren, präsentieren und miteinander arbeiten

Miteinander diskutieren

Wenn ihr auf diese Regeln achtet, gelingt die Diskussion:
- Lasst euch gegenseitig ausreden.
- Hört euch gegenseitig genau zu und geht aufeinander ein.
- Beleidigt euch nicht und lacht euch nicht aus.
- Sprecht klar und deutlich und seht die anderen beim Sprechen an.
- Überlegt euch starke Argumente (Behauptung, Begründung, Beispiel/Vergleich).
- Tragt eure Argumente sachlich vor und bleibt beim Thema.

Miteinander diskutieren
▶ S. 15–27, 56, 119, 129, 131, 136, 137, 193, 276, 279

Aufbau eines Arguments
Behauptung
Begründung
Beispiel/Vergleich
Schlussfolgerung

Betont vorlesen oder vortragen

- Lies den Text mehrmals leise.
- Probiere verschiedene Möglichkeiten aus: Markiere auf einer Folie oder einer Kopie des Textes wichtige Wörter und verwende Betonungszeichen für Sprechtempo, Lautstärke und Pausen.
- Setze Mimik und Gestik beim Vorlesen oder Vortragen passend ein.

Betont vorlesen oder vortragen
▶ S. 173

↗ lauter
↙ leiser
→ schneller
← langsamer
‖ Pause

Ein Standbild bauen

Mit einem Standbild könnt ihr eine Situation darstellen und deuten.
- Entscheidet, wer das Standbild baut und wer welche Figur darstellt.
- Die Regisseurin/Der Regisseur formt die Figuren: Position, Gestik, Mimik. Die Figuren bleiben wie auf einem Foto erstarrt stehen und schweigen.
- Anschließend sehen die Betrachter sich das Standbild von allen Seiten an. Sie beschreiben, wie das Standbild auf sie wirkt.
- Die Figuren selbst beschreiben ebenfalls, wie sie sich fühlen.

Ein Standbild bauen
▶ S. 16, 192

Szenisch spielen

- Legt fest, welche Figuren es gibt und wer welche Rolle spielt.
- Notiert, was die Figuren sagen, denken und wie sie sich fühlen.
- Bereitet eure Rollen zuerst allein vor. Sprecht den Text mehrfach.
- Übt nun das gemeinsame Spiel: Drückt die Gefühle der Figuren durch Betonung, Körpersprache und Gesichtsausdruck aus.

Szenisch spielen
▶ S. 21, 26, 27, 152, 192–193

Ein Referat vorbereiten

1. **Schritt:** Das Thema aussuchen und Fragen formulieren
2. **Schritt:** Informationen beschaffen
3. **Schritt:** Informationen aus Texten entnehmen
4. **Schritt:** Das Referat gliedern und die Notizen ordnen
5. **Schritt:** Überschrift, Einleitung und Schluss formulieren
6. **Schritt:** Den Vortrag vorbereiten und üben

Ein Referat vorbereiten
▶ S. 53–55

Ein Plakat, eine Grafik oder ein Schaubild gestalten

- Wähle ein passendes Format aus.
- Finde eine passende Überschrift.
- Entscheide, welche Texte und welche Bilder du zeigen willst.
- Überlege, wie du Überschrift, Texte und Bilder anordnen willst.
- Schreibe groß genug und gut lesbar. Hebe Wichtiges hervor.

Ein Plakat oder eine Grafik gestalten
▶ S. 15, 33, 37, 45, 135

Eine Präsentation am Computer gestalten

- Wähle eine gut lesbare Schriftgröße (ab 24 Punkt).
- Die Überschrift sollte noch größer sein (36 Punkt).
- Wähle eine gut lesbare Schriftart und Schriftfarbe.
- Wähle einen Zeilenabstand von mindestens 1,5 Punkt.
- Wähle für alle Folien den gleichen Hintergrund. Auf hellen und blassen Farben kann besser gelesen werden.
- Auf den Folien darf nicht zu viel Text stehen. Schreibe Stichworte auf und verwende Aufzählungszeichen.
- Sei sparsam mit Animationen: Sie lenken vom Vortrag ab.
- Füge Materialien zur Veranschaulichung an passenden Stellen ein (z. B. Fotos, Videos oder Tonaufnahmen). Nenne die Quellen.

Eine Präsentation am Computer gestalten
▶ S. 54–55

Eine Präsentation frei vortragen

- Stelle dich so hin, dass alle dich sehen können.
- Versuche, frei zu sprechen und wenig abzulesen.
- Sprich langsam und deutlich.
- Sieh beim Sprechen die Zuhörerinnen und Zuhörer an.
- Zeige deine Materialien zur Veranschaulichung an passenden Stellen.
- Erkläre, was diese zusätzlichen Materialien zeigen sollen.
- Präsentiere nicht zu schnell. Das Publikum muss alles lesen können.

Frei vortragen
▶ S. 55, 219

Feedback geben

- Sende Ich-Botschaften.
- Benenne positive Eindrücke zuerst. Beschreibe dabei genau, was positiv war.
- Stelle Fragen, wenn dir etwas unklar war.
- Sage, was noch verbessert werden könnte.
- Falls du noch einen Tipp hast, benenne diesen so konkret wie möglich.

Feedback geben
▶ S. 55, 113, 125, 127, 139, 152, 221, 224–225

Ein Projekt planen, durchführen und auswerten

In einem Projekt beschäftigt ihr euch mit einem bestimmten Thema.
1. Schritt: Das Projekt planen
2. Schritt: Die Gruppenarbeit planen und umsetzen
3. Schritt: Die Ergebnisse der Gruppenarbeit vorstellen und das Projekt durchführen
4. Schritt: Das Projekt auswerten

Projektideen
▶ S. 126–127, 138–139, 152–153, 168–169

Ideen sammeln, planen, schreiben, überarbeiten

Mit einem Cluster Ideen sammeln

- Nimm dir ein leeres Blatt Papier.
- Schreibe in die Mitte das Thema (ein Wort oder eine Wortgruppe). Kreise das Thema ein.
- Schreibe nun die Wörter auf, die dir zu dem Thema einfallen.
- Verbinde die neuen Wörter durch Striche mit dem Thema.
- Manchmal kannst du auch zu den neuen Wörtern weitere Wörter finden.

Einen Cluster anfertigen
▶ S. 166

Mit einer Mindmap Ideen sammeln

- Schreibe das Thema in die Mitte eines leeren Blattes. Rahme das Thema ein.
- Zeichne Linien von der Mitte, also vom Thema aus.
- Schreibe wichtige Stichworte oder Fragen zum Thema auf die Linien.
- Zeichne Abzweigungen von den Linien.
- Schreibe Unterpunkte auf die Abzweigungen.

Eine Mindmap gestalten
▶ S. 33–34, 43, 53, 107, 218

Stichworte aufschreiben

- Formuliere Stichworte kurz und knapp: Was ist das Wichtigste?
- Schreibe nur einzelne Schlüsselwörter, höchstens Wortgruppen auf. Dabei helfen dir auch die W-Fragen: Wo? Was? Wie?
- Schreibe übersichtlich und in gut lesbarer Schrift.

Stichworte aufschreiben
▶ S. 17, 39, 43, 46, 51, 52, 61, 85, 89, 93, 94, 95, 100, 105, 106, 107, 112, 120, 123, 125, 161, 163, 165, 177, 179, 181, 190, 197, 198, 210, 219

Einen informierenden Text schreiben

1. Schritt: Den Text planen
- Über welches Thema möchtest du informieren? Sammle Informationen.
- Überlege: Wen möchtest du mit deinem Text informieren?
- Welche Informationen könnten interessant sein? Schreibe Stichworte auf.
- Ordne deine Informationen und schreibe eine Gliederung.

2. Schritt: Den Text schreiben
- Finde eine passende Überschrift.
- Formuliere eine Einleitung, die zum Weiterlesen anregt.
- Schreibe im Hauptteil einfache und klare Sätze. Verwende die nötigen Fachbegriffe.
- Lasse unwichtige Informationen weg. Schreibe sachlich.
- Schreibe zum Schluss einen zusammenfassenden Satz auf.

3. Schritt: Den Text überarbeiten
- Überprüfe deinen Text. Verwende Checklisten.
- Überarbeite den Text. Achte auch auf die Rechtschreibung.

Einen informierenden Text schreiben
▶ S. 34–36, 40–41, 42–43, 45, 46–47, 112, 209

Schriftlich Stellung nehmen

Zu einem Thema kannst du Stellung nehmen.
Deine Meinung begründest du mit Argumenten. Ein überzeugendes Argument besteht aus Behauptung, Begründung und Beispiel/Vergleich.

1. Schritt: Die Stellungnahme planen
- Finde Pro-Argumente, wenn du dafür bist.
- Finde Kontra-Argumente, wenn du dagegen bist.

2. Schrift: Die Stellungnahme schreiben
- Schreibe in der Einleitung deine Meinung ohne Begründungen auf.
- Nenne deine Argumente (Behauptung, Begründung, Beispiel) im Hauptteil.
- Verknüpfe deine Sätze durch passende Wörter.
- Verknüpfe deine Argumente zu einer Argumentationskette.
- Formuliere zum Schluss eine Schlussfolgerung, die sich auf deine Meinung bezieht.

3. Schritt: Die Stellungnahme überarbeiten
- Überprüfe und überarbeite deinen Text. Achte auf die Rechtschreibung.

Schriftlich Stellung nehmen
▶ S. 56–60, 61, 62, 63, 66–67

Aufbau eines Arguments
- Behauptung
- Begründung
- Beispiel/Vergleich
- Schlussfolgerung

Einen Aufruf schreiben

Mit einem Aufruf soll jemand von etwas überzeugt und zu einem gewünschten Verhalten aufgefordert werden.

1. Schritt: Den Aufruf planen
- Beantworte die Fragen zum Schreibziel: Für wen oder an wen schreibst du? Was möchtest du erreichen?
- Sammle Informationen. Begründe deine Meinung mit Argumenten.

2. Schritt: Den Aufruf schreiben
- Notiere eine passende Überschrift.
- Formuliere eine Einleitung, die zum Weiterlesen anregt.
- Nenne im Hauptteil wichtige Informationen und Argumente zum Thema.
- Notiere zum Schluss in Aufforderungssätzen, was du dir von den Leserinnen und Lesern wünschst.

3. Schritt: Den Aufruf überarbeiten
- Überprüfe und überarbeite deinen Aufruf. Achte auf die Rechtschreibung.

Einen Vorgang beschreiben

1. Schritt: Die Vorgangsbeschreibung planen
- Notiere alle benötigten Materialien und Arbeitsmittel.
- Schreibe in Stichworten die Arbeitsschritte auf und ordne sie.

2. Schritt: Die Vorgangsbeschreibung schreiben
- Formuliere eine passende Überschrift.
- Nenne zuerst die Materialien und Arbeitsmittel.
- Beschreibe die Schritte genau und in der richtigen Reihenfolge.

3. Schritt: Die Vorgangsbeschreibung überarbeiten
- Überprüfe deine Vorgangsbeschreibung. Verwende Checklisten.
- Überarbeite die Vorgangsbeschreibung. Achte auf die Rechtschreibung.

Einen Vorgang beschreiben
▶ S. 226–229

Einen Tagesbericht schreiben

- Schreibe eine passende Überschrift auf mit den wichtigsten Informationen: Wer? Wann? Wo? Was?
- Berichte im Hauptteil knapp und genau über den Tagesablauf im Einzelnen: Was hast du der Reihe nach getan? Womit hast du gearbeitet? Mit wem?
- Schreibe im Präteritum und in der Ich-Form.
- Mache nur sachliche und richtige Angaben.
- Überprüfe auch die Rechtschreibung.

Einen Tagesbericht schreiben
▶ S. 230–233

Das Bewerbungsschreiben für das Praktikum

Mit deinem Bewerbungsschreiben kannst du deinen Arbeitgeber von dir überzeugen.
- Wähle eine geeignete Anrede und eine geeignete Grußformel.
- Schreibe zuerst den Zweck des Schreibens auf.
- Nenne den Zeitraum des Praktikums.
- Gib deine Schule und den angestrebten Schulabschluss an.
- Begründe dann, warum du dieses Praktikum machen möchtest.
- Bitte am Schluss um eine Zusage oder eine Gesprächseinladung.
- Schreibe dein Bewerbungsschreiben am Computer.
- Überprüfe den Inhalt, die Formulierungen und die Rechtschreibung.
- Gestalte und überprüfe die äußere Form.

Ein Bewerbungsschreiben verfassen
▶ S. 92–94, 98, 99, 100–101, 102–103

Rechtschreibregeln und Tipps für das Bewerbungsschreiben

- Nach der Betreffzeile und nach der Grußformel steht kein Punkt.
- Nach der Anrede steht meist ein Komma.
- Dann schreibst du klein weiter.
- Die höfliche Anrede **Sie, Ihr, Ihnen** schreibst du groß.
- Kontrolliere die Schreibung von Fachwörtern und von Namen.

Ein Bewerbungsschreiben verfassen
▶ S. 92–94, 98, 99, 100–101, 102–103

Der tabellarische Lebenslauf

Der tabellarische Lebenslauf gehört zu einer vollständigen Bewerbung.
- Achte auf die richtige Reihenfolge deiner Angaben: zur Person, Schulbildung, Interessen und Kenntnisse, Datum, Unterschrift.
- Nenne nur Hobbys, die zum Praktikum oder zum Beruf passen.
- Überprüfe die Vollständigkeit deiner Angaben.
- Finde und korrigiere alle Grammatik- und Rechtschreibfehler.
- Lasse eine zweite Person deinen Lebenslauf prüfen.

Einen tabellarischen Lebenslauf schreiben
▶ S. 91

Eine Geschichte mit den Handlungsbausteinen schreiben

1. Schritt: Die Geschichte planen
- Plane deine Geschichte mit Hilfe einer Mindmap oder eines Clusters. Schreibe Stichworte zu den Handlungsbausteinen auf:
  - Wer soll meine Hauptfigur sein? In welcher Situation steckt sie?
  - Welchen Wunsch hat sie?
  - Welches Hindernis ist ihr im Weg?
  - Wie reagiert die Hauptfigur auf das Hindernis?
  - Wie endet die Geschichte?
- Lege für jeden Handlungsbaustein eine Karte an und notiere deine Ideen in ganzen Sätzen auf deine Karten.
- Überlege dir den Aufbau für deine Geschichte.

2. Schritt: Die Geschichte schreiben
- Beschreibe Personen, Orte und Gefühle mit treffenden Adjektiven.
- Durch Gedanken und wörtliche Rede wird die Geschichte lebendig.
- Verwende treffende Verben und unterschiedliche Satzanfänge.

3. Schritt: Die Geschichte überarbeiten
- Überprüfe deine Geschichte. Verwende Checklisten.
- Überarbeite deine Geschichte. Achte auf die Rechtschreibung.

Eine Geschichte schreiben
▶ S. 166–167

Eine Textzusammenfassung schreiben

Eine Textzusammenfassung informiert kurz über den wesentlichen Inhalt eines Textes.
- In der Einleitung nennst du die Autorin/den Autor, den Titel, die Textsorte und das Thema des Textes.
- Im Hauptteil fasst du die wichtigsten Ereignisse der Handlung zusammen.
- Schreibe sachlich und im Präsens, bei Vorzeitigkeit im Perfekt.
- Verwende keine wörtliche Rede.
- Am Schluss gehst du auf das Ende des Textes ein. Beziehe das Verhalten der Hauptfigur ein und äußere, wie du den Text verstanden hast.

Eine Textzusammenfassung schreiben
▶ S. 194–199, 200, 201–203, 204–205, 206–207

Zitieren

Beim wörtlichen Zitieren übernimmst du aus anderen Texten (z. B. aus Büchern, Zeitungen, Internettexten) Wörter, Wortgruppen oder Sätze in deinen Text, ohne sie zu verändern.
- Setze die fremden Textteile in Anführungszeichen.
- Wenn du Wörter in einem Zitat auslässt, füge an der Stelle **[...]** ein.
- Gib in Klammern die Quelle und die Textstelle (Seiten- und Zeilenzahl) an, die du zitierst.

Wenn du den Inhalt eines Textes in eigenen Worten wiedergibst, verwendest du die Abkürzung **vgl.**, um anzugeben, auf welche Textteile du dich beziehst.

Zitieren
▶ S. 53, 112, 222–223

„Über den Rand hinaus schreiben": Texte gemeinsam überarbeiten

Mit der Methode „Über den Rand hinaus schreiben" überarbeitet ihr eure Texte in der Gruppe. Als Vorbereitung klebt ihr eure Texte auf ein großes Blatt Papier.
Regel 1: Die Autorin oder der Autor liest den Text vor.
Regel 2: Sagt zuerst, was euch an dem Text gefällt.
Regel 3: Schreibt eure Vorschläge, Fragen und Hinweise jeweils neben den Text.
– Schreibt auf, worauf ihr bei der jeweiligen Textsorte (z. B. informierender Text, Geschichte, Textzusammenfassung) achten müsst.
– Achtet auf die sprachlichen Mittel (z. B. Wortwahl, Zeitform) und die Rechtschreibung.
Regel 4: Die Autorin/Der Autor überprüft die Verbesserungsvorschläge und schreibt den überarbeiteten Text auf.

Über den Rand hinaus schreiben
▶ S. 167, 233

Rechtschreiben

Die Arbeitstechniken

Das Abschreiben

1. Schritt: Lies den Text langsam und sorgfältig.
2. Schritt: Gliedere den Text in Sinneinheiten.
3. Schritt: Präge dir die Wörter einer Sinneinheit genau ein.
4. Schritt: Schreibe die Wörter auswendig auf. Lasse immer eine Zeile frei.
5. Schritt: Kontrolliere Wort für Wort.
6. Schritt: Streiche Fehlerwörter durch und schreibe sie richtig darüber.
7. Schritt: Schreibe die Fehlerwörter in deine Rechtschreibkartei.

Abschreiben
▶ S. 239, 257, 259, 261, 263

Fehlerwörter sammeln in der Rechtschreibkartei

1. Schreibe dein Fehlerwort in die Mitte der ersten Zeile.
2. Schreibe gut lesbar und fehlerlos.
3. Markiere die schwierige Stelle.
4. Schreibe bei Verben das Personalpronomen und den Infinitiv dazu.
5. Schreibe bei Adjektiven die Steigerungsformen dazu.
6. Schreibe die Nomen mit Artikel im Singular und im Plural auf.
7. Schreibe zu dem Fehlerwort einen passenden Rechtschreibtipp auf.

Fehlerwörter sammeln
▶ S. 242, 251, 254

Nachschlagen

- Suche das Wort unter dem richtigen Buchstaben des Alphabets.
- Wenn die Wörter mit demselben Buchstaben beginnen, musst du dich nach dem zweiten Buchstaben richten. Manchmal musst du dir den dritten, vierten oder fünften Buchstaben ansehen.
- Die Vergangenheitsformen von Verben stehen oft nur beim Infinitiv.
- Steigerungsformen der Adjektive stehen nur bei der nicht gebeugten Form des Adjektivs.

Nachschlagen
▶ S. 39, 179, 212, 236

Texte am Computer überarbeiten

Der Computer hat ein Programm, mit dem du deinen Text leichter überarbeiten kannst.
- Überprüfe die Rechtschreibung mit dem Rechtschreibprogramm.
- Das Programm zeigt mögliche Rechtschreibfehler mit roten Wellenlinien an.
- Zudem öffnet sich ein Fenster, in dem Vorschläge zur Verbesserung gemacht werden.
- Willst du das Wort verbessern, klicke auf ÄNDERN.
- Manchmal markiert das Rechtschreibprogramm Wörter als falsch, weil es diese Wörter nicht kennt (z. B. Namen). Du kannst diese Wörter zum Wörterbuch hinzufügen. Dann werden diese Wörter in Zukunft nicht mehr als Fehler markiert.

Texte am Computer überarbeiten
▶ S. 43, 94, 103, 199, 236–237

Rechtschreibstrategien und Regeln

Mitsprechwörter – Nachdenkwörter – Merkwörter

- **Mitsprechwörter** schreiben wir so, wie wir sie sprechen und hören.
  → Ich höre, wie ich das Wort schreiben muss.
- Bei manchen Wörtern hörst du nicht, wie du sie schreiben musst. Rechtschreibstrategien und Regeln helfen dir, diese **Nachdenkwörter** richtig zu schreiben.
  → Ich denke nach und erkläre, wie ich das Wort schreiben muss.
- **Merkwörter** sind Wörter, deren Schreibweise du nicht durch Strategien oder Regeln herleiten kannst.
  → Ich merke mir, wie ich das Wort schreiben muss.

Mitsprechwörter
▶ S. 238

Nachdenkwörter
▶ S. 238–239

Merkwörter
▶ S. 248–249, 254

Sprechen – hören – schreiben

Deutliches Sprechen und genaues Hinhören helfen dir beim Schreiben.
- Sprich das Wort langsam und deutlich Silbe für Silbe.
- Schreibe das Wort Silbe für Silbe auf.

Sprechen – hören – schreiben
▶ S. 238

Wörter trennen

Mehrsilbige Wörter kann man am Ende einer Silbe trennen.
Sprechsilben helfen dir, Wörter richtig zu trennen: der Blu|men|kas|ten
Die Buchstaben **ck** werden nicht getrennt: der Rü|cken, wir pack|ten
Einzelne Buchstaben werden nicht abgetrennt: der Abend, der Ofen

Wörter trennen
▶ S. 238

Wörter verlängern

Oft spricht man am Ende eines Wortes **p, t, k** und schreibt doch **b, d, g**.
Suche eine längere Form des Wortes. Bilde zu einsilbigen Nomen
den Plural, zu Verbformen den Infinitiv und steigere Adjektive.
Gliedere dann. So hörst du, welchen Buchstaben du schreiben musst.
der Kor**b** – die Kör**b**e, er gi**b**t – ge**b**en, lusti**g** – ein lusti**g**er Abend

Wörter verlängern
▶ S. 235, 238, 239

Wörter ableiten

ä und **e** klingen in vielen Wörtern ähnlich; **äu** und **eu** klingen gleich.
Du kannst Wörter mit **ä** und **äu** von verwandten Wörtern
mit **a** oder **au** ableiten: **ä**ngstlich – die **A**ngst, die Tr**äu**me – der Tr**au**m

Wörter ableiten
▶ S. 239, 268

Mit Wortbausteinen üben

Viele Wörter sind aus mehreren Teilen zusammengesetzt:
aus dem Wortstamm und anderen Wortbausteinen.
- Gleiche Wortstämme schreibt man in der Regel gleich.
- Durch Vorsilben und Nachsilben können verwandte Wörter gebildet werden.
- Verben und Adjektive können mit einem Nomen ein neues
  zusammengesetztes Nomen bilden:
  singen + der Vogel = der Singvogel, voll + der Mond = der Vollmond
- Nomen können mit einem Adjektiv ein neues zusammengesetztes Adjektiv
  bilden: das Messer + scharf = messerscharf

Mit Wortbausteinen üben
▶ S. 240, 252

Fremdwörter

Fremdwörter kann man oft an ihren Nachsilben erkennen.
- Fremdwörter mit der Nachsilbe **-ieren** sind Verben: gratulieren.
- Fremdwörter mit den Nachsilben **-tion, -ik, -ie, -ist** und **-or** sind Nomen.
  Nomen mit den Nachsilben **-tion, -ik** und **-ie** haben den Artikel die,
  Nomen mit den Nachsilben **-ist** und **-or** den Artikel der:
  die Funktion, die Bionik, die Theorie, der Tourist, der Autor.
- Fremdwörter mit den Nachsilben **-(i)ell** und **-iv** sind Adjektive:
  industriell, aktuell, intensiv.

Fremdwörter
▶ S. 248, 254, 260, 261, 266, 267, 269

Der Bindestrich

Bindestriche erleichtern das Lesen, sie machen Zusammensetzungen übersichtlicher.
Einen Bindestrich muss man bei den folgenden Verbindungen setzen:
- Zusammensetzungen mit einzelnen Buchstaben, Abkürzungen oder Zahlen:
  die E-Mail, 14-jährig
- Zusammensetzungen mit mehr als zwei Bestandteilen:
  der Hals-Nasen-Ohren-Arzt
- Eigennamen mit mehrteiligen Namen: das Robert-Koch-Institut

Einen Bindestrich setzt man auch, um Wortwiederholungen zu vermeiden:
der Ein- und Ausgang

Bindestrich ▶ S. 247

Getrenntschreibung und Zusammenschreibung

Wortgruppen getrennt schreiben

Wortgruppen schreibt man in der Regel getrennt:
- Wortgruppen mit **sein**: da sein, bereit sein
- Nomen + Verb: Kuchen backen, Rad fahren
- Adjektiv + Verb: schnell fahren, neu beginnen
- Verb + Verb: schwimmen lernen, spazieren gehen

Auch diese Wortgruppen schreibst du immer getrennt:
ein bisschen, gar nichts, auf einmal, wie viele, zu früh.

Wortgruppen getrennt schreiben ▶ S. 244, 250–251, 253, 262, 266, 268

Zusammenschreibung

- Adjektiv + Verb werden zusammengeschrieben, wenn das zusammengesetzte Verb eine neue Bedeutung hat:
  schwer + fallen → schwerfallen → neue Bedeutung: Mühe bereiten.
- Nomen + Verb bilden mit Hilfe der Wörter **das**, **zum**, **beim** und **vom** zusammengesetzte Nomen:
  Rad fahren → das Radfahren, beim Radfahren.
- Aus Wortgruppen können Zusammensetzungen werden:
  rot wie Feuer → feuerrot.

Zusammenschreibung ▶ S. 245–246

Schreibung von Straßennamen

- Straßennamen mit einem Orts- oder Ländernamen mit der Endung **-er** schreibt man getrennt und groß: Ulmer Straße, Französischer Platz.
- Straßennamen aus mehrteiligen Personennamen schreibt man mit Bindestrichen und groß: Albrecht-Dürer-Platz, Sophie-Charlotte-Straße.

Schreibung von Straßennamen ▶ S. 243, 247

Großschreibung und Kleinschreibung

Nomen großschreiben

Nomen werden großgeschrieben.
- **Tipp 1:** Prüfe, ob mit dem Wort Lebewesen, Gegenstände oder Dinge bezeichnet werden.
- **Tipp 2:** Prüfe, ob das Wort einen Artikel (Begleiter) bei sich hat.
- **Tipp 3:** Prüfe, ob vor dem Nomen ein Adjektiv steht.
- **Tipp 4:** Prüfe, ob vor dem Nomen ein Pronomen steht.
- **Tipp 5:** Prüfe, ob das Wort die Nachsilbe **-ung**, **-heit**, **-keit**, **-schaft**, **-nis** oder **-tum** hat.
- **Tipp 6:** Prüfe, ob vor dem Wort eine Präposition wie **im, am, beim, zum** steht.
- **Tipp 7:** Prüfe, ob vor dem Wort ein Zahlwort steht.
- **Tipp 8:** Prüfe, ob Verben oder Adjektive zu Nomen geworden sind.
- **Tipp 9:** Prüfe, ob ein Adjektiv ein Teil eines mehrteiligen Eigennamens ist.

Nomen großschreiben
▶ S. 242, 250–251, 253–257, 268

Verben und Adjektive werden zu Nomen

Aus Verben können Nomen werden. Die Wörter **das**, **beim**, **vom** und **zum** machen Verben zu Nomen:
fahren – das Fahren, schwimmen – beim Schwimmen.
Auch aus Adjektiven können Nomen werden. Dafür sorgen die Wörter **etwas**, **nichts** und **alles**: neu – nichts Neues.
Verben und Adjektive, die zu Nomen wurden, schreibt man groß.
Man kann sie am Artikel erkennen, den man ergänzen kann (Artikelprobe).

Nominalisierungen
▶ S. 235, 243, 250, 253, 256, 265

Eigennamen großschreiben

Eigennamen wie die Namen von Personen, Lebewesen, Orten und Festen werden großgeschrieben. Bestehen Eigennamen aus mehreren Wörtern, werden alle Adjektive und Nomen großgeschrieben:
Johann Wolfgang von Goethe, der Bayerische Wald, Jom Kippur

Eigennamen
▶ S. 243, 247, 265

Die Anredepronomen

Die Anredepronomen **Sie, Ihr, Ihre, Ihnen** werden großgeschrieben.

Anredepronomen
▶ S. 98

Zahlwörter

Zahlwörter können zu Nomen werden. Dann werden sie großgeschrieben:
der Erste, als Zweites, zum Dritten.
Zahlen bis zu einer Million schreibt man klein und zusammen:
eins, elf, fünfundzwanzigtausend.

Zeitangaben

Wochentage und Tageszeiten mit Artikel sind Nomen. Nomen schreibt man groß. Auch zusammengesetzte Nomen werden großgeschrieben:
der Abend, dieser Dienstag, der Montagmorgen, am Mittwochnachmittag.
Nach **gestern**, **heute**, **morgen** werden die Tageszeiten großgeschrieben:
gestern Abend, heute Abend, morgen Abend.
Tageszeiten und Wochentage mit einem **s** am Ende werden kleingeschrieben:
morgens, mittags, abends, montags, dienstags, mittwochs.

Zeitangaben
▶ S. 250

Nomen werden zu Adjektiven

Die Wörter **angst**, **bange**, **klasse**, **leid**, **schuld**, **spitze** und **pleite** werden in Verbindung mit einer Verbform von **sein** als Adjektive verwendet und immer kleingeschrieben: Mir ist angst und bange. Sie ist pleite.

Nomen werden zu Adjektiven
▶ S. 262

Wörter mit langem und kurzem Vokal

Wörter mit Dehnungs-*h*

Manche Wörter werden mit einem Dehnungs-**h** geschrieben.
Das Dehnungs-**h** steht dann nach einem Vokal.
Häufig steht das Dehnungs-**h** vor den Konsonanten **l**, **m**, **n** und **r**, z. B.:
der Stuhl, nehmen, ohne, ehrlich.

Wörter mit langem *i*

Die meisten Wörter mit einem langen **i** schreibt man mit **ie**, z. B.: die Liebe.
Es gibt nur wenige Merkwörter mit einem langen **i** ohne ein **e** danach,
z. B.: der Tiger, mir, dir, die Maschine.
Es gibt nur wenige Merkwörter mit einem langen **i** und einem **h** danach.
Alle Wörter mit **ih** sind Pronomen, z. B.: ihn, ihr.

Wörter mit langem *i*
▶ S. 248

Wörter mit *s*-Laut schreiben

Den **s**-Laut nach einem langen Vokal oder Umlaut schreibst du meistens **s**,
z. B.: lesen, die Rose, leise. Bei manchen Wörtern schreibst du den **s**-Laut
nach einem langen Vokal, Umlaut oder Zwielaut **ß**, z. B.: der Gruß, beschließen.

Wörter mit kurzem Vokal

Nach einem kurzen Vokal schreibst du meist zwei Konsonanten (Mitlaute),
z. B.: alle, denn, das Schloss, merken, stürzen, die Schnecke, die Katze.

Wörter mit kurzem Vokal
▶ S. 252

323

Zeichensetzung

Komma bei Aufzählungen

Die Teile einer Aufzählung, die nicht durch **und/oder** verbunden sind, werden durch Kommas voneinander getrennt: Ich bin höflich, intelligent und fröhlich.

Komma bei Aufzählungen
▶ S. 269

Komma bei Hauptsätzen und Nebensätzen

Der Hauptsatz und der Nebensatz werden durch ein Komma voneinander abgetrennt. Im Nebensatz steht die gebeugte Verbform an letzter Stelle:
Meine Eltern standen an meinem Bett, als ich **aufwachte**.
Als ich **aufwachte**, standen meine Eltern an meinem Bett.
Die Sorge, dass wir zu spät sein **könnten**, war unbegründet.

Komma bei Hauptsätzen und Nebensätzen
▶ S. 254, 261, 267

Komma bei Infinitivsätzen

Infinitivsätze beginnen häufig mit den Signalwörtern **um**, **ohne**, **anstatt**, **außer** und **statt** und enden immer mit einem Infinitiv mit **zu**. Sie werden mit Komma vom Hauptsatz abgetrennt: Am besten lässt man sich beraten, **um** seinen Computer richtig **zu** schützen.

Komma bei Infinitivsätzen
▶ S. 263

Der Gedankenstrich bei Zusätzen oder Nachträgen

Mit Gedankenstrichen kann man Zusätze oder Nachträge deutlich vom übrigen Text abgrenzen: Das Bild – **es war das letzte des Künstlers** – wurde für eine hohe Summe ersteigert.

Der Gedankenstrich bei Zusätzen oder Nachträgen
▶ S. 257

Komma bei Appositionen

Eine Apposition ist eine Wortgruppe, die hinter einem Nomen steht und dieses näher erklärt. Appositionen werden durch Komma vom Nomen abgetrennt:
Frau Müller, **unsere Nachbarin**, hat einen Hund.

Komma bei Appositionen
▶ S. 265

Wörtliche Rede

Wörtliche Rede wird in Anführungszeichen gesetzt. Steht der Begleitsatz vor der wörtlichen Rede, wird er mit einem Doppelpunkt abgeschlossen:
Aufgeregt fragt Amina: „Lukas, hast du das in der Zeitung gelesen?"
Steht die wörtliche Rede vor dem Begleitsatz, dann musst du zwischen der wörtlichen Rede und dem Begleitsatz ein Komma setzen:
„Was steht in der Zeitung?", fragte Lukas.
Steht der Begleitsatz in der Mitte, wird er mit Kommas von der wörtlichen Rede abgetrennt: „Bitte", sagte Lukas, „hier ist die Zeitung."

Wörtliche Rede
▶ S. 167, 259

Grammatik

Sprache und Stil

Sich adressatenbezogen äußern

Wie du etwas ausdrückst, hängt von der Umgebung ab und von deinem Gesprächspartner. Es gibt bestimmte Sprachebenen:
- Die Standardsprache ist die allgemein verbindliche Form einer Sprache, wie sie in der Öffentlichkeit gebraucht wird.
- Als Umgangssprache wird der mündliche Sprachgebrauch im Alltag bezeichnet. Die Umgangssprache orientiert sich an der Standardsprache, wendet aber nicht deren strenge Regeln an.
- Die Jugendsprache enthält besondere Wörter und Wendungen, die sehr zeitbezogen sind und von Jugendlichen geprägt werden.
- Fachsprachen enthalten besondere Wörter, meist Fremdwörter, und Formulierungen, die von bestimmten Berufsgruppen verwendet werden.
- Dialekte sind regionale Sprachformen, z. B. Niederbairisch, Fränkisch.

Sich adressatenbezogen äußern
▶ S. 19, 23, 36, 63, 80, 93, 94, 96, 133, 134, 171, 274–276

Die Wortarten

Nomen

Nomen bezeichnen Lebewesen und Gegenstände sowie gedachte oder vorgestellte Dinge. Im Deutschen schreibt man Nomen immer groß. Vor einem Nomen steht oft ein bestimmter Artikel (der, das, die) oder ein unbestimmter Artikel (ein, ein, eine).

Bei zusammengesetzten Nomen richtet sich der Artikel nach dem Grundwort.

das Gift	+	die Schlange	=	die Giftschlange
Bestimmungswort		Grundwort		zusammengesetztes Nomen

In Sätzen erscheinen Nomen immer in einem bestimmten Fall (Kasus). Im Deutschen gibt es vier Fälle. Der Artikel und die Endung des Nomens richten sich nach dem Fall.

Nomen
▶ S. 246, 283, 284, 295

Fall	männlich (maskulin)		sächlich (neutrum)		weiblich (feminin)	
	Singular	Plural	Singular	Plural	Singular	Plural
Nominativ (Wer oder was?)	der Ball	die Bälle	das Spiel	die Spiele	die Karte	die Karten
Genitiv (Wessen?)	des Ball(e)s	der Bälle	des Spiel(e)s	der Spiele	der Karte	der Karten
Dativ (Wem?)	dem Ball	den Bällen	dem Spiel	den Spielen	der Karte	den Karten
Akkusativ (Wen oder was?)	den Ball	die Bälle	das Spiel	die Spiele	die Karte	die Karten

Pronomen

Personalpronomen ersetzen Nomen oder Wortgruppen, in denen Nomen vorkommen. Sie können im Singular und im Plural stehen.
Singular: ich, du, er/sie/es   Plural: wir, ihr, sie

Possessivpronomen zeigen an, wem etwas gehört. Die Endungen der Possessivpronomen richten sich nach dem dazugehörenden Nomen.
Singular: mein/meine, dein/deine, sein/seine, ihr/ihre
Plural: unser/unsere, euer/eure, ihr/ihre

Demonstrativpronomen weisen auf eine Person/Sache oder ein Ereignis hin. Sie können vor einem Nomen stehen oder an Stelle eines Nomens. Mit Demonstrativpronomen kann man etwas hervorheben und besonders betonen: **Dieser** Spieler gewinnt jeden Zweikampf, **jener** nicht.

Pronomen
▶ S. 98, 283, 284, 295

Die Zeitformen der Verben

- Verben im Präsens (Gegenwart) verwendet man, um auszudrücken, was man regelmäßig tut oder was man jetzt tut: Sie **spielt** mit ihrer Katze.

- Wenn man etwas mündlich erzählt, was schon vergangen ist, verwendet man meist das Perfekt (2. Vergangenheit). Viele Verben bilden das Perfekt mit dem Hilfsverb **haben**: Wir **haben gelacht**.
Verben der Bewegung bilden das Perfekt mit dem Hilfsverb **sein**:
Die Kinder **sind gelaufen**.
Bei einigen Verben ändert sich im Perfekt der Verbstamm:
rennen: Wir sind **gerannt**.

- Wenn man schriftlich über etwas berichtet oder erzählt, was schon vergangen ist, verwendet man das Präteritum (1. Vergangenheit).
Bei einigen Verben ändert sich im Präteritum der Verbstamm:
finden: Sie **fanden** die Knollen in der Erde.

- Das Plusquamperfekt (3. Vergangenheit) verwendet man, wenn man ausdrücken will, dass etwas vor einem schon zurückliegenden Ereignis geschah. (Bedeutung: noch davor).
Viele Verben bilden das Plusquamperfekt mit den Vergangenheitsformen von **haben** und dem Partizip Perfekt: Er **hatte geplant**.
Verben der Bewegung bilden es mit dem Hilfsverb **sein**:
Sie **waren** erschöpft **gewesen**.

- Wenn man über Dinge spricht, die in der Zukunft liegen, verwendet man oft das Futur (Zukunft). Das Futur wird mit **werden** gebildet:
Das Organisationsteam **wird** das nächste Sportfest bald **planen**.

- Wenn man über Dinge spricht, die in der Zukunft abgeschlossen sein werden, verwendet man das Futur II (vollendete Zukunft). Das Futur II wird mit einer Form von **werden**, dem Partizip Perfekt und einer Form von **sein** oder **haben** gebildet: In zwei Wochen **werden** wir **umgezogen sein**.

Verben im Präsens
▶ S. 285, 286, 289

Verben im Perfekt
▶ S. 285, 286

Verben im Präteritum
▶ S. 285, 287

Verben im Plusquamperfekt
▶ S. 285, 287

Verben im Futur I
▶ S. 285, 286

Verben im Aktiv und im Passiv

Das Aktiv und das Passiv sind zwei Verbformen, die bei der Darstellung von Handlungen unterschieden werden.
Das Aktiv beschreibt, wer handelt: Der Dieb **stiehlt** das Fahrrad.
Das Passiv beschreibt, was mit einer Person oder einem Gegenstand getan wird. Dabei ist der Vorgang wichtig, aber nicht, wer ihn ausführt.
Das Passiv wird mit einer Form von **werden** und dem Partizip Perfekt gebildet: Die Figur **wird** auf den Ausgangspunkt **gesetzt**.

Verben im Aktiv und im Passiv
▶ S. 227, 229

Verben im Konjunktiv I

Mit dem Konjunktiv I kannst du etwas wiedergeben, das jemand anderes gesagt hat (indirekte Rede). Auch unsichere Informationen kannst du mit dem Konjunktiv I ausdrücken.
Riccardo sagt: „**Unsere** Klasse **geht** gerne ins Theater." →
Riccardo sagt, **seine** Klasse **gehe** gerne ins Theater.
Der Konjunktiv I wird oft mit Verbformen von **haben** oder **sein** gebildet.
Riccardo sagt, **seine** Klasse **habe** das Theaterstück **gesehen**.
Riccardo sagt, **seine** Klasse **sei** gestern im Theater **gewesen**.

Verben im Konjunktiv I
▶ S. 288–289, 295

Verben im Konjunktiv II

Mit dem Konjunktiv II (Möglichkeitsform) kann man ausdrücken, dass etwas nicht oder noch nicht Wirklichkeit ist: Möglichkeiten, erfüllbare oder nicht erfüllbare Wünsche, Empfehlungen: Ich **hätte** gern acht Arme.
Der Konjunktiv II wird vom Präteritum abgeleitet:
ich war – ich wäre, er hatte – er hätte, sie kamen – sie kämen.

Verben im Konjunktiv II
▶ S. 290–293, 295

Adjektive

Mit Adjektiven (Eigenschaftswörtern) kann man Personen, Tiere oder Gegenstände genauer beschreiben:
Der Tisch ist rund. Das Hemd ist rot. Die Vase ist alt.
Adjektive werden im Satz kleingeschrieben.
Steht das Adjektiv vor einem Nomen, verändert sich die Endung:
der runde Tisch – ein runder Tisch, das rote Hemd – ein rotes Hemd, die alte Vase – eine alte Vase.
Aus Nomen und Adjektiven können zusammengesetzte Adjektive gebildet werden. Sie werden kleingeschrieben: der Spiegel + glatt = spiegelglatt.
Will man beschreiben, wie sich Personen, Tiere, Sachen usw. unterscheiden, kann man gesteigerte Adjektive verwenden:

Grundform	Komparativ	Superlativ
(so) groß (wie)	größer (als)	am größten

Adjektive
▶ S. 17, 24, 159, 166–167, 238, 241, 259, 264, 281, 283–284, 295

Präpositionen

Wörter wie **an**, **auf**, **unter**, **neben**, **in**, **hinter**, **vor**, **über**, **zwischen** sind Präpositionen. Mit ihrer Hilfe kann man z. B. ausdrücken, wo sich etwas befindet (Dativ) oder wohin etwas kommt (Akkusativ).
Auf manche Verben folgt eine feste Präposition:
- mit Dativ: erzählen von, sprechen über, beginnen mit, sich unterscheiden von
- mit Akkusativ: bitten um, sich wundern über, warten auf, sich freuen auf

Präpositionen
▶ S. 283–284, 294–295

Die Satzglieder

Das Subjekt, das Prädikat, die Objekte

Mit **Wer oder was?** fragt man nach dem Subjekt:

[Wer] verkauft Waffeln? [Timo] verkauft Waffeln.

[Was] ist laut? [Die Musik] ist laut.

Das Prädikat sagt etwas darüber aus, was jemand tut oder was geschieht. Mit **Was tut …?**, **Was hat … getan?** oder **Was geschieht?** fragt man nach dem Prädikat. In den meisten Sätzen steht das Prädikat an zweiter Stelle.

(Was tut) Kerem? Kerem (spielt) die aktuellen Hits.

Manchmal bildet das Prädikat eine Klammer:

(Was hat) Timo gestern (getan)? Timo (hat) den Waffelteig (vorbereitet).

Mit **Wen oder was?** fragt man nach einem Akkusativobjekt:

[Wen] hat Frau Müller eingeladen? Sie hat [die Schulleiterin] eingeladen.

[Was] packt Nina aus? Nina packt [die Blumen] aus.

Mit **Wem?** fragt man nach einem Dativobjekt:

[Wem] hilft Dario? Dario hilft [Maja].

Mit **Wessen?** fragt man nach einem Genitivobjekt:

[Wessen] entledigte sich Frau Müller? Sie entledigte sich [ihrer Schuhe].

Subjekt, Prädikat, Objekte
▶ S. 296

Die adverbialen Bestimmungen

Mit einer adverbialen Bestimmung des Ortes (Lokaladverbiale) kann man ausdrücken, **wo** etwas geschieht. Man fragt mit **Wo?**, **Woher?** oder **Wohin?**.
Wo hängen die Lampions? Die Lampions hängen im Schulhof.

Mit einer adverbialen Bestimmung der Zeit (Temporaladverbiale) kann man ausdrücken, **wann** etwas geschieht. Man fragt mit **Wann?** oder **Wie lange?**.
Wann wischt Nico die Tische ab? Nico wischt sie gleich ab.

Adverbiale Bestimmungen
▶ S. 297–298, 305

Mit einer adverbialen Bestimmung des Grundes (Kausaladverbiale) kann man ausdrücken, warum etwas geschieht. Man fragt mit **Warum?**.
Warum hat Yannic sich besonders beeilt?
Yannic hat sich wegen der kurzen Vorbereitungszeit besonders beeilt.

Mit einer adverbialen Bestimmung der Art und Weise (Modaladverbiale) kann man ausdrücken, wie etwas geschieht oder wie jemand etwas tut. Man fragt mit **Wie?**.
Wie hat die Hausdame den Pokal poliert?
Die Hausdame hat den Pokal sehr gewissenhaft poliert.

Mit einer adverbialen Bestimmung des Zwecks (Finaladverbiale) kann man ausdrücken, **wozu** etwas geschieht. Man fragt mit **Wozu?** oder **Zu welchem Zweck?**.
Wozu schließt du dein Fahrrad an einem Fahrradbügel an?
Als Diebstahlschutz schließe ich mein Fahrrad an.

Attribute

Das Attribut ist Teil eines Satzglieds und gibt nähere Informationen zu einem Nomen. Attribute können vor oder nach dem Nomen stehen. Das nachgestellte Attribut kann auch eine Wortgruppe mit Genitiv oder mit einer Präposition sein. Beim Umstellen bleibt das Attribut fest mit dem Bezugswort verbunden:
das **verschollene** Bild, die Kette **der Frau**, die Spur **im Garten**

Attribute
▶ S. 299–300, 305

Satzglieder umstellen, ersetzen, ergänzen, weglassen

- Ein Satzglied kann aus einem Wort oder aus einer Wortgruppe bestehen. Mit der **Umstellprobe** kannst du Satzglieder ermitteln:
  Die Wörter eines Satzglieds kann man nur gemeinsam umstellen.
  Wir feiern ein Sommerfest. – Ein Sommerfest feiern wir.

- Mit der **Ersatzprobe** kannst du Satzglieder, die sich in einem Text häufig wiederholen, durch andere Wörter und Wortarten ersetzen.
  Plötzlich tauchte Lumpi auf. Lumpi nahm Frau Müllers Schuhe.
  → Plötzlich tauchte **Lumpi** auf. **Er** nahm Frau Müllers Schuhe.

- Mit der **Ergänzungsprobe** kannst du prüfen, mit welchen Satzgliedern du etwas genauer oder deutlicher beschreiben solltest.
  Sie unternahmen eine Bergtour. → Sie unternahmen eine **anstrengende** Bergtour, **die durch schwieriges Gelände führte**.

- Mit der **Weglassprobe** kannst du prüfen, welche Satzglieder entfallen können, ohne dass der Satz falsch wird.
  Suzan hat ~~gestern rote~~ Tomaten gekauft, ~~die allen gut schmeckten~~.

Satzglieder umstellen, ersetzen, ergänzen, weglassen
▶ S. 167, 229, 232, 298, 300, 305

Die Satzarten

Hauptsätze und Nebensätze

Ein Hauptsatz ist ein eigenständiger Satz. Die gebeugte Verbform steht an zweiter Stelle: Herr Maier kocht gern.
Ein Nebensatz kann nicht ohne einen Hauptsatz stehen.
Im Nebensatz steht die gebeugte Verbform an letzter Stelle.
Herr Maier lädt oft Gäste ein, weil er gern für andere kocht.
        Hauptsatz   Nebensatz

Der Nebensatz wird durch eine Konjunktion (Bindewort) wie **weil** oder **dass** mit dem Hauptsatz verbunden (Satzgefüge). Der Hauptsatz und der Nebensatz werden durch ein Komma voneinander abgetrennt.

> Hauptsätze und Nebensätze
> ▶ S. 254, 255, 261, 267, 280, 298, 302–304, 305

Satzreihen

Mit einer Satzreihe kann man Hauptsätze verbinden, die man als Einheit versteht. Eine Satzreihe besteht aus mindestens zwei Hauptsätzen.
Die gebeugte Verbform steht an zweiter Stelle.
Konjunktionen wie **und**, **oder**, **aber**, **sondern**, **denn**, **doch** verbinden Hauptsätze. Vor den Konjunktionen steht ein Komma. Nur vor **und** und **oder** kann es fehlen.
Wir spielen das Spiel oft,   denn es macht großen Spaß.
      Hauptsatz   Hauptsatz

> Satzreihen
> ▶ S. 301

Satzgefüge

Mit einem Satzgefüge kann man Aussagen verknüpfen. Ein Satzgefüge besteht aus einem Hauptsatz und mindestens einem Nebensatz. Der Hauptsatz und der Nebensatz werden durch ein Komma voneinander abgetrennt.
Die Nebensätze werden mit einer Konjunktion (Bindewort) eingeleitet:
– Mit **weil**-Sätzen kann man etwas begründen.
– Nebensätze mit **wenn** geben eine Bedingung an.
– Nach den Verben **sagen**, **denken**, **meinen**, **glauben** folgen oft **dass**-Sätze.
– Die Konjunktion **obwohl** leitet eine Einschränkung der Aussage ein.
– Mit Hilfe der Konjunktionen **nachdem**, **als**, **während**, **bevor** kann man die zeitliche Abfolge eines Geschehens ausdrücken.

> Satzgefüge
> ▶ S. 254, 255, 261, 267, 280, 298, 302–304, 305

Relativsätze

Ein Nebensatz mit dem Relativpronomen **der**, **das**, **die** oder **die** ist ein Relativsatz. Er erklärt ein Nomen im Hauptsatz genauer.
Die gebeugte Verbform steht immer am Ende des Relativsatzes.
Ich höre gern Musik, die gute Laune macht.
Das Geschenk, das Viola ausgesucht hat, bereitet Sara Freude.
Ich habe einen Freund, der bei der Jugendfeuerwehr ist.

> Relativsätze
> ▶ S. 38, 304

Textartenverzeichnis

Berichte
303 Kirstens Tagesbericht

Bewerbungsunterlagen
92 Olgas Bewerbungsschreiben
99 Yanniks Bewerbungs-E-Mail
232 Olgas Online-Bewerbung
295 Ersins Lebenslauf

Biografien
172 Kurzbiografie: Orhan Veli
174 Kurzbiografie: Kurt Tucholsky
177 Kurzbiografie: Gerrit Engelke
180 Kurzbiografie: Mascha Kaléko
183 Kurzbiografie: Louis Fürnberg

Briefe/E-Mails
92 Olgas Bewerbungsschreiben
99 Brief: Betriebsbesichtigung
99 Yanniks Bewerbungs-E-Mail

Chatbeiträge
61 Kommentare zum Thema Nachhaltige Mobilität
135 Die Folgen des Klimawandels

Dialekttexte
68 Fitzgerald Kusz: Liebe 1
80 Redewendungen in Mundart
171 Helmut Haberkamm: In der Nachberschafd
275 Dialektkarte Bayern

Dialoge
16 Streitgespräch
17 Klassenrat
25 Sie denkt - er denkt
56 Diskussion: Nachhaltige Mobilität
62 Diskussion: Mofa-Führerschein
63 Diskussion: öffentlicher Nahverkehr
90 Telefonat mit Ausbildungsleiter

Dramenauszüge
141 William Shakespeare: Vorrede zu „Romeo und Julia"
142 William Shakespeare: Romeo und Julia

Erzählende Texte
74 Erich Kästner: Das Märchen vom Glück

Gedichte
86 Mascha Kaléko: Sozusagen grundlos vergnügt
170 Olaf N. Schwanke: Fußgängerzone
170 Uwe Greßmann: Moderne Landschaft
170 Josef Reding: Meine Stadt
171 Helmut Haberkamm: In der Nachberschafd
171 Eugen Gomringer: cars and cars
172 Orhan Veli: Ich höre Istanbul
174 Kurt Tucholsky: Augen in der Groß-Stadt
177 Gerrit Engelke: Die Fabrik
180 Mascha Kaléko: Spät nachts
182 Imants Ziedonis: In einer Stadt
183 Louis Fürnberg: Abend in der großen Stadt
184 Erich Kästner: Die Wälder schweigen
216 Zoran Drvenkar: stadt ohne namen

Grafiken
31 Treibstoff-Einsparung im Airbus
31 Entfernungen von München
35 Europakarte
43 Schallstock für Blinde
46 Veranschaulichung des Lotuseffektes
50 Anteile der Verkehrsmittel am Verkehrsaufkommen
52 Mobilitätsgewohnheiten der Menschen in Bayern
79 Was ist für Sie am wichtigsten, um glücklich zu sein?
108 Voraussetzungen für Umweltschutztechnische Assistent/innen
109 Bildungswege im Gartenbau
110 Schulabschlüsse Tiermedizinische/r Fachangestellte/r
128 Medienbeschäftigung in der Freizeit 2018
211 Anmeldungen bei „Jugend forscht" 2019
211 Beispiele für Forschungsthemen aus Bayern 2019
212 Anmeldungen für „Jugend forscht" und „Schüler experimentieren"
214 Anzahl der weiblichen Teilnehmenden bei „Jugend forscht"
215 Anzahl der Teilnehmenden insgesamt bei „Jugend forscht"
218 Befragung zur Nutzung von Radschnellwegen
275 Dialektkarte Bayern

Interviews
89 Interview Ausbildungsleiterin

Jugendbuchauszüge
70 Marie-Aude Murail: Über kurz oder lang
81 Jochen Till: Fette Ferien
83 Deniz Selek: Zimtküsse
156 Andreas Eschbach: Das Marsprojekt
160 Ursula Poznanski: Erebos

Kurzgeschichten
188 Ilse Aichinger: Das Fenster-Theater
194 Marlene Röder: Chuck Norris und all seine Freunde
200 Tanja Zimmermann: Eifersucht
201 Hanna Hanisch: Die Sache mit dem Parka
204 Dieter Mucke: Ein beinah lustiges Geschichtchen
206 Tanja Zimmermann: Sommerschnee

Leserbriefe
58 Nachhaltig mobil sein ist kinderleicht!

Lexikoneinträge/Definitionen
29 Die Biologie
29 Die Technik
132 Der Klimawandel

Sachtexte
29 Eine lästige Frucht stand Pate
30 Der Natur abgeschaut
38 Flache Kameras, die unsichtbar sind
39 Ein natürliches Belüftungssystem
40 Die Grenzen der Bionik
42 Mit den Ohren sehen
44 Einfach nachmachen?
46 Der Lotuseffekt – der Natur abgeschaut
50 Megastudie über Mobilität in Bayern veröffentlicht
78 Weltglückstag
106 Das Berufsfeld Landwirtschaft, Natur und Umwelt
108 Umweltschutztechnische/r Assistent/in
109 Gärtner/in – ein Beruf für Naturfreunde
131 Entwicklungsbeeinträchtigende Angebote
137 Influencer
150 Das mittelalterliche Verona
151 William Shakespeares Leben und seine Bedeutung
178 Die Industrialisierung
181 Die Zwanzigerjahre
210 Die Forscher von morgen
222 Stuart Murray: Mars
222 Peter Bond: Faszination Weltraum
226 Was passiert bei einer Weichenstörung?
242 Alles nur ein Missverständnis?
260 Bionik – Vorbild Natur
264 Tägliche Wasserspiele
269 Prickelnd und gesund
301 Estrichlegerinnen und Estrichleger
301 Servicefachkräfte für Dialogmarketing

Schülertexte
222 Der Mars
237 So ein Fuchs!
243 Mathematik bereitet mir
256 Das Fliegen
296 Yüksels Kriminalgeschichte
300 Siras Textzusammenfassung

Songtexte
292 Rio Reiser: König von Deutschland

Sprichwörter/Redewendungen
68 Sprichwörter über Glück
80 Redewendungen und Sprichwörter über Glück
281 Sprichwörter mit Vergleichen
281 Englische Redewendungen mit Vergleichen

Stellenanzeigen
102 Praktikum als Zahnmedizinische/r Fachangestellte/r
110 Ich mach's! Tiermedizinische/r Fachangestellte/r
249 Kauffrau/-mann für Bürokommunikation

Zeitungsartikel, Zeitschriftenartikel
64 Die Stadt der Zukunft
66 Ingo Neumayer: Mobilität von morgen
117 Videobeweis beim Fußball bleibt umstritten
117 Neuer Gesetzesvorschlag zur Organspende
117 Fachkonferenz zur Zukunft von E-Autos
117 Einbruchserie in Nürnberger Schulen gestoppt
120 Volker Thomas: E-Mobilität
122 Dirk Fischer: Reicht der Strom?
124 Volker Thomas: Das Verkehrssystem von morgen
288 Die längste Kette aus Kaugummipapier
297 Einbrecher gefasst!
305 Frau beißt ihren Hund

Textquellen

Aichinger, Ilse (geb. 1921 in Wien/Österreich, gest. 2016 ebenda): Das Fenster-Theater* (S. 187 oben, 188-189). Aus: Ilse Aichinger: Der Gefesselte. Erzählungen. Frankfurt a. M. (Fischer Verlag) 1989, S. 83-85.

Bond, Peter (k. A.): Faszination Weltraum. Eine Reise durch unser Sonnensystem* (S. 222). Hrsg. v. Ben Morgan, übers. v. Rolf Schanzenbach. Starnberg (Verlag Dorling Kindersley) 2004, S. 22.

Buck, Pearl S. (geb. 1892 in Hillsboro/USA, gest. 1973 in Danby/USA): Viele Menschen versäumen ihr kleines Glück, während sie auf das große vergebens warten. (S. 68). Aus: Frank Weber: Tausenderlei über das Glück: 1000 Zitate, Aphorismen, Bonmots zum Thema Glück. Norderstedt (Books on Demand) 2013, o. S.

Demmelhuber, Simon; Eklkofer, Volker (k. A.): Ich mach's! Tiermedizinische/r Fachangestellte/r* (S. 110). Abrufbar unter: https://www.br.de/fernsehen/ard-alpha/sendungen/schulfernsehen/ich-machs-tiermedizinischer-fachangestellter102.html (abgerufen am 31.10.2019).

Drvenkar, Zoran (geb. 1967 in Križevci/Kroatien): stadt ohne namen (S. 216). Aus: was geht wenn du bleibst. Hamburg (Carlsen) 2005, S. 57.

Engelke, Gerrit (geb. 1890 in Hannover, gest. 1918 in Cambrai/Frankreich): Die Fabrik (S. 177). Aus: Gerrit Engelke: Das Gesamtwerk: Rhythmus des neuen Europa. Hrsg. v. Hermann Blome. München (List Verlag) 1960, S. 51.

Eschbach, Andreas (geb. 1959 in Ulm): Das Marsprojekt. Das ferne Leuchten* (S. 155 A, 156-158). Würzburg (Arena Verlag) 2005, S. 7-9, 80, 243-245.

Fürnberg, Louis (geb. 1909 in Jihlava/Tschechien, gest. 1957 in Weimar): Abend in der großen Stadt (S. 183). Aus: Großstadtlyrik. Hrsg. von Waltraud Wende. Stuttgart (Philipp Reclam jun.) 1999, S. 191-192.

Gomringer, Eugen (geb. 1925 in Cachuela Esperanza/Bolivien): cars and cars (S. 171). Aus: Konstellationen, Ideogramme, Stundenbuch. Stuttgart (Reclam Verlag, Universalbibliothek 9841) 1977, S. 25.

Greßmann, Uwe (geb. 1933 in Berlin, gest. 1969 ebenda): Moderne Landschaft (S. 170). Aus: Großstadtlyrik. Hrsg. v. Waltraud Wende. Stuttgart (Philipp Reclam jun.) 1999, o. S.

Haberkamm, Helmut (geb. 1961 in Dachsbach): In der Nachberschafd (S. 171). Aus: Frankn lichd nedd am Meer. Gedichte. Cadolzburg (ars vivendi Verlag) 1992, o. S.

Hanisch, Hanna (geb. 1920 in Thüringen, gest. 1992): Die Sache mit dem Parka* (S. 201-202). Aus: Vorlesebuch Religion 3. Hrsg. v. Dietrich Steinwede und Sabine Rupprecht. Göttingen (Vandenhoeck und Rupprecht) 1976, S. 90-92.

Hentschel, Andreas (k. A.): Flache Kameras, die unsichtbar sind* (S. 38). Abrufbar unter: https://www.focus.de/digital/computer/chip-exklusiv/tid-10233/bionik-flache-kameras-die-unsichtbar-sind_aid_306683.html (abgerufen am 11.10.2019).

Hopf, Kurt (k. A.): So spannend ist die Welt im Weltraum* (S. 223). Frankfurt am Main (Baumhaus Verlag) 2009, S. 29.

Kaléko, Mascha (geb. 1907 in Chrzanów/Polen, gest. 1975 in Zürich/Schweiz): Sozusagen grundlos vergnügt (S. 86). Aus: In meinen Träumen läutet es Sturm. Hrsg. von Gisela Zoch-Westphal. München (dtv) 2002.
Spät nachts (S. 180). Aus: Mascha Kaléko: Das lyrische Stenogrammheft. Neuausgabe. © für die Texte 1975, 2012 Gisela Zoch-Westphal, © für die Ausgabe dtv Verlagsgesellschaft m.b.H., München 2016, S. 26.

Kästner, Erich (geb. 1899 in Dresden, gest. 1974 in München):
Das Märchen vom Glück (S. 74-76). Aus: Der tägliche Kram. Chansons und Prosa 1945-1948. Zürich (Atrium Verlag) 1986, S. 147.
Die Wälder schweigen (S. 184). Aus: Gesammelte Schriften. Teil 1: Gedichte. Zürich (Atrium Verlag) 1959, S. 140.

Kusz, Fitzgerald (geb. 1944 in Nürnberg, eigentlich Rüdiger Kurz): Liebe 1 (S. 68). Aus: Möcherlesversli – Fränkische Liebesgedichte. Hrsg. von Klaus Gasseleder. Volkach (frank & frei) 1993, o. S.

Landenberger, Timo (k. A.): Gärtner/in – ein Beruf für Naturfreunde* (S. 109). Abrufbar unter: https://www.noise-online.de/spezial/interview-4/ (abgerufen am 31.10.2019).

Mucke, Dieter (geb. 1936 in Leipzig, gest. 2016 in Halle/Saale): Ein beinah lustiges Geschichtchen (S. 204-205). Aus: Vom Geschmack der Wörter. Miniaturen. Hrsg. von Joachim Walther. Berlin (Buchverlag Der Morgen) 1980, S. 103-105.

Murail, Marie-Aude (geb. 1954 in Le Havre/Frankreich): Über kurz oder lang* (S. 70-71). Übers. v. Tobias Scheffler. Frankfurt a. M. (S. Fischer Verlag GmbH) 2010, S. 59-60, 79-82, 85.

Murray, Stuart (k. A.): Mars. Expeditionen zum Roten Planeten* (S. 222).). Übers. v. Margot Wilhelmi. Hildesheim (Gerstenberg Verlag) 2005, S. 17.

Neumayer, Ingo (k. A.): Mobilität von morgen* (S. 66-67). Abrufbar unter: https://www.planet-wissen.de/technik/verkehr/mobilitaet_von_morgen/index.html (abgerufen am 31.10.2019).

Poznanski, Ursula (geb. 1968 in Wien/Österreich): Erebos* (S. 155 B, 160-164). Bindlach (Loewe Verlag GmbH) 2010, S. 33, 77-81, 85-87.

Reding, Josef (geb. 1929 in Castrop-Rauxel): Meine Stadt* (S. 170). Aus: Mit 13 ist alles ganz anders. Hrsg. v. J. Madler. Wien (Verlag Herder) 1990, S. 117.

Reiser, Rio (geb. 1950 in Berlin, gest. 1996 in Fresenhagen): König von Deutschland* (S. 292). © SMPG Publishing (Germany) GmbH, Berlin.

Röder, Marlene (geb. 1983 in Mainz): Chuck Norris und all seine Freunde (S. 187 Mitte, 194-196). Aus: Marlene Röder: Melvin, mein Hund und die russischen Gurken. Ravensburg (Ravensburger Buchverlag) 2011, S. 13-18.

Schwanke, Olaf N. (geb. 1969 in Kirchen/Sieg): Fußgängerzone (S. 170). Aus: Großstadtlyrik. Hrsg. v. Waltraud Wende. Stuttgart (Philipp Reclam jun.) 1999, S. 347.

Schweitzer, Albert (geb. 1875 in Kaysersberg/Elsass, gest. 1965 in Lambaréné/Gabun): Das Glück ist das Einzige, was sich verdoppelt, wenn man es teilt. (S. 68). Aus: Duden 12: Zitate und Aussprüche. Bearb. v. Werner Scholze-Stubenrecht. Mannheim/Leipzig/Wien/Zürich (Dudenverlag) 1993, S. 626.

Selek, Deniz (geb. 1967 in Hannover): Zimtküsse* (S. 83-85). Frankfurt a. M. (S. Fischer Verlag GmbH) 2012, S. 67-71.

Shakespeare, William (geb. 1564 in Stratford-upon-Avon/Großbritannien, gest. 1616 ebenda): Romeo und Julia* (S. 141-149). Übers. v. Diethard Lübke. Berlin (Cornelsen Verlag) ²2016, S. 4, 22-27, 29-35, 45-52, 82-85.

Till, Jochen (geb. 1966 in Frankfurt/M.): Fette Ferien* (S. 81-82). Ravensburg (Ravensburger Buchverlag) 2004, S. 7-12, 42-45, 86-91.

Tucholsky, Kurt (geb. 1890 in Berlin, gest. 1935 in Göteborg/Schweden): Augen in der Groß-Stadt (S. 174). Aus: Kurt Tucholsky: Gedichte. Hrsg. v. Mary Gerold-Tucholsky. Reinbek bei Hamburg (Rowohlt Verlag) 1983, S. 689.

Veli, Orhan (geb. 1914 in Istanbul/Türkei, gest. 1950 ebenda): Ich höre Istanbul* (S. 172). Aus: Fremdartig/Garip. Gedichte in zwei Sprachen. Hrsg. u. übers. v. Yüksel Pazarkaya. Frankfurt a. M. (Verlag Dagyeli) 1985, S. 169-171.

Ziedonis, Imants (geb. 1933 in Sloka/Lettland, gest. 2013 in Riga/Lettland): In einer Stadt (S. 182). Aus: Mit Sprache(n) spielen. Kinderreime. Gedichte und Geschichten für Kinder zum Mitmachen und Selbermachen. Textsammlung. Übers. v. Jakob Bernstein. Baltmannsweiler (Schneider Verlag) 2007, S. 108.

Zimmermann, Tanja (k. A.): Eifersucht (S. 187 unten, 200), Sommerschnee (S. 206-207). Aus: Total verknallt. Ein Liebeslesebuch. Hrsg. v. Marion Bolte. Reinbek bei Hamburg (Rowohlt Verlag) 1994.

Die mit * gekennzeichneten Texte sind aus didaktischen Gründen gekürzt und/oder vereinfacht.

Unbekannte und ungenannte Verfasser:
Der Lotuseffekt – der Natur abgeschaut* (S. 46-47). Abrufbar unter: https://www.br.de/themen/wissen/bionik-lotus-effekt-natur-100.html (abgerufen am 11.10.2019).
Megastudie über Mobilität in Bayern veröffentlicht* (S. 50-51). Bayerisches Staatsministerium für Wohnen, Bau und Verkehr, München. Abrufbar unter: https://www.stmb.bayern.de/med/aktuell/archiv/2019/190627mobilitaetsstudie/ (abgerufen am 22.10.2019).
Weltglückstag: Auf der Suche nach dem Glück* (S. 78-79). Abrufbar unter: https://www.mdr.de/wissen/tag-des-gluecks-100.html (abgerufen am 23.08.2019).
Das Berufsfeld Landwirtschaft, Natur, Umwelt* (S. 106). Abrufbar unter: https://berufsfeld-info.de/planet-beruf/berufsfeld/landwirtschaft-natur-umwelt (abgerufen am: 31.10.2019).
Umweltschutztechnische/r Assistent/in* (S. 108). Abrufbar unter: https://berufenet.arbeitsagentur.de/berufenet/bkb/6045.pdf (abgerufen am 31.10.2019).
Entwicklungsbeeinträchtigende Angebote* (S. 131). Abrufbar unter: https://www.fsm.de/de/inhalte-nach-jmstv (abgerufen am 20.09.2019).

Die mit * gekennzeichneten Texte sind aus didaktischen Gründen gekürzt und/oder vereinfacht.

Originalbeiträge:
Klassengespräch (S. 16).
Klassendiskussion (S. 17).
Sie denkt – er denkt: Gespräche vor dem Laptop (S. 25).
Eine lästige Frucht stand Pate (S. 29).
Der Natur abgeschaut (S. 30-32).
Treibstoff-Einsparung im Airbus A380 pro Person (S. 31).
Entfernungen von München in km (S. 31).
Ein natürliches Belüftungssystem (S. 39).
Die Grenzen der Bionik (S. 40-41).
Mit den Ohren sehen (S. 42).
Einfach nachmachen? (S. 44-45).
Anteile der Verkehrsmittel am Verkehrsaufkommen in Bayern 2017 (S. 50). Informationen nach: Mobilität in Deutschland. Kurzreport Bayern, S. 13. Abrufbar unter: https://www.stmb.bayern.de/assets/stmi/med/aktuell/infas_kurzreport_mid2017_bayern.pdf (abgerufen am 11.10.2019).
Mobilitätsgewohnheiten der Menschen in Bayern (S. 52). Informationen nach: Mobilität in Deutschland. Kurzreport Bayern, S. 9. Abrufbar unter: https://www.stmb.bayern.de/assets/stmi/med/aktuell/infas_kurzreport_mid2017_bayern.pdf (abgerufen am 11.10.2019).
Schülergespräch über nachhaltige Mobilität (S. 56).
Kims Argumentationskette (S. 57).
Nachhaltig mobil sein ist kinderleicht! (S. 58).
Leih-Verkehrsmittel für den Weg zur Haltestelle? (S. 61).
Schülerdiskussion über einen Mofa-Kurs (S. 62).
Schülergespräch über kostenlosen öffentlichen Nahverkehr (S. 63).
Die Stadt der Zukunft (S. 64).
Was ist für Sie am wichtigsten, um glücklich zu sein? (S. 79). Informationen nach: SINUS-Institut/YouGov 2019. Abrufbar unter: https://de.statista.com/infografik/17419/was-es-braucht-zum-glueck/ (abgerufen am 23.08.2019).
Interview mit der Ausbildungsleiterin Frau Tosun (S. 89).
Telefonat mit dem Ausbildungsleiter Herrn Heise (S. 90).
Bewerbungsschreiben Landschaftsgärtner (S. 92).
Stichworte für einen Tagesbericht (S. 97, 100, 101).
E-Mail an Herrn Maier (S. 99).
E-Mail an Frau Gahn (S. 99).
Stellenanzeige: Praktikum als Zahnmedizinische/r Fachangestellte/r (S. 102).
Voraussetzungen für die Ausbildung Umweltschutztechnischer Assistenten/-innen (S. 108).
Bildungswege im Gartenbau (S. 109).
Schulabschlüsse der Ausbildungsanfänger/innen Tiermedizinische/r Fachangestellte/r (S. 110).
Bahnverkehr wieder aufgenommen (S. 115, 116, 118).
Videobeweis beim Fußball bleibt umstritten (S. 115, 116, 117, 118).
Neuer Gesetzesvorschlag zur Organspende (S. 115, 116, 117, 118).
Fachkonferenz zur Zukunft von E-Autos (S. 115, 116, 117).
Einbruchserie in Nürnberger Schulen gestoppt (S. 115, 116, 117, 118).
Thomas, Volker: E-Mobilität: Der Funke zündet nicht (S. 115, 116, 118, 120). Volker Thomas Presse & PR, Agentur für Text und Gestaltung.
Fischer, Dirk: Reicht der Strom? (S. 115, 116, 118, 122-123). Volker Thomas Presse & PR, Agentur für Text und Gestaltung.
Thomas, Volker: Das Verkehrssystem von morgen (S. 115, 116, 118, 124). Volker Thomas Presse & PR, Agentur für Text und Gestaltung.
Mit Schleifchen und Schiefertafel (S. 127).
Alter Pausenhof in neuem Glanz (S. 127).
Medienbeschäftigung in der Freizeit 2018 (S. 128). Informationen nach: JIM-Studie 2018, S. 13. Abrufbar unter https://www.mpfs.de/fileadmin/files/Studien/JIM/2018/Studie/JIM2018_Gesamt.pdf (abgerufen am 31.10.2019).
Der Klimawandel (S. 132).
Informationen über Influencer (S. 137).
Das mittelalterliche Verona (S. 150).
William Shakespeares Leben und seine Bedeutung (S. 151).
Sachtext über die Zeit der Industrialisierung (S. 178).
Sachtext über die Zwanzigerjahre (S. 181).
Die Forscher von morgen: Der Wettbewerb „Jugend forscht" (S. 210-212).
Anmeldungen bei „Jugend forscht" 2019 nach Fachgebieten (bundesweit) (S. 211). Informationen nach: https://www.jugend-forscht.de/fileadmin/user_upload/Presse/2019/Anmeldezahlen_Fachgebiete_1966_2019.pdf (abgerufen am 31.10.2019).
Beispiele für Forschungsthemen aus Bayern 2019 (S. 211). Informationen nach: https://www.jugend-forscht.de/fileadmin/user_upload/Presse/2019/Anmeldezahlen_Fachgebiete_1966_2019.pdf (abgerufen am 31.10.2019).
Anmeldungen für „Jugend forscht" und „Schüler experimentieren" (S. 212). Informationen nach: https://www.jugend-forscht.de/fileadmin/user_upload/Presse/2019/Anmeldezahlen_Fachgebiete_1966_2019.pdf (abgerufen am 31.10.2019).
Anzahl der weiblichen Teilnehmenden bei „Jugend forscht" 2019 nach Fachgebieten (bundesweit) (S. 214). Informationen nach: https://www.jugend-forscht.de/fileadmin/user_upload/Presse/2019/Anmeldezahlen_Fachgebiete_1966_2019.pdf (abgerufen am 31.10.2019).
Anzahl der Teilnehmenden insgesamt bei „Jugend forscht" 2019 nach Fachgebieten (bundesweit) (S. 215). Informationen nach: https://www.jugend-forscht.de/fileadmin/user_upload/Presse/2019/Anmeldezahlen_Fachgebiete_1966_2019.pdf (abgerufen am 31.10.2019).
Befragung zur Nutzung von Radschnellwegen (S. 218). Informationen nach: sinus-institut, Heidelberg. Abrufbar unter: https://www.sinus-institut.de/veroeffentlichungen/meldungen/detail/news/fahrradmonitor-grosses-potential-fuer-pendeln-mit-fahrrad/news-a/show/news-c/NewsItem/ (abgerufen am 31.10.2019).
Der Mars (S. 222).
Was passiert bei einer Weichenstörung? (S. 226).
So ein Fuchs! (S. 237).
Eine erfolgreiche Zusammenarbeit (S. 239).
Alles nur ein Missverständnis? (S. 242).
Mathematik bereitet mir ... (S. 243).
Kauffrau/-mann für Bürokommunikation (S. 249).
Fabios Schnupperpraktikum (S. 250).
Fit ins Praktikum (S. 251).
Das Fliegen (S. 256).
Unsere vernetzte Schulbücherei (S. 258).
Bionik – Vorbild Natur (S. 260).
Die Tanzstunde (S. 262).
Tägliche Wasserspiele (S. 264).
Zurück zur Erde (S. 266).
Prickelnd und gesund (S. 269).
Die längste Kette aus Kaugummipapier (S. 288).
Ersins Lebenslauf (S. 295).
Yükseks Kriminalgeschichte (S. 296).
Einbrecher gefasst! (S. 297).
Siras Textzusammenfassung (S. 300).
Estrichlegerinnen und Estrichleger (S. 301).
Servicefachkräfte für Dialogmarketing (S. 302).
Kirstens Tagesbericht (S. 303).
Frau beißt ihren Hund (S. 305).

Sachregister

Ableiten → Rechtschreibstrategien
Abschreiben → Rechtschreibarbeitstechniken
Adjektiv → Wortarten
adressatenbezogen sprechen und schreiben → Sprachgebrauch, Sprachebene
adverbiale Bestimmung → Satzglieder
Akkusativ → Kasus
Akkusativobjekt → Satzglieder
Aktiv 327
alphabetisch ordnen 241, 248
Anredepronomen → Wortarten
Antonym 278
Apposition 265, 324
Arbeitstechniken
- Ein Lapbook gestalten 220-221
- Ein Standbild bauen 16
- Eine Argumentationskette entwickeln 57
- Eine Textzusammenfassung schreiben 199
- Einen Arbeitsvorgang beschreiben 229
- Einen informierenden Text schreiben 36
- Einen inneren Monolog schreiben 73
- Einen Tagesbericht schreiben 232
- Feedback geben 225
- Informationen in einem Referat veranschaulichen 218-219
- Schriftlich Stellung nehmen 59
- Textstellen in eigenen Worten wiedergeben 223
- Über den Rand hinaus schreiben 167, 233, 318
- Wörtlich zitieren 223
Argumente formulieren 18, 19, 26-27, 56-67
Artikel → Wortarten
Attribut 299-300, 329
Aufgaben verstehen 46, 66, 184, 206, 209, 311
Aufruf 315

Bedeutungswandel von Wörtern 272-273
begründen → diskutieren
Beobachtungskarte 153
Bericht 120-121, 153, 230-232, 308
Berufsfelder 104-113
Beschönigung 279
beschreiben
- Arbeitsvorgang 226-229, 315
- Berufsfelder 104
- Bilder 28, 48-49, 68-69, 88, 133, 171-172
- Figuren 73, 159
Bewerbung
- Bewerbungsgespräch 94-95
- Bewerbungsschreiben 89, 92-93, 99, 102-103, 316
- Online-Bewerbung 232
- Stellenanzeige 102, 110, 242
- tabellarischer Lebenslauf 91, 316
Chatsprache 25, 135
Checkliste 47, 67, 93, 94, 97, 167, 185
Cluster 166, 314
Collage 114

Dativ → Kasus
Dativobjekt → Satzglieder
Diagramm → Grafiken erschließen
Dialekt 80, 171, 274-275
Dialog 21, 26
Diskussionsleitung 19
Diskussionsregeln → Gesprächsregeln
diskutieren 14-19, 49, 72, 88, 114, 119, 129, 131, 133, 136, 137, 141, 145, 153, 161, 171, 193, 312
Drama
- Merkmale 149, 307

- Theateraufführung besuchen 153
- untersuchen/analysieren 140-153
- Verfilmung 152

E-Mail 95, 98
Endungen → Nachsilben
Ergänzungsprobe 329
Ergebnisprotokoll → Texte schreiben
Erklärvideo 132-134, 138-139, 169
Ersatzprobe 329
erzählen/umschreiben/weiterschreiben
- anschaulich erzählen 166-167
- Erzählmittel analysieren 160-165
- Mit Handlungsbausteinen erzählen 166-167, 317
- Texte weitererzählen und -schreiben 157, 159, 165
- zu einem Bild erzählen 186
Erzählperspektive 77, 157, 165, 167, 191, 307

Fachbegriff 32, 39, 141, 227, 276
Fall → Kasus
Feedback 15, 21, 26-27, 37, 55, 113, 127, 139, 152, 168, 224-225, 313
Fehlerwörter sammeln → Rechtschreibkartei
Figurenbeschreibung → beschreiben
Flyer 37, 168
Fremdwörter → Rechtschreibregeln

Gedicht
- Merkmale 171, 173, 175, 182, 185, 217, 306
- Parallelgedicht 87, 182
- schreiben/gestalten/umschreiben 86-87
- untersuchen/analysieren 86-87, 170-185, 216
- vortragen 86, 171-173, 179
Genitiv → Kasus
Gesprächsregeln 14-27, 135
Gestik → Mimik und Gestik
Getrennt- und Zusammenschreibung → Rechtschreibregeln
Grafiken erschließen 18, 21, 29-33, 41, 45, 50-52, 79, 108, 210-215, 309-310
Grafiken erstellen 35, 45, 56, 65, 100, 111, 114, 118, 125, 130, 197, 218, 230, 232, 243, 247, 252, 257, 260, 266, 271, 284, 300
Groß- und Kleinschreibung → Rechtschreibregeln
Gruppenarbeit 37, 53, 108, 138-139, 152, 192, 233

Handlungsbausteine → Texte lesen und verstehen/literarische Texte erschließen
Handlungsfortgang vermuten 143, 155, 157, 197
Handlungsort 159, 165, 193
Handout 55
Hauptsatz → Satzarten/Satzreihe
Homonym 277

Ich-Botschaft 20-23, 24, 26, 225
indirekte Rede 289
Infinitiv 263, 324
Informationen
- entnehmen/sammeln/vergleichen/auswerten 28-47, 53, 90, 106, 111-112, 138-139, 141, 210-215
- strukturieren/darstellen 33, 34, 54, 111
- visualisieren 107, 113, 132-134, 138-139
informieren/informierende Texte schreiben → Texte schreiben

Infotainment 132, 137
Inhaltsangabe → Texte schreiben/Texte zusammenfassen
innerer Monolog 72-73, 77, 82, 85, 157
Internet-Recherche 33, 34, 53, 102, 112, 126, 132-133, 138, 150, 153, 159, 168, 197, 271-273, 275-276
Interview 89, 309

Jugendbuch 70-73, 81-85, 154-169, 307
Jugendbuch Cover 155
Jugendsprache 276

Kameraeinstellungen 308
Karteikarten 32, 34, 166
Kasus
- Akkusativ 294-295
- Dativ 294-295
- Genitiv 325
Killerphrasen 20-23
Komma → Zeichensetzung
Kommentar 124-125, 309
Kommunikationsquadrat 27
Kompromiss 18, 24
Konjunktion → Wortarten
Konjunktiv I 288-289, 295, 327
Konjunktiv II 290-293, 295, 327
Körpersprache → Mimik und Gestik
Kritik äußern und mit Kritik umgehen 20-23
Kurzgeschichte
- Merkmale 188-193, 198, 200, 203, 205, 207, 307
- untersuchen/analysieren 186-207

Lapbook 112-113, 222-223
Lead-Stil 121
Lebenslauf → Texte schreiben
Legetechnik 169
Lernen organisieren 209
Lerntagebuch 41, 47, 62, 67, 82, 99, 185, 200, 207
lesen
- Lesestrategien → Texte lesen und verstehen
- mit verteilten Rollen 16, 17, 96, 145
- überfliegendes Lesen 30
Leserbrief 58, 309
Lexikonartikel 132
Lied 291-293
lyrisches Ich 173, 176, 217, 307

Medien 128-139
Mediennutzung 128-131
Medienprotokoll 130
Meinungen äußern → diskutieren
Meinungsmacher 136-137
Merkwörter → Rechtschreibstrategien
Metapher → sprachliche Bilder
Metrum 306
Mimik und Gestik 14, 17, 20, 22, 24, 26, 97, 152, 192-193
Mindmap 33, 34, 43, 53, 107, 314
Mitsprechwörter → Rechtschreibstrategien
Mundart → Dialekt

Nachdenkwörter → Rechtschreibstrategien
nachschlagen 32, 212, 236, 248, 319
Nachsilben → Rechtschreibstrategien/Wortbausteine
Nebensatz → Satzarten/Satzgefüge
Nomen → Wortarten
Nominalisierung → Rechtschreibregeln
Nominativ → Kasus
Notizen → Stichworte notieren

334

Ober- und Unterbegriff 33, 107
Objekt → Satzglieder

Partnerarbeit 22, 26-27, 36, 45, 65, 73,
   203, 205, 229, 237, 291
Partnerdiktat 238
Passiv 327
Perfekt → Zeitformen
Personifikation → sprachliche Bilder
Plakat 15, 88, 313
Plusquamperfekt → Zeitformen
Portfolio 168
Prädikat → Satzglieder
Praktikum 88-103
Präposition → Wortarten
Präsens → Zeitformen
präsentieren
 - eine Präsentation am Computer gestalten
   54-55, 313
 - Erklärvideo 139
 - Informationen anschaulich präsentieren
   220-221
 - Jugendbuch 168
 - Referat 53-55
Präteritum → Zeitformen
Pro- und Kontra-Argumente 60
Projekt 138-139, 313
Pronomen → Wortarten
Protokoll 52, 130

Quellen angeben 53, 112, 126, 218-219

Rap 173
Rechtschreibarbeitstechniken
 - Abschreiben 248, 257, 259, 261, 263, 318
 - Rechtschreibkartei 242, 254, 318
 - Schreibkonferenz 286
 - Texte am Computer überarbeiten 43, 45,
   91, 94, 101, 103, 167, 199, 236-237, 319
Rechtschreibregeln
 - Anredepronomen 98, 322
 - Bindestrich 247, 321
 - Eigennamen 243, 265, 322
 - Fach- und Fremdwörter 248, 254, 258-261,
   267, 269, 320
 - Getrennt- und Zusammenschreibung
   244-246, 266, 268, 321
 - Groß- und Kleinschreibung 98, 242-243,
   253, 256-257 (Nominalisierung), 264, 268,
   322-323
 - Kurzformen und Abkürzungen 249
 - nachgestellte Erläuterungen 257, 324
 - Wörter mit Dehnungs-h 323
 - Wörter mit Doppelkonsonant 238, 252
 - Wörter mit langem und kurzem Vokal 323
 - Wörter mit s-Laut 323
 - Wörter mit wider 259, 269
 - Wortgruppen mit sein 262
 - Zeichensetzung 254-255, 256-257, 258-259,
   261, 263, 265, 267, 269, 301-305, 324
Rechtschreibstrategien
 - ableiten 239, 268, 320
 - Gliedern – verlängern – ableiten 238
 - Merkwörter 248, 254, 319
 - Mitsprechwörter 319
 - Nachdenkwörter 239, 319
 - Sprechen – hören – schreiben 238, 252, 268,
   319
 - Verlängern 239, 320
 - Wortbausteine 240-241, 252, 320
Redewendungen → sprachliche Bilder
Referat → präsentieren
Regieanweisung 152
Reim 162, 165, 169, 175, 293, 306
Relativsatz → Satzarten

Reportage 122-123, 309
Rhythmus → Gedicht/Merkmale
Rollenkarte 193
Rückmeldung geben → Feedback

Sachlich formulieren → Sprachgebrauch,
   Sprachebene
Sachtexte erschließen → Texte lesen und
   verstehen
Satzarten
 - Relativsatz 304-305, 330
 - Satzgefüge 254-255, 261, 263, 267, 280,
   296, 298, 302-305, 324, 330
 - Satzreihe 296, 301, 305, 330
Satzgefüge → Satzarten
Satzglieder
 - adverbiale Bestimmung 296-298, 328
 - Objekt 296, 328
 - Prädikat 296, 328
 - Subjekt 296, 328
 - umstellen 329
Satzreihe → Satzarten
Schaubild → Grafiken erschließen
Schlüsselwörter 32, 33, 200, 212
schreiben → Texte schreiben
Schreibkonferenz 286
Sprachgebrauch, Sprachebene 19, 23, 61,
   90, 96, 133-134, 271-279
sprachliche Bilder
 - Metapher 87, 145, 176, 179, 181, 185, 306
 - Personifikation 176, 179, 181, 185, 306
 - Redewendung 72, 77, 80, 281
 - Sprichwort 69, 80, 281
 - Vergleich 185, 281, 306
sprachliche Mittel 152, 170, 183
Sprachstil → Sprachgebrauch, Sprachebene
Sprichwörter → sprachliche Bilder
Standbild 16, 192, 312
Stellenanzeige → Bewerbung
Stellung nehmen → Texte schreiben/
   argumentierende Texte
Stichworte notieren 17, 23, 39, 43, 51, 72,
   85, 89, 94, 106, 163, 165, 172, 178, 182,
   190, 197-198, 210, 219, 314
Stilmittel
 - Verdichtung 173
 - Wiederholung 173, 175, 182, 307
Storyboard 138
Subjekt → Satzglieder
Synonym 278
szenisch spielen 21, 26-27, 72, 90, 97, 152,
   192, 312

Tabelle → Grafiken erschließen
Tagebucheintrag → Texte schreiben
Text-Bild-Zuordnung 228
Texte lesen und verstehen
 - historische Bezüge 150, 177-181
 - iterarische Texte erschließen 68-77,
   81-87, 140-153, 154-167, 170-185, 186-207,
   216-217, 311
 - Sachtexte erschließen (Textknacker) 25,
   28-47, 50-52, 58-59, 64-67, 78-79, 106-111,
   120-123, 150, 151, 210-213, 218, 226-227,
   308, 310
Texte schreiben
 - argumentierende Texte 26-27, 48-67, 205,
   207, 315
 - beschreibende Texte (Vorgänge)
   226-229
 - Bewerbungsschreiben 92-94, 99-103,
   316
 - Brief 168
 - Dialog 21, 26, 72

 - E-Mail 95, 98
 - Ergebnisprotokoll 230-231
 - erzählende Texte 70-73, 81-85, 157, 159,
   165, 166
 - informierende Texte 34-47, 111-113, 150,
   153, 213, 218-219, 314
 - produktiv mit Texten umgehen 70-77, 81-85,
   182
 - Tagebucheintrag 72, 168
 - Tagesbericht 96-98, 100, 101, 316
 - Texte am Computer gestalten 37, 91, 101,
   103, 126-127 Texte zusammenfassen 85,
   143, 147, 168, 174, 180, 182-183, 185, 191,
   194-207, 219, 317
 - überarbeiten 24, 36, 43, 45, 47, 59, 61, 63,
   65, 67, 91, 99, 127, 167, 199, 203, 205, 207,
   229, 232-233
 - zu einem Jugendbuch schreiben 70-73, 81-85
Textstellen belegen 75, 85, 123, 125, 133, 161,
   163-165, 173, 178-181, 183, 185, 190, 197
Theaterstück → Drama

Überschrift/Zwischenüberschrift formulieren
   30, 32, 36, 37, 41, 54, 167, 212, 216, 227, 299
Umstellprobe 329
Unterbegriff → Oberbegriff

Verb → Wortarten
Vergleich → sprachliche Bilder
Verknüpfungswörter 38, 60, 62, 63
Verlängern → Rechtschreibstrategien
Vers → Gedicht/Merkmale
Vorgänge beschreiben → Texte schreiben
vorlesen/vortragen 55, 171, 312-313
Vorsilben → Rechtschreibstrategien/Wortbau-
   steine
Vortrag → präsentieren/Referat

Weglassprobe 329
W-Fragen 32, 41, 120, 123, 231
Wortarten 282-284, 295
 - Adjektiv 182, 264, 281, 327
 - Anredepronomen 98
 - Artikel 325
 - Konjunktion 254-255, 261, 301-305, 330
 - Nomen 325
 - Präposition 294, 328
 - Pronomen 38, 98, 326
 - Verb 209, 280, 285-287, 290, 292-293,
   326-327
Wortbausteine → Rechtschreibstrategien
Wörter aus anderen Sprachen 69, 271
Worterklärung 29, 159, 212
Wortfeld 278
wörtliche Rede 258-259, 324

Zeichensetzung → Rechtschreibregeln
Zeitangaben 250, 323
Zeitformen der Verben
 - Futur I 286
 - Perfekt 286
 - Plusquamperfekt 287
 - Präsens 161, 167, 227, 286
 - Präteritum 167, 287
Zeitung
 - Bericht 120-121
 - Kommentar 124-125, 309
 - Online-Zeitung 118
 - Reportage 122-123, 309
 - Ressorts 117
 - Schlagzeile 119, 121
 - Titelseite 116
 - Zeitung gestalten 126-127
 - Zeitungen vergleichen 117, 118
Zitieren 53, 112, 222-223, 317

335

Bildquellen

S. 6 (beide): stock.adobe.com/Fatman73; S. 14 (alle): Shutterstock.com/Iakov Filimonov; S. 20 ob.: Shutterstock.com/Iakov Filimonov; S. 24 ob.: Shutterstock.com/Iakov Filimonov; S. 28 (1): stock.adobe.com/Uwe Wittbrock, (2): stock.adobe.com/isumi, (3): stock.adobe.com/Marion Kraschl, (4): stock.adobe.com/Stocksnapper, (5): Shutterstock.com/Matteo Gabrieli, (6): dpa Picture-Alliance/Paul Miller; S. 30 re. 2. v. un.: mauritius images/Steve. Trewhella/Alamy, re. un.: dpa Picture-Alliance/Paul Miller; S. 31 re. 3. v. un.: stock.adobe.com/Eduardo Rivero, re. 2. v. un.: Shutterstock.com/Tinymini, re. un.: Imago Stock & People GmbH/blickwinkel; S. 32 re. ob.: stock.adobe.com/Vitalii Masliukov; S. 35 Mi.: Shutterstock.com/Borhax; S. 38 re. ob.: Shutterstock.com/Thithawat.S, re. 2. v. ob.: stock.adobe.com/Thorben Wengert; S. 39 re. ob.: stock.adobe.com/alfotokunst; S. 40 re. 2. v. un.: DLR Köln, re. un.: Shutterstock.com/Andrew Astbury; S. 41 re. ob.: stock.adobe.com/FG/stylefoto24; S. 42 re. ob.: stock.adobe.com/Elizabeth; S. 44 re. un. (Biene): Shutterstock.com/Felixdesign, re. un. (Hund): stock.adobe.com/DM7; S. 46 re. 2. v. un.: Shutterstock.com/Ricardo Reitmeyer; S. 48 ob. li.: imago/Arnulf Hettrich, ob. re.: Shutterstock.com/Tap10, Mi. li.: stock.adobe.com/Adam Gregor, Mi. re.: Shutterstock.com/Monkey Business Images; S. 49 ob.: Shutterstock.com/sirtravelalot; S. 51 re. ob.: mauritius images/alamy stock photo/Stockimo/Penny Koukoulas; S. 52 re. ob.: stock.adobe.com/Coloures-Pic; S. 58 re. Mi.: stock.adobe.com/Adam Gregor; S. 61 ob. u. un.: © Microsoft® Office. Nutzung mit Genehmigung von Microsoft; S. 64 re. Mi.: Panther Media GmbH/Boris Zerwann; S. 68 li. ob.: Shutterstock.com/Rawpixel.com, li. Mi.: Imago Stock & People GmbH/Westend61, re. un.: stock.adobe.com/Stockfotos-MG; S. 78 re. Mi.: Panther Media GmbH/Peter Bergmann; S. 88 (1): Shutterstock.com/goodluz, (2): Shutterstock.com/Monkey Business Images, (3): Shutterstock.com/Africa Studio, (4): Shutterstock.com/RossHelen; S. 89 re. ob.: mauritius images/Uwe Umstätter; S. 90 re. ob.: Shutterstock.com/Africa Studio; S. 91 Mi. Mi.: Shutterstock.com/Africa Studio; S. 95 re. ob.: Shutterstock.com/goodluz; S. 101 re. Mi.: Shutterstock.com/RossHelen; S. 104 li. ob.: Shutterstock.com/Monkey Business Images, li. Mi.: Shutterstock.com/PaO_STUDIO, li. un.: Shutterstock.com/Dragon Images, Mi. ob.: Shutterstock.com/BigBlueStudio, Mi. Mi.: Shutterstock.com/Gorodenkoff, Mi. un.: Shutterstock.com/BigBlueStudio, re. ob: Shutterstock.com/Elle Aon, re. Mi.: Shutterstock.com/LightField Studios, re. un.: Shutterstock.com/Vita Olivko; S. 106 re. ob.: Shutterstock.com/Elle Aon; S. 108 re. Mi.: Shutterstock.com/Sergey Mironov; S. 109 re. ob.: Shutterstock.com/Nestor Rizhniak; S. 110 re. ob.: Shutterstock.com/didesign021; S. 112 re. ob. (Gärtner): Shutterstock.com/Nestor Rizhniak, re. ob. (Pflanze): Shutterstock.com/Elle Aon, re. ob. (Umweltschutztechnischer Assistent): Shutterstock.com/Sergey Mironov; S. 114 ob. li. (Fernseher): Shutterstock.com/Concept Photo, ob. li. (Radio): stock.adobe.com/BrAt82, ob. Mi. (Zeitungen): mauritius images/Urs Kuester, ob. Mi. (Paar): Panther Media GmbH/Monkeybusiness Images, ob. re. (Handy): Shutterstock.com/Olga Danylenko, ob. re. (Laptop): mauritius images/alamy stock photo/Frankie Angel; S. 115 ob. Mi.: stock.adobe.com/Petair; S. 116 ob. Mi.: stock.adobe.com/Petair; S. 118 ob. Mi.: stock.adobe.com/Petair; S. 119 re. Mi. (A): stock.adobe.com/Petair, re. Mi. (B): mauritius images/alamy stock photo/Bulat Silvia; S. 120 re. un.: stock.adobe.com/electriceye; S. 122 re. Mi.: mauritius images/pa; S. 128 Mi. li.: Shutterstock.com/Dejan Dundjerski; S. 128 ob. li.: Shutterstock.com/YanLev; S. 128 ob. re.: Shutterstock.com/LightField Studios; S. 135 ob. (Emoji): stock.adobe.com/nasiruddinakmal; S. 136 ob. li.: Shutterstock.com/garetsworkshop, ob. re.: Shutterstock.com/SpeedKingz; S. 139 re. ob.: Cornelsen/Daniel Meyer; S. 150 re. Mi.: Shutterstock.com/Daphne Bakker; S. 151 re. ob.: Shutterstock.com/Stocksnapper; S. 155 ob. li.: „Buchcover: Andreas Eschbach. "Das Marsprojekt. Das ferne Leuchten"", Arena Verlag, Würzburg, 2017", ob. Mi.: Buchcover: Ursula Poznanski: Erebos. Loewe Verlag, Bindlach 2010; S. 170 ob. (Hintergrund): Shutterstock.com/MikeDotta; S. 171 Mi. li.: stock.adobe.com/Dmytro; S. 172 re. ob.: Shutterstock.com/Viacheslav Lopatin, re. Mi.: stock.adobe.com/Eugen Wais/EwaStudio; S. 174 re. Mi.: akg-images/Voller Ernst; S. 177 re. ob.: interfoto e.k./Oliver J. Graf, re. Mi.: interfoto e.k./IMAGNO/Austrian Archives; S. 180 re. ob.: Shutterstock.com/Georgii Shipin; S. 183 re. ob.: Shutterstock.com/ZouZou; S. 210 re. un.: Jugend forscht e. V., Hamburg; S. 216 Mi. Mi.: Shutterstock.com/Petar Paunchev; S. 218 Mi. re.: Shutterstock.com/annacovic; S. 226 re. 2. v. ob.: Shutterstock.com/chuyuss, re. 2. v. un.: Shutterstock.com/Nelosa; S. 235 Mi. re.: Shutterstock.com/Rudie; S. 237 ob.: 01.11.2016 © Microsoft® Office. Nutzung mit Genehmigung von Microsoft; S. 239 re. un.: Shutterstock.com/JBK; S. 242 re. un.: Shutterstock.com/Kjuurs; S. 256 Mi. re.: Shutterstock.com/Senohrabek; S. 258 ob. re.: Shutterstock.com/Sylvie Bouchard; S. 260 re. ob.: stock.adobe.com/pit24; S. 262 re. ob.: Shutterstock.com/Iakov Filimonov; S. 264 re. ob.: stock.adobe.com/Dennis; S. 266 re. ob.: Buchcover: Andreas Eschbach. „Das Marsprojekt. Das ferne Leuchten", Arena Verlag, Würzburg, 2017; S. 269 un. re.: Shutterstock.com/hxdbzxy; S. 284 re. ob.: Shutterstock.com/Fer Gregory; S. 289 ob.: stock.adobe.com/Jonathan Ross/jdross75; S. 292 re. Mi.: interfoto e.k./Moore; S. 295 re. Mi.: stock.adobe.com/Daleen Loest/lienkie; S. 296 re. ob.: Shutterstock.com/Mike_shots; S. 297 re. ob.: Shutterstock.com/Gorgev; S. 299 un. re.: Shutterstock.com/Iconic Bestiary; S. 301 re. ob.: Shutterstock.com/Dmitry Kalinovsky; S. 302 re. Mi.: Shutterstock.com/ittipon; S. 303 re. ob.: Shutterstock.com/ShotPrime Studio.

Illustrationen

Thomas Binder, Magdeburg: S. 68;
Heribert Braun, Berlin: S. 39, 40, 42, 43, 46, 47;
Timo Grubing, Bochum: S. 23, 25, 277;
Soufeina Hamed, Berlin: S. 69, 71, 72, 74, 77, 80, 81, 83, 84, 86;
Peter Kast, Wismar: S. 275;
Carsten Märtin, Oldenburg: S. 13, 238, 240, 242, 244, 245, 247, 248, 252, 257, 259, 261, 263, 264, 265, 266, 267, 268, 318, 319, 320;
Matthias Pflügner, Berlin: S. 156;
Chrissie Salz, Köln: S. 56, 57, 62;
Ulrike Selders, Köln: S. 272, 280, 285, 290, 291;
Sebastian Strombach, Berlin: S. 132, 133, 134;
Dorina Tessmann, Berlin: S. 140, 142, 144, 146, 149;
Rüdiger Trebels, Düsseldorf: S. 3, 4, 5, 7, 8, 9, 10, 11, 12, 37, 154, 158, 160, 162, 164, 168, 208, 209, 210, 216, 218, 220, 224, 226, 228, 233, 234, 251, 253, 255, 270, 273, 274, 282;
Christa Unzner, Berlin: S. 186, 188, 189, 194, 195, 196, 200, 202, 204, 205, 206.